KB135002

인공지능과
법률 서비스 분야의
혁신

이 저서는 2017년 정부(교육부)의 재원으로 한국연구재단의 지원을 받아 수행된 연구임(NRF-2017S1A6A4A01022231)

인공지능과
법률 서비스 분야의
혁신

양종모 지음

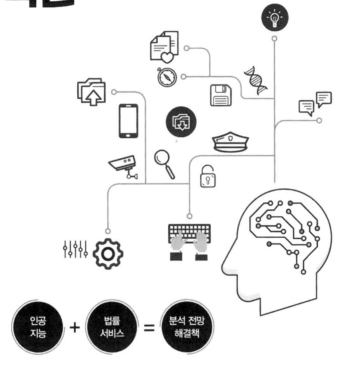

들어가는 말

　필자가 인공지능을 접한 것은 검사로 임관한 1980년대 말이니 벌써 30년이 넘은 일이다. 장모님의 생일 선물로 당시로서는 꽤 고사양의 컴퓨터를 구입하면서, 컴퓨터 판매점 사장으로부터 BASIC Programming을 배웠다. 그렇게 시작한 컴퓨터 프로그래밍의 행로는 주목할 만한 성과는 없어도 지금까지 계속해오고 있다.

　이러한 컴퓨터 프로그래밍으로 무엇을 하려 하냐는 질문을 수없이 받았다. 굳이 어떤 목적이 있어 하는 것은 아니고, 아니 하는 것보다는 여러모로 도움이 될 것 같아 한다는 정도로 얼버무렸지만, 실상 인생을 살면서 직면하는 여러 문제의 해결에 프로그래밍적 사고가 장점으로 작용한다는 생각은 계속하고 있다.

　처음 프로그래밍을 하면서 검사로서 처리하는 업무의 주요 내용을 데이터베이스로 구축하고 이를 활용하는 것에 중점을 두었다. 처리하는 주요 사건과 관련된 각종 정보를 데이터베이스로 구축한 이후, 꽤 오래전에 처리한 사건의 내용을 문의하는 다른 동료 검사에게 데이터베이스를 토대로 답변하였더니 어떻게 사건 처리 내용을 그렇게 소상히 기억할 수 있냐며 놀라던 일이 떠오른다.

dBase Ⅲ라는 명칭의 데이터베이스 처리 도구의 사용 단계를 넘어 그렇게 구축한 데이터베이스를 맞춤 활용하기 위하여 스크립트 언어를 사용하여 직접 프로그래밍을 하면서 가졌던 여러 가지 의욕적 구상은 일부 실현되기도 하였지만, 일부는 묻어야만 했다. 주로 흑백 모니터가 주종이던 1990년도 초에 컬러 모니터를 구입하고 허큘리스 카드 대신 컬러 구현이 가능한 그래픽 카드로 교체한 후, 전국의 검사들의 사진과 성명, 학력, 경력 등 인적 사항을 담고 있으며 여러 가지 키워드로 검색이 가능한 검사인명사전이란 프로그램을 만든 바 있다. 이 프로그램을 배포하고자 인스톨 프로그램까지 직접 짠 후 20장이 넘는 플로피 디스켓에 담아 같은 청에 근무하던 동료 검사들에게 배포하였더니, 인스톨조차 제대로 못 하는 사람이 있던 터라 공식적인 배포를 포기하였다. 어떻든 검사로 재직하면서 업무와는 별개의 취미 활동처럼 여긴 컴퓨터 프로그래밍은 필자로 하여금 남다르다는 자부심을 갖게 해주기도 하였다.

그러한 와중에 인공지능이라는 개념을 접하게 되었고, 인간처럼 생각하는 컴퓨터 알고리즘을 만들 수 있다는 인공지능 공학의 매력은 국내에 없는 인공지능 관련 프로그래밍 관련 원서를 인편으로 미국서 직접 구입하는 열성을 갖게 만들었다. 그 당시 미국에서 구입한 것이 비단 서적만은 아니고, 고가의 컴퓨터 프로그래밍 라이브러리도 함께 구입하기도 하였다. 당시 prolog나 lisp라는 인공지능 관련 프로그래밍 언어가 있어 습득하기도 하였으나, 그런 인공지능 열풍은 쉽게 사라졌다. 그때가 아마 1986년도에 시작된 제2차 인공지능 붐의 시기였고, 이는 별다른 성과 없이 막을 내렸다. 인공지능에 관한 필자의 관심도 자연스럽게 사라졌다. 2006년 제프리 힌튼 교수 등의 주도로 제3차 인공지능 붐이 시작되었지만, 2009년경까지는 별다른 관심을 기울이지 못하였다.

2009년 수사에 인공지능 알고리즘을 사용하면 효율성을 높일 수 있다는 생각에 인공지능 관련 논문을 작성·투고하였다. 이를 계기로 인공지능 알고리즘을 다시 연구하기 시작했다. 필자는 인공지능을 법학의 토대 위에 시작한 것이 아니라, 인공지능의 토대 위에 이에 관한 법학적 논의를 하게 되었다는 점에서 다른 연구자와 차이가 있다. 간간히 인공지능 관련 논문을 발표해 왔지만 별다른 주목을 받지 못한 상태에서, 2016년 초에 이루어진 알파고와 이세돌의 대결로 촉발된 인공지능 열풍은 필자의 오랜 관심을 연구로 연결시키는 계기가 되었고, 여태까지 발표한 인공지능 관련 논문이 10편을 넘게 되었다. 그러다가 한국연구재단의 지원으로 인공지능 관련 저술을 하게 되었다.

인공지능은 대단한 일을 해주는 것으로 여겨지지만, 실상 컴퓨터 알고리즘에 불과하다. 또 컴퓨터 프로그램으로 구현되어야 한다. 알고리즘은 컴퓨터가 수행할 일을 순서대로 알려주는 명령어의 집합으로, 직접 하나하나 코딩을 통해 만들어야 하는 컴퓨터 프로그램이다. 따라서 프로그래밍을 손에서 놓지 않은 필자 입장에서는 인공지능 알고리즘을 이해하고 파악하는 데 유리한 점이 없지 않다. 2017년 12월에는 고등과학원의 초학제 프로그램의 일환으로 발표할 기회를 가졌는데, 그때 주관하시던 단장께서 필자의 기존 논문에 대하여 법학의 입장에서 나온 논문이라 믿을 수 없다며 호평을 하셨다. 필자가 프로그램을 시작하면서 애독하였던 프로그래밍 전문 잡지인

『마이크로소프트웨어』에 2017년에 이어 2018년 1월 필자의 기존 발표 논문을 형식을 바꾸어 실었다. 이에 대한 필자의 감회는 남달랐다.

인공지능 현상에 우리나라만이 아니라 전 세계가 주목하고 있음은 주지의 사실이다. 인공지능과 법률을 어떻게 관련시킬 것인가 하는 문제에 관한 접근 방식은 다양하며, 아직 이런 연구 분야에 대한 명칭도 정해지지 않은 상태이다. 대체로 인공지능과 법률이라는 별도의 섹터를 정하고, 인공지능을 법률적으로 어떻게 규율할 것인지 또는 인공지능으로 인하여 발생할 수 있는 법적 쟁점이 무엇인지를 연구하는 것이 일반적 접근 방식이다. 필자는 이와 같은 논의가 매우 소중하고, 인공지능으로 인해 생길 수 있는 위험의 규제 등에서 큰 기여를 할 것이라고 믿고 있다. 그러나 이러한 논의보다 더 관심이 가는 것은 법률 분야에 인공지능 알고리즘을 어떻게 활용할 것인지, 인공지능으로 인하여 법률 분야는 어떻게 변모할 것인지 하는 문제다. 즉 기존의 일반적인 연구 태도와 전혀 다른 접근이 필요하다는 것이다.

필자는 최근 인공지능 위험의 본질과 이로 발생할 수 있는 법적 문제 등에 대한 논문을 발표하였지만, 그 이전에는 인공지능을 이용한 범죄 예측 기법, 수사 기법으로서의 데이터마이닝, 시스템의 구상 등과 같이 인공지능 알고리즘을 어떻게 활용할 것인가 하는 주제에 더 주력했다. 우리나라에서는 법학 분야에서 인공지능에 대한 논의가 최근에야 촉발되었지만, 인공지능 시대 개막 무렵부터 인공지능과 법률이라는 주제에 대한 상당한 논의가 미국이나 유럽 등지에서 전개되었다. 그럼에도 불구하고 아직 이러한 인공지능을 연구하는 법학 분야에 대한 명칭도 정해지지 않았다. 이런 점은 경제학의 분석 기법을 법학의 분야에 도입함으로써 법경제학이라는 이름을 얻게 된 것과 비교된다.

필자가 본고에서 주로 다루고자 주제의 방향은 인공지능 알고리즘으로 법률 분야의 무엇을 바꿀 수 있는지이다. 요즘 게임의 개발 과정만 보더라도 프로그래머가 모든 것을 다 할 수 있는 것은 아니다. 우선 게임의 전체 방향을 설계하여야 하고, 여러 가지 인터페이스를 디자인하여야 하고, 그다음에 설계와 디자인을 반영하는 코딩이 따르며, 테스트를 거친다. 본 저술의 성격상 인공지능 알고리즘을 구현해 보이지는 못하지만, 설계자 역할은 할 수 있을 것으로 보인다. 거칠게 스케치하듯 법률 분야에서의 인공지능 알고리즘 활용 방안을 다룰 것이다.

실상 본 저술을 시작하면서 필자는 인공지능 알고리즘 개발에 사용되는 python이라는 새로운 언어를 습득하고, 텐서플로우 등 인공지능에 쓰이는 라이브러리 등을 사용할 수 있게 되었으며, 인공지능 알고리즘을 직접 코딩하게 되었다. 단순한 관념적 접근만으로 인공지능 알고리즘을 다룬다는 것은 인공지능이 컴퓨터 소프트웨어라는 점에서 뭔가 부족할 것 같았다. python programming과 텐서플로우, 케라스 등을 이용하여 그동안 관념적으로만 접근해야 했던 머신러닝의 작동 과정을 직접 구현하여 보면서 새로운 감회가 들었다.

현업에서 인공지능 알고리즘을 사용하여 프로젝트를 수행하는 연구자들도 실제 머신러닝의 작동 원리 자체에 대하여는 별반 관심을 갖지 않는 경우가 많다. 그냥 편리한 라이브러리 정도로 취급하면서 그러한 라이브러리를 이용하여 목적한 프로젝트를 완성하기만 하면

되기 때문이다. 반면 필자에게는 이뤄내야 하는 당장의 구체적 목적이 없으니, 원리적 측면부터 조망하면서 머신러닝이 가진 본질이나 장단점을 파악하려 하였다. 이러한 머신러닝 기법뿐만 아니라 이미 용도 폐기된 Lisp나 Prolog, 심지어 VP-EXPERT와 같은 전문가 개발용 쉘까지 직접 살펴보고 구동시켜 보았다. DOS 버전인 VP-EXPERT로 자그마한 전문가 시스템을 구현해 보기도 하였다.

필자가 전공과 무관한 컴퓨터 프로그래밍이나 인공지능 공학에 관한 여러 저술을 참고하면서, 그러한 저술에서 다루는 예제가 한결같이 기존의 저서나 논문 등에서 다룬 것과 똑같은 것을 보았다. 그러면서 과연 그 저자가 자신이 기술한 내용을 제대로 이해하는지 의문을 가질 때가 많았다. 그들이 소개하는 부분에 대하여 충분히 이해하였다면 기존의 예제가 아니라 자신이 직접 구현한 소스를 예제로 올렸어야 하는 것이 아닌가? 경우에 따라 필자의 전공이나 이 책의 저술 의도에 비추어 다소 이상한 프로그래밍 관련 부분이 있을 수 있으나, 이는 적어도 컴퓨터 소프트웨어인 인공지능 알고리즘을 다루면서 그에 관한 언급 없이는 너무 공허하지 않을까 하는 필자 나름의 생각을 반영한 것이다.

생애 첫 저서를 평생 자식 걱정으로 마음 편할 날 없으셨던 어머니와 지극한 사랑과 기대로 평생 지켜봐 주셨던 장모님께 바치고자 한다.

목차

제1장

인공지능의 개념

Ⅰ. 인공지능 시대와 법 분야의 변화

1. 인공지능 시대

인공지능이 세상을 바꾸고 있다는 점을 부인하기 어려울 만큼, 현재 인공지능의 영향력은 크다. 인공지능에 대한 지대한 관심은 근자의 일이지만, 인공지능의 역사는 1950년대까지 거슬러 올라간다. 1986년의 2차 인공지능 붐에 이어, 현재는 2006년에 시작된 제3차 인공지능 붐의 시기다.

1950년에 들어 학자들이 인공지능을 수식으로 풀어내면서 인공지능을 실제로 만들 수 있다는 낙관적 전망이 팽배하게 된다. 인공지능에 대한 도전이 급격히 늘어나기 시작하면서 간단한 게임을 하는 인공지능이 구현되거나, 이전에 나왔던 가설들이 실제로 증명되는 등 어느 정도 성공적인 행보로 이어졌다. 십여 년 후에는 인간 수준의 지능을 가진 기계가 등장할 것이라고 굳게 믿기도 했다.[1] 그러나 인공지능을 만들어내는 것이 생각보다 어렵다는 게 증명되면서 이 분야의 연구 활동은 점차 정체기로 접어들었고, 1970년대에는 인공지능 관련 연구 자금이 삭감되고 사람들이 흥미를 잃으면서 본격적 침체기를 맞게 된다. 그때 사람들이 자각한 것은 1과 0으로 구성된 차갑고 딱딱한 논리 기반의 기계가 미묘하고 모호한 생물학적 두뇌의 사고 체계를 달성하는 것은 불가능하다는 것이었다.

인공신경망

그러다가 인간의 두뇌를 그대로 복제함으로써 인공두뇌를 만들겠다는 기발한 아이디어가 등장하면서 디지털 회로의 논리 게이트 대신 뉴런(neuron)이 있는 실제 두뇌를 모델로, 딱딱하고 차가운 흑백 논리로 무장한 알고리즘이 아닌 부드럽고 유기적인 사고 체계를 도입하자고 생각하게 되었다. 이것이 제2차 인공지능 붐으로 이어지는 계기가 되었는데, 이때가 1980년대 중반쯤이다. 이런 생각의 기반 위에 신경망이 등장하고, 신경망은 인공지능 분야에서 강력하고 유용한 방법으로 자리매김하게 된다.[2]

민간 주도

제3차 인공시대 붐 시기에 이르러 인공지능 개발의 주도권은 정부에서 민간기업으로 이전되었다. 구글이나 IBM, 페이스북과 같은 거대 공룡 기업뿐만 아니라, 수많은 스타트업 수준의 인공지능 개발 관련 회사들이 생겨나고, 또 공룡 기업에 인수되기도 한다. 미국뿐만 아니라 중국도 최근 인공지능에 막대한 투자를 하면서 미국의 수준을 넘보고 있다. 중국은 최근 인공지능에 있어 세계 1위라 할 수 있는 미국보다 많은 양의 연구 보고서를 쏟아내고 있다. 영향력 있는 인공지능 관련 연구 보고서 중 43%가 중국 국적의 연구자로부터 나오고 있는 실정이다. 이런 배경에는 중국 정부의 지대한 관심과 막대한 지원이 있다.3) 중국의 대표적 전자상거래 기업인 알리바바 (Alibaba)는 Smile to Pay라는 금융결제 시스템을 도입하였는데,4) 인공지능의 패턴인식 알고리즘 적용으로 얼굴만으로 거래할 수 있을 뿐만 아니라 보안 문제도 해결했다.

정부 주도에서 민간 주도로 바뀌면서 인공지능 연구는 경제적 이득과 연관을 맺기 시작했다. 현실적 이익을 가져다줄 수 있는 분야 쪽으로 인공지능 연구가 몰리고 있다는 이야기다. 이러한 점은 인공지능 시대의 본격적 개막과 더불어, 인공지능에 대한 논의가 급격히 증가한 법 분야에서도 고려해야 할 부분이다.

2. 법 분야 인공지능 일반

법적 추론의 시뮬레이션

1950년 제1차 인공지능 시대 때부터 법학자들이 줄곧 천착하던 분야가 인공지능을 이용한 법적 추론(legal reasoning)의 구현이었다. 인공지능 알고리즘으로 법학자의 법적 추론 과정을 시뮬레이션하려는 시도가 되풀이되었다. 또 하나의 갈래는 인공지능의 실용적 측면에 주목하여 인공지능을 이용하여 법률 업무에서 사람의 일을 덜어주거나, 인공지능이 사람을 대신하여 법률 업무를 처리하려는 시도다. 이러한 법학 차원에서의 논의 외에도 법학 분야에서 인공지능에 관심을 가지고 선결 과제로 처리해야 할 각종 문제가 현실에서 전개되고 있는 상황 역시, 연구의 방향이나 방식에 변화를 도모할 필요를 느끼게 한다.

법 분야의 컴퓨터 알고리즘 이용 확대

단적인 예로 형사재판의 양상도 컴퓨터 알고리즘으로 인하여 많은 변화를 겪고 있다. 종래 사람의 경험 진술을 중심으로 이루어지던 형사재판에서 기계(Machine), 즉 컴퓨터 알고리즘이 생성한 증거가 차지하는 비중이 점차 늘기 시작했다. 포렌식 기계(forensic machine)나 유사한 도구에서 생성되는 증거는 유죄의 증거로서 막강한 힘을 지니고 있다. 특히 미국에서는 법 집행 차원에서 휴대전화기의 송수신 번호를 기록할 수 있는 감시 장비의 사용,5) 차량 절도나 수배자 등의 색출에 자동차 번호판 인식장치가 빈번하게 사용되는 등의 현상6)에 대하여 우려가 나올 정도로 forensic machine의 사용이 일반화되어 있다. 우리나라에서도 강력범죄의 범인 검거에 과학수사 장비의 일종인 CCTV의 증거 화면이 결정적 기여를 하는 경우가 많다.

안면인식 프로그램(facial recognition)의 경우 DNA 분석으로도 가릴 수 없는 범인 특정에 성공할 정도로 탁월한 성능을 발휘한 바 있다. 쌍둥이 형제 중 1명이 범인이지만, 그중 누가 범인인지는 쌍둥이 형제의 특성상 DNA 분석으로도 가릴 수가 없었다. 범행 장면이 찍힌 비디오의 정지 화면만으로는 배심원들도 쌍둥이 중 누가 범인인지 가려내지 못하였다. 그러나 안면인식 프로그램은 그 정지 화면만 가지고도 쌍둥이 중의 한 사람을 범인으로 특정해줌으로써 교착 상태에 빠졌던 형사재판이 해결될 수 있도록 결정적 기여를 하였다.

이런 예7)에서 보듯 컴퓨터 알고리즘은 형사재판에 기여하는 바가 크다. 그 외 음주 운전 방지를 위하여 사용되는 알코올 호흡측정(Breath alcohol) 기계도 음주 운전과 관련된 형사사건에서 차지하는 역할이 크다.

기계적 증거

기계에서 생성되는 증거의 특징은 사람의 경험 진술과는 달리 신용성이 부여된다는 점이다. 대체로 기계적이라는 말은 증거법과 관련하여서는 신용성·정확성이라는 개념과 연결된다. 형사소송법 제315조에서 규정한 증거능력과 관련하여 대법원 판결에서는, 업무의 기계적 반복성으로 인하여 허위가 개입될 여지가 적고, 또 문서의 성질에 비추어 고도의 신용성이 인정되어 반대신문의 필요가 없거나 작성자를 소환해도 서면제출 이상의 의미가 없는 것들에 해당하기 때문에 당연히 증거능력이 인정된다고 설시한다.[8] 이처럼 기계적으로 생성된 것이라면 신용성의 정황적 보장은 당연하고, 반대신문의 필요조차 없는 것으로 보는 도식이 당연시된다.

실상 이와 같은 forensic machine의 사용에 대하여 우려가 없는 것은 아니다. 이러한 기계에서 생성된 증거는 그것만 가지고 유죄의 확정적 증거가 되기 마련이다. 기계적 증거에 대한 이와 같은 무조건적인 신용성 부여는 기계에 의한 재판이라는 신조어를 만들기에 족하다. 가장 빈번하게 사용되는 알코올 호흡측정기만 해도 그것을 움직이는 결정적인 부분은 컴퓨터 알고리즘이다. 흔히 이러한 측정 기계는 음주 운전자가 중대한 교통사고를 일으키는 것을 방지하는 중요한 수단으로 자리매김하고 있는데, 측정 오류를 보정하는 알고리즘이 적용된다.[9] 이와 같이 흔히 사용되는 수사 장비만이 아니라 범인 식별을 위한 안면인식 프로그램이나 DNA 분석 기계 등에도 컴퓨터 알고리즘이 적용되고 있으며, 성능의 고도화를 위해 인공지능 알고리즘의 힘을 빌리고 있다. 그러나 이러한 컴퓨터 알고리즘 또는 인공지능 알고리즘은 불투명성, 오류, 편향성(bias)의 위험이 있다. 이러한 오류와 편향성, 조작 가능성은 장비에서 생성된 증거가 무고한 사람에게 유죄판결이 선고되는 데 결정적 역할을 할 수 있음을 뜻한다. 따라서 이에 무조건적인 신용성을 부여하여서는 아니 되는 것은 물론이고, 그 신뢰성을 검증해야 하며, 검증되지 않은 경우 증거로서 사용되지 않도록 하여야 할 필요성이 크다고 하겠다.

미국에서 이와 같은 증거의 신뢰성 검증 논의는 전통적으로 당사자의 대면권(Confrontation Clause)과 반대신문권(Cross- Examination)을 중심으로 이루어졌다. 그러나 미국에서 대부분의 법원은 forensic machine이 생성하는 증거가 사람과는 무관한 독자성을 갖고 있으며, 이러한 미가공 데이터(raw data) 형태의 기계적 진술은 당사자 대면의 권리가 적용되는 영역이 될 수 없다고 보았다.[10] 즉 과학 실험실의 보고서에 대한 연구원의 진술은 진술 증거로 보면서도 기계생성의 증거에 대하여는 연구원이 아닌 기계를 진술자로 보며, 기계를 반대신문할 권리는 없다고 보았다.[11] 질량분석계, 음주측정기, 가스크로마토그래프가 바로 진술의 주체이며, 그러한 기계의 진술은 당사자 대면권 조항이 적용될 수 없는 영역이라는 것이다. 그러나 이러한 접근 방식이 아무런 문제가 없는 것인지는 현실적인 문제다.

이와 같이 인공지능 현상의 편재성은 분명하다. 이런 측면에서 지나치게 인공지능 알고리즘에 의한 법적 논증에 주력하는 기존의 법학 연구 태도는 변화가 필요하다. 순수 이론적 측면의 연구 필요성이 전면 부인되어서는 아니 되겠지만, 그렇다고 연구의 주종이 그런 방향으로 흘러서는 곤란하다.

인공지능에 관련한 이러한 본격적 논의 전에 인공지능의 개념부터 파악할 필요가 있다. 대체로 누구나 인공지능 개념에 대하여 잘 알고 있다고 생각하기 십상이다. 그러나 인공지능에 대하여 누구나 수긍할 만한 하나의 정의는 존재하지 않는다. 따라서 이 부분에 대하여 언급할 필요가 있다.

컴퓨터 프로그램, 알고리즘

다만 간과하지 말아야 할 것은 인공지능의 정의가 어떻든 인공지능은 컴퓨터 프로그램이며, 알고리즘이란 점이다. 알고리즘은 9세기 바그다드에 살았던 알 콰리즈미(Al Kwarizmi)에서 따온 용어다. 알 콰리즈미는 십진법의 전파에 큰 영향을 준 교과서를 집필한 사람인데, 그 교과서에는 덧셈과 뺄셈, 곱셈, 나눗셈뿐만 아니라 제곱근과 원주율을 구하는 방법까지 기록되어 있다. 이 방법들은 간결하고 모호하지 않으며 기계적이고 오류가 적었다. 알고리즘이란 말은 이 사람을 기리고자 하는 의미로 만들어졌다.[12]

컴퓨터 알고리즘에 대하여 좀 더 쉽게 설명하자면, 컴퓨터로 어떤 작업이 수행하고자 할 때 그 작업을 해결하는 방법을 가리켜 알고리즘이라고 한다. 즉 주어진 과제를 해결하는 한 가시 방법을 명료하게 써놓은 것이 알고리즘이다.[13] 주관적이거나 모호한 것은 알고리즘이라고 할 수 없다. 컴퓨터 과학에서 알고리즘이란 컴퓨터가 따라 할 수 있도록 자세히 설명한 과정을 나타내야 한다. 따라서 구체적으로 코딩을 하기 전에 알고리즘을 표현하기 위하여 의사 코드(pseudocode)나 그것을 구현한 소스 코드(source code)의 형태로 설명한다. 소스 코드와 알고리즘은 다르다. 하나의 알고리즘은 그것을 구현하는 컴퓨터 언어에 따라 다양한 소스 코드로 나타낼 수 있다.[14]

알고리즘의 성능은 어떤 과제를 차질 없이 수행하는 능력뿐만 아니라, 얼마나 신속하게 처리하느냐에 달려있다. 복잡한 현실 세계의 문제를 해결하기 위한 알고리즘에서 수행 속도는 매우 중요하다. 대체로 문제 해결을 위해 모든 답을 탐색하는 경우, 걸리는 전체 시간은 만들 수 있는 답의 수에 비례하게 된다. M 가지의 음식마다 만드느냐, 만들지 않느냐 하는 문제가 있다고 하자. 선택지가 두 개가 있으니, 가능한 답은 2^M 가지이다. 답 하나를 만들 때 드는 시간에 2^M을 곱하면 전체 수행 시간이 나오는데, 복잡도가 증가하여 M이 커지는 경우 상상 못 할 수행 시간이 소요된다. 이와 같이 M이 하나 증가할 때마다 걸리는 시간이 두 배로 증가하는 알고리즘들은 "지수 시간에 동작한다."라고 말한다. 지수 시간은 가장 큰 수행 시간 중 하나로, 입력의 크기에 따라 다항 시간과는 비교도 안 되게 빠르게 증가한다.[15] 알고리즘의 효용성 분석에 사용되는 O ( ) 표기법에 따르면, 어떤 문제를 푸는 데 필요한 시간은 어떤 k에 대한 $O(n^k)$가 되며,[16] 보다 다양한 변수와 이벤트가 관련되면 그 복잡도가 얼마나 증가할지 예상하기 어렵다. 인공지능 분야에서 체스 프로그램이 먼저 등장하고 최강자를 꺾을 정도로 상당한 수준에 도달한 것과 달리 바둑은 인공지능 알고리즘으로 정복할 수 없는 분야로 여겨졌다. 19줄×19줄의 바둑판 안에서 벌어지는 경우의 수 때문인데, 알파고는 이런 경우의 수의 난점을 강화학습 등의 알고리즘을 써서 아예 우회하여 버렸다.[17]

II. 인공지능 알고리즘의 특질

1. 의식과 인공지능

인공지능 정의

인공지능에 관한 바이블이라 할 수 있는 스튜어드 러셀과 피터 노빅의 『인공지능 현대적 접근방식』에서는 인공지능의 개념에 대한 다양한 견해를 소개하고 있다. "컴퓨터가 생각하게 하는 흥미로운 새 시도, 문자 그대로의 완전한 의미에서 의식을 가진 기계", "인간의 사고, 그리고 의사결정, 문제 풀기, 학습 등의 활동에 연관시킬 수 있는 활동들(의 자동화)", "사람이 지능적으로 수행해야 하는 기능을 수행하는 기계의 제작을 위한 기술", "현재로서는 사람이 더 잘하는 것들을 컴퓨터가 하게 하는 방법에 관한 연구", "계산모형을 이용한 정신 능력 연구", "인지와 추론, 행위를 가능하게 하는 계산의 연구", "계산 지능은 지능적 에이전트의 설계에 관한 연구", "인공지능은 인공물의 지능적 행동에 관한 것" 등 다양한 정의를 내릴 수 있다고 한다.

모두 인공지능에 관한 한 당대의 권위자들이 다른 관점에서 내린 정의이지만, 너무 진중한 면이 없지 않다. 인공지능과 인공지능학 또는 인공지능 공학은 구별되어야 한다. 인공지능을 어떤 기술이나 연구, 방법론과 구별한다면 무엇으로 정의하는 것이 맞는가? 누구나 알 수 있지만 설명하지 않는 것이 인공지능의 진짜 면모다. 앞서 설명한 것처럼 인공지능은 알고리즘이다. 좀 더 구체화하면, 수학과 컴퓨터 과학, 언어학 또는 관련 분야의 문제에 관하여 주어진 입력 정보를 원하는 출력 정보로 만드는 일련의 과정을 구체적이고 명료하게 공식화한 형태로 표현한 것으로,18) 인공지능은 알고리즘이 틀림없고, 컴퓨터 프로그램이기도 하다. 인공지능은 여러 학문이 연계된 전형적인 융합 학문으로 컴퓨터 과학, 수학, 통계학을 중심으로 철학, 심리학 등 현존하는 모든 학문의 결합이다.19) 이러한 인공지능 알고리즘이 동력을 가진, 이동이 가능한 기계에 탑재되면 로봇이다. 로봇과 인공지능을 동일시할 수는 없다. 인공지능은 그러한 알고리즘이 적용된 여러 가지 사물과도 구별되어야 한다. 상업 광고중 램프 요정에게 음악을 틀어달라고 하는 대상은 인공지능이 아닌, 인공지능 알고리즘이 적용된 스피커다.

사람을 닮은 기계

인공지능 연구의 가장 큰 특징은 사람을 닮은 기계를 만들고자 한다는 데 있다. 사람의 어떤 부분을 닮고자 하는가? 사람의 인체 구조를 닮고자 하는 것은 아니다. 사람을 움직이는 근육조직, 사람의 몸체를 지탱하는 골격 구조를 닮고자 하는 것도 아니다. 사람처럼 생각하는, 즉 사람의 사고 과정을 따라 하는 기계를 만들고자 하는 것이다. 이러한 인공지능 알고리즘의 구현에는 특히 수학 중의 확률론과 통계학이 핵심적 역할을 한다.

통계학의 선형회귀

통계학의 선형회귀는 알고리즘에 의한 예측의 기초가 되는 개념이다. $y=fx+b$라는 간단한 식으로 표현되는 선형회귀는 오래전부터 예측 모델로 널리 이용되고 있다. 인공지능의 지도 학습(supervised learning)에 의한 훈련 과정을 보면 아래 식의 결과 예측값인 y^i와 실제 결괏값 y'과의 차이인 오차 eʲ를 줄여나가는 것이 전부일 정도로 간단한 원리를 가지고 있다.

$$e^i = y^r - y^i = y^r - fx - b$$

위의 식에서 x는 입력값이 되는 임의의 변수이고 f는 기울기이면서 역시 임의의 변수를 취한다. b는 상수로서 흔히 bias라고 표현한다. 다양한 입력값 x에 대하여 기울기 f와 상수 b를 적절히 조정하여 결괏값을 예측하는데, 이 예측값과 실제 데이터값이 일치하면 정확하게 예측한 것으로 평가되는 간단한 원리다. 물론 이 과정에서 경사하강법(Gradient descent)이라든가 하는 또 다른 고안이 개입하지만, 어떻든 이러한 통계학의 원리는 현재의 인공지능을 가능케 한 핵심적 요인이다. 따라서 인공지능은 통계학이 가진 약점을 그대로 가지고 있기도 하다.

가. 의식은 무엇인가?

뇌과학(brain science) 연구로 인하여 의식 활동의 신비가 드러나고 있다.

의식의 과정

감각자극이 정상적으로 활동 중인 동물 안으로 유입되면 그것은 뇌의 내면적 성향이나 기대치와 먼저 비교되는 과정을 거친다. 이전 기억의 꾸러미를 통해 내면적 성향이 구축되고, 피험자에게 새로운 메시지가 말초로부터 유입되면 전기적 반응이 발생한다.[20] 세상과 몸에 대한 대부분의 정보는 뇌 자신이 주도하는 탐사 활동의 결과로 뇌에 유입되고, 지각은 능동적 과정으로 해석된다. 탐사 활동을 통해 새로운 정보를 기존 축적 정보와 비교하여 다를 경우 불일치를 해소하기 위한 활동이 개시된다. 이것이 불편한 감정이거나 놀람 반응이다.[21] 인간의 경험 과정은 시각, 청각, 후각, 미각을 동시에 동원해서 진행되고, 뇌에서 일어나는 이와 같은 거대한 전기 폭풍이 인간적 특성을 결정한다. 그것이 생각 또는 의식의 과정이다.[22]

이와 같은 생화학적 접근 이외에 법학 쪽에서도 의식 과정에 대한 연구가 있었다. 의식은 두 가지 방식으로 작동한다는 것이다. 하나는 직관적으로 별다른 노력 없이 바로 알아내는 방식이며, 또 하나는 소모적이고 의도적인 노력을 통해서 알아내는 방식이다. 일상적인 활동의 대부분은 전자의 방식에 의하지만, 법학에서의 사고는 후자 쪽이라는 전제에서 논의가 출발한다. 하지만 규칙 등으로 명확하게 움직이는 법률 분야에서도 의외로 후자의 방식만으로 작동하진 않는다. 두뇌, 특히 의식은 복잡한 현상이고 우리는 두뇌나 의식과정을 해독하는 데 여전히 초기 단계에 있다.[23] 많은 신경과학자가 대뇌 피질의 일원성을 믿지 않고, 두뇌가 배울 수 있는 것과 배우지 못하는 것이 무엇인지에 대하여도 논쟁 중이다. 하지만 우리가 아는 데도 두뇌가 배우지 못하는 것은 진화의 과정을 통해 습득한 것이라 믿는다.[24]

인간의 뇌, 의식 세계는 너무나 오묘하고, 인간의 두뇌는 현존의 기술로는 재현할 수 없는 정도의 능력을 갖추고 있다는 것은 분명하지만, 그에 못지않게 인간으로 구성된 사회의 구조나 작동 원리에 대한 탐구도 복잡성이라는 새로운 기준에 의하여 접근할 필요가 있다. 실상 초기 인공지능 공학자들의 호언장담을 무위로 돌린 여러 실패 경험에서 교훈을 얻을 필요가 있다. 노벨상을 받은 사이먼을 비롯한 저명한 학자들이 인간 두뇌 구조의 복잡성에 대한 몰이해 때문에 인공지능을 그토록 쉽게 생각한 것은 아니다. 그 당시에도 과학자들은 뇌가 신체를 제어할 뿐만 아니라 인간의 꿈, 기억, 죄의식, 욕망 등과도 밀접하다는 것을 알았다.[25] 그럼에도 불구하고 이를 여러 요소로 나누고 이들 사이의 관계를 파악하는 것만으로 인공지능이 실현될 것으로 착각하였던 것은 아닐까?

법률 분야-복잡계

법률 분야 또한 복잡계이며, 법률 분야의 연구에는 이와 같은 인간 세계, 법률 분야의 복잡도에 대한 이해가 선행하여야 한다. 이런 점을 무시한 채 복잡한 문제를 단순화하고, 여러 개의 독립적 단위(unit)로 나누어 각개로 해결한 뒤 그 결과를 종합하려는 시도는 매우 위험하다. 임의의 기준으로 상호 긴밀히 연계된 현실계를 나눈다는 것도 터무니없는 일이지만, 그와 같이 각개로 나눈 분석은 분석 자체는 쉬울 수 있어서도 각 단위의 상호작용을 도외시함으로써 실제를 전혀 반영하지 않는 가상의 모델을 만드는 격이 되어버린다.

블록의 세계

인공지능 공학에서도 제한된 블록으로 현실 세계를 단순화한 시뮬레이션 모델을 만든 적이 있다. 그 내부에서 완벽히 작동하는 세계를 만들고, 그러한 결과에 고무되기도 하였다. 그러나 이러한 제한적 모델의 단점은 심각하다. 현실과 유리된 별개의 모델이며, 이는 이론적 흥미를 충족시킬 수는 있어도 현실 세계의 문제를 해결하는 데는 아무런 도움이 되지 못한다. 따라서 법 분야에서는 철저하게 현실 세계의 복잡성을 그대로 반영한 모델링을 하여야 한다. 문제는 그러한 모델링이 쉽지 않다는 것이다. 뉴런 모델의 도입이나 강화학습 모델의 도입 등의 breakthrough와 같이, 법학에서도 이를 해결할 수 있는 어떤 알고리즘이 나와야 한다.

마스터 알고리즘

페드로 도밍고스가 제시한 마스터 알고리즘이 뜻하는 바는 하나의 알고리즘이 전혀 다른 모든 분야의 문제 해결에 기여한다는 것이다. 법학 분야에서만이라도 여러 가지 문제를 일거에 해결하는 획기적 알고리즘이 탄생하기를 기대한다. 인공지능학에서는 모든 것이 결정되어 있는 바대로 움직인다는 결정론이 이미 빛이 바랬지만, 정작 법학에서는 그러한 결정론적 사고가 인공지능과 관련된 법학 논의의 진전을 가로막고 있다.

부언하지만 초기 인공지능 시대 법 분야 연구는 이런 결정론적 사고를 전제하고 있었다. 인간 세계의 복잡성을 무시한 그런 순진한 연구 방식의 결과물은 현실 세계에서 힘을 발휘할 수가 없었다. 마치 쓸쓸한 과거의 유적처럼 남아있는 법적 추론에 관한 각종 연구, 법률가의 사고 과정을 바로 흉내 내고자 했던 터무니없는 시도는 현실의 복잡도를 그대로 반영한 법률 분야의 문제 해결에 전혀 기여하지 못했다. 이러한 제약은 여전하다. 특히 법 분야에서 현실적으로 작동하는 인공지능 알고리즘은 한정된 범위라는 조건을 주지 않으면 제대로 구현하기 어렵다.

지식-인식, 개념, 부호

뇌 속의 지식도 연구 대상이다. 뇌 속의 지식은 인식, 개념, 부호의 세 가지 층을 가지고 있다. 컴퓨터는 인식과 부호, 이 두 개의 층은 학습할 수 있다. 시청각 소프트웨어와 하드웨어를 갖추면 개가 몇 마리인지 셀 수 있고, 또 이들이 짖는 소리의 데시벨을 측정하여 표시할 수 있다. 이는 인식에 비견될 수 있다.[26] 왓슨을 비롯한 여러 알고리즘에서 증명되었듯이, 컴퓨터는 부호를 정의와 연결할 수 있다. 온톨로지를 바탕으로 이들은 개가 개과에 속한다는 것을 파악하며, 치와와로부터 슈나우저에 이르기까지 다양한 종이 존재한다는 사실도 안다. 그러나 세 글자로 된 종의 부호를 알아보는 것과 개를 인식하는 것 사이에는 인지적 갭이 존재한다. 컴퓨터는 개를 '치와와'라는 종의 부호로는 인식하되, 개가 무엇인지는 모른다. 개라는 개념도 만들지 못한다. 아이라도 개를 인식할 수 있는데, 이는 머릿속에 개라는 개념이 형성되어 있다는 뜻이다.[27] 이러한 인식 과정을 설명하기는 어렵지만, 철학자들은 개념 형성이 인간의 사고와 사회에 필수적임을 지적해왔다. 심지어 개념의 하나인 '공평함', '사랑', '잔인함', '평화' 등은 단어의 뜻 이상의 의미를 품고 있다. 현재의 컴퓨터 알고리즘 수준은 이런 개념을 알 수 없다.[28]

나. 인간적 행동으로 판별하기

앨런 튜링은 컴퓨터가 생각한다는 것을 처음으로 구체화해서 인공지능 개념을 창안하였다.[29] 뿐만 아니라 컴퓨터 지능의 가능성을 판별하는 구체적이고 적용 가능한 방법으로서 튜링 테스트를 제안하였다. 튜링은 계산이 가능한 것과 불가능한 것의 이론적인 경계를 수립한 것은 물론이고, 실제 기계로 구현이 가능한 보편 튜링 기계의 구상을 남기기도 했다. 현대 컴퓨터 과학에 튜링의 업적이 개입하지 않은 분야가 없을 정도다.[30]

튜링 테스트

튜링 테스트에서 관찰자는 컴퓨터와 사람 모두와 텔레타이프로 문자를 주고받은 후, 어떤 상대가 컴퓨터인지 구별한다. 이때 관찰자가 컴퓨터와 사람을 제대로 구별하지 못하면, 컴퓨터가 튜링 테스트를 통과한 것으로 간주한다.[31] 이와 연관하여 인공지능 제1세대 때인 1966년 만들어진 '일라이자(Eliza)'라는 프로그램의 실례를 보자.

일라이자(Eliza)

컴퓨터 공학자 요제프 바이젠바움(Joseph Weizenbaum)이 MIT에서 MAD-SLIP[32]로 만든 이 프로그램은 정신과의 상담치료 이론인 환자중심 상담 이론을 모델로 만든 것이다. 이는 상담 치료사가 환자의 행동에 대해 가치판단을 하는 대신 긍정적인 태도와 공감을 나타내면서 환자 스스로 문제점을 깨달을 수 있는 편안한 환경을 만드는 것을 목표로 한다는 것이 요체다. 환자가 스스로 계속할 수 있도록 격려하는 것 외에는 치료자가 하는 일이 별로 없다는 것인데, 일라이자 프로그램은 이를 흉내 낸다.[33] 정신과 의사 같은 말투로 사실은 아무 의미도 없는 말을 하도록 되어있지만, 일라이자와 환자가 나눈 대화를 보면 실제 정신과 의사와 환자의 상담 내용으로 착각할 정도다.[34] 이를 가능케 한 규칙은 다음과 같다.

만약 환자가 "나는 X가 필요해요."라고 말하면 다음 중 하나로 대답한다.

- 왜 X가 필요한가요?
- 만약 X가 있으면 정말 도움이 될까요?
- 정말 X가 꼭 있어야 한다고 생각하세요?

만약 환자가 "나는 X예요."라고 말하면 다음 중 하나로 대답한다.

- 환자분이 X여서 의사를 보러 오셨나요?
- 얼마나 오랫동안 X였나요?
- 스스로가 X인데 대해 어떤 기분이 드나요?

심지어 속내를 알고 나면 정말 웃을 수밖에 없는 다음과 같은 규칙도 있다.
만약 환자가 "뭐가…?"라고 물으면 다음 중 하나로 대답한다.

- 왜 물으세요?
- 답은 듣는 게 어떻게 도움이 될 것 같아요?
- 환자분은 어떻게 생각하세요?

만약 환자가 "미안"이라는 단어를 사용하면 다음 중 하나로 대답한다.

- 미안해하지 않아도 되는 경우가 많이 있어요.
- 남한테 사과할 때는 어떤 기분이 들어요?

환자가 아무런 규칙도 적용할 수 없는 이해 불가능한 말을 하면 다음 중
하나로 대답한다.

- 계속 말씀해 보세요.
- 정말 흥미롭군요.
- 알겠습니다.
- 그래요. 그게 무슨 뜻인 것 같나요?[35]

이 프로그램은 최초 MAD-Slip으로 작성되었지만,[36] 그 뒤 Lisp,
BASIC으로도 작성되는 등 여러 가지 버전이 있다.

이 말장난 같은 '일라이자'는 인공지능 역사에 큰 족적으로 기억
된다. 이러한 프로그램을 진짜 의사로 굳게 믿거나 일라이자의 상담

세션이 실질적인 도움이 된다고 여기며 애착을 보이는 경우까지 있었다. 간단한 프로그램임에도 불구하고 튜링 테스트를 완벽하게 통과한 것처럼 보이지만, 이것은 일라이자가 인간 언어를 이해하고 사고할 수 있는 능력을 가졌기 때문이 아니라는 점에서 튜링 테스트의 한계를 보여준다. 나아가 인공지능의 의미와 한계를 다양한 각도에서 생각해보게 한다는 점에서 의의가 적지 않다. 개발자는 사람들이 일라이자가 그들의 문제를 진정으로 이해했고, 상담이 실제 치료에 도움이 되었다고 믿는다는 사실에 경악하였다. 대단한 성공이라는 반응에 격한 거부 반응을 보이기도 했다.[37]

이 프로그램보다 더 진보한 것으로, 편집성 정신분열증 환자 행세를 하는 '패리'라는 인공지능 프로그램도 있다. 이 프로그램은 일라이자와 같은 의사 역할이 아니라 마피아가 자신을 노리고 있다는 망상을 가진 환자 역할을 수행했는데, 실제 1972년에 '패리'와 '일라이자'가 대화하는 실험을 한 바 있다. 그때 드러난 바는 선행 프로그램인 '일라이자'의 한계였다. '패리'의 대화 기술에 비해 '일라이자'의 판에 박은 대답은 안타까울 정도이며, 결국 '패리'가 "아, 이제는 못해 먹겠네. 안녕히 계세요." 하고는 자리를 떠나는 걸로 끝난다. 인터넷 역사에 남은 희극적 상황이다.[38]

이 주제에 대하여 장황스러울 정도로 집착하는 것은 인간처럼 사고한다는 것이 무엇인가 하는 의문과 인터페이스, 자연어 처리 등 여러 가지 인공지능의 난제가 연결되어 있기 때문이다. 특히 입력 스크린으로 질문과 답변을 행하는 방식은 온라인 법률 상담이나 문서 자동 작성에서 사용자들과 인공지능 알고리즘이 소통하는 인터페이스의 원형으로, 챗봇도 이와 같은 방식을 취한다.

2. 권리와 책임의 주체로서의 인공지능에 관한 논의의 허구성

인공지능과 연관하여 최근 논의되는 것이 슈퍼인공지능(super intelligence) 또는 강인공지능이다. 스웨덴 출신의 영국 Oxford 대학교 Nick Bostrom 교수와 같은 이가 이런 슈퍼인공지능의 도래와 그러한 슈퍼인공지능을 제대로 통제하지 못할 경우 인류에 위협이 될 것이라는 전망을 내놓고 있다.

이와 같은 슈퍼인공지능 또는 강인공지능과 연계하여 빈번하게 논의되는 법학적 주제가 로봇 또는 인공지능의 책임 주체성이나 권리 주체성이다. 이런 주제가 가진 이론적 함의를 전적으로 부인하고자 하는 것은 아니지만, 이러한 논의는 너무 성급하고 비현실적이라는 생각을 금할 수가 없다. 인공지능의 문외한들이 최근 인공지능 알고리즘의 우수한 성과나 발전 속도에 현혹되어 멀지 않은 장래에 강인공지능이 등장할 것이며, 그로 인한 위험이 크다는 주장을 멈추지 않는다. 정작 이러한 주장에 대하여 인공지능 공학자들은 동조하지 않는다. 그 이유는 인공지능 알고리즘을 직접 구현하여야 하는 전문가의 입장에서는 현재의 인공지능 알고리즘이 가진 한계를 잘 알기 때문이다.

누누이 이야기하지만 인공지능은 알고리즘이며 구체적 구현 형태는 컴퓨터 프로그램이다. 사이버 공간을 무대로 범죄에 이용되는 인공지능 알고리즘이 있어 일률적으로 이야기할 것은 아니지만, 컴퓨터 알고리즘으로 머물러 있는 한 인공지능 알고리즘의 위험성은 상대적으로 낮다.

인공지능 알고리즘의 위험성

이러한 인공지능 알고리즘이 강력한 무기체제나 로봇을 움직이는 두뇌 역할을 할 때, 자율성이나 블랙박스와 같은 학습 과정으로 인해 인간의 통제·개입에서 벗어나는 인공지능의 위험이 현재화한다. 자율주행 자동차도 실상 자율주행을 가능케 하는 알고리즘이 자동차에 적용된 것인데, 자동차라는 물리적 존재 때문에 위험이 생겨난다. 자율주행을 가능케 하는 알고리즘이 컴퓨터 내에 존재하는 한 위험할 수 없다. 컴퓨터 프로그램으로 존재하면서 피해를 주는 알고리즘으로 최근 문제시되고 있는 위험한 형태는 랜섬웨어(randsomeware)와 같은 것이다. 작년에 창궐했던 'NotPetya', 'WannaCry'는 전 세계의 컴퓨터를 납치하고 새로 감염시켰는데, 이러한 추세는 계속될 것으로 보인다.[39] 이와 같은 예외적 알고리즘 외에는 알고리즘 자체가 바로 위협이 되는 경우는 드물다고 보아야 한다.

강인공지능

이러한 위험의 과장 외에도 강인공지능의 권리 주체성 논의의 성급성이 도드라진다. 강인공지능을 믿는 이들이 상정하는 수준의 인공지능은 금세기 내에는 불가능할 것이다. 하드웨어의 발전은 무어의 법칙처럼 매년 2배씩 늘어나는, 소위 지수적 또는 기하학적으로 이루어질 수 있다. 많은 전문가가 원리상 컴퓨터에는 우리의 지능을 능가할 인공지능의 가능성이 있다고 주장한다. 이들 전문가는 컴퓨터로 제어되는 모든 로봇이 일단 '인간과 대등한' 수준으로 올라서고 나면, 곧 인간 수준을 엄청나게 앞지르게 되리라 전망한다.[40] 적절히 통제하기만 하면 충분한 지능과 지혜 그리고 이해에 바탕을 둔 권위를 손에 넣어 인류가 초래한 난제를 해결할 수 있다고도 믿는다. 그 시기에 대하여 몇 세기가 걸린다는 이가 있는가 하면, 몇십년 내에 가능하다고 주장하는 이도 있다. 후자의 논리는 컴퓨터의 성능이 무척 빠르게 지수적으로 향상되고 있고 트랜지스터의 연산 속도와 정확성도 나날이 향상되는 반면, 인간의 뉴런 활동이 비교적 느리고 허술하다는 것을 근거로 한다.

실제 전자 회로는 인간 두뇌 속의 뉴런 발화 속도보다 백만 배 이상 빠를 뿐만 아니라, 타이밍과 동작의 정확성 면에서 뉴런이 도저히 따라가지 못할 정밀함까지 갖추었다.[41] 그러나 인간 두뇌의 잠재적 능력도 만만치 않다. 전력 소비 면에서 보면 전자두뇌와는 비교할 수 없을 정도로 우수한 효율적 시스템이기도 하다. 몇천억 개의 뉴런 개수를 트랜지스터로 구현하는 것은 엄청난 비용과 더불어 운영에 엄청난 전력 소비를 수반할 것이다. 특히 연결의 차원에서 보면, 컴퓨터가 고작 서너 개 연결될 때 인간의 세포는 하나하나마다 시냅스 말단에서 8만 개까지 뻗어갈 수 있다.

이런 두뇌의 비교 우위가 있는 부분도 곧 컴퓨터에 의하여 역전되리라는 전망도 있다. 대규모 병렬 컴퓨팅의 도입으로 다양한 유닛을 한데 묶어 점점 더 큰 유닛을 구성하게 되면 원리상 무한히 커지는 게 가능하다. 오랜 진화에도 불구하고 두뇌는 현재의 수준과 비교하여 크게 나아진 바 없는 반면, 컴퓨터의 발전 가능성은 가늠하기 어렵다. 그런 차원에서 미래에 컴퓨터가 어느 정도까지 발전할지 예견하는 것은 어렵다.

지수적

이런 논리에 '지수적(指數的)'이라는 수식어가 붙게 되면 무한대로 발전할 것 같다고 생각하는 것은 당연하다. 이렇게 무한히 능력을 늘려가는 컴퓨터가 인간을 추월하는 것 또한 쉽게 상정할 수 있다. 이를 긍정적으로 보는 이들은 인간이 노동에서 해방되고 기계가 인간 대신 모든 어려운 일을 대신하는 시대가 될 것이라고, 슈퍼지능이 지배하면 그동안 인간을 괴롭혔던 각종 갈등, 전쟁, 기아, 빈부차에서 해방되는 유토피아가 될 것이라고 믿는다. 그러나 인간의 노동을 기계가 대신한다는 것이 노동에서의 해방인지, 직업 상실인지는 그것을 누가 결정하냐에 따라 다를 것이다. 아무리 사회 보장이 잘 되어 생계 걱정이 없더라도 비자발적 실업 상태로 평생을 살아야 한다면 그것을 받아들일 수 있을까? 생산적 일은 기계가 하고 인간은 소비만 하는 그런 사회에서 인간의 지위나 존엄성을 생각할 수는 있을까? 그것을 기계에 의한 사육이라고 볼 여지는 없는가? 이런 점 때문에 슈퍼지능에 의해 지배되는 사회가 되면 인공지능 로봇이 인간을 먹잇감으로 여기지 않고 애완동물로 취급해 주기만 해도 다행이라고 말하는 Paul Saffo와 같은 이도 있다.[42)]

두뇌에서는 컴퓨팅 용어로 결코 설명할 수 없는 어떤 일이 일어나고 있다고 믿는다. 우리 인간의 의식적 인식 ─ 행복, 고통, 사랑, 미적 감수성, 의지, 이해 등 ─ 의 느낌을 컴퓨팅 관점으로 표현하기는 어려울 것이다.[43)] 사고 모두를 컴퓨팅으로 구현할 수 없고, 특히 의식적 인식의 느낌은 단지 적절한 컴퓨팅을 수행함으로써 생겨나지는 않을 것이다. 인식이란 두뇌의 물리적 활동과는 다르다. 물리적 활동이라면 컴퓨터로 시뮬레이션을 할 수 있지만, 컴퓨터 시뮬레이션 그 자체만으로는 의식이 생기지 않는다.

이와 같은 견해에 대하여 반론이 있을 수 있다. 즉 마음, 의식에 관한 여러 의문은 과학의 영역을 완전히 벗어난 것이 아니며, 현재는 순순히 풀 수 없지만 언젠가는 과학이 의식 세계를 담아낼 정도로 영역을 넓혀갈 것이란 생각에서, 마음의 신비도 해결할 날이 올 것이라 믿는 것이다. 이런 생각의 기초에는 초기 인공지능 공학자들이 품었던 환상이 깔려있는 것처럼 보인다.

General Problem Solver

초기의 초라한 하드웨어에서 구현할 수 있는 알고리즘이라는 것은 지극히 제한적이고 단순한 해결 구조였다. 'General Problem Solver'라는 명칭의 알고리즘도 현재의 수준에서 평가하면 지극히 초보적인 형태다. 이러한 알고리즘은 현실의 복잡계를 단순화한다는 특징이 있다. 그런 시스템을 구축할 수밖에 없었던 하드웨어 수준이 장차 나아진다면, 초보적 수준이 아닌 고차원의 알고리즘을 구현할 수 있을 것이라는 당시의 생각은 자연스럽기까지 하다. 그러나 그때도 고차원의 알고리즘이 있지만, 이를 제대로 작동시킬 수 있는 하드웨어가 있는가 하는 문제는 아니었다. 알고리즘 자체도 고만고만했다는 것이다. 제2차 인공지능 붐을 종식시킨 문제는 지극히 단순한 알고리즘 문제였다. XOR 문제라고 불리는 단순한 문제도 해결하지 못해 인공지능 연구 자체의 불씨가 꺼져버릴 정도였던 것이다.

XOR 문제

XOR 문제는 퍼셉트론(Perceptron)의 한계를 설명할 때 자주 등장한다. 논리회로에 등장하는 개념인 XOR 문제는 컴퓨터에 두 가지의 디지털 값, 즉 0과 1을 입력해 하나의 값을 출력하는 회로가 모여 만들어지는데, 이 회로를 게이트라 부른다. AND 게이트는 x1과 x2 둘 다 1일 때 결괏값을 1로 출력하고, OR 게이트는 둘 중 하나라도 1이면 결괏값을 1로 출력한다. XOR 게이트는 둘 중 하나만 1일 때 1을 출력하고, 둘 다 1이거나 0이면 0을 출력한다. 다음 그래프에서 결괏값이 논리회로처럼 되는 선을 그을 수 있는지가 문제이다.

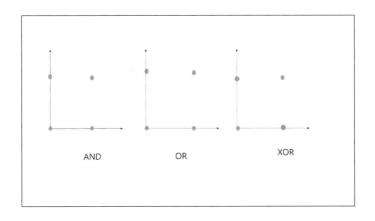

위의 그래프에서 청색 동그라미는 0이고, 주홍색 동그라미는 1이다. AND 게이트에는 녹색 선이 그어지면 녹색 상단의 1과 하단의 0이 명확히 구분된다. OR도 마찬가지로 녹색 상단의 1과 하단의 0으로 구분된다. 그러나 XOR에서는 선을 어떻게 그어도 1과 0을 구분할 없다. 이는 인공지능의 선구자였던 마빈 민스키 교수가 1969년에 발표한 "Perceptrons"라는 논문에 나오는 문제로서, 민스키 교수는 가까운 장래에 이 문제를 풀 수 있는 해결책이 나오기 어렵다고

단정하기까지 하였고, 인공신경망으로 이런 간단한 문제조차 해결할
수 없었던 데 실망감을 토로하였다. 이것은 후일 다층 퍼셉트론을
사용하여 해결된다. 도식으로 보면 다음과 같다.

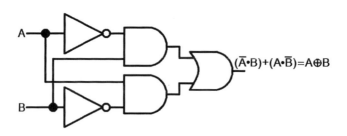

$(\overline{A}\cdot B)+(A\cdot\overline{B})=A\oplus B$

또 그 원리가 너무나 간단하여 다음과 같은 파이썬 코드로 구현된
다. 여기서 알 수 있는 것은 우리가 봉착하는 어떤 문제라도 그것을
해결하는 데 엄청난 컴퓨터 자산이나 지루한 코딩이 필요한 것은 아
니라는 점이다. 발상의 문제, 알고리즘의 문제인 것이다.

```
#-*- coding: utf-8 -*-

import numpy as np

# 가중치와 바이어스
w11 = np.array([-2, -2])
w12 = np.array([2, 2])
w2 = np.array([1, 1])
b1 = 3
b2 = -1
```

```
b3 = -1

# 퍼셉트론
def MLP(x, w, b):
y = np.sum(w * x) + b
if y <= 0:
return 0
else:
return 1
20

# NAND 게이트
def NAND(x1,x2):
return MLP(np.array([x1, x2]), w11, b1)
# OR 게이트
def OR(x1,x2):
return MLP(np.array([x1, x2]), w12, b2)
# AND 게이트
def AND(x1,x2):
return MLP(np.array([x1, x2]), w2, b3)
# XOR 게이트
def XOR(x1,x2):
return AND(NAND(x1, x2),OR(x1,x2))
# x1, x2 값을 번갈아 대입해 가며 최종값 출력
if __name__ == '__main__':
for x in [(0, 0), (1, 0), (0, 1), (1, 1)]:
y = XOR(x[0], x[1])
print("입력값:" + str(x) + "출력값:" + str(y))[44]
```

민스키 교수의 논문 이후 인공지능 연구는 공교롭게도 한동안 침체를 겪게 되고, 다층 퍼셉트론에 의하여 비로소 해결될 때까지 침체기는 계속된다.[45] 그런데 누가 인간의 의식 세계를 담아내는 어마어마한 알고리즘을 창조한다는 말인가?

지식 체계

마음이나 의식과 같은 보다 근원적인 문제는 강인공지능의 가능성과 관련된 문제로 일단 접어두고, 지식 체계라는 문제에 집중하기로 하자. 인류의 지식 체계의 발전은 생각처럼 단순하지 않았다. 우리 인류가 현재 수준의 지식 체계를 구축하는 데는 수천 년이 걸렸다. 수천 년까지 걸릴 일은 아니더라도, 인공지능 알고리즘이 인간처럼 사고하게 만드는 것은 그리 쉽지 않을 전망이다.

일반(범용) 인공지능

이와 같은 생각은 다른 학자들에 의해서도 지지된다. 최근 인공지능의 놀라운 업적은 모두 좁은 지능(narrow intelligence)에 한정된다.[46] 일반지능 또는 슈퍼지능은 전혀 양상이 다르다. 좁은 지능의 대표적 사례가 유명하고 인상적인 DeepMind의 AlphaGo(최근엔 AlphaGo Zero로 진보)이다. 수십 년 동안 컴퓨터가 인간을 이기기 어려울 것이라 여겨지던 바둑에서 AlphaGo 알고리즘은 최고 수준의 인간을 이겼다. 이러한 유형의 성공, 특히 컴퓨터 비전에서의 심도 깊은 학습의 탁월한 수행과 특히 게임을 위한 강화 학습에서 보인 성과로 인해, 많은 사람은 컴퓨터 알고리즘이 거의 모든 인간의 작업을 더 잘 수행할 것이라고 생각한다.

그러나 이면을 들여다보면, 이러한 성공은 명확하게 정의된 입력 및 출력 데이터로 국소적인 좁은 영역에서 완전히 공식화된 문제를 해결할 때뿐이다. 오늘날 인공지능 알고리즘이 직면한 주요 도전 과제는 이러한 좁은 영역을 넘어서 더 일반적인 유형의 지능으로 나아가는 것이다. 즉 인간의 지능 수준에 도달하여 어떤 상황에도 적응할 수 있고 이전에 보이지 않았던 문제를 공식화하고 해결하는 그런 수준을 달성할 수 있느냐인데, 오늘날 범용 인공지능에 대한 진전의 신호는 거의 없다고 해도 과언이 아니다. 이러한 한계에 대한 가장 좋은 예는 자연어 처리에서 볼 수 있다. 첨단의 머신러닝 기법을 동원하더라도 2018년 현재의 챗봇(chatbot)은 신통찮다. 1966년 수백 줄의 코드로 작성된 최초의 챗봇인 '일라이자'와 같은 최초의 작품보다 크게 나아 보이지가 않는다. 그러한 지체의 이유는 자연 언어 대화는 알파고와 달리 완전히 공식화할 수 없고 명확한 한계가 없는 범용 지능과 관련되어 있기 때문이다.

현재의 인공지능이 세계를 어느 정도 수준까지 이해하며 어떤 일을 할 수 있는가에 대한 대표적인 인공지능 공학자 얀 르쿤의 대답을 보면 그 한계가 드러난다. 얀 르쿤은 인공지능이 인간에 비해 좁은 범위의 일을 수행할 수 있을 뿐이라고 본다. 개, 고양이, 자동차와 같은 대상 인식, 자율주행 자동차 운전, 문장의 의미 파악, 특정 언어 번역 등이 그것이다. 인공지능이 (게임 같은 특수 분야에서는) 초인적인 일을 수행할 수 있다고 하지만, 일반지능(general intelligence: 인간처럼 모든 상황에 일반적으로 두루 사용할 수 있는 지능)의 관점에서 보면 쥐의 수준에도 미치지 못한다고 혹평했다.[47]

게임 밖의 현실 세계에서 강화학습으로 컴퓨터를 훈련시킬 수는 없다. 만약 강화학습으로 자율주행차를 훈련하려면 제대로 운전하기까지 수천 회에 걸쳐 가로수와 충돌하고 수천 명의 보행자에게 중상을 입혀야 한다. 더욱이 엄청나게 긴 훈련 시간이 필요하다. 사람의 경우, 20~30시간 연습하면 사고를 내지 않고 자동차를 운전할 수 있다. 기계는 수천~수만 시간을 연습해야 한다. 기계는 사람과 달리 스스로 판단할 수 없기 때문이다. 오늘날 인공지능의 한계다.

3. 학습하는 알고리즘

가. 기계학습 알고리즘

인공지능학자들을 괴롭히고 좌절케 한 여러 가지 문제를 종국적으로 해결해준 것은 기계학습 알고리즘이다. 흔히 머신러닝으로 불리는 기계학습은 IF THEN 방식으로 세상의 모든 현상을 규칙화할 수 있다는 결정론자들로 인해 피폐해진 인공지능학을 구원하였다.

기계학습

기계학습은 일반적으로 경험적 학습을 통해 지식과 성능을 향상시키는 알고리즘과 시스템의 체계적인 학문으로 정의된다.[48] 경험적 학습이란 올바르게 표기된 훈련 샘플들의 특징을 학습하는 것이고, 성능은 패턴을 올바르게 인식하는 능력이다. 경험적 학습은 에러 정정 아니면 어떤 목적의 완수에 따른 보상 부여 등 각기 다른 형태를 취할 수 있다. 인간의 학습 과정과 마찬가지로 항시 성능 개선의 방향으로만 진전되는 것은 아니지만, 대체로 향상된 지식, 성능 결과가 도출된다.[49]

이런 기계학습은 컴퓨터에 의한 자가학습(self-learning)이란 장점도 있지만, 많은 문제점이 생기기도 한다. 알파고에 적용된 강화학습 등 기계학습 알고리즘의 대부분이 가지고 있는 특질은 인간의 개입 없이도 성능 향상이 일어난다는 장점과 인간에 의한 통제가 어렵다는 단점을 동시에 가지고 있다는 점이다. 기계학습의 작동 과정도 블랙박스로 표현될 정도로 인간이 이해하기 어렵다. 이런 특질은 기계학습을 법 분야에 활용하고자 할 때 많은 문제를 야기한다. 머신러닝 중에서 강화학습은 머신러닝의 보상학습 기능을 극대화한 것이다. 알고리즘이 스스로 수많은 훈련 과정을 거치면서 환경과 수행 결과로부터의 보상을 통해 진화한다. 심지어 머신러닝 알고리즘의 설계자조차 훈련을 거쳐 향상된 알고리즘의 작동 방식에 대하여 이해하지 못하는 결과를 초래할 수 있는데, 이러한 점은 머신러닝으로 인하여 야기된 법적 책임 규명에서 큰 난점으로 작용할 것이다.

이와 같이 인공지능의 특질로 인한 법적 규율의 문제 등 해결이 시급한 인공지능의 현실적 과제가 산적한데도 불구하고, 인공지능의 권리나 책임 주체성 운운하는 연구 태도는 본말이 전도되었다는 생각을 금할 수가 없다. 비록 법적인 차원에서 접근한다고 하더라도 인공지능 알고리즘이 지닌 문제점의 본질에 대한 이해와 심층적 분석이 따라야 한다. 기왕의 논의 주제에 그저 인공지능이라는 수식어만 붙여서 인공지능입네 하는 연구 결과가 허다한 데 정말 목불인견이다.

나. '학습하는'의 의미

머신러닝 또는 기계학습 개념에서 학습이란 '어떤 과정으로 내부 상태를 변화시키는 행동'으로 정의할 수 있다. 따라서 머신러닝은 내부 상태를 변화시키는 학습을 통해 점차 그 성능이 향상되는 과정을 의미하기도 한다. 인간의 경우 학습은 경험으로부터 무엇인가를 배워 능력이 향상되는 것을 의미한다. 이런 경험을 통해 일에 대한 수행 능력이 향상되는 기능적 면을 학습이라 봐도 무방할 것이다. 예를 들자면 체스나 바둑을 두는 인공지능 소프트웨어 중에는 과거의 대전 기록을 이용하여 어떤 상황에서 어떻게 대처하는 것이 좋을지 자동으로 탐색해 더 효율적인 착수법을 학습하는 것이 있다. 이럴 때 과거 대전 기록을 통째로 암기할 뿐만 아니라, 상황을 어느 정도 일반화하여 학습 대상 데이터에 없는 새로운 상황에 대하여도 효과적으로 대응할 수 있게 구성하는 일반화 과정을 거친다. 이를 통해 어떤 상황에서나 유연하게 대처하는 능력을 갖게 된다.[50]

기계가 학습하는 과정에서 인간의 지도와 개입이 있는지 여부에 따라 지도 학습과 비지도 학습으로 분류하기도 한다. 컴퓨터가 스스로 학습할 수도 있다는 의미다. 특히 인터넷의 발달로 머신러닝의 학습 대상이 되는 빅데이터가 생성되고 있다는 사실은 오늘날 인공지능 알고리즘의 주류로 머신러닝이 등장하는 데 있어 큰 변수라고 할 수 있다. 이런 빅데이터에서 지식을 추출한다는 의미에서 데이터마이닝이란 개념이 생겨났는데, 데이터마이닝과 인공지능은 본질에서는 같고 바라보는 시각의 차이만 있을 뿐이다.

인간과 마찬가지로 기계도 복잡함이 덜한 단순한 대상은 쉽게 학습할 수 있다. 따라서 머신러닝의 성능을 보여주는 데는 게임이 적합하다. 더구나 게임은 승패가 있기 때문에 알고리즘의 우월성을 증명하는 데 적합하기까지 하다. 가장 먼저 인공지능 알고리즘이 적용된 게임은 체커다. 체커는 체스나 바둑보다 그 규칙이 간단하였기 때문이다. 아서 새뮤얼은 인공지능 여명기인 1950년부터 1960년 사이에 체커를 소재로 머신러닝을 연구했다. 프로그램에 내장된 전략을 머신러닝을 통해 점점 강해지도록 만든 프로그램이었다. 이 프로그램은 파라미터 조정에 기초한 기계학습 방법을 쓰는데, 자신의 수를 결정하는 방법으로 가능한 경우의 수를 여러 개 구해서 결과를 평가하고 평가가 가장 높은 곳에 두는 방법이다. 그 과정에서 적절한 설정값, 즉 파라미터 수치를 어떻게 하느냐에 따라 평가함수의 좋고 나쁨이 결정된다. 적절한 파라미터 설정은 프로그램이 강해지도록 한다.

4. 인공지능의 부정적 측면 고려

프레임, 배후 작동

인공지능은 기술적 진보에 그치는 것이 아니라 인간 삶의 방식을 근본적으로 변화시킬 수 있다는 일종의 프레임 역할을 한다는 것을 명심할 필요가 있다. 따라서 그 위험성은 구체적으로 적용된 어떤 기술이 지니는 개별적 위험을 뛰어넘는다.

인공지능에 의한 자동적 의사결정은 배후에서 작동하기 때문에 지속적으로 인간 삶에 영향을 미치지만, 정작 인간은 그것을 알지도, 보지도 못한다. 부지불식간에 인공지능이 사회 영역에 널리 확산되는데도 불구하고, 인공지능의 공평성을 인증하거나 또는 인공지능의 결정이 잘못되거나 해로운 영향을 주는 경우 이에 대한 이의를 제기할 수 있는 수단이 거의 없다.[51]

판단의 자동화

인공지능의 지능 대체의 핵심은 인간 대신 기계가 판단하는 자동화(Automation) 알고리즘이다. 무인 자율자동차 시스템도 인간의 관여 없이 스스로 상황을 판단하고 조향 장치를 작동하여 목표 지점에 도달한다는 점에서 일종의 자동화된 알고리즘이다.52) 인간생활은 이런 자동화 알고리즘으로 다양한 혜택을 누리겠지만, 그 위험성도 작지 않다. 1988년 USS Vincennes호가 290여 명의 민간인이 탄 제트 여객기를 격추시킨 사실이 있다. 이 비극적 사태는 소련 폭탄을 발견하도록 디자인된 자동화 레이더 시스템이 여객기를 적으로 오인하였고, 승무원 누구도 그 결정에 의문을 제기하지 않았기 때문에 발생한 것이었다.53) 인공지능이 인간의 지능적 판단을 대신하는 현상이 일반화되고 있는 현시점에서 이러한 위험의 가능성은 더 커질 것으로 보인다.54)

가. 불투명성

법학자나 사회과학자의 관점에서 인공지능 알고리즘에 관한 또 다른 우려는 그 알고리즘이 가지고 있는 불투명성이다.55) 만약 어떤 인공지능 알고리즘이 특정 입력으로부터 어떻게 특정 결과를 도출하였는지 알 수 없는 구조로 작동한다면, 이러한 알고리즘은 불투명하다고 할 수 있다.56) 인공지능 알고리즘이 불투명한 이유 중 하나는 인공지능 알고리즘 코드의 가독성이다.57) 프로그램 작성 구현은 전문가의 몫이며 일반인의 접근이 어려운 영역이다.

알고리즘 비공개

인공지능 알고리즘은 소유권에 의하여 보호되는 기업 비밀이나 국가 기밀에 속하며, 이 역시 불투명성을 초래하는 중요 원인의 하나다. 인공지능 알고리즘을 소유한 기업은 그들의 영업 비밀이나 기술적 우위를 유지하기 위해서 그 알고리즘을 공개하지 않는데, 그 때문에 불투명성의 문제가 생긴다.58) 이러한 기업의 비밀 보호를 명분으로 불투명성이 악용될 여지도 많다. 기업 등이 정부의 규제를 회피하거나 소비자 조작, 차별 등을 은폐하기 위한 새로운 수단으로 불투명성을 이용할 가능성이 충분하다.59)

나. 차별성

인공지능 알고리즘을 이용한 의사결정 과정에서 우려되는 부분은 그러한 의사결정이 객관적이라는 믿음, 차별의 고착화나 차별의 은폐 가능성이다.60) 인공지능 알고리즘으로 인해 개인의 특성이나 선호, 활동 사이에 대한 세밀한 구분이 가능한데, 연구 목적이든 또는 공적 목적이든 이러한 구분으로 인해 폭넓은 스펙트럼의 차별이 생겨난다.61)

차별 유형

미국에서 가장 보편적이고 지속적인 편견 중 하나는 직업 선택, 기회 및 보상과 관련하여 나타나는 여성에 대한 편견이다. 성별로 분류되는 많은 직업에 대한 고정관념은 성별에 따라 직업 분류를 달리하고, 같은 경력임에도 불구하고 남성과 여성을 차별한다. 심지어 검색 사이트의 이미지 검색 결과에서도 실제 여성 비율이 50%인 직업에 대하여 45%의 비율에 불과하다는 식의 편향성이 드러나는가 하면, 성별이 묘사되는 방식에서도 편향성이 그대로 드러난다.[62]

미국에서 문제되는 또 다른 차별 유형은 인종과 관련한 것이다. 취업지원서에는 체포나 범죄 경력에 관한 질문이 포함될 때가 많은데, 이를 통해 지원자의 신뢰성에 관한 정보를 알 수 있기 때문이다. 로이터닷컴의 검색 결과에 따르면, 광고 문안에서 흑인이 주로 쓰는 이름이 체포와 연관되는 비율이 백인이 주로 쓰는 이름보다 훨씬 높다는 것이 밝혀지기도 했다.[63] 이러한 결과는 검색광고에 사용된 알고리즘이 인종과 관련하여 편향되어 있기 때문이다.

차별 알고리즘과 윤리적 기준

차별은 가치 중립적인 면이 있고, 차별이 필요한 경우도 있어 무조건 나쁘다고 할 수는 없다. 하지만 특정 연령 또는 인종의 사람을 고용하지 않는다는 것과 같은 차별은 도덕적으로 비난받을 수 있다.[64] 인공지능 알고리즘은 어떠한 차별이 윤리적 기준에 부합하는지를 스스로 결정하진 못한다. 알고리즘으로 표현 가능한 포괄적 차별 이론이 없다면 알고리즘 기반의 차별이 윤리적인지 여부를 엄밀하게 판별할 수 없고, 이런 상황에서 인공지능 알고리즘이 어떤 도덕적 결정을 내리기를 기대하는 것은 무리다.[65] 따라서 이러한 차별을 방지할 수 있는 다양한 대책을 강구할 필요가 있다. 이러한 점이 진정 법학이 개입해야 할 문제다. 차별 방지에 대한 수많은 노력에도 불구하고, 인공지능 알고리즘에 의한 차별을 그대로 방치한다면 그것은 슬로건에 그치기 때문이다.

다. 데이터의 객관성

인공지능을 가능케 한 것은 대량의 데이터다. 소위 빅데이터라고 불리는 이러한 데이터 없이는 기계 스스로 학습한다는 머신러닝이 불가능할 것이기 때문이다.

편향성

훈련 데이터(training data)에서 통계적 패턴을 추출하도록 하는 원리의 머신러닝에서, 훈련 데이터가 소수집단에 대한 기존 사회의 편견이나 차별을 반영할 경우 그 알고리즘은 이러한 편향성을 그대로 내포하게 될 가능성이 높다. 이로 인해 소수집단에게 불리한 결정이 내려질 수도 있다. 알고리즘에서 인종과 같은 속성을 분류에 명시적으로 사용하지 않아도 편향된 결과가 나올 수 있다.[66] 데이터 규모도 이러한 왜곡을 가져올 수 있다. 데이터 규모가 작은 경우 부정적 예측의 가능성이 높아지는데, 소수집단의 데이터 크기는 주류집단에 비해 상대적으로 작기 때문에 소수집단에 대한 예측 결과가 일반 집단에 비해 나쁜 경향을 보일 가능성이 크다.[67]

또한 데이터는 수집 주체, 시기, 방법, 목적에 따라 그 특성이 달라질 수밖에 없다. 대부분의 데이터는 시간적으로 연속되거나 특정 기간에 수집되는 등 어떤 식으로든 시간과 연관을 맺고 있고, 수집 방법도 각기 다르다. 또한 데이터 수집 목적에 따라 데이터 자체를 조작하기도 하므로 데이터의 특성에 영향을 미칠 수밖에 없다.[68]

전체적 양상의 반영

또한 데이터 자체가 전체적인 양상을 제대로 반영하지 못하는 문제도 있다. 그 예로 제시되는 것이 허리케인 Sandy와 관련된 2,000만 개의 트위터(twitter) 데이터를 분석한 결과다. 맨해튼(Manhattan) 지역에서 Sandy와 관련한 트윗(tweet)의 숫자가 압도적으로 컸는데, 이것만 가지고 분석한다면 맨해튼이 허리케인 피해의 중심지로 잘못 예측될 수 있다. 실상은 맨해튼 주민의 스마트폰 소유 비율과 트위터 사용률이 높기 때문에 그런 결과가 나온 것인데도 말이다. 정작 허리케인의 집중 피해 지역은 전력 공급 중단 등으로 인해 스마트폰 사용이 제한될 수밖에 없어 허리케인 관련 트윗이 제대로 나올 수 없었다.

이처럼 빅데이터 분석을 통한 현상 분석에서 데이터 생성 과정에 대한 이해가 결여되면 흔히 전혀 엉뚱한 결과가 산출된다. 백화점 등에서 CCTV를 통해 사람들의 시선 움직임을 파악하여 선호 경향을 파악하는 등의 기발한 패턴 분석이 인공지능 알고리즘의 장점이지만, 이는 CCTV를 통해 분석 대상 데이터가 객관적으로 정확하게 수집되기 때문에 유의미한 결과로 이어진 것이다. 만일 CCTV가 백화점 내 일부에만 설치되어 있다면 그 분석 결과는 아무리 탁월한 인공지능 알고리즘을 동원하여 분석하였더라도 의미 없는 것이 되고 말 것이다. 흔히 데이터는 사회를 정확히 반영할 것이라고 가정하지만, 둘 사이에는 심각한 괴리가 있을 수 있다.[69] 이는 인공지능 알고리즘 구현에서 우선적 고려해야 하는 사항이다.

## 제2장

인공지능의 개발 동향

Ⅰ. 컴퓨터와 인간의 대결(왓슨, 알파고)

1. 컴퓨터는 왜 인간과 대결하려 하는가?

IBM의 Watson은 2011년 Jeopardy라는 퀴즈쇼에서 인간 챔피언과 대결을 벌여 승리하였고, Google DeepMind의 Alphago는 이세돌을 시작으로 커제 등 바둑 챔피언과의 대결을 벌여 압도적 승률로 이겼다. 왓슨이 이긴 두 사람은 74전 무패의 기록이거나 획득한 상금 총액이 325만 달러로 가장 많은 사람이었다. 왓슨과 인간의 대결은 IBM의 입장에서는 두 번째 도전이었다. 첫 번째는 딥블루(Deep Blue)와 인간의 체스 대결이었다. 제2차 인공지능 붐이 끝나고 시작된 인공지능의 겨울이 언제 끝날지 모르는 상황에서, IBM은 1997년에 딥블루라는 슈퍼컴퓨터로 당시의 체스마스터인 카스파로프와의 체스 대결에서 승리를 거두었다. 이것을 계기로 인공지능의 해동 조짐이 시작되었다.

인간과의 대결

왓슨이나 알파고가 가지는 함의는 무엇일까? 인공지능 알고리즘의 개발사에서 왜 퀴즈쇼 챔피언이나 바둑 챔피언과의 대결에 주목했을까? 짐작건대 그것은 인공지능 알고리즘의 우수성을 알리는 데 더없는 기회였고, 흥행을 고려했기 때문일 것이다. 알파고의 경우 이세돌과의 대국은 CF 광고보다 더 나은 홍보 효과를 거두었다. 광고를 통해 소비자에게 제품의 우수성을 일일이 알리는 것보다 소비자의 입이 광고를 대신해주는 방법을 찾는 것이 비용적 측면에서도 훨씬 낫다. 이세돌과 알파고의 대국은 전 세계 언론이 나서서 보도하고, 모든 사람의 입에 회자되는, 마치 인류의 달 착륙과 같은 충격을 주었다. 그로 인해 구글의 위상이 얼마나 높아졌을 것이며, 기업적 가치가 얼마나 상승했는지는 따져보지 않아도 명확하다. 그런 면에서 바둑에서 상징적인 이세돌과의 대결을 추진한 개발자 데미스 하사비스(Demis Hassabis)의 흥행 감각은 탁월하다.

나아가 보다 더 관념적인 이유를 찾는다면, 튜링 테스트와 무관하지 않다. 중국어 방(Chinese room)의 사례처럼 속임수를 전제하지 않고 진정 인간처럼 행동하는 지능을 만들고, 그것을 증명해 보이려는 것이 바로 왓슨이나 알파고의 도전이 가지는 함의다.

앞서 언급한 바 있는 정신과 의사를 흉내 내는 '일라이자' 프로그램의 경우 내실이 전무하며, 그 알고리즘을 알고 나면 허탈할 정도다. 그러나 IBM이나 DeepMind가 개발한 알고리즘은 바둑이나 퀴즈쇼에서 우월성을 과시하는 데 그치지 않고, 그 알고리즘으로 뭔가를 보여주려 한다. 누구나 그 알고리즘을 분석하는 순간 감탄을 자아내는 실체를 갖추고 있다. 따라서 그러한 알고리즘의 향후 활용이

몹시도 기대되는 것이다.

그런데 이들이 주목한 것이 하필이면 퀴즈쇼와 바둑인가? 알파고의 개발자 하사비스는 게임을 인공지능의 도전 과제로 삼은 것은 그 자신이 컴퓨터 게임광이었기 때문이라고 밝힌다. 또한 게임은 같은 게임이라도 플레이어가 어떻게 진행하느냐에 따라 경우의 수가 수시로 바뀌어 그만큼 사전에 프로그래밍할 수 있는 분야가 아니며, 스스로 학습하면서 최적의 값을 찾아나가야 하는 진정한 인공지능, 즉 강화학습과 어울리기 때문이라고 강변한다.70)

현실 세계의 복잡도

그럼에도 불구하고, 이는 현실 세계의 복잡도와 무관하지 않은 것 같다. 현실 세계는 컴퓨터 알고리즘으로 구현하기에는 너무나 복잡한 요소들의 집합이며, 각각의 요소는 독립적이지 않고 상호 연관되어 있다. 이러한 연관관계가 만들어내는 복잡도는 연관관계의 단계마다, 연관관계의 다양함에 따라 기하급수적으로 늘어나 현재 최고의 성능을 가진 컴퓨터로도 연산이 불가능하다. 따라서 현실의 복잡도가 그대로 존재하는 상태의 문제 해결은 어렵다.

컴퓨터와 현실 세계의 소통

또한 이러한 현실의 복잡도를 거론하지 않더라도 컴퓨터와 현실 세계의 소통을 위한 시스템 구현 또한 쉽지 않다. 왓슨이 내건 1차적 목표가 현실 세계와의 소통을 위한 인터페이스 구현이라는 것도 그러한 이유 때문이다. 왓슨을 통해 IBM은 이러한 과제를 성공적으로 완수했다. 자연어로 인간처럼 의사소통한다는 것 자체가 튜링 테스트를 통과한 셈이다. 따라서 왓슨이 퀴즈쇼에 그치지 않고 ROSS Intelligence나 Dr. Watson처럼 법률이나 의료 등에 바로 응용된 것은 이러한 인터페이스, 특히 자연어 처리라는 장점이 있기 때문이다. 왓슨이 퀴즈쇼를 통한 튜링 테스트를 통과하기 위해서는 퀴즈쇼 고유의 전략이나 정확한 답변을 내는 알고리즘도 구현해야 하지만, 보다 중요한 것은 퀴즈쇼에 등장하는, 사회자의 복잡 미묘하여 보이는 질문을 이해하고 지식베이스에서 그와 관련된 지식을 찾아내는 의사소통 능력이다. 개발자 David Ferruci는 자연어 처리의 어려움에 대한 심경을 토로하면서 왓슨의 자연어 처리가 대단해 보여도 실은 자연어 처리 알고리즘의 표면을 살짝 긁은 것에 불과하다고 했다.

전문가 시스템 계보

왓슨에 대한 또 다른 평가는 고무적이다. 인공지능의 역사 속에서 왓슨을 분류하자면, 왓슨은 제2차 인공지능 붐을 일으킨 전문가 시스템 계보에 속한다. 왓슨이 인간이 보유한 지식을 흡수하여 어떤 질문에 답을 하고 판단도 할 수 있기 때문이다.[71] 본래 전문가 시스템, 특히 규칙 기반 전문가 시스템은 일정한 규칙을 필요로 한다. 이러한 점 때문이라도 법률 분야는 전문가 시스템과 결부시키기가 쉽다. 그런데 안타깝게도 이러한 법률 전문가 시스템의 명맥이 끊어진 것이 아닐까 할 정도로 근자에 미국 등지 선진국에서 전문가 시스템이 회자되는 바가 드물다. 최근 신생 벤처기업에서 만든 ROSS Intelligence가 이러한 법률 전문가 시스템을 대표할 정도다. ROSS Intelligence에 대한 이야기는 이 책에서 반복해서 나올 것이다. 그만큼 제대로 된 법률 전문가 시스템의 성공 사례가 없기 때문이다. ROSS

Intelligence는 Dr. Watson과 함께 왓슨이 퀴즈 푸는 기계를 넘어선 지 오래되었다는 방증이다. IBM은 스스로 왓슨을 활용한 솔루션을 구성하고 패키지화해서 시장에 투입하는 전략을 진행하고 있다.[72]

사실 현재의 첨단 머신러닝이나 딥러닝(deep learning) 기법을 법률 분야의 인공지능 서비스에 그대로 활용하기는 쉽지 않다. 소송 결과의 예측 등에는 이런 기법을 사용하기도 하지만, 일상적인 법률 자문이나 서류 작성 등을 처리하기 위해서 머신러닝을 본격적으로 활용하는 방안이 제시된 바는 없다. 머신러닝 또는 딥러닝을 활용하였다는 사례의 대부분은 핵심적인 프로세스가 아닌(?) 데이터 입력과 관련되어 있다.

자연어 처리

ROSS Intelligence를 폄하하는 것은 아니지만 이는 잘 만든 법률 정보 검색 프로그램에 불과하다. 이 법률 정보 검색 프로그램의 최대 요체는 자연어 처리다. 기존의 법률 정보 검색 프로그램은 아무리 좋은 인터페이스를 가졌더라도 keyword Search의 굴레를 완전히 벗어나지 못한다. 그래서 법률 전문가라야 비로소 제대로 활용할 수 있다. 법률 전문가가 아닌 일반인은 기존 법률 정보 검색 프로그램을 이용하여 본인이 궁금한 문제의 결론과 관련된 데이터(판례·문헌 기타 자료)를 찾아내지 못한다.

2. IBM Watson의 개발과 활용의 시사점

왓슨에 대한 IBM의 설명을 보면 인공지능이라 이야기하지 않고 굳이 Cognitive Computing Platform이라는 생소한 개념을 쓴다.[73]

그러면서 왓슨은 이해하고 논리적으로 추론하고 학습한다는 점을 내세운다. 최근 인공지능에 대한 부정적 인식이 팽배해지면서 의도적으로 인공지능이라는 말을 회피하는지는 모르지만, 왓슨은 기술적으로 머신러닝 기술을 사용하는 분명한 인공지능 알고리즘이다. 그럼에도 왓슨은 머신러닝과 같은 인공지능 기술을 외부적으로 드러내지 않는다.

Cognitive Computing Platform

왓슨은 텐서플로우(tensorflow)나 카페(Caffe)와 같은 딥러닝 프레임워크가 아니라 머신러닝을 활용한 인공지능 애플리케이션 또는 서비스라 정의하는 것이 맞다.[74] Watson의 개발 과정을 다룬 스티븐 베이커의 저서를 보면, 그 개발 과정에 투여된 노력만이 아니라 난관을 극복하려는 개발자들의 창의적 시도가 눈길을 끈다. 컴퓨터 알고리즘 구현에서 난관은 인간이면 당연히 가지는 인지 능력이 컴퓨터에겐 없다는 점이다. 따라서 인간의 반응을 예측하지 못하고, 언어를 통한 인간의 커뮤니케이션을 따라 할 수 없었다. 앞서 살핀 딥블루 이전에는 역사적 지식과 패턴인식 능력, 특히 상대방의 행동을 이해하고 예측하는 능력을 모두 갖춘 인간이 체스 게임의 지배자였다.[75] 체스의 경우 상대방의 마음을 읽은 것이 매우 중요하다. 이는 인간의 전문 영역이며, 지적 능력의 상징이다. 인지과학자들이 이를 마음의 이론이라고 한다.

마음을 읽는 법

인간은 다른 사람이 어떤 일을 겪고 있는지를 상상할 수 있고, 상황을 분석함으로써 광범위하고 복잡한 상황의 구조를 머릿속에 떠올릴 수 있다. 이런 상황에서 컴퓨터 알고리즘이 체스 챔피언을 꺾기 위해서는 그러한 '마음을 읽는 법'을 가르쳐야 한다고 생각하는 것이 통상적이다. 마치 법학에서 인공지능을 구현하려 하였던 사람들이 법률가들의 법적 논증 과정을 그대로 컴퓨터로 재현해 보려고 했던 것처럼 말이다. 그러나 이것은 불가능에 가깝다. 아직 뇌과학에서 이러한 '마음'을 제대로 규명하지 못하고 있으며, 알면 알수록 더 오묘하고 신비한 의식을 컴퓨터 알고리즘으로 구현한다는 것은 아무리 과학이 발전하더라도 어려울 것이라는 것이 일반적인 전망이다.

IBM의 컴퓨터 과학자들은 이러한 과거의 진부한 인공지능의 관점과는 다른 길을 택했다. 방대한 기억 용량과 놀라운 연산 속도라는 장점을 최대한 이용하여 통계적 알고리즘으로 문제를 해결하려 했다. 딥블루는 결코 상대방의 마음을 읽으려 들지 않았고, 인간의 영감을 흉내 내려 하지도 않았다. 100여 년에 걸친 고수들의 경기결과를 저장장치에 기억했다가, 체스 경기 도중 나타나는 상황과 비슷한 수를 찾아내고 분석하는 방법을 택했다. 어떤 수를 두어야 할때마다 그 수와 관련하여 가장 확률이 높은 시나리오를 택하는 방식으로 딥블루는 매초 2억 개의 수를 분석했다. 이는 인간의 7,000만 배에 달하는 속도다.[76]

결국 통계학과 확률론이 결합된 이 방법으로 인간 챔피언을 격파했지만, 이를 온전한 인공지능 알고리즘의 산물이라고 보긴 어렵다. 이를 기반으로 하여 인공지능 알고리즘 구현 차원에서 개발한 것이 왓슨이다. 왓슨의 출현은 정교한 지식 기반 상호작용을 달성하기 위한 이정표가 되었다.[77] 왓슨 개발자들의 목표는 자연어로 된 질문에 답하는 인간 능력을 따라잡는 것이었고, 자연어 처리, 정보 검색, 지식 표현, 기계학습, 추론 패러다임의 통합을 돌파구로 삼았다. 질문을 이해하는 과정도 복잡하다. 단일의 알고리즘이나 공식이 모든 질문을 정확히 이해하거나 대답하지 못한다는 것이 핵심 아이디어다. 따라서 비록 개개의 알고리즘은 확률적으로 부정확하게 언어를 이해하지만, 이런 알고리즘이 통합되면 결과도 달라진다. 수백 개의 평행한 가설에 대하여 문맥상의 증거 차원에서 점수를 매겨 최상의 답변을 고르는 방식이다.

이 방식의 장점은 개개의 알고리즘이 독립적으로 개발될 수 있다는 점이다. 그렇게 개발된 알고리즘을 모아서 그 개별 알고리즘을 전체적 성능에의 기여도에 따라 평가할 수 있다. 이러한 시도의 바탕에는 초기 과학자들의 착각 그리고 실패로부터 얻은 교훈이 있었다. 초기의 컴퓨터 과학자들은 컴퓨터에게 언어를 가르치는 것이 쉬울 것이라는 착각에 빠져있었다. 어휘를 프로그래밍을 해서 입력한 후, 수천 개 남짓 되는 법칙(문법)과 매칭하면 된다고 생각했다. 이렇게 언어를 습득시키고 난 후 세상에 대해 가르치기만 하면 인간이 하는 일을 이해하고, 말도 하고, 생각도 하는 컴퓨터 알고리즘이 탄생할 것으로 믿었다.[78] 오늘날까지도 학생들은 학교에서 문법을 배운다. 또한 어떤 언어이든 학자들은 언어의 기술적 측면을 연구하여 그 구조를 체계적으로 정리하기 위해 노력해왔다. 이런 점에서 컴퓨터 언어에 관한 초창기 연구들이 인간의 자연 언어를 연구하면서 명사, 동사, 구문, 종속절 같은 기본 단어와 문장 구조를 분류하고 체계화하려 했던 것은 당연한 일이다.[79] 그러나 이러한 접근법은 학교에서 문법을 배울 때 나왔던 온갖 예외 사항과 일반적인 용례를 처리할 수 없었다. 어떤 단어나 어구가 어떤 뜻을 나타내는지 결정하는 단순한 과정도 다른 곳에 있는 내용의 문맥을 참조하지 않고서는 해결되지 않았다.[80)]

언어 이해

언어는 생각보다 훨씬 복잡했고, 문맥에 따라 달라지며, 인간이 수천 년에 걸쳐 축적한 정보와도 연결되어 있어 위와 같은 단순한 매칭으로는 이해할 수 없었다. 인간 언어는 매우 모호하거나 다중적인 의미를 지니거나 불명확한 측면이 있다. 이는 단점이라기보다는 큰 장점이다. 이로 인해 부여되는 유연성은 제한된 단어만으로도 정보를 교환할 수 있게 만든다. 물론 인간의 언어소통 과정은 오로지 언어의 의미 파악만으로 이루어지지 않는다. 몸짓이나 표정 등과 언어를 결합해야 진정한 의미 파악이 가능하다. "응!"이라는 표현은 대화 당사자가 처한 환경에 따라, 톤(tone)에 따라 그 의미가 달라진다. 처한 상황과 표정, 몸짓 등이 결합되면 단 한 음절로도 복잡한 의사교환이 가능하다.

사전적 의미와 말한 사람이 실제 담아내려는 의미의 차이를 메우는 의사소통 과정은 컴퓨터 알고리즘이 도저히 따라잡을 수 없는 영역이다.[81)] 퀴즈 시합에 나가서 인간과 겨루려는 프로그램을 개발하려는 연구자들로서는 이런 의사소통의 난관부터 극복해야 했다. IBM에서 Watson의 특징을 인지컴퓨팅이라고 하는 것도 컴퓨터의 인지와 관련된 핸디캡을 극복하려는 연구자들의 고민과 노력이 담겨있기 때문이다. 이런 난점은 어떻게 극복되었을까? 자연 언어의 처리와 관련하여 위에서 지적한 문제점을 일거에 해결한 것은 바로 기계학습, 머신러닝이었다. 초창기에 규칙을 일일이 만들어야 했던 것과 달리 기계학습은 말뭉치(corpus)라 불리는 다량의 텍스트 ― 원문과 번역문을 포함한다 ― 를 제공하고 기계가 원문과 번역문의 비교를 통해 스스로 어떤 패턴이나 상관관계를 찾아내는 방식이다. 인간과 달리 기계학습은 끝없는 학습 과정이 기본이다.

brute force

알파고가 바둑을 배우는 과정에서 엄청난 수의 기보를 토대로 학습한 후 알고리즘끼리 수없는 대국을 거쳐 스스로 승패와 직결된 효율적 수를 발견해가는 것도 소위 brute force라 불리는 이 탐색 과정을 거쳐서이다. Watson은 데이터베이스에서 특정 정보를 수집하는 크롤러(crawler), 수집된 문서를 처리하고 여러 가지 텍스트를 분석하며 인덱싱(indexing)하는 문서 처리기(document processor), 분석된 문서를 입력받아 텍스트마이닝(text mining) 및 분석하는 과정에서 성능을 높이기 위한 인덱서(indexer), 모든 사용자 검색과 분석 요청을 하는 검색엔진(search engine), 브라우저 기반의 인터페이스인 내용 분석기(content miner), 문서 수집 관리와 시스템 활동, 로그 모니터링, 각종 설정을 담당하는 관리자 콘솔(administration console)과 같은 여러 컴포넌트로 이루어져 있다.[82] 한마디로 왓슨 질의응답 시스템이기도 하다.

왓슨의 자손

왓슨은 일상 언어로 표현된 질문을 취하여 질문의 상세까지 이해하고 정확한 답변을 하도록 설계되었다. 이러한 컴포넌트는 재활용이 가능한 것으로서 법률 분야에서는 Andrew Arruda가 개발한 ROSS Intelligence가, 의료 분야에서는 Dr. Watson이라는 암 진단용 프로그램이 그 활용의 대표적 예이다. Watson의 경우 공용 프레임으로서의 역할도 하고 있다. 누구나 사용할 수 있도록 인터페이스를 제공하고 있다. 왓슨은 지금 많은 분야에서 많은 자손 시스템을 거느리고 있다. Dr. Watson과 같은 시스템은 왓슨의 이름을 따르고, ROSS Intelligence와 같은 시스템은 그렇지 않다. IBM은 왓슨의 역량을 넓히는 데 많은 돈을 쏟아부었고, Watson을 구축하기까지 5년이 걸렸다.[83]

2011년에는 왓슨 사업부가 창설되어 107명의 왓슨 직원이 합류했다. Watson 사이트를 방문하면 "With Watson you can transform the way you work", "With Watson you can recommend with confidence", "With Watson you can accelerate research and discovery"라는 배너 화면과 함께 "think"라는 빛나는 텍스트 이미지를 볼 수 있다.

범용 프레임

IBM은 이를 활용해 교육, 건강, 재정 서비스, 사물인터넷, 미디어 등과 관련된 산업용 애플리케이션을 개발할 수 있다는 점을 강조하면서, 문서, 개발용 도구(Developer tools), SDK 등을 제공하고 있다.[84] 이것이 어찌 퀴즈쇼용 알고리즘인가? 그것이 가지고 있는 여러 약점에도 불구하고, Watson은 인지컴퓨팅의 기치 아래 컴퓨터 알고리즘이 가진 본질적 약점을 해결한 범용 프레임으로 찬사를 받아도 마땅하다. 왓슨 개발팀은 의료 산업을 공략 대상으로 삼았지만, 어떤 분야든 정보 집약적 산업이면 왓슨의 재능이 빛을 발할 것으로 판단했다. 법률 산업도 그에 해당한다.

ROSS Intelligence

ROSS Intelligence는 Watson University Competition에서 토론토 대학 재학생 그룹이 IBM의 인지컴퓨팅 기반의 법률 애플리케이션을 개발하여 2위를 차지한 것에서 비롯됐다. IBM은 ROSS Intelligence 팀에게 왓슨의 클라우드 플랫폼에 항시 접속할 수 있게 해주었고, 개발팀 학생들은 방대한 양의 법률 문서를 그 플랫폼에 탑재하였다. 왓슨이 강력한 이유는 학습 능력 때문이다. 변호사들이 ROSS Intelligence를 사용하면 할수록 그것의 성능은 향상된다. 또한 ROSS Intelligence은 왓슨의 특징인 자연 언어 및 인지컴퓨팅 플랫폼을 활용하여 신뢰도 및 선례 평가로 소송 결과를 예측하고, 그 소송에 필요한 자료를 제시한다.

ROSS Intelligence는 법률 검색을 통해 변호사를 조력하는 법률 전문가 시스템인 셈이다. 이 시스템을 사용할 때의 장점은 자연어 (단순 영어)로 질문해도 ROSS Intelligence가 그 질문의 취지에 맞게 판례, 법령, 문헌 등에서 질문과 관한 요약된 검색 결과를 반환하여 신속하게 최신 정보를 얻을 수 있다는 점이다. 뿐만 아니라 ROSS Intelligence는 관련 사건에 영향을 줄 수 있는 새로운 법원의 결정에 관한 정보를 업데이트하기 위해 24시간 내내 모니터링을 하고 있다.[85]

ROSS Intelligence의 시연을 본 150명 규모의 로펌 대표 Randall Crocker는 그것이 전통적인 법률 정보 검색 도구보다 직관적으로 작동한다는 점에서 매우 고무적이라고 평했다. 또한 그는 ROSS Intelligence를 보다 효율적으로 서비스한다면 소규모 로펌도 전 세계적인 경쟁력을 갖출 수 있을 것이라고 했다.[86] 최근 변호사이자 블로거인 한 사람은, 법률 사무직이 상당수 이런 시스템에 의해 대체되고 있으며, 아직도 법률 사무직에 의존하고 있다면 그들이 하는 일을 인공지능 시스템으로 대체할 수 있는지 모색하여야 한다고 주장했다. 주로 사건 관리나 문서 관리 등이 주 대상이지만, 점차 법률 사무직의 필요성은 줄어들 것이다. 물론 변호사의 대체도 예상된다. 왓슨에게 법률 검색을 시킨다면 법률 정보의 검색을 담당하는 변호사가 필요할까? 물론 대체 불가능한 변호사군도 있다. 관례가 중요하거나, 협상력이 필요하거나, 소송 기술이 요구되거나 전략 기획 업무 등의 경우, 그것을 담당하는 변호사를 인공지능 알고리즘으로 대체할 수 없을 것이다.[87]

가. 의료 산업에서 Watson의 구체적 활용

의료 분야에서 왓슨을 이용한 여러 형태의 파일럿 프로그램의 개발에 착수하였다. 그러한 프로그램 개발의 목표는 왓슨을 이용해 정형 데이터와 비정형 데이트를 결합하고, 여러 가지 분석 옵션을 만들어내어 의료 절차나 치료 수준을 향상시키는 것이다.[88]

비정형 데이터

예를 들어 당뇨환자가 의사를 방문하였을 때, 의사는 당화혈색소 검사가 필요하다고 결정한 후, 혈액을 채취하고 혈압을 재고 당화혈색소 검사 및 콜레스테롤 수치 측정을 한다. 일반 혈당 측정 결과는 환자 일지에 기록되지 않는다. 이런 데이터는 비정형 데이터다. 그러나 당화혈색소 검사는 채취한 혈액을 검사실로 옮긴 후 검사를 통해 이상 여부를 살핀다. 혈액 검사는 통상 차트에 기재되는데, 이는 비정형 데이터로 전자 의료 기록에 수록되지는 않는다. 심전도 검사는 의사가 행하고, 그 결과는 비정형데이터로 수록된다. 신체검사 결과도 비정형 데이터 형태로 수록된다. 이런 과정을 보면, 의사와 환자의 접촉 과정에서 상당한 양의 비정형 데이터가 생성된다. 의료 정보는 5년마다 두 배로 증가하고, 그 결과 의사들은 환자를 치료할 때 데이터 속에서 길을 잃는다.[89]

최근까지 대부분의 의료 분야 컴퓨터 시스템이 저장하고 검색할 수 있는 것은 정형 데이터에 국한되었다. 이러한 프로그램들은 자연어를 이해하거나 비정형 형태의 데이터를 분석할 수 없었다. 이러한 것을 해결한 것이 바로 IBM Watson이다. Memorial Sloan-Kettering Cancer Center의 최초 적용 사례에 의하면, 그들은 왓슨에게 유방암 및 폐암 연구를 가르쳤고, 그로 인해 위 센터는 환자 치료에서 최상의 데이터를 사용할 수 있는 시스템을 개발하기에 이르렀다. 이 시스템은 왓슨의 인지컴퓨팅 자연 언어 처리, 의사결정 지원 시스템 등을 사용하여, 축적된 기존의 비정형 데이터 속에서 어떤 패턴을 발견하고 환자 데이터의 마이닝과 정형 데이터 분석을 통해 특정 환자에 가장 들어맞는 질병 패턴을 찾아내었다.[90]

또 다른 사례는 유명한 MD Anderson 암 센터가 도입한 시스템이다. 환자의 프로파일 속 데이터뿐만 아니라 의학 서적의 정보도 분석하여 이해한 후, 의사와의 협업으로 증거에 기초하여 그 환자에게 적합한 맞춤 관리 옵션을 선택하여 환자를 치료한다.

위 두 가지 사례의 공통분모는 바로 검색과 자연어 처리가 주요 특징인 DeepQA를 사용했다는 점이다.

훈련과 시정

물론 이러한 시스템은 처음부터 완벽하진 않았고, 결함도 있었다. 그 이유는 지식베이스에 엉뚱한 데이터를 넣었기 때문이다. 그러나 시스템 도입 과정에서 왓슨을 적용한 시스템이 틀리면 의학 전문가가 이를 시정하는 방식으로 훈련을 거듭하면서 점차 발전된 형태가 되었다. 한국에도 인천 길병원에서 최초로 도입했다. 필자는 2017년 12월 19일 고등과학원에서 인공지능 법률 서비스와 관련한 발표를 한 바 있는데, 이때 가천대 의과대학의 이언 교수가 인천 길병원에 도입된 Dr. Watson의 국내 활용 사례를 함께 발표하였다.[91]

법률 분야의 전자증거개시 과정에서의 컴퓨터 알고리즘 활용에 익숙한 이들은 반복적 학습의 효과에 대하여 잘 알 것이다.

나. 금융권에서의 왓슨 활용 사례

금융권에서는 Citi Bank가 고객 경험을 개선하고, 잠재적인 고객이 대출을 상환할 가능성을 예측하거나 사기 가능성이 보이는 사례를 찾거나 색출하는 데 왓슨을 사용하고 있다. 그러나 이것은 시작 단계일 뿐이다.[92]

다. 결국 데이터 처리

알파고와 다르게, IBM Watson의 데이터는 인간적이다. 즉 인간이 이해할 수 있는 데이터이다. 반면 알파고에 투입되는 데이터는 수치화된 데이터이다. 바둑의 좌표, 게임 아이템의 위치, 바둑의 집 수 등 모두 수치화된 데이터이다. 그러한 데이터는 인간에게 와닿지 않는다. 바둑은 기본적인 규칙을 알면 누구나 둘 수 있다. 그러나 프로 기사의 수는 일반 아마추어가 이해하기 힘들다. 설명을 해도 그 수가 다른 수보다 낫다는 점을 쉽게 이해할 수 없다. 심지어 프로 기사들조차도 어떤 수의 가치를 수량적으로 분석하지는 못한다. 바둑에서 "감이 좋다."라든지 "좋은 모양이다."이라는 표현이 등장하는 것도 그렇다.

최근 알파고 제로가 이세돌을 격파한 알파고를 압도했다. 이런 알파고 제로가 두는 수는 인간 전문가가 분석해도 왜 그 수가 좋은지 판단이 서지 않는다. 그러나 그런 수들은 컴퓨터 알고리즘 연산의 결과이다. 인간이 그 복잡한 연산 과정을 이해하지 못할 뿐이지, 원리는 그리 어렵지 않다. 그러나 그 알고리즘에 사용하는 데이터는 직관적이지 못하다.

인간적 데이터 vs 수치

반면 왓슨에 사용된 데이터는 인간 전문가가 이해할 수 있다는 점에서 인간적이다. 의료에 관한 앞선 예에서 당화혈색소 수치는 수치 데이터이지만, 해석이 가능하다. 대개 6.0 이하이면 양호한 수준이고, 7.0을 넘어가면 관리가 필요하며, 그 이상의 수치이면 합병증이 우려된다는 등, 수치이지만 설명이 가능하다. 다른 비정형 데이터의 경우도 비록 수치로 표현되지만 어느 정도 이해가 된다. 따라서 컴퓨터 알고리즘으로 처리된 결과에 대하여도, 그 예측 결과와 실제 결과의 일치 여부 외에도 입력 변수로 투입된 수치 데이터를 보면 어느 정도 상관관계가 짐작된다.

요컨대 왓슨의 인지컴퓨터의 요체는 데이터의 입력과 해석 과정

이고, 기존 컴퓨터 알고리즘과의 차이는 IBM이 인공지능이란 말을
거부하며 내세운 인지컴퓨팅이다. 사람이 이해하듯 컴퓨터가 이해하
도록 자연어 처리를 중심으로 알고리즘이 데이터를 어떻게 받아들
이고, 해석할 것인가에 주안점이 주어진다. 핵심적인 예측의 원동력
은 여전히 전문가의 경험이 녹아있는 Knowledge Base다.

알파고에는 이러한 Knowledge Base가 존재하지 않는다. 알파고
훈련에 사용된 기보가 Knowledge Base가 아니냐고 질문할까 두렵다.
데이터와 Knowledge Base조차 구별하지 못하는 우문이기 때문이다.
인공지능을 정의하면서 "사람이 하는 것을 대신해내는 것"이라고
정의했다면, 알파고나 왓슨이 모두 해당한다. 그러나 왓슨의 해결
방식은 다분히 인간적인 반면, 알파고는 전혀 다른 해법이며, 사람
들이 이해할 수 없다.

이러한 이해 불가가 일반인들로 하여금 공포심을 유발한다. 그 가
능성의 끝이 어디인지 짐작하기 어렵기 때문이다. 그러나 역으로 법
률 분야에 적용될 인공지능 알고리즘은 어떤 형태일지를 결정하는 것
은 쉽다. 인간이 이해할 수 없는 식의 인공지능 알고리즘이 쉽게 수용
되기는 어렵기 때문에, 설명 가능성의 문제는 수용의 전제 조건이라
고 봐야 한다. 전문가 시스템이 지식베이스를 토대로 질의응답 블록
과 규칙 블록으로 구성되는 것은 이런 점을 반영하기 때문일 것이다.

3. Alphago의 개발과 활용의 시사점

알파고가 시사하는 점은 IBM Watson과는 차이가 있다. 알파고가
이세돌을 격파하는 시점에 필자는 그 알고리즘의 특징이 무엇인지
를 알고 싶어 여러 문헌을 참고하고, 알파고 알고리즘과 관련한 여

러 정보를 수집하기에 여념이 없었다. 알고리즘에 대한 이해가 부족할 때는 바둑이나 아케이드 게임 같은 것을 잘할 수 있을 뿐, IBM Watson과 같은 활용 프레임으로서는 많이 부족할 것이라는 견해를 피력하기까지 하였다. 그때만 해도 알파고가 가진 무섭기까지 한 장점을 간과한 면이 없지 않았다.

원래 바둑의 경우 매우 복잡할 뿐만 아니라, 바둑 고수조차 하나하나의 수가 왜 좋은지 왜 나쁜지 이야기하기가 쉽지 않기 때문에 그것을 코드화하기 어렵다고 알려져 있다. 대부분의 인공지능 연구자들은 컴퓨터가 인간 고수만큼 두려면 한 세기는 족히 걸려야 할 것으로 생각했다.[93] 게임이 시작되는 상태에서는 361가지의 선택이 생기고, 첫 수를 두면 그 361가지의 선택지마다 각각 360개의 선택지가 생기는 식으로 탐색 공간의 규모가 $250^{150} = 10^{360}$이므로 소위 Brute-force 방식은 부적절하다.[94]

강화학습, 몬테카를로 트리 탐색

그래서 강화학습을 채용하게 되었고, 터미널 노드로부터 빠른 시뮬레이션으로 승패를 결정하고 이러한 결과를 토대로 인공신경망의 오류역전파(back propagation)를 통한 가치 변경으로 액션의 가능성을 변경하는 몬테카를로 트리 탐색을 통해 난관을 극복하고자 하였다. 이러한 몬테카를로 트리 탐색은 어떻게 움직이는 것이 가장 유망한 것인가를 분석하며 검색 공간에서 무작위 추출에 기초한 탐색 트리를 확장하는 데 중점을 둔다. 몬테카를로 트리 탐색을 게임에 적용하는 것은 많은 '플레이아웃(playout)'에 기초한다. 각각의 플레이아웃에서 무작위 선택을 통해 게임을 끝까지 마친다. 각 플레이아웃의 최종 게임 결과로 노드에 가중치를 두어 장래의 플레이아웃에서 선택할 가능성을 높인다.

플레이아웃을 사용하는 가장 기초적인 방법은 참가자가 규칙에 맞게 둔 각각의 수에 동일한 수(움직임)의 플레이아웃을 적용하고, 가장 많은 수의 승리를 이끈 움직임을 선택하는 것이다.

'순수 몬테카를로 게임 탐색(Pure Monte Carlo Game Search)'이라 불리는 이 방법은 종종 예전의 플레이아웃에서 참가자를 승리로 이끌었던 움직임에 더 많은 플레이아웃이 부과되면서 효율성이 높아진다. 모두 4단계로 나누어지는데, 첫 단계는 루트 R에서 시작하여 연속적인 자식 노드를 선택해 내려가 마디 L에 이르는 선택(Selection) 과정이다. 이때, 게임 트리를 가장 승산 있는 수로 확장시킬 자식 노드를 선택하는 방법을 채택한다. 다음 단계는 확장(Expansion)이며, 이 과정에서 노드 L에서 승패를 내지 못하고 게임이 종료되면 하나 또는 그 이상의 자식 노드를 생성하고 그중 하나의 노드 C를 선택한다. 다음은 노드 C로부터 무작위의 플레이아웃을 실행하는 시뮬레이션(Simulation) 단계이다. 이것이 끝나면 플레이아웃의 결과로 C에서 R까지의 경로에 있는 노드들의 정보를 갱신하는 오류역전파 단계가 뒤따른다.[95] 이러한 몬테카를로 탐색을 기반으로, 13계층의 컨볼루션(convolution) 신경망 분석을 가미하여 모든 빈자리에 대한 확률 분포를 모색하는 것으로 알려져 있다.

강화학습을 채용한 알파고의 또 다른 특장점은 지도 학습의 결과를 자체 경기를 통해 강화한다는 점이다. 알파고는 신경과학 박사학위를 받은 하사비스의 주도 아래 구현된 인공지능 알고리즘이다. 신경과학을 하면서 뇌 인지과학을 연구한 이유가 인공지능 구현을 위한 것인지는 알 수 없으나, 그는 그 과정에서 사람이 눈으로 바라본 것을 뇌에서 인식하는 것처럼 컴퓨터가 이미지를 인지하고 데이터 형태를 처리하는 과정을 연구했다. 이것이 훗날 알파고에 적용된 컨볼루션 신경망 구현의 기초가 된다.

정책망(policy network)

알파고의 특징은 정책망이다. 이는 돌을 어디에 두어야 할지 결정하는 신경망으로 인간의 직관을 흉내 낸 것이다.[96] 과거의 기보 데이터를 토대로 프로 바둑기사들의 착수 전략을 최대한 모방하도록 한 후, 이를 기초로 12계층으로 된 첫 번째 인공신경망을 완성했다. 또한 여기서 더 나아가 기존 정책망과 새로운 정책망과의 가상 대국을 통해 승률이 높은 수를 추려내고, 낮은 경우를 제외했다. IBM의 딥블루가 2억 개의 경우의 수를 고려했던 반면 알파고가 고작 10만 개만 고려해도 되는 것은 정책망을 통해 승리할 확률이 있는 수를 압축적으로 추려내는 능력을 확보하였기 때문이다.

가. 강화학습

머신러닝 기술은 선형회귀, 이미지 분류, 음성의 텍스트 변환 등을 위해 데이터를 입력을 받아 학습하여 어떤 식으로 변형한다는 정도의 수준을 벗어나지 못하고 있었다. 이러한 접근에는 상호관계에 대한 고려가 부족했다. 강화학습은 상호관계에 바탕을 둔 학습으로, 에이전트의 액션은 환경에 영향을 주어 환경의 상태를 변화시키고, 이에 따라 에이전트는 보상을 받는다는 프레임워크를 가지고 있다.[97]

행동에 대한 보상을 통한 학습

따라서 강화학습은 '행동에 대한 보상을 통해 학습하는 것'이라고 정의할 수 있다. 강화학습은 지도 학습에 속하기도 하고, 별개의 독립적 영역으로 분류되기도 한다. 학습 중에 사람으로부터 피드백을 받기 때문에 지도 학습으로 분류되지만, 레이블(label) 기반의 판별식에 의하지 않는 학습 모델이기 때문에 지도 학습과는 다른 별개의 학습 모델로도 볼 수 있다.[98]

강화학습은 시행착오를 거쳐 학습하기 때문에 사람의 학습 방식과 비슷한 면이 있다. 시행착오를 통해 스스로 배우는 알고리즘이 고성능 컴퓨터에 이식되고, 무궁무진한 빅데이터로 학습한다면 강인공지능의 출현은 시간문제라는 이도 있다.[99] 앞서 바둑의 예를 들면, 지도 학습의 경우 인공지능 알고리즘이 마주치는 각 위치에 상응하는 정확한 수의 위치에 대하여 일일이 알려주어야 한다. 실상 그런 피드백은 불가능에 가깝다. 물론 지도 학습의 피드백이 없는 상황에서도 알고리즘이 자신의 수에 대한 전이 모형을 배울 수 있고, 상대의 수를 예측하는 법도 배울 수 있다. 그러나 무엇이 좋고 무엇이 나쁜지에 대한 피드백이 전혀 없으면 알고리즘은 다음 수를 결정하기 위한 근거를 형성할 수 없다. 우연히 어떤 수를 두었을 때 뭔가 좋은 일이 났다는 것을 파악해야 하며, 또 나쁜 일이 일어났다는 것도 알아야 한다. 이와 같은 피드백을 보상 또는 강화라고 부른다. 어떤 일이 일어났을 때 이에 대하여 지각하는 순간 이를 보상으로 여겨야 하는데, 자연은 그런 기능을 동물에게 내장시켰다. 즉 동물들은 고통과 배고픔을 부정적으로 인식하고, 쾌락과 음식 섭취를 긍정적 보상으로 인식한다.[100]

심리학자 에드워드 손다이크(Edward Thorndike)는 100년 전에 강화학습과 관련한 실험을 행한 바 있다. 고양이를 레버를 눌러서 탈출할 수 있는 상자 안에 넣어 두었는데, 고양이는 이리저리 움직이다가 우연히 레버를 밟고 탈출하게 되면서 레버를 밟는 동작이 탈출이라는 결과와 연관되었다는 것을 배우게 되었다. 그 과정을 거치면서 시행착오가 줄어들고 탈출 속도도 증가하였다.101) 강화학습은 이런 자연계 생태에서의 원리를 베껴왔다. 시행착오의 개념이 적용된 강화학습은 환경의 상태를 관측하고, 이에 따른 적절한 행동을 취하고, 이러한 행동으로 인한 환경의 보상을 다시 상태로 변환하고, 다시 관측하는 일련의 과정을 반복한다.

이렇게 일련의 '관측-행동-보상' 과정을 통해 환경으로부터 얻은 보상을 최대화하는 임무를 수행하는 것을 강화학습이라고 볼 수 있다. 사실 이런 강화학습은 초기부터 인공지능 연구자의 관심을 끌어 초창기 인공지능이 강화학습 모델을 지향할 정도였다. 1951년 인공지능의 선구자 격인 Marvin Minsky가 쥐가 미로를 탈출하는 법을 따라하는 강화학습 기능 컴퓨터를 만든 것도 우연은 아니다.102) 강화학습은 쥐를 비롯한 지구의 모든 생물이 공유하며, 모든 지능적인 행동의 기반이 되는 상호관계를 착목하여 공식적 모델로 만든 것이다.103)

강화학습이 처음 나온 지는 수십 년이 흘렀지만, 일반 머신러닝 커뮤니티에서 가지는 영향력은 상대적으로 작았다. 하지만 이는 최근 딥러닝과 결합되면서 도약하게 된다. 즉 다계층(Multi-Layer) 신경망을 이용하는 딥러닝이 학습한 복잡한 표현과 강화학습의 귀납적 학습을 결합하는 것이 결정적 한 수였다.104) 강화학습은 알파고를 만든 구글 딥마인드의 주력 무기일 정도로 주가를 올리고 있다.

구글 딥마인드는 강화학습 방법의 하나인 큐러닝 (Q-learning) 이론을 딥러닝 핵심 이론의 하나인 컨볼루션 신경망과 접목한 딥큐네트워크(Deep Q- network; DQN)를 최초로 개발했다.[105]

지금의 강화학습 수준에 도달하기까지는 반세기 이상이 소요되었으며, 그 과정에서 제어이론, 행동심리학, 운용과학, 신경과학이 영향을 주었다. 이처럼 다양한 분야가 퍼즐 조각처럼 연결되면서 현재의 강화학습 그림이 나타났다고 하는 비유가 어떨까? 현재 한창 주가를 올리는 자율자동차도 기본적으로 강화학습에 의하여 움직이고 있다. 강화학습을 구현하는 다양한 알고리즘이 개발되어 로봇제어, 통신망, 보드게임 등 여러 분야에 적용되고 있지만, 상태 공간을 작은 지역으로 나누어 학습하고 결합하는 형태에서 전체 문제로의 확장과 그에 대한 입증은 여전히 어렵다는 약점도 있다.[106]

액션과 보상

지도 학습 환경에 익숙한 사람들은 사고를 바꿔야 강화학습을 이용할 수 있다. 지도 학습과 같이 입력값과 미리 획득한 출력값의 쌍이 필요 없다. 보상과 액션의 정확한 쌍을 준비해야 한다. 어떤 주어진 환경에서 에이전트에게 "이런 액션을 하면 돼."라고 알려줄 수 있는 일련의 정확한 액션에 대한 정보[107]를 갖고 있지 않기 때문에, 에이전트는 어떤 액션을 취해야만 시간의 흐름에 따라 가장 큰 보상을 가져올지를 스스로 학습해야 한다. 바둑의 예를 들면, 어떤 착수가 좋은지에 대한 정보는 없고 강화학습을 통해 최선의 수를 찾는 것이다.

나. 알파고의 함의

이런 알파고가 가지는 함의는 무엇일까? 이세돌과의 대결에 쓰인 알파고 알고리즘도 놀라운 것이었지만, 그 성능이 점점 향상되고 있다는 사실이 더 경이롭다.

바둑 전술의 역공학

2017년 10월경의 알파고 제로는 애초 버전과 전혀 다른 양상을 보이고 있다. 애초 버전은 바둑기사가 둔 수에 관한 데이터를 바탕으로 훈련된, 소위 지도 학습의 성격이 강했다. 반면 알파고 제로는 이런 바둑기사의 기보 데이터 없이 바둑의 규칙에만 의거해서 알고리즘끼리 수백만 번의 대결을 거쳐 초인적인 실력을 갖추게 되었다. 경악스럽기까지 한 것은 오직 규칙이나 원칙만 알려주면 학습을 통해 이 세상 누구보다 놀라운 실력을 갖추게 된다는 것이며, 오로지 알고리즘 간의 대결을 통해 나타난 시도, 실수 등을 바탕으로 바둑에 사용된 전술을 역공학(reverse engineering)하여 파악했다는 것이다.108) 발전의 속도도 놀랍다. 알파고 제로는 불과 사흘 만에 이세돌 기사를 이겼던 이전 버전을 능가했다. 40일 만에 이 세상에 존재하는 어떤 바둑 시스템도 능가했다.

인간에 의해 축적된 데이터를 사용하지 않는다는 것은 인공지능 알고리즘에 있어 매우 중요한 부분이다. 통상 인공지능 시스템은 방대한 데이터를 통해 통찰력을 얻고 각종 추천을 행한다. 대부분 지도 학습을 통해 구현이 가능하다는 이야기인데, 알파고 제로 시스템은 이런 제약을 뛰어넘는 계기가 될 것인지가 관건이다. 게임이라는 국한된 세계이지만 과거로부터 축적된 정보 없이도 자가학습(self-learning)

을 통해 새로운 지식을 창조할 수 있다는 것이 증명된 셈인데, 만약 게임이라는 한정된 세계를 넘어 현실 세계의 다른 분야에서도 마찬가지의 원리로 작동한다면 그 의미가 엄청날 것이다. 인류의 지식 체계를 완전히 부정하는 새로운 시스템의 등장이 될 것이며, 그때는 슈퍼지능(super intelligence)을 두려워해야 할지도 모른다.

II. 인공지능과 학습, 머신러닝

1. 학습 능력

현재 인공지능의 가장 큰 특징은 학습 능력이다. 그래서 인공지능과 머신러닝이 동일한 의미로 쓰이기도 한다. 기존의 컴퓨터 프로그램은 사람이 일일이 프로그래밍을 해주어야 했고, 코딩 과정에서 일어난 사소한 실수라도 심각한 작동 오류로 연결되었다. 순차적 프로그래밍의 경우 그것을 구성하는 연결점 어디든 문제가 있으면 전체 프로그램이 제대로 작동하지 않았다. 이런 단점을 극복하기 위하여 객체 지향 프로그래밍 기법 등이 등장하기도 했지만, 어떻든 간에 컴퓨터 알고리즘은 사람이 코딩을 통해 지시한 이상의 기능을 수행할 수 없었다. 어찌 보면 꼭두각시와 같은 존재였고, 프로그래밍의 성능은 프로그래머의 실력과 비례했다. 이러한 전통적 컴퓨터 알고리즘과 대비되는 것이 바로 인공지능 알고리즘이다.

2. 머신러닝

머신러닝 또는 컴퓨터 학습은 경험으로부터 배워서 그 성능이 갈

수록 향상되는 컴퓨터 프로그램을 다루는 컴퓨터 과학의 하위 분야를 의미한다. 이때의 학습은 은유적 개념으로, 컴퓨터 학습이 인간의 고도화된 인지 시스템을 그대로 따라 하려는 것은 아니다.[109)

학습

학습을 기능적 면에서 바라보면 경험을 통해 어떤 임무(task)의 수행 능력을 향상시키기 위해서 행동을 변화시키는 능력이라고 정의할 수 있다. 카네기 멜런 대학교의 톰 미첼 교수에 따르면, 컴퓨터 알고리즘이 어떤 임무 T를 수행할 때 성능이 P만큼 향상되는 경험 E를 보이면 그 알고리즘은 임무 T와 P에 대해 경험 E를 학습한 것이라 할 수 있다.[110) 대개 머신러닝은 예측을 하거나 복잡한 임무를 자동화하기 위해 데이터 속에서 어떤 패턴을 찾는 데 쓰인다. 그래서 데이터의 패턴을 자동적으로 인지하고, 다뤄지지 않은 패턴을 사용하여 미래의 데이터를 예상하거나 불확실성 아래 여러 종류의 결정을 선택하는 방법으로 머신러닝을 정의하기도 한다.[111) 머신러닝에서 불확실성이란 "주어진 과거의 데이터로 할 수 있는 최상의 예상은 무엇인가?", "주어진 데이터를 설명하기 위한 최상의 모형은 무엇인가?", "내가 다음으로 수행할 수 있는 측정 작업을 무엇인가?" 하는 형태로 나타난다.[112)

머신러닝의 실제 적용 사례로는 인터넷에서의 검색, 안면인식, 사기 탐지, 데이터마이닝 등이 있다. 데이터마이닝과 머신러닝을 혼용하기도 하는 이유가 바로 여기에 있다.[113) 머신러닝은 특히 예측·분석에 많이 쓰인다. 기존의 데이터를 분석하여 불확실한 결과의 가능성을 예측하는 데 머신러닝을 쓴다. 잘 수행되면 머신러닝 알고리즘은 비슷한 상황에 처한 인간과 비슷한 수준의 일을 자동적으로 행할 수 있다. 현대의 인간은 정보의 홍수 속에서 살고 있다고 해도 과언이 아니다. 많은 데이터로 인해 자동화된 데이터 분석 기법이 필요하게 되었으며, 머신러닝은 이런 자동화된 기법을 제공한다.[114)

이러한 점만 놓고 보면 머신러닝을 지능적이라고 할 만하다. 머신러닝이 어떻게 작동하는지에 관하여 흔히 드는 실례가 email spam filter다. 원하지 않는 email을 걸러내기 위한 알고리즘의 구현에 머신러닝 기법을 사용한다. email 중 어떤 메시지를 스팸으로 분류하는가에 관한 기법은 다양하다. 블랙리스트, 베이지안 분석, 키워드 매칭, email 헤더 분석, 심지어 내용 스캔까지 이루어지기도 한다.

좀 더 구체적으로 들어가 머신러닝이 어떻게 실제에서 활용되는지 살펴보자. 전복의 나이를 측정하는 것은 나무의 수령을 측정하는 것과 유사하다. 즉 전복 껍데기를 자른 후 전복의 나이테를 세는 방법을 사용하여야 정확히 알 수 있다. 하지만 전복 개체군을 연구하는 과학자에게, 모든 전복의 껍데기를 자르고 현미경으로 개별 전복의 나이테를 세는 것은 지나치게 소모적인 작업이다. 전복의 길이, 넓이와 같이 측정이 용이한 물리적 측정값을 토대로 머신러닝의 예측 모델을 만들고, 전복의 나이를 정확하게 결정하게 하는 방법이 있으면 편의성과 경제성 측면에서 훨씬 나을 것이다.[115)

이런 예에서 예측 모델의 특징이 나타난다. 하나하나의 개체 차원에서 보면 예측 결과가 부합하지 않을 수 있지만, 집단 자체의 예측치는 쓸 만하다. 실측하는 대신 예측 모델을 쓰면, 다소간의 오차는 존재하지만 실측에 드는 비용은 현격히 줄어든다. 이와 같은 면도 예측 모델의 구상에서 감안해야 할 부분이다. 부분적으로는 오차가 있더라도, 전체적인 예측에서 크게 문제가 없다면 넘어갈 수 있는 것이다.

지도 학습, 비지도 학습

머신러닝은 훈련 데이터의 구성 방법에 따라 두 가지 유형으로 분류된다. 예측에 쓰이는 지도 학습의 경우, 레이블이 있는 훈련 집합인 입·출력의 쌍을 주고, 입력 x로부터 출력 y를 매핑하는 학습이 목표다. 지도 학습이라고 명명한 이유는 사람이 교사가 되어 입력 데이터에 대한 올바른 답변을 일일이 지정해주기 때문이다. 컴퓨터 알고리즘에게 "이 그림은 개다.", "이 그림은 고양이다."라고 가르쳐 주다 보면 개와 고양이의 영상을 구분하고 분류할 수 있는 모델이 된다.116)

두 번째 유형은 비지도 학습이다. 이 접근법은 컴퓨터 알고리즘에게 단지 입력만 주어질 뿐 레이블은 없다. 목표는 데이터 내의 의미 있는 패턴을 찾는 것이다. 예를 들어 공통점을 찾아 데이터를 분류하는 군집화, 자주 발생하는 패턴의 발견 등이다. 비지도 학습을 통해 발견된 군집과 패턴은 유용할지 모르지만, 개념적 의미 부여는 어렵다. 어떤 의미보다는 데이터의 특징만을 잡아내기 때문이다.117)

두 가지 유형 중 어느 곳에 속한다고 보기 곤란한 것이 알파고 개발에 쓰인 강화학습이다. 보상이나 벌(罰)로 동작이나 행동을 가르친다.118)

머신러닝은 컴퓨터 과학과 통계학의 접점에 위치하며, 정치에서부터 지구과학까지 이르기까지 다양한 영역에서 사용된다. 데이터를 해석하고 실행하여야 하는 분야라면 어떤 문제라도 적용할 수 있는 기술이다. 통찰력이나 지식은 가공되지 않은 원시 데이터(raw data)를 무조건 주시한다고 해서 획득 가능한 것은 아니다. 예를 들어 스팸 메일을 잡아낼 때 어떤 한 단어의 발생 여부만을 살피는 것만으로는 부족하다. 어떤 단어의 발생 여부와 이메일의 길이, 다른 요소를 결합하여 사용한다면 스팸 여부를 더 잘 잡아낼 수 있다. 그래서 기계학습에서는 데이터를 정보로 변환하는 것이 필요하다.119)

피처 엔지니어링(feature engineering)

머신러닝 알고리즘의 중요 특징 중 하나는 입력 변수의 질이 예측 성능과 직결된다는 점이다. 따라서 어떤 변수가 입력되어야 하는가를 결정하는 피처 선택(feature selection)120) 또는 피처 엔지니어링(feature engineering)이 중요하고, 이는 예측 개발 모델의 성공 여부와 직결된다. 피처 선택은 데이터 과학자가 결과를 예측하기 위해 변수를 선택하는 과정을 의미한다.121) 법률 관련 알고리즘의 설계에서도 복잡다단한 사건의 여러 특징 중 무엇을 입력 변수로 하느냐에 따라 예측 모델의 성능이 결정될 것이다.

다른 분야의 예로 부연 설명해 보기로 한다. 기업의 주식 변동을 예측할 때 환율, 유가, 소비자 물가, 동종업계 동향 등 여러 가지 변수를 생각할 수 있지만, 그 회사가 속한 산업 분야, 내수 중심인지 수출 위주인지에 따라 예측을 위한 특성도 달라져야 한다. 기업이 아니라 역 앞의 음식점이 환율이나 유가에 어떤 영향을 받을까? 식자재의 수입 의존 여부나 전기 요금 등에 의하여 수지 타산이 달라질 수 있다. 일본의 경우 야구팀 주니치 드래곤즈가 우승하면 지역 경기가 나빠진다는 속설이 있는데, 이것도 인공지능 알고리즘으로

분석하면 어떤 패턴이 나올 수 있는 문제라고 생각된다.[122)

현대의 노동은 육체노동이 아닌 지식노동이다. 육체노동에 대한 지시는 명료한 반면, 지식노동에 대한 지시는 모호하다. 이익 최대화, 손실 최소화, 최상의 영업 방법 찾기와 같은 지시는 변환이 필요하다. 수많은 원시 데이터를 그대로 사용하는 것보다 그런 데이터를 변환하고 그 속에서 가치 있는 정보를 추출하는 머신러닝이 데이터 마이닝이라 불리는 것도 의미심장하다. 요즘 언론에서 화두가 되는 비트코인 채굴(bitcoin mining)과는 다른 의미다.

3. 인간의 뇌를 모사하는 인공신경망 · 딥러닝

가. 인공신경망(Artificial Neural Network)

딥러닝은 신경망 알고리즘을 주로 사용하는 머신러닝의 한 분야라고 할 수 있다. 앞서 뇌과학이나 인지과학에서 마음이나 의식 세계는 매우 오묘하고 파악이 쉽지 않은 영역이라고 했지만, 뇌는 비교적 단순한 정보를 처리하는 많은 신경세포로 이루어져 있다. 하나의 신경세포가 다른 신경세포로부터 정보를 받아 새로운 정보를 생성하며, 생성한 정보를 또 다른 신경세포로 전달한다.

퍼셉트론 알고리즘

1957년 프랭크 로젠블래트(Frank Rosenblatt)가 이러한 신경세포의 전달 체계의 특징을 흉내 내어 개발한 퍼셉트론 알고리즘이 딥러닝 알고리즘의 기초가 되었다.[123) 퍼셉트론에서 가중치의 양수 값은 흥분성 연결(excitatory connection)을 나타내고, 가중치의 음수 값은 억제성 연결(inhibitory connection)을 나타낸다. 퍼셉트론은 입력들의 가중치 합이 한계를 넘으면 1을 출력하고, 넘지 않으면 0을 출력하는 방식으로 작동한다.[124) 가중치와 임계값을 조절함으로써 퍼셉트론의 수행 기능을 바꿀 수 있다. 하나의 신경세포를 인공적으로 모델링한 뉴런이 퍼셉트론이며, 바로 인공신경망(Artificial Neural Network; ANN)이다. 단일 퍼셉트론의 난제인 비선형 문제를 다층 신경망 이론으로 해결하였지만, 효율적인 학습 모델의 부재로 큰 진전을 보이고 있지 못하던 중, 오류역전파 또는 오차역전파 알고리즘이 도입되면서 큰 전기가 마련된다.

오류역전파

단일 퍼셉트론에서 결괏값을 얻으면 오차를 구해 이를 토대로 앞 단계에서 정한 가중치를 조정하는 것과 마찬가지로, 다중 퍼셉트론 역시 결괏값의 오차를 구해 이를 토대로 하나 앞선 가중치를 차례로 거슬러 올라가며 조정해 나간다. 이때 최적화의 계산 방향이 최종 단계인 출력층에서 시작하여 점차 앞으로 진행해 나간다고 해서 오류역전파란 명칭이 생겨났다.[125)

1	임의의 초기 가중치(w1)를 준 뒤 결과(y^out)를 계산한다.
2	계산 결과와 우리가 원하는 값 사이의 오차를 구한다.
3	경사 하강법을 이용해 바로 앞 가중치를 오차가 작아지는 방향으로 업데이트한다.
4	1∽3 과정을 더 이상 오차가 줄어들지 않을 때까지 반복한다.

다층 퍼셉트론이 오류역전파를 만나면서 인공신경망이 되었고, 이러한 인공신경망은 XOR 문제를 쉽게 해결했다. 인공신경망은 입

력 피처 세트에 대해 함수를 생성하고 최적화하기 위한 학습을 수행하는 모델로도 정의할 수 있다.126) 인공신경망을 통해 구하고자 하는 최종 결과는 성능 측정 기준을 이용하는 연산 함수를 통해 정의된다. 이를 통해 인공신경망은 입력 데이터에 대해 분류, 예측, 변환 작업 등을 수행할 수 있다. 인공신경망에서 뉴럴(Neural)이라는 단어의 사용은 머신러닝 연구에 있어 생물학적 개념을 도입해 얻은 전통의 산물이다.

인공신경망

인공신경망의 구성 요소는 학습 프로세스와 뉴런 세트, 가중치 세트, 연결 함수이다. 그중 학습 프로세스는 노드의 가중치 함수에 대한 파라미터 조정을 통해 학습을 수행한다. 이 학습 함수는 비용 함수를 최소화하기 위해 특정 가중치에 대한 조정값을 편미분을 통해 결과로 만들어낸다. 각각의 노드는 입력 데이터에 변화를 일으키는 가중치(활성화) 함수를 가지고 있다. 활성화 함수는 네트워크 간의 다양한 형태로 나타날 수 있다. 가중치에는 변동성이 부여되어야 하는데, 이는 학습 과정에서 최신 값의 업데이트에 따라 바뀌어야 한다는 것을 의미한다. 연결 함수는 임의의 노드에서 다른 노드로 데이터를 넘기는 과정을 제어한다. 노드는 제약의 유무와 관계없이 상호 간에 입력값을 자유롭게 넘길 수 있다. 입력 데이터가 특정 방향으로 가도록 유도해서 여러 레이어가 더 구조화된 형태를 갖도록 할 수도 있다. 매우 다양한 네트워크 속성과 패턴을 이용해 수많은 상호 연결 패턴을 생성한다.127)

기울기 소실(vanishing gradient)

연구자들은 이와 같은 인공신경망을 차곡차곡 쌓아 올리면 마치 사람처럼 생각하고 판단하는 인공지능의 완성에 다다를 것이라 보았다.[128] 그러나 인공신경망의 층수가 늘어나면서 모델의 해(解)가 국부적인 최솟값을 벗어나지 못하거나 최적해로 수렴하는 데 수많은 반복 계산이 발생하는 문제에 직면한다. 그 원인은 인공신경망 층이 늘어나면서 출력층의 정보가 역전파되는 과정에서 판별력이 소멸되기 때문이다. 즉 오류역전파는 출력층으로부터 하나씩 앞으로 되돌아가면서 각 층의 가중치를 수정하는 방법인데, 층이 늘어나면서 기울기가 0이 되어버리는 기울기 소실(vanishing gradient) 문제가 발생하는 것이다. 이에 대한 해법으로 필기체 인식이나 음성 인식, 자연어 처리 등에 주로 사용되는 장단기 기업법이 도입되었다.[129] 컨볼루션 신경망, 볼츠만 머신 기반의 심층신뢰망(Deep Belief Network, DBN) 등이 인공신경망의 효율적 기법이다.[130]

인공신경망 또는 딥러닝이 인공지능의 현재를 대변한다고 해도 과언이 아닌 것은, 인공지능의 급속한 발달이 그에 힘입은 바가 크기 때문이다. 인공신경망에도 입력 데이터, 검증 데이터, 레이블을 갖추고 최적화 과정을 거듭하는 지도 학습과 이런 과정 없이 진행되는 비지도 학습이 있다. 풍부한 데이터와 레이블이 있는 경우에는 지도 학습이 유리하고, 레이블이 없이 어떤 군집(群集)에서 특징에 따라 각 요소를 분류하는 소위 데이터 클러스터링에는 비지도 학습이 유리하다. 인공신경망은 많은 입력에 의존하면서 일반적으로 베일에 싸인 함수를 추측하고 근사치를 내는 데 사용된다. 일반적으로 입력으로부터 값을 계산하는 뉴런 시스템의 상호 연결로 표현되고,

적응성이 있어 패턴인식과 같은 기계학습을 수행할 수 있다. 다른 기계학습과 같이 ― 데이터로부터 학습하는 ― 인공신경망은 일반적으로 규칙 기반 프로그래밍으로 풀기 어려운 컴퓨터 비전 또는 음성 인식과 같은 다양한 범위의 문제를 푸는 데 주로 이용되고 있다.[131]

나. 딥러닝

딥러닝은 인간의 뇌 구조를 모방한 인공신경망을 층층이 쌓은 것이다. 인공신경망에서 데이터를 입력받는 계층을 입력계층(input layer), 결괏값을 만들어내는 계층을 출력계층(output layer), 입력과 출력 사이에 끼어있는 계층을 은닉계층(hidden layer)이라 한다. 은닉계층이 하나 이상인 인공신경망을 심층신경망(Deep Neural Network)이라고 부른다.

심층신경망

이러한 심층신경망에 이르러 딥러닝이란 개념이 생겨났다. 딥러닝에서는 준비된 표본 데이터에서 은닉계층을 거쳐 원하는 출력 데이터가 만들어지도록 가중치 조절을 한다. 가중치 조절을 통해 원하는 출력값을 만들어내는 과정을 훈련 또는 학습이라고 한다. 이런 모델 학습이 끝나면 애초 원시 데이터 중에서 학습에 쓸 표본 데이터와 분리된 실험 데이터를 넣어서 결과를 얻어낸다.[132] 인공신경망을 이용한 딥러닝은 고수준 특성(high level feature) 파악에 쓰인다. 그러나 시스템이 복잡할수록 학습 과정에서 어떤 일이 일어나는지 파악하는 것이 점차 어려워진다는 문제가 생긴다. 실제 그 학습 과정에서 어떤 일이 일어나며, 그런 학습 과정이 인간의 학습과 유사성이 있는지는 매우 흥미로운 물음이다.

특성의 자동적 추출

딥러닝의 또 다른 장점은 피처 벡터(feature vector)를 자동으로 찾아낸다는 것이다. 예측 모델의 입력으로 어떤 것을 사용할 것인지 결정하는 것은 시간과 생각이 많이 필요한 작업이다. 때로는 이러한 작업이 아주 간단하게 끝날 수도 있지만, 대부분의 경우 반복적인 작업이 필요하다. 따라서 가능한 모든 것을 입력으로 사용하는 것은 좋은 선택이라고 할 수는 없다.133) 예를 들어 웹 사이트 방문자가 광고에 연결된 링크를 클릭할 것인지 아닌지를 예측하려고 한다면, 방문자의 신상 정보를 이용하려 할 것이다. 만약 이 정보가 필요한 만큼의 정확도를 제공하지 못한다면, 사이트에서 방문자가 했던 행동을 기반으로 정보를 조합해서 추가하려고 할 것이다. 이 때문에 새로운 데이터를 어디서 찾을 것인지와 새로운 데이터가 도움이 될 것인지, 오히려 정확도를 떨어뜨리는 해로운 데이터가 될 것인지 등을 결정할 필요가 있다. 반복적으로 데이터를 트레이닝하는 일은 양쪽 모두에게 많은 시간이 필요하다.134)

기존의 머신러닝의 경우 피처 설계는 사람의 몫이기 때문에 인공지능 결과에 대한 판정과 예측의 정확도는 설계한 사람의 능력에 좌우되었다. 이는 매우 힘든 작업이었다. 그러나 딥러닝을 이용하면 인공신경망의 일종인 자기 부호화기(Auto Encoder)라는 구조에 의해서 특성의 자동적 추출이 가능하다. 따라서 더 이상 인간에 의존하지 않고도 인공지능의 성능을 향상시킬 수 있게 되었다.135) 요즘 한창 주가를 올리는 물체 또는 이미지 인식에 쓰이는 기법이 Convolutional

Neural Network(합성곱 신경망) 구조인데, 실례로 구글의 딥드림(Deepdream),[136) 페이스북의 딥텍스트(Deeptext) 등이 있다. 구글의 딥드림은 이미지에서 감지한 특성을 강화하기 위하여 그들의 시스템이 상상력을 사용하도록 한다.

기계의 상상

기계가 상상한다는 것이 이상하게 들릴지 모르지만, 딥드림은 기계적으로 이미지의 윤곽을 파악하여 이미지를 인식하던 단순한 방식을 탈피하여 이미지 인식을 고차원의 세계로 올려놓았다. 딥드림은 합성곱 신경망 구조인데, 서로 다른 이미지의 패턴을 인식하고 합성하여 몽환적 이미지를 만들어 내기도 한다.

4. 자연어 처리 등 인터페이스

자연어 처리(Natural Language Processing, NLP)는 컴퓨터가 인간 언어로 작성된 문장이나 단어를 이해하도록 하기 위한 인공지능 및 언어학의 한 분야이다. 자연어 처리는 사용자의 작업을 쉽게 하고 자연 언어로 컴퓨터와 통신할 수 있게 하기 위한 과정이다. 모든 사용자가 컴퓨터 전용 언어를 능숙하게 다루지 못하므로, 자연어 처리를 통하여 컴퓨터 언어를 제대로 다루지 못하는 사람도 컴퓨터를 사용할 수 있게 해주려는 것이다.[137)

이렇게만 이야기하는 것은 자연어 처리의 중요성을 너무 가볍게 여기는 것이 아닌가 하는 생각이 든다. 실상 자연어 처리는 인공지능에서 가장 중요한 분야이며, 그 해결에 인공지능의 성패가 걸려있다고 해도 과언이 아니다. 현재 머신러닝이 주도하는 인공기능의 두

줄기는 모두 패턴인식과 관련되어 있는데, 하나는 이미지 인식이고, 하나는 자연어 처리다.

자연어

여기서 자연어(natural language)란 인간 사회가 형성되면서 자연 발생적으로 생겨나 진화한, 의사소통을 행하기 위한 수단으로서 사용되는 언어를 뜻한다. 자연어는 컴퓨터 프로그래밍을 위하여 특별히 개발된 인공어(artificial language) 또는 프로그래밍 언어(programming language)와 구별된다.[138] 컴퓨터와 대화하기 위해서는 인간이 컴퓨터 언어를 배워야 한다. 컴퓨터는 인간 언어를 학습할 만큼 총명하지 못하기 때문이다. 그런데도 사람들은 컴퓨터의 이해력을 너무 쉽게 과신한다.[139]

자연어 처리에 도전한 초기 연구자들은 그 시기의 일반적 풍조에 빠져있었을 것이다. 인공지능의 성공 가능성을 너무나도 맹신하였다. 심지어 1970년대 인공지능 창시자 중 한 명인 마빈 민스키는 한 대학원생에게 여름 과제로 '시지각(視知覺)'을 할당했다고 할 정도로 인공지능의 실현 전망은 거침없었다. 그러나 50년이 넘는 인공지능 연구가 남긴 교훈은 "어려운 문제는 쉽고 쉬운 문제들은 어렵다."라는 것이었다.[140] 언어의 이해와 처리도 마찬가지다. 다트머스 회의 이래, 인공지능 연구에서 언어를 이용한 인간의 지적 행동을 컴퓨터로 처리하는 일은 중심적 과제였다.[141]

언어 능력

인간이 다른 종과 구별되는 특징은 언어 능력이다. 침팬지나 돌고래 등의 동물도 수백 종의 신호로 이루어진 어휘를 가지고 있다고 알려져 있지만, 이산적인 신호를 이용하여 임의의 주제에 대하여 성질이 다른 무수한 메시지를 신뢰성 있게 소통할 수 있는 생물은 인간이 유일하다.[142] 인간의 자연사에서 언어는 두드러진 특징을 갖고 있다. 인간은 언어로 인해 누구나 현재뿐만 아니라 과거 타인들에 의해 축적된 모든 지혜를 획득할 수 있다.[143] 인지과학에 의해 언어 현상을 잘 이해하게 되었는데, 언어는 인간의 가장 중요한 문화적 발명이고, 인간의 상징 이용 능력의 전형적 사례로 평가된다.[144] 언어는 뇌의 생물학적 구조의 일부이며, 학습의 대상인 문화적 인공물이 아니다. 이런 이유 때문에 일부 인지학자는 언어를 심리적 능력, 마음의 기관, 신경 시스템, 연산 모듈로 설명하기도 했다.[145] 언어는 파편적인 증거들만으로 꿰어 맞출 가망이 없는 대단히 복잡하고 풍부한 구조물이기도 하다.[146]

컴퓨터가 인간 언어를 이해하여야 하는 이유는 사람과의 의사소통과 자연어로 된 데이터로부터 정보를 획득하기 위해서다. 그러나 위에서 본 바와 같이, 언어는 복잡 미묘한 존재로 언어소통 과정을 컴퓨터 알고리즘으로 만드는 것은 대단히 어려운 과제다. 컴퓨터가 지식을 획득하기 위해서는 사람이 사용하는 애매하고 미묘한 언어를 이해해야 한다. 언어의 본래적 기능을 컴퓨터가 따라 하도록 하는 것은 불가능에 가깝다. 완벽한 자연어 처리는 인공지능의 궁극이라는 이야기가 있을 정도로 자연어 처리는 어렵다.

자연어 처리
컴퓨터 알고리즘으로 자연어를 처리하기 위해서는 다른 방안이 필요하다. 그것은 언어 표현들의 확률 분포를 예측하는 언어 모형을 사용하는 방안이다.[147] 컴퓨터 언어는 형식 언어로 엄격하게 정의된 언어 모형이다. 문법이라는 일단의 명시적 규칙이 존재하고, 이에 어긋나면 오류 메시지가 뜬다. 반면 인간의 자연어는 어떤 한정된 문장들의 집합으로 특징지어질 수 없기 때문에 자연어 모형을 한정적 집합이 아닌 문장들에 대한 확률 분포로 정의하는 것이 유익하다. 한 문장이 가진 단 하나의 의미를 다루는 것보다는 여러 가능한 의미에 대한 확률 분포를 살펴보는 것이 효율적이다. 자연어의 끊임없이 변화하는 속성도 문제가 된다.

따라서 자연어에 대한 언어 모형은 하나의 근사(近似)에 불과하다.[148] 앞서도 이야기한 바 있지만, 단어 하나의 의미도 모호하지만 같은 말도 주변 상황과 몸짓, 표정 등 다른 요소와 결합하면 그 의미가 달라지는 등의 문제로 인하여 인간의 언어를 컴퓨터가 이해하도록 만든다는 과제는 정말 어렵다. 딥러닝과 관련하여 크게 '언어'와 '음성' 그리고 '이미지'가 중요한 응용 분야가 될 것이라고 하는데, 이 세 가지는 인간의 지능 발전에서 대단히 중요하며, 심지어는 지능 자체를 '언어', '음성', '이미지'를 자유롭게 다루는 능력으로 보기까지 한다.[149]

대체로 대규모 데이터 처리를 염두에 둔 언어 처리 기술은 자연어로 기술된 문장을 기호의 나열로 처리하는 텍스트 처리 기술, 구문 해석이나 의미 해석 등의 기술을 주체로 한 자연어 처리 기술, 혹은 이 결과를 통계적으로 처리하는 통계적 언어 처리 기술 등이 있다. 자연어 처리 기술은 언어 입력과 데이터 검색의 기초가 될 뿐만 아니라 휴대기기의 음성 입출력이나 자연어 응답 시스템에 응용되고 있다.[150]

문자들의 확률 분포

궁극적으로 표기된 텍스트는 문자로 이루어진다. 영어의 문자는 글자, 숫자, 문장부호, 빈칸으로 구성된다. 따라서 가장 간단한 모형 중 하나는 문자들의 순차열에 대한 확률 분포이다. 이런 접근법에 이르기까지 오랜 단계를 거쳤다. 그 과정을 되짚어보는 것은 인공지능 개발과 관련하여 현재 진행형인 여러 오해를 불식하는 데도 도움이 될 것이다.

이에 대하여 다른 예를 들어 이해를 높이도록 하겠다. 애플의 음성 인식 서비스인 Siri는 마이크로 들어온 소리에서 "경찰에 전화를 걸어라."라고 말했을 확률을 계산하기 위하여 확률적이고 의미 관계적인 방법을 쓴다. '걸어라'는 자신의 확률을 알고자 하지만, 그러기 위해서는 '전화를'의 확률을 알아야 하고, 이어서 '전화를'은 '경찰에'의 확률을 알아야 한다. '경찰에'는 자신의 확률을 계산하고, 그 값을 '전화를' 쪽으로 전달하며, '전화를'도 같은 계산을 한 다음 '걸어라' 쪽으로 결과를 전달한다. 이제 '걸어라'도 문장 속의 모든 단어에서 적절하게 영향을 받은 자신의 확률을 구했지만, 여덟 가지 가능성 모두에 대한 완전한 표를 작성할 필요가 전혀 없다. 마이크에서 들리는 소리가 "경찰에 / 전하를 / 걸어라." 또는 "경차에 / 전화를 / 걸어라."일 수 있다. 그러나 세 단어를 연결하면 전혀 의미가 통하지 않는 문장이 되므로, Siri는 단어의 의미적 연결을 고려하여 "경찰에 전화를 걸어라."라고 결론을 내린다.

자연어 처리는 일찍이 컴퓨터가 등장한 1940년대부터 시작됐으니 역사가 깊다. 초기의 자연어 처리 연구는 실용적인 관점에서 이중어 사전을 이용한 기계 번역 시도 중심으로 이루어졌다. 자연어 처리 이론은 언어학과 긴밀한 관계를 맺으며 체계적으로 발전해왔다. 자연어 처리의 시대는 네 개의 시기로 구분할 수 있다.

기계 번역

1940년부터 1960년대 말까지의 첫 번째 단계는 기계 번역 작업에 역점을 둔 시기였다. 1954년 IBM의 시연에서 러시아어를 영어로 자동 번역해주는 프로그램이 소개되었지만, 매우 기초적이며 제한된 성능을 가졌었다. 중점적으로 다뤄지던 언어 처리는 시소러스(Thesaurus)[151] 사용과 같은 정보 검색에 관련한 것이었다. 주로 형태, 구문 및 의미의 해석 및 생성을 포함한 다양한 작업이 수행되었다. 그 범주는 형식 이론에서 하드웨어에 이르기까지 다양하였다.

이 첫 단계는 그야말로 열정과 낙관의 시기였다.[152] 매우 어려운 자연어 처리 과제에 과감히 뛰어들고, 통사론적, 의미론적 처리의 문제 그리고 언어적 다양성의 문제까지 포괄하였다. 그들은 데이터 처리를 위해 새로운 도구인 컴퓨터를 사용하려고 했다. 사용 가능한 컴퓨팅 리소스가 아주 원시적이어서 펀치 카드가 사용되었고, 프로그래밍은 일괄 처리 방식이었다.[153] 고급 프로그래밍 언어도 존재하지 않았고, 대부분 어셈블러에서 이루어졌다. 기계에 대한 자유로운 접근도 되지 아니하였고, 그나마 그 컴퓨터는 아주 제한된 저장 공간을 가지고 있었고 느리기까지 하였다.

그 빈약한 자원을 가지고도 문법 및 어휘집 구축과 같은 많은 일을 이뤄냈다. 1960년대 초반에 만들어진 문법 및 사전 중 일부는 현재 기준에서 보아도 매우 방대했다. 이 기간의 연구의 주류는 사전에 있는 단어 대 단어 처리 기반의 조회를 이용한 번역이었다. 구문론적, 의미론적 모호성을 해결할 필요성 때문에 국부적 문맥 위주의 모호성 해결 전략을 선택했다. 이 기간에 수행된 대부분의 자연어 처리 연구는 구문론에 초점을 맞추었는데, 부분적으로는 통사적 처리가 명백히 필요했으며, 또 암시적 또는 명시적 구문 중심 처리가 타당하다고 믿었기 때문이다.154)

그러나 이런 접근법은 결과적으로 큰 성과 없이 끝났다. 인간 언어를 이해하는 데는 구문론이 통했겠지만, 컴퓨터로 인간 언어를 이해하는 알고리즘을 구현하는 데는 이 방법이 통하지 않았다. 인간 언어가 너무 복잡했기 때문에 구문론 따위로 해결할 수 없었던 것이다. 물론 이런 과정을 통해 언어학 자체는 한 단계 더 발전했을 것이다. 인간 세계의 복잡도를 제대로 이해하지 못하였을 뿐만 아니라, 단순한 규칙으로 변환하면 컴퓨터 알고리즘으로 만들 수 있다는 초기 인공지능 연구의 착각이 자연어 처리 연구에도 그대로 투영되었다.

지식을 이용한 의미 표현 구성

제2단계 시기는 1960년대 말부터 1970년 말까지 이어진다. 이 단계에서는 인공지능을 도입하여 세계에 대한 온갖 지식의 중요성을 강조하고, 그러한 지식이 의미 표현의 구성이나 조작에 어떤 역할을 하는지를 규명하려고 했다.155) 데이터 또는 지식베이스를 다루고 구성하는 문제에 인공지능을 이용한 연구는 1961년 초에 만들어진 야구 질문 응답 시스템이 시초다. 이 시스템의 입력은 제한적이었고, 언어 처리 또한 현대의 기계 번역과 비교하면 매우 간단했다. 하지만 언어 입력의 해석과 반응을 위해 지식베이스에 대한 추론의 필요성을 제공했다.

통합 기반 문법

제3단계 시대는 1970년대 말부터 1980년대 말까지이다. 자연 언어 처리 작업의 두 번째 단계가 인공지능 풍미적이고, 의미론적이었다면, 제3단계는 변형을 최소화한 통합 기반 문법이 부상한 시대로, 문법·논리의 단계라고 할 수 있다. 실용적 시스템 구축 실패에 대한 대응으로서 언어학자들에 의한 문법 이론의 발달과 인공지능의 지식 표현과 추론을 위한 논리의 사용 시도가 이어졌다. 언어학자들은 이론적으로뿐만 아니라 실용적인 의미에서 계산 가능한 문법으로 증강된 전이 네트워크를 따라 기능적, 범주적으로 일반화된 구문 구조와 같은 모든 종류의 문법 유형을 개발했다. 구조 문법을 비롯하여 중심어 역할을 중시하여 복잡한 문법 규칙을 간소화한 중심어 주도의 구조 문법, 문장 성분과 기능 등 어휘의 정보를 중시하는 문법 이론 등이 등장했다.156) 특히 논리 프로그래밍의 성장과 관련된 이 시대의 컴퓨팅과 일반적인 추세를 자연스럽게 맞춘 선언적 접근과 통일에 대한 강조가 기본 프로세스였다. 따라서 분석을 위한 처리 패러다임은 논리 형식에 대한 구문 중심의 구성 해석이었다. 문장 해석에서는 형태소 해석이 먼저 이루어진다. 형태소 해석은 입력문에서 형태소를 분리하고 문법적 역할을 결정하는 방식을 취했다.157)

자연어 처리는 현재도 진행 중인 과제다. 구글 등에서 이러한 자연어 처리에 상당한 노력을 경주하고 있다. 최근 대규모 자연어 데이터를 쉽게 구할 수 있게 되면서 자연어 데이터의 표층적 특징에 착안해 전체의 특징을 파악하려는 방법이 자주 이용된다.158) 이러한 접근 방식은 형태소 해석, 구문 해석, 의미 해석, 담화 이해라는 도식을 따르지 않고 필요할 때마다 해당 요소 기술을 이용한다. 문장의 특징 추출에는 형태소 해석 기술을 이용하고, 단어의 출현 특징으로 문장 전체의 특징을 추출하기도 한다.

n-gram을 이용한 특징 추출

이때 구문 해석이나 의미 처리 기술을 사용하지 않는다. 경우에 따라 문서를 단순한 기호의 나열로 해석함으로써 특징을 추출하는 방법인 n-gram을 이용한 특징 추출이 사용된다. n-gram을 이용한 처리는 정작 문서의 자연어적 특징을 전혀 이용하지 않는데도 문서의 어떤 특징을 표현할 수 있다.[159]

n-gram 모델은 (n-1)차수 마르코프 모델의 형태로 어떤 시퀀스의 다음 항목을 예측하기 위한 확률적 언어 모델 유형이다. n-gram 모델은 현재 확률, 통신 이론, 자연어 처리, 생물학적 서열 분석 및 데이터 압축에 널리 사용된다. n-gram 모델이나 이를 사용하는 알고리즘은 단순성과 확장성이라는 이점이 있다.[160] 이러한 n-gram의 유용성은 언어와 같이 각 글자가 나머지 글자와 독립적으로 발생한 것이 아닐 경우 두드러진다. 각 글자의 확률은 바로 앞에 있는 글자에 의존한다. 모음과 자음은 교대로 나타나는 경향이 있으며, 그래서 자음 다음에 나오는 글자는 글자가 독립적이라 가정할 때 나오는 빈도보다 훨씬 더 높은 빈도로 모음이 나온다는 것이 밝혀졌다.[161] 이러한 알고리즘은 인터넷 웹페이지가 어떤 언어로 쓰여 있든지 전부 영어로 볼 수 있게 해주는 구글 번역기 같은 기계 번역 시스템의 핵심 요소다.[162] 또 구글의 Books Ngram Viewer를 예로 들자면, 여기에 어떤 구문을 입력하면 특정 기간에 출간된 막대한 분량의 도서에서 그 단어가 어떻게 발생했는지를 보여주는 그래프가 표시된다. 와일

드카드 검색, 굴곡 검색, 대소문자를 구분하지 않는 검색 등, 구문이 어떻게 사용되었는지를 좀 더 깊이 연구하고자 하는 사용자들은 Ngram Viewer를 대환영했다.163)

현재 구글 번역 등을 보면 이러한 기계 번역의 수준을 알 수 있다. 기계 번역에 머신러닝이 적용되면서 종전 방식과는 확연히 다른 성과를 보이고 있다.

| 언어 감지 | 영어 | 한국어 | 독일어 | ∨ | ⇄ | 한국어 | 영어 | 독일어 | ∨ |

학교에 가는 길에 교수님을 뵈었다.　　　　　×　　I saw my professor on my way to school.

위의 번역 결과는 놀라울 정도다. 우선 "학교에 가는 길"이라고만 하였는데 "my way to school"과 같이 학교에 가는 주체가 나임을 부가하고, 또 "교수님"이라고만 하였는데도 이를 "my professor"라고 옮기는 등 전체적인 맥락을 파악하지 않으면 나올 수 없는 품질을 보인다. 이러한 결과는 단순히 단어 대 단어의 대응만으로는 도저히 달성하기 어렵다. 문장 속 다른 단어와의 연결을 바탕으로 문맥을 학습한 뒤 문장 전체를 봤을 때 각 단어를 어떻게 옮기면 좋을 것인지를 결정하는 방식을 취함으로써, 각 언어 사이에 구조적으로 존재하는 정보의 불균일성을 감쪽같이 커버할 뿐만 아니라, 기존 방식보다 정확도가 높은 번역문을 골라낼 수 있게 된 것이다.164)

제3장

법률 서비스 영역에서의
인공지능 알고리즘 활용

I. 법률 분야의 특성

1. 법 해석학과 연구 방법론

법률 분야란 무엇이며 어떤 특성을 가지고 있는가? 이런 질문에 답하기 위하여 우선 법 현실의 작동 과정을 들여다볼 필요가 있다. 법 현실은 어떻게 작동되는가에 대한 개념적 접근은 차치하고, 구체적으로 형사사건의 처리 과정을 들여다보기로 한다. 형사사건의 개시는 수사로부터 시작하고, 수사 단서에서 출발하여 수사, 공판을 걸쳐 판결에 이르면 거의 종결된다. 물론 형의 집행 과정도 있다.

법 텍스트의 의미

이 모든 과정에서 가장 핵심은 법의 해석이다. 법 해석 주체가 법 텍스트의 의미를 파악하는 것이 법 해석이라면, 법 해석도 주체에 달라 달라지는 역동적 과정이다. 심지어 법 해석학적 관점에서는 법 텍스트의 의미가 실재하지 않는, 해석 주체가 속한 역사적 지평과 입법자의 역사적 지평 간의 융합을 통해 도달하는 이해의 산물이라는 주장도 있다.165) 이러한 법의 해석을 바탕으로 실제 일어난 사건에 법을 적용하여 사건 해결을 도모한다. 그 해석의 주체가 수사기관이든 법관이든 모두 저마다의 독자적인 방식으로 법을 해석하지만, 법 해석에 있어 지배적 견해가 존재하고, 각 주체가 그 지배적견해에 따라 법을 적용하므로, 그 결과는 대동소이하다.

경험 진술의 진위

사실 개개의 사건의 해결에 있어 자산은 그 사건 관련자들의 경험이다. 경험에 대한 진술이 명백하고 일치하면 사실관계 확정에 있어아무런 문제가 없다. 경험은 주로 진술에 담기며, 녹음테이프 등 저장 매체에 담기기도 한다. 그 다양한 형태에도 불구하고 중심이 되는 것은 경험 진술이다. 이것의 존재와 진위를 가리는 것이 사건 해결 과정에서 매우 중요하다. 그러나 이런 과정은 대부분의 법학 연구에서 제외되어 있다. 법학의 주된 연구 분야는 앞서 본 법 해석학이다. 확정된 어떤 사실관계를 전제로 그와 관련된 법률을 어떤 식으로 해석하여야 하느냐가 주된 과제이다. 대부분의 사건은 지배적견해를 기초로 성립된 삼단 논법에 의하여 큰 고민 없이 쉽게 해결될 수 있다.

대안 법리

기존의 지배적 논리가 해결하기 어려운 열린 영역 사례, 상충 영역 사례를 해결하기 위해 대안 법리가 등장하고, 이 대안 법리가 기존의 지배적 논리를 대체하면서 패러다임의 변화가 일어난다.166) 과거의 법학 연구 방법은 비교법학적 방법이 주류를 이루어 왔다. 외국의 실정법 조문과 판례, 저명학자의 학설이 원용되는 이 방법론[167]은 아직도 상당 부분 연구에서 그대로 쓰이고 있다. 뿐만 아니라 구체적으로는 문헌학적 비교해석 방법이 주종이어서 비교방법론의 굴레에서 벗어나지 못하고 있는 것이 현실이다.

법 해석학

법 해석학은 일반 철학의 해석학으로부터 그 착안점을 전수받았다. 해석학은 성서 해석으로부터 유래하였는데, 정통과 이단 간의 학설 대립과 종파 싸움이 해석학에 영향을 끼치지 않을 수 없었다. 이러한 해석학의 정립 과정에서 법 해석학을 일반 해석학의 모범적인 예로 거론한 데 힘입어, 일반 해석학이 법 해석학에 그대로 원용된다.

2. 법 분야의 특질

법 분야에는 인공지능에 적합한 매우 흥미롭고 도전적인 많은 특징이 있다.

지식 범주

다양한 지식 범주가 그 하나다. 법에는 많은 사례, 규칙, 이론, 절차, 권위의 계층 구조, 규범 및 메타 규칙이 있다. 사례에는 실제 판례, 즉 소송을 제기하고 사실심 법원에서 판결하여야 할 사실 상황이 포함되며, 사실심의 판결에 대하여는 항소하여 항소 법원에서 그 사건을 다룰 수도 있다.[168]

규칙과 같은 지식에는 법령과 규범, 헌법 원칙, 해석 규범, 형사소송 및 민사소송 절차 규칙, 경험적 규칙, 많은 실제 사례에서 추출하여 일반화한, 주요 결론이나 판결을 요약한 사례 규칙이 포함된다. 법률 시스템에는 일반적인 성문법과 헌법 간의 위계 구조라는 특징이 있다. 즉 헌법이 형사소송법보다 우선하고, 형사소송법이 대법원 규칙보다 우선한다. 법원 시스템도 그 권한에 있어 다양한 계층적 시스템이다. 예를 들어 항소 법원은 1심 법원의 판단의 당부를 심리하고 판결을 파기할 권한이 있다. 미국에서는 주법과 연방법이 각각 다른 계층적 구조를 가지고 있다. 유럽의 경우 개별 국가의 법률 외에도 EU의 법률이 있다.[169]

선례 구속의 원칙

앵글로 아메리칸 법제에서 법적 추론은 선례 구속의 원칙이 지배한다. 선례 구속의 원칙은 유사한 사례는 유사하게 결정되어야 한다는 것이다. 그러나 유사하게 결정된다는 것이 무엇인지에 대하여는 확립된 결론이 없다. 유사성은 정적인 개념이 아니어서 바라보는 관점에 따라 다르고, 원하는 결과에 의해서도 달라질 수 있다. 프랑스, 독일, 일본과 같은 성문법 국가에서는 규칙과 규범에 의한 추론에 더 중점을 둔다. 보통법의 법원 시스템은 법적인 해석에 있어 성문법 국가와 비교하여 판례에 더 비중을 둔다. 어떤 방식이든 기준이 명백하다는 것은 법률 시스템에 대한 사회의 신뢰를 높여준다.[170]

추론의 방식

지식 유형이 다양한 만큼 추론의 방식도 다양하다. 예를 들어, 사례만으로 추론하거나, 규칙만으로 추론하거나, 사례와 규칙 모두를 사용하여 추론할 수 있다. 하나의 방식이라 해도 좀 더 깊이 파고들면, 추론은 본질적으로 혼종적임을 알 수 있다. 예를 들어, 규칙에 의해 추론할 때 종종 규칙과 그 구성 조건 사이의 간극, 갈등, 모호함을 해결하기 위해서 사례에 의한 추론의 도움을 받아야 한다.

또한 법률 분야에는 다양한 법원에서 제공된 대규모의 판례가 집적되어 있다. 미국에서 일반 관할 법원은 주 법원과 연방 재판 법원 및 주 대법원과 미국 대심원을 포함한 항소 법원을 모두 포함한다. 몇몇 특수 법원은 해군, 파산 및 세법과 같은 분야를 전담하여 처리한다. 이러다 보니 수백 년 전의 판례가 현재의 분석에 사용될 수 있다. 또한 헌법, 연방 및 주 법령, 지방 법령 및 기타 헌장, 규칙 및 관리규정 또한 중요하다. 사례 및 법령의 형태로 된 법률 지식은 항목이 광범위하게 상호 연결된다는 의미에서 매우 긴밀한 관계에 있다.171)

3. 법 분야의 특질에 따른 특성 추출

원래 법률 분야의 특성에 대한 일반적 접근은 어렵다. 여러 가지 다양한 법률 분야마다 제각각의 특성이 있기 때문이다. 인공지능, 특히 머신러닝의 큰 화두는 특성 선택(feature selection) 또는 추출(extraction)이다. 그런데 각 분야마다 특성이 전혀 다르며, 특히 민사 분야와 형사 분야로 대별할 때 구축하여야 하는 알고리즘이 완전히 판이하다. 학문으로서의 법학은 나름의 논리에 따라 체계가 정연하다. 귀납법이든 연역법이든 추론이 통한다.

추상화된 세계-비현실

그러나 학문 대상으로서의 법 영역은 법 현실과는 완전히 다른 추상화된 세계다. 현실은 전혀 다르다. 생태계의 모든 것은 다른 모든 것과 연결되어 있다. 조건부 독립성이 제공하는 감소의 은혜가 없다면, 어떤 법칙도 세상을 이해하는 것이 불가능하다는 사실을 보여준다.[172]

조건부 독립성

조건부 독립성은 공간에 의한 격리 때문에 생긴다. 몇십 킬로미터 떨어진 폭발물 사고는 나에게 영향이 없다. 폭발음도 들리지 않고, 그 사실을 뉴스로 접할 뿐이다. 그것은 공간적으로 이격되어 있기에 나에게 직접적인 영향은 주지 않을 것이다. 그러나 그 폭발이 가까운 곳에서 일어나면 상황은 전혀 다르다. 조건부 독립성이 적용될 여지가 없다. 조건부 독립성이 유지된다면 세상의 일도 좀 더 간단한 표현으로 바꿀 수 있다. 간단하게 바꾼다고 해서 소실되는 정보는 없다. 그러나 이런 조건부 독립성이 유지되는 세상은 극히 드물다.

2018년도에 치러진 변호사 시험 형사법 기록형의 채점 과정에서, 지극히 간단한 법적 쟁점에 대하여 참으로 다양한 오답이 존재하는 것을 보고 현실적인 법 문제 해결 과정이 지닌 난해함을 간접적으로 느꼈다. 법률 실무가들에게는 직관적으로 해결 가능한 분야를 법 이론의 잣대에서 하나하나 풀어가는 것은 그 과정도 지루하지만, 답답하기 짝이 없어 보인다. 형법이나 형사소송법의 여러 가지 쟁점이 출제되었는데, 법리적이고 개념적인 형법 분야에 대한 답안은 비교적 무난하고 딱히 기이한 것이 없었지만, 정작 절차에 관한 형사소송법 분야는 그야말로 이해가 불가능할 정도의 엉뚱한 답안이 난무하였다. 필자가 법률 실무가 출신이라 그런지 필자의 입장에서는 지극히 평이하게 보이는 쟁점에 대하여도 기이한 답이 많았다. 변호사 시험 문제는 가상이기는 하지만 현실의 형사 기록과 유사한 형태를 갖추고 있는데, 이런 현실적 형태의 문제 해결에서 응시자들이 보인 다양한 오답은 법률과 법 이론이 현실적인 법 문제의 해결 과정에서 어떻게 잘못 적용될 수 있는지를 극명하게 보여주었다.

이런 현실에도 불구하고 인공지능 초기에도 소위 판사까지 대체할 수 있는가 하는 질문으로 시작하는 논의가 있었고, 최근에도 이와 같은 주장은 여전하다. 미국연방 순회 항소 법원장을 지낸 랜들 레이더 조지워싱턴대 로스쿨 교수 같은 이는 5년 내에 인공지능이 판사는 물론 법조계의 대다수 일자리를 대체할 것이라는 견해를 피력하기까지 했다.[173] 이는 다마토 교수가 판사 대체 가능성에 관한 논문을 발표한 1977년 이래 계속된 논쟁이다. 다마토 교수는 그 제목과는 달리 온전한 의미의 판사 대체를 논한 것은 아니었지만, 40여 년이 지난 지금 다시 그런 화두가 신문 지상에 실리고 있다. 이것은 1985년 허버트 사이먼 교수가 사람이 할 수 있는 어떤 일이라도 기계가 할 수 있을 것이라고 예측한 것이 빗나간 것과 무엇이 다를까?

그러면 인공지능 공학자들이 법 분야의 특성 추출을 제대로 해낼 수 있을까? 법 분야의 여러 규칙을 지식 기반으로 축적하고 해석하는 알고리즘만 추가하면 법 분야 전문가 시스템을 쉽게 고안할 수 있다는 초기의 단순 무지한 발상이 제대로 결실을 보지 못한 중요한 원인의 하나는 법 분야의 특성 추출과 무관하지 않다. 법 분야의 여러 가지 현상을 추상화하는 것은 모델과 이론의 정립에 필수적이다. 구체적인 특징을 제거하여 일반화하는 것은 통일적 법체계를 위해서 불가피하였다. 입법에 있어서도 이런 추상화는 필연적이다. 현실 세계의 구체적 특성을 그대로 유지한 채로 법률 조문에 반영하여 규율하는 것은 불가능에 가깝다. 수많은 경우의 수에 맞게끔 특화된 법조문을 만들고자 한다면, 그 결과인 법률 조문은 너무나 복잡할 것이다. 또한 법조문 수도 엄청나게 늘어날 것이다.

단순 모델

모델을 단순화하면 연산에 적합한 기호화가 용이해진다. 자연 현상을 바탕으로 어떤 법칙을 이끌어낼 때 그 법칙을 단순한 공식으로 표현할 수 있으면 바람직하다. 공식은 기호로 표현되어야 하며, 이러한 기호와 알고리즘은 궁합이 잘 맞다. 여러 법학 이론은 법 분야의 어떤 구체적 현상에서 개개 사건에 특유한 특성을 제거하는 추상화 과정을 거쳐 만들어진 단순 모델인 셈이다. 이러한 법학 이론들은 법학 교육 과정에서도 체계성과 논리성 부여, 논증 등 많은 장점이 있었다. 그러나 이러한 단순 모델은 추상화된 폐쇄 환경이라는 속성이 있다. 이러한 폐쇄 환경 모델은 그 자체로 완결성을 가지지만, 현실 세계의 적용 과정에서 예상치 못한 여러 가지 문제에 봉착할 수밖에 없다는 단점이 있다. 아무리 훌륭한 법률 이론가라도 현실 문제 해결에는 무력하다고 할 정도로 한계가 있는 것이 실상이다.

현실의 법 분야는 폐쇄 환경과는 다르며, 따라서 폐쇄 환경에서 그처럼 완벽하게 작동하는 단순 모델은 현실 세계의 갖가지 예외·모순 상황에 봉착하면 작동 불능에 빠질 수밖에 없다. 현실 세계를 단순화하는 과정에서의 많은 특성 소실로 인해 단순 모델의 작동 환경과 현실의 법적 상황은 전혀 다르며, 이러한 차이로 인해 결국 단순 모델을 이용한 해결 자체가 불가능하게 된다. 어떤 시스템은 일정 조건에서 항상 일정한 결과를 산출하여야 일관성이 있다고 할 수 있다. 그러나 현실의 법적 문제에서 일관성의 유지가 전부는 아니다.

더군다나 법의 핵심은 논리가 아니라 경험이라는 주장이 설득력을 얻고 있다. 그동안의 경험에 의하면 법 분야에서의 의사결정은 규칙이나 삼단논법에 의하여 결정되는 것이 아니라 의외로 도덕, 정치 이론 심지어 집단적인 편견에 좌우될 수 있다. 수세기 동안 이루어진 국가의 발전 과정에서의 여러 가지 경험이 법에 화체되어 있으며, 수학 공리의 본질과는 전혀 다른 속성을 가지고 있다고 보아야 한다.[174] 이런 점 때문에 법률 이론의 교육만으로는 현실의 법적 문제를 해결할 수 없다. 법률 이론의 교육을 제대로 마쳤다 하더라도 현실에서 어떤 문제를 해결하기 위해서는 해당 분야에서 수많은 시행착오와 별도의 훈련을 거쳐야 한다. 현실 적응 과정 없이 바로 법률 실무에 종사할 수 없는 이러한 상황에서, 제한된 기간의 로스쿨 교육만으로는 충분한 훈련이 불가능하다. 어느 정도의 강제적인 수습 과정을 거친다고 해도, 어떤 법률 문제를 제대로 해결하기까지 상당한 시간이 소요되는 것은 불가피하다.

현실 세계에 투입할 수 있는 인공지능 알고리즘을 개발하고자 할 때 법 분야의 이런 특질은 알고리즘의 설계나 머신러닝을 통한 학습·훈련 과정에서 문제가 될 수밖에 없다. 명료하게 표현될 수 있는 법학 이론들을 알고리즘으로 만들 때 단순화된 모델의 본질적 약점은 그대로 남는다. 예를 들어, 알고리즘을 제2차 인공지능 붐 시대의 대표적 모델인 규칙 기반 전문가 시스템 형태로 만든다고 가정해보자. 분명히 지식베이스에 저장되는 규칙으로서의 법학 이론이나 법률 규정 등은 분명하고 흠이 없어 보인다. 따라서 문제된 어떤 사실에 이러한 지식베이스에 저장된 규칙을 적용하면 결론이 자연적으로 도출될 것이라고 생각할 수도 있다. 그러나 추상적 형태로 규정된 규칙은 현실 세계의 사실관계와 부합하지 않는다. 부합할 수 없다. 군이 둘을 맞추려고 한다면 현실 문제의 고유 특성을 제거하여 추상화할 수밖에 없다. 이러한 문제 때문에 규칙 기반 전문가 시스템의 대안으로 사례 기반 전문가 시스템이 등장하지 않았는가. 확실히 규칙 기준 비교보다는 보다 구체화된 형태인 사례끼리 비교하는 것이 고유 특성을 온전히 보존하는 일이겠다. 그러나 모든 특성이 똑같은 사례는 드물다. 비슷한 유형의 사건도 조금씩 다른 특성을 가지고 있다. 따라서 이러한 특성 문제는 인공지능 알고리즘의 구축에 대단히 중요한 문제다.

법적 문제의 특수성

법학을 전공하지 않은 인공지능 공학자들이 이러한 법적 문제의 특수성을 온전히 이해할 수 있을까? 짐작건대 이들이 법률 이론을 알고리즘으로 만드는 과정은 법 규정, 판례 등의 규칙을 지식베이스로 만들고, 해결하고자 하는 사건을 여러 가지 기준으로 분류한 다음, 규칙과의 비교를 통해 어떤 해결을 제시하는 식으로 이루어질 가능성이 많다. 최근의 머신러닝의 장점을 도입한다 해도 소위 질의에 해당하는 부분, 즉 입력 과정에서 자연어 처리 기능을 가미하는 정도이며, 여전히 규칙 또는 선례와의 비교를 다룰 가능성이 크다. 그럴 경우, 추상화된 폐쇄적 모델이라는 본질적 한계가 발생한다. 현재 현실에서 온전히 작동 중인 법률 전문가 시스템은 드물고, 또 기능도 특정 분야의 특정 기능에 한정되어 있다. 현재 법률 전문가 시스템을 대표하는 것은 ROSS Intelligence이다.

사실 필자는 인공지능 법률 알고리즘이 어떤 형태이어야 하는지를 비롯하여 여러 가지 법률 인공지능 알고리즘의 가능성에 대하여 매우 회의적이다. 생각보다 대단한 알고리즘이 탄생하기 어렵다. 그런 현실에는 이와 같은 법 분야의 특성반영과 관련된 난관이 자리 잡고 있다. 가능 여부를 떠나 법 분야 인공지능 알고리즘의 성공은 법 분야의 여러 특성을 알고리즘에 반영하는 것에 달려있다고 해도 과언이 아니고, 이것이 가능하기 위해서는 단순히 옆에서 법학 이론을 속삭이는 법학자가 아니라, 법 분야 현실을 제대로 이해할 뿐만 아니라 인공지능 알고리즘도 제대로 이해하고, 현 단계의 한계를 잘 아는 특수한 전문가의 개입이 필요하다. 사람들은 인공지능 알고리즘의 발전 때문에 법 분야의 여러 가지 직업이 사라질 것이라는 전망을 무비판적으로 수용하며 우려를 표한다. 그러나 현 단계의 인공지능 알고리즘은 여전히 이미지 인식과 검색에 특화되어 있다.

자율주행 자동차는 어떤가? 자율주행 자동차의 개념은 1939년부터 존재하였다. 그리고 1977년부터 본격적으로 자율주행 자동차를 만들기 위한 노력을 경주하여 왔다.[175] 미 국방고등연구계획국(DARPA)의 주력 분야도 바로 자율주행 자동차였다. 여러 연구자가 참가하는 경연도 벌어졌다. 구글도 2009년부터 자율주행 자동차 개발에 뛰어들었다. 구글과 같이 선도적인 인공지능 기술을 가진 기업이 자율주행 자동차에 뛰어든 지도 벌써 10년이 지났다. 그러나 자동차라는 프레임에 인간 대신 운전하는 알고리즘만 이식하면 되는 자율주행 자동차도 아직 실험만 거듭하며 각종 문제를 야기하고 있는 현실이다. 자율주행 자동차의 알고리즘이 더 복잡할지 현실 법률 세계의 문제점이 더 복잡할지는 굳이 비교하지 않아도 된다. 자율주행 자동차의 난관은 결국 실제 세계를 인식하고, 그 상황에 맞는 행동을 하는 것인데, 실제 세계 인식이 온전히 되지 않는다는 것이 자율주행 자동차가 실험 단계에 있을 수밖에 없도록 만들었다. 인공지능 알고리즘에서 패턴인식 분야가 가장 잘 발달하였고, 그중 이미지 인식 수준이 가장 높은 현실에서 자율주행 자동차의 상황은 인공지능에 대한 낙관을 재고하게 만든다.

여하튼 현재의 전망으로는 인공지능 알고리즘이 법적 영역에 들어와 그로 인해 변호사 등의 법률산업 종사자가 직업을 상실하는 일은 요원하다. 설사 그렇게 된다고 해도, 그 정도로 인공지능 알고리즘이 발전하면 기존 형태의 직업이 사라지는 대신 새로운 형태의 직업이 생겨날 것이다. 그전부터 사라질 것으로 회자되는 직업의 공통분모는 단순하고 반복적인 형태를 지니고 있다는 것이다. 이러한 단순하고 반복적인 형태의 직업이 사라지는 것과 더불어 새로운 형태의 일이 생겨난다고 전망하는 견해가 우세하다. 필자는 그 새로운 직업에 법 분야의 특성 추출을 담당하는 전문가 형태가 추가될 것으로 본다.

하이브리드 전문가

특성 추출의 개념화 과정을 보면, 특정 전문 분야의 특성 추출에 있어서 관련 전문가의 역할이 나온다. 즉 특정 분야 전문 지식을 머신러닝 모델에 적용하는 메커니즘(mechanism)을 보면 당면 과제에 대해 학습 중인 데이터 및 시스템에 대한 지식은 시간이 흐를수록 축적된다. 일부 문제에서는 이러한 패턴이 간단해서 머신러닝 모델이 쉽게 학습할 수 있다. 그러나 더 까다로운 문제라면 특정 분야의 전문 지식을 바탕으로 특성 집합을 꾸려 주어야만 머신러닝 모델이 크게 향상된다.[176)]

그러면 법률 분야 인공지능 알고리즘을 개발하는 인공지능 공학자가 과연 이러한 특정 분야의 전문 지식을 가질 수 있겠는가? 그것은 불가능하다. 법학자가 개발에 가세한다고 해도 인공지능 알고리즘에 대해 문외한인 그가 특성 집합을 만들 수는 없다. 해결책이 뭔가? 결국 이러한 특성 집합 꾸려주기는 특정 분야 전문가이면서도 인공지능 알고리즘에 어느 정도 특화된 하이브리드 전문가에 의하여 수행될 수밖에 없다. 법 분야의 모델 구축에서는 법률 전문가가 개입하여야 한다. 따라서 법학 교육에서 인공지능에 관한 교육이 이루어져야 하고, 그 과정에서 특성 추출과 같은 임무를 담당할 데이터 과학자이자 법률가를 양성하여야 한다.

4. 법 분야와 수량화

수리물리학자 겸 공학자인 켈빈 경에 의하면, 측량할 수 없는 것은 개량할 수 없다고 한다.[177)] 과학자들이 세상의 현상을 규명하는 방법은 현상을 측량하여 데이터를 얻고, 이를 설명하는 모델을 만드는 식이다. 그러한 모델에 실제 데이터를 투입하여 제대로 된 결과가 나오는지를 확인하고 그 모델의 신뢰성을 검증하는데, 그러한 검증을 통과한 모델이여야 유의미한 과학 지식으로 자리 잡게 된다. 즉 과학 지식이 되려면 반드시 이를 뒷받침하는 측량의 결과인 데이터가 있어야 한다.[178)]

측정 불능

세상에는 본질적으로 측정 불능인 것이 있다. 예를 들어 사랑은 수량화를 거부하고, 그로 인해 사랑은 예측 불가능한 것으로 여겨진다.[179] 사랑뿐이겠는가? 고통이나 슬픔, 분노는 어떠한가? 법의 영역에서도 수량화를 거부하는 측정 불능의 인자들이 무수히 존재한다. 형사소송의 예를 들면, 체포 영장을 발부받기 위해서는 피의자가 죄를 범하였다고 의심할 만한 상당한 이유가 있어야 한다. 그 혐의는 주관적 혐의만으로는 부족하고, 객관적 혐의가 있어야 한다. 그러나 이와 같은 '상당한'이라는 표지는 수량화가 가능할까? 몇 퍼센트라고 구체적 수치로 나타낼 수 있을까? 설사 그것이 가능하다고 해도 60퍼센트의 혐의는 영장 발부가 가능하고, 59퍼센트는 아니 된다는 기준을 세우면 누구나 납득할 수 있는 기준이 되겠는가?[180] 불법 행위로 입은 비재산적 손해의 위자료 액수 산정에서 비재산적 손해는 계산 가능한가? 실무에서는 이런 부분에 대하여도 사실심 법원이 여러 사정을 참작하여 그 직권에 속하는 재량에 의하여 산정하고 있지만, 이러한 과정이 수량화에 적합하다고 보긴 어렵다. 특히 위자료의 산정에도 그 시대와 일반적인 법 감정에 부합될 수 있는 액수가 산정되어야 한다지만,[181] 법 감정이라는 요소가 계산에 적합하다고 보긴 어렵다.[182]

수량화

나아가 일부 수량화 또는 계산이 가능한 영역이 있다고 하더라도, 법 분야의 현상은 복잡한 유기적 관계가 있고, 그 해결에 고려하여야 할 인자가 부지기수다. 이러한 인자 중에는 계산 또는 수량화가 가능한 것이 있는가 하면 불가능한 요소도 있다. 계산 불가능한 것과 계산 가능한 것의 합산은 불가능하다. 그 결론도 정당화되기 어렵다.

이와 같은 수량화는 인공지능 알고리즘이 법 분야에 적용되는 과정에서 여러 가지 문제를 야기할 것이다.

생태계

생물학자 배리 커머너는 The Closing Circle이라는 저서에서 모든 것은 다른 모든 것과 연관되어 있고, 모든 살아있는 유기체에는 하나의 생태계가 존재하며 그중 하나에 영향을 주는 것은 모두에 영향을 준다고 주장했다.[183] 법 분야가 다룰 대상인 현실 세계는 하나의 생태계에 비유할 수 있으며, 하나의 사건을 이루는 각종 요소는 상호 연관되어 있고, 그 하나에 영향을 주는 것은 다른 모든 요소에 영향을 줄 수밖에 없다.[184]

사법적 결정

맥스래딘 판사와 같은 이는 1925년에 쓴 "사법적 결정의 이론: 판사는 어떻게 사고하는가"라는 논문에서 판사의 일을 예언에 비유하였다. 그러면서 그는 예언이 틀릴 가능성이 없다면 예언하는 행위는 대수롭지 않은 일일 것이라고 했다.[185] 사법적 오만이라고 비난하는 견해도 있지만,[186] 이는 법 분야의 특성을 잘 대변하고 있다. 판사의 사고 과정이 객관적이어서 감이나 편견, 그 밖에 판사에 걸맞지 않은 과정에 휘둘리지 않는다면, 적절한 소양을 지닌 사람은 판사의 의사결정 과정을 명백히 이해할 수 있어야 한다는 주장[187] 또한 법 분야의 특성을 모르는 문외한의 견해이다. 논리만으로 사건의 핵심에 도달할 수는 없다.[188] 나아가 법체계가 과학의 자연법칙처럼 양적으로 측정 가능해야 한다는 올리버 웬들 홈스 2세의 신념 또한 납득하기 어렵다.

예측의 해석력

법률 체계의 내재적 객관성과 예측 가능성은 별개의 문제다. 흔히 판결의 예측에 영향을 미치는 요소에 날씨, 판사의 마지막 식사 시간 등 전혀 무관하여 보이는 것들이 있다지만, 이는 오히려 머신러닝 모델링의 특성 문제다. 특성 추출이 잘못되었을 뿐만 아니라 상관관계의 설정에 오류가 있는 것이라 보아야 하겠다. 이런 모델은 머신러닝의 블랙박스적 성격과는 별개로 어떤 해석력이 있다고 보기 어렵다. 날씨나 판사의 식사 시간과 같은 것이 판결에 영향을 미쳤다는, 거의 우연에 가까운 분석 결과가 첨단 머신러닝 기법을 통해 산출되었다는 이유만으로 정당화되어서는 아니 된다. 납득할 만한 해석력을 지녀야 제대로 된 예측이라고 할 수 있다.

사법적 절차의 실제를 보면, 사법절차는 결코 기계적 객관성 요소에 의하여만 움직이지 않는다. 오히려 보다 고도의 상호주의적 합의를 바탕으로 이루어지는 것이 실상에 맞다.[189] 따라서 판사는 판결 과정에서 여러 당사자의 고충을 해소하고 법률의 다양한 해석을 조화시키기 위해서 창의성을 동원해야만 한다. 분명 머신러닝 알고리즘은 법정에서 여러모로 활용되고 기존 체계를 더 공정하게 바꾸는 데에 효과적으로 이용될 가능성이 크지만, 판결 선고를 대신할 인공지능 알고리즘의 가능성은 없다고 하여야 할 것이다.[190]

5. 법 분야의 의사결정의 특이성

법 분야의 의사결정에서 일반인이 이해하기 힘든 부분이 많다. 그중에 형사사건에 대한 결정을 예로 들자. 누군가가 어떤 사람을 폭행죄로 고소했다고 치자. 폭행죄에 대하여 두 사람의 주장이 상반될 경우, 흔히 폭행죄의 피의자에 대하여 증거가 없다는 이유로 혐의없음 결정을 하는 경우가 있다. 이러한 경우 그 피의자에 대한 혐의없음 결정은 그 사람이 결백하다는 것을 의미하지 않는다. 따라서 역으로 그 피의자가 고소인을 무고죄로 고소한다고 해도 무고죄가 성립하지 않는 경우가 대부분이다. 폭행죄도 혐의없음이고, 그 반대의 경우 무고죄도 성립되지 않는다는 결론을 도출하는 컴퓨터 알고리즘이 개발된다면 뭔가 결함이 있다고 생각할지 모른다. Not(T)=False라는 것이 논리적으로 타당하다. 그런데 Not(T)= T라는 도식이라니! 이건 도대체 이해하기 힘들 것이다. 법 현실에서는 너무나 흔한 현상이 컴퓨터 알고리즘으로 만들어 놓으면 논리적으로 도저히 이해하기 힘든 부분이 되어버린다.

임계치

또한 전술한 바와 같이 법 현실은 수량화가 힘든 분야다. 소위 컴퓨터 알고리즘에 맞게 수식화하기 위해서는 수량화가 필요하다. 예를 들어 피의자를 구속하려면 피의자가 죄를 범하였다고 의심할 만한 상당한 이유가 있어야 한다. 구속의 요건이 되는 범죄 혐의는 피의자가 유죄판결을 받을 고도의 개연성이 인정될 수 있는 정도의 범죄 혐의, 즉 현저한 범죄 혐의가 있어야 한다. 만약 구속영장 심리과정을 인공신경망 알고리즘으로 구현하려 한다면 각각의 입력값,

가중치, 임계치를 결정할 필요가 있는데, 어떤 피의자가 구속되어야 할 만한 혐의가 있는지가 수치화가 되어야 한다. 간단히 단층 퍼셉트론으로 단순화하여 보자. 다음은 퍼셉트론의 발화 과정을 보여준다.

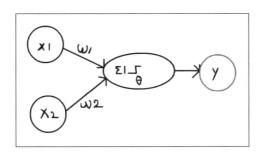

위의 그림에서 x1, x2가 입력값이고, w1, w2가 가중치이다. 앞에서 설명한 바와 같이 머신러닝은 x1이나 x2에 대하여 가중치를 적절히 조정하여 y값을 도출하고 그 y값과 실제 모델의 y값을 비교하는 방법으로 학습·훈련시킨다. 문제는 그림 가운데의 출력층이다. 이 출력층은 가중치를 갖는 입력값을 선형적으로 합하는 함수와 임계치 θ 를 가지는 활성화 함수로 되어있다. 위 그림의 계단 함수 대신 시그모이드 함수 등을 사용할 수도 있지만, 어떻든 임계치를 결정할 때도 함수에는 수치가 사용되어야 한다. 따라서 인공신경망으로 구속 여부 심사 알고리즘을 설계할 때의 선결 과제는, 적절한 입력 변수의 추출과 더불어 그런 요소나 인자들을 수치화하는 것이다. 앞서 고민한 바 있지만, '상당한'에 적합한 수치는 무엇으로 결정하여야 하는가? 고도의 개연성이라는 것은 어떻게 수치화할 수 있는가?

미국 수정헌법 제4조의 해석에 의하면, 불심검문을 위한 경찰의 정지(stop) 요구에는 범죄 실행의 합리적 의심(reasonable suspicion)이 전제되어야 한다.[191] 합리적 의심[192]은 압수·수색의 probable cause보다는 상대적으로 낮다고 본다.[193] 이러한 합리적 의심 기준은 Terry v. Ohio 사건에서 시작된 것으로, 단기간의 정지(detention)를 정당화하기 위해 probable cause 기준보다는 낮은 새로운 reasonable suspicion 기준을 만들어냈다.[194] 미 연방대법원은 상당 기간 위 합리적 의심의 의미를 명확히 하기 위하여 애써왔지만, 이러한 합리적 의심을 특정 수치로 계량화한다는 것은 현실적으로 어렵다. 범죄 행위의 가능성을 두고 0에서부터 100퍼센트까지 확률 범위를 정해놓고, 몇 퍼센트가 되어야 합리적 의심이 있는 것으로 볼 것인가를 정할 수도 있다.[195] 대략 50퍼센트가 넘으면 합리적 의심이 있다고 간주하는데, 이는 probable cause에 비해서는 낮은 수치이다. 그러나 50퍼센트는 무엇을 계량화하여 나온 것인가? 또 probable cause는 몇 퍼센트일까?

II. 법률 서비스의 특질

1. 서론

원래 법률 서비스 분야는 그 복잡성이나 대면 위주라는 특성으로 인해 다른 지식 서비스 분야보다 상대적으로 인공지능을 비롯한 정보통신기술의 도입이 늦었지만, 최근에는 다채로운 방향으로 여러 가지 형태의 시도가 이루어지고 있다.[196] 법률 서비스는 법률적 해석을 통해 분쟁을 조정하고 권리를 확인하는 서비스로서 다양한 공급 주체가 있다.[197] 좁게는 법적 문제에 처하거나 발생이 예견되는 단계에서 제공되는 법적 조력으로 파악하기도 한다. 그 구체적 형태로는 법적 조력이 필요한 자에게 적절한 대처 방안을 조언하는 법률 상담, 쟁송을 통해 법적 문제 해결을 위한 소송 등이 있다.[198]

이런 법률 서비스 시장에서 인공지능으로 인한 변화의 바람은 어떤 방향일까? 혹자들이 이야기하는 것처럼 인공지능 알고리즘이 기존 서비스 영역을 완전히 잠식할까? 아니면 기존 법률 서비스 시장을 그대로 살려두면서 그 업무 효율성을 개선하는 데 그칠 것인가? 쉽게 전망하기 어렵다.

약인공지능에 의한 혁신

이는 일부 강인공지능 신봉자들이 생각하는 직업의 대체가 아닌, 약인공지능에 의한 혁신의 방향으로 전개될 것이다. 법률 시장은 변호사법 등에 의하여 보호되는 영역이어서 소위 리걸테크에 의한 서비스의 혁신이 시장을 변화시킬 것인가 하는 문제도 장담하기 어렵다. 혁신의 큰 그림은 서비스의 효율성 증대와 더불어 기존 변호사들이나 로펌에서 제공하지 못하던 틈새 서비스 시장을 파고들거나, 아예 인공지능 알고리즘으로 무장한 시스템과 서비스로 기존 변호사들이 제공하던 서비스 자체를 약탈하는 형태일 것이다. 리걸테크나 그것에 적용된 인공지능 알고리즘이 가진 효율성은 지나치게 높은 비용 구조의 법률 서비스에 뭔가 변화를 불러올 것이 분명하지만, 법 분야의 특성과 관련된 알고리즘 구현의 문제를 극복해야 하는 과제와 더불어 기존 서비스 제공자에 의한 만만치 않은 저항을 넘어야 할 것이다. 법률 서비스 영역에의 인공지능 알고리즘 도입은 알파고가 바둑에 등장한 것과 같은 형태로 진행될 수 있을까?

인공지능에 의한 법률 서비스 대체

법률 영역이 가진 고유의 특질 때문에 다른 영역과는 달리 인공지능에 의한 법률 서비스 대체가 어렵다고 하는 것이 제대로 된 전망일 것이다. 앞서 언급한 바와 같이 법률 분야의 복잡도는 다른 영역에 비해 아주 크다. 인공지능 알고리즘이 리걸테크에 본격적으로 활용되면, 인공지능 알고리즘의 블랙박스 문제가 본격화될 것이다.

설명 불가능성

인공지능 알고리즘을 법률 서비스에 대입할 때 블랙박스 속성으로 인해 생기는 문제는 어떤 결정을 뒷받침하는 설명이 부재하다는 것이다. 운명이 걸린 법적 분쟁에서 통계적 모델이 제공하는, 결정을 뒷받침하는 타당한 근거 제시가 없는 방안보다는 그러한 결정에 이르게 된 과정과 근거를 충분히 설명해주는 인간 법률가의 서비스를 더 선호하고, 신뢰할 것이다. 인공지능은 단순하고 정형화된 업무 영역에서는 최고의 효율을 보인다. 그러나 그러한 효율성이 인간적 유대 관계가 중시되는 변호사 업무 영역에서조차 발휘될지는 의문이다. 기계적 알고리즘으로 개선할 수 있는 분야는 변호사 업무 중 지적 능력을 요구하는 고도화 영역은 아닐 것이 분명하다.

구술 변론

이제야 슬슬 깨닫기 시작하는 사실로 인공지능 알고리즘이 변호사를 대체할 수 없는 아주 단순한 이유는 대면을 통한 의뢰인 설득이나 법정에서의 구술 변론을 인공지능 알고리즘이나 로봇이 할 수 없기 때문이다.[199] 인공지능에 의한 변호사의 실직을 이야기할 때마다 필자가 하는 이야기가 있다. 인공지능은 절대 인간 변호사가 당사자와 형성하는 신뢰 관계를 쌓을 수 없다는 이야기인데, 이것은 무시하기 어려운 요소다.

신뢰 관계 형성

법률 수요자는 단순한 법적 해결책만을 찾기 위해 변호사를 선임하는 것은 아니다. 형사사건의 경우, 변호사는 단순히 당사자의 부족한 법률 지식을 보완하여 조력하는 데 그치지 않는다. 당사자와의 소통을 통해 당사자가 심리적인 안정을 찾도록 하고, 구속 수감으로 외부와 고립·단절되어 나타나는 고통을 덜어주기도 한다. 법이 형사사건의 변호인에게 피의자, 피고인, 법원이나 수사기관의 결정으로도 제한할 수 없는 절대적 접견 교통권을 보장하는 이유도 그것이다.

확실히 법률 서비스는 다른 비즈니스 모델과는 상이한 특질이 많다. 따라서 경영과 같은 분야에 쉽게 적용되던 인공지능 알고리즘도 법률 분야에 적용할 때는 다른 분야와 다른 법률 서비스의 여러 가지 특질을 고려해야 한다. 법률 서비스의 수요는 사회의 경제적 관계가 다양하고 복잡할수록, 그에 따른 각종 이해관계의 충돌이 증가할수록 늘어나게 되며, 공급 또한 이 수요 증가에 대응하여 증가하게 된다.[200] 이렇게 증가되는 법률 수요에 부응하여 우월한 비용 구조의 컴퓨터 알고리즘을 내세운 리걸테크가 등장하는 것은 당연하다.

법률 서비스 영역에서의 인공지능 알고리즘 활용 방안을 구상할 때, 인공지능 기술의 관점에서 접근하는 것으로는 족하지 않다. 법률 서비스 영역 고유의 제반 특성을 함께 고려할 필요가 있다.

필요의 관점

특히 필요의 관점이 중요하다. 필자도 1990년경에 대검예규라는 규칙을 데이터베이스로 변환하고 키워드 검색이 가능한 프로그램을 개발하여 직접 업무에 사용한 적이 있다. 일부러 시간을 내어 대검 예규를 데이터베이스화한 것은 아니다. 그 당시 서울지방검찰청(현 서울중앙지방검찰청) 총무부에서는 대검찰청에서 일선 청에 하달하는 각종 예규를 정리하는 작업을 진행하고 있었는데 필자도 합류하게 되었다. 그런데 작업 형태를 보니, 종이 문서로 된 대검예규를 쌓아놓고 일일이 중복 지시가 있는지를 눈으로 직접 확인하며 수기로 정리하고 있었다. 그 많은 대검 지시의 중복 여부를 판별하는 것은 기억력과 인지의 한계상 어려운 작업임이 틀림없었다. 필자는 그 당시 대검 지시를 데이터베이스로 만든 후, 키워드 검색과 텍스트 매칭, 정렬 등의 방법으로 일목요연하게 정리하였다. 수작업으로는 장시간이 소요될 것으로 예상되던 업무 시간을 단축하여 동료검사와 직원들로부터 찬사를 받은 바 있다. 그때 만든 데이터베이스를 토대로 대검예규 검색 프로그램을 만들어 필자만 사용하였는데, 이러한 대검 예규 검색 프로그램이 대검찰청 차원에서 만들어진 것은 2000년경이니 무려 십년이나 앞선 셈이었다. 이와 같이 법률 분야의 서비스 혁신은 고도의 알고리즘이 필요한 것이 아니라 어떤 분야에서 불편하고 번거로운 일을 컴퓨터 알고리즘으로 대체하려는 목적의식이 전제되어야 한다.

법률 서비스는 국가의 사법 작용과 관련한 것을 서비스의 관점에서 파악한 것이다. 법률 서비스 영역의 접근 가능성을 높이는 여러 가지 혁신은 하드웨어적인 개선을 뛰어넘어 전체 국민의 삶의 질 향상이라는 함의가 있다.

2. 법률 시장의 여건 변화

법률 시장이라고 하여 사회나 경제적 여건의 변화와 무관할 수는 없다. 불황의 여파를 직격탄으로 맞는 것이 법률 시장이다.

비즈니스

법률 서비스의 비즈니스적 성격을 부정할 수는 없다. 기본적으로 수익이 창출되어야 한다. 1980년대 중반부터 2008년 금융위기 때까지, 미국 등지의 대형 로펌들은 수입과 변호사 수 측면에서 전례 없이 성장하였다. 대기업 고객들은 로펌과 지속적인 관계를 맺고 광범위한 법률 업무를 위임하면서 거대 로펌의 등장을 부채질했다.201)

Big Law

기업의 성장에 따라 다양한 분야에서의 법률 서비스에 대한 요구 증가는 다시 Big Law 관행의 성장과 변혁을 초래했다. 그러나 이러한 기업 고객들의 사내 변호사 제도 확대는 거대 로펌에게 변화를 주었다. 서비스 제공 형태도 달라질 수밖에 없었다. 한때 기업 고객들은 그들의 외부 법률 업무의 전부 또는 대부분을 한 법률 회사에 위임했다.

법률 서비스 제공자 간의 경쟁

그러나 오늘날 기업들은 종종 일감을 한 로펌이 아니라 여러 로펌에게 나누어 맡긴다. 일부 기업 고객들은 전문화된 지역의 법률 서비스를 위해 부티크 로펌(boutique law firm)[202]에 의존하기도 한다.

또 다른 변화는 회사들이 로펌 자체보다는 그들의 법률 업무를 담당하던 변호사들과의 관계를 중시하기 시작했다는 점이다. 어떤 변호사가 한 로펌을 떠나 다른 로펌으로 옮기는 경우, 그 변호사가 법률 업무를 담당하던 기업 고객은 기존 로펌을 버리고 그 변호사가 옮긴 로펌과 새로운 계약을 맺는 경우가 많다.

우리나라에서도 일상적이 되었지만, 이제 기업 고객들은 로펌 간의 경쟁을 유발하고 비용 통제를 위해 특정 기업과의 지속적 관계를 유지하려 들지 않는다. 건건이 견적을 요구하고, 낮은 비용을 요구하는 로펌에 법률 업무를 맡긴다.

최근 법률 시장을 둘러싼 이러한 여건 변화로 인해 법률 서비스 제공자 간의 경쟁이 심화되면서 법률 서비스 제공자들은 보다 효율성 높은 법률 서비스의 구축을 필요로 하게 되었다. 뿐만 아니라 기존의 법률 서비스 시장 자체는 근본적인 문제가 있었다. 고가의 서비스 비용 때문에 누구나 법률 서비스를 이용하지 못한다는 이야기다. 미국에서조차 전문가들은 빈곤층의 약 80%, 중산층의 절반 이상이 법률 서비스에 대한 접근이 어렵다고 추정하고 있으며, 소기업과 신생 기업은 법률 서비스의 혜택을 받지 못한다. 심지어 대기업들조차도 변호사로부터 필요한 서비스를 제대로 받지 못하는 실정이다.[203]

국내라고 사정이 다를 것 같지 않다. 그런데도 변호사업계는 불황에 시달리고 있다. 특히 로스쿨 개원에 따라 변호사 수가 급증하고 법률 시장 개방이라는 악재까지 겹치면서 법률 서비스 시장 내 경쟁은 그 어느 때보다 치열하다. 이러한 경쟁 구조에서 살아남는 길은 차별화된 경쟁력이다. 리걸테크를 이용한 서비스는 이러한 법률 시장의 구조 변화에서 돌파구가 될 수 있다.

리걸테크

리걸테크의 기술 혁신은 법률 프로세스의 전달과 많은 것을 상품화할 수 있는 능력을 위한 더 표준화된 해결책으로 이어졌다.[204]

미국 등지에서는 법률 서비스를 제공하려는 수많은 리걸테크, 대학, 로펌이 현재 변호사의 인지 영역을 어느 정도까지 자동화할 수 있는지 연구하고 있다. Riverview에 따르면, 이런 연구의 주된 목적은 지식 노동자들의 인지 능력 일부를 자동화하여 조직에 지능적인 의사결정 지원 도구를 제공하는 것이다.[205]

Riverview는 현재 리버풀대와 합작하여 인공지능을 법적 과제에 활용하기 위한 연구를 계속하고 있다. 이들은 리버풀대 컴퓨터 과학부의 인공지능 전문 지식이 어디까지 일반 로펌에서 활용될 수 있는지 탐색하고 있다.[206] 이러한 연구는 런던 대학(UCL)의 학자들과 함께 한 Hodge Jones & Allen의 연구에 힘입은 것으로, 개인 상해 사례 처리의 효율성을 평가하는 알고리즘을 만들기 위한 것이다. 런던 대학의 한 경제학 교수는 12개월에 걸쳐 성공과 실패에 기여하는 요인과 손해와 비용의 수준을 결정하기 위해 통계 기법을 사용하여 종결된 600건의 사례를 조사했다. 그 결과로 나온 것이 개인 상해 사례의 예상 결과를 계산할 수 있는 장치였다.[207] 관련 회사의 개인 상해 팀장은 이러한 모델링의 결과는 취급 사건에 대한 담당자들의 편견을 해결할 수 있을 것이라고 했다.

정교한 기계 판독 소프트웨어가 변호사보다 더 빠르고 더 정확하게 법률 서비스와 옵션 조언을 제공하는 것이 입증되었다.

컴퓨터에 의한 사법적 결정

일찍이 1970년대 Weizenbaum은 가능 여부를 떠나 컴퓨터가 사법적 결정을 내려서는 안 된다고 주장했다. Berman과 Hafner는 아무리 정교한 규칙 기반 전문가 시스템이라 해도 법적 결정이 제대로 설명될 수 없는 여러 가지 이유에 대해 논의했다.

법적 결정은 단순히 기존의 규칙을 적용하는 데 그치지 않는다. 결정을 위해 규칙을 창의적으로 수정해야 하는 것은 물론, 여러 규칙 중에서 선택하거나 심지어 새로운 규칙을 만들어야 한다.[208]

법률 전문가 시스템은 ROSS Intelligence와 같이 관련 사실과 이슈를 정리하고 제시하는 데 사용될 수는 있지만, 법적 결정 자체에 직접 투입되어 사용되어서는 아니 된다.

유사 업종의 직역 침해

국내의 기존 변호사들은 유사 업종의 직역 침해로 인하여 골머리를 앓고 있다. 현재 변호사와 유사 업종 간에 벌어지는 직역 다툼은 이전투구의 양상을 보이고 있다. 유사 직역 전쟁에 내몰린 변호사들이 시위를 벌이는 상황까지 되었다.

로스쿨 제도 도입으로 변호사 수가 급증하여 1인당 사건 수임 건수가 줄어드는 상황에서 일어나는 세무사, 변리사, 법무사 등 유사 직역과의 갈등·대립 양상을 보고 '밥그릇 싸움'이라는 비판도 없지 않다. 종전에는 변호사에게 세무사 자격이 당연히 주어지고 세무 대리를 하는 데 아무런 제약이 없었다. 실제 변호사 중에는 동료 변호사 등의 세무 대리를 하는 변호사들이 없지 않았다. 그런데 일정 시점을 기점으로 신규 변호사는 세무 대리 업무를 할 수 없도록 세무사법이 개정되면서, 변호사들은 세무사 자격은 있으나 대놓고 세무 업무는 볼 수 없는 처지에 놓였다. 이에 변협은 2003년 개정안에 대해 위헌법률심판을 제청하기도 하였다. 세무사들에게 세무소송 대리권을 인정하여야 한다는 법안까지 제출되었다. 2018년 11월 1일 김정우 더불어민주당 의원이 대표 발의한 법안은 조세에 관한 소송 대리가 변호사에게 전속되어 있어 소액조세분쟁의 경우 과다한 소송 비용 부담 때문에 납세자가 소송을 포기하는 등의 문제가 있으니, 이를 해결하기 위해 세무사에게 세무소송 대리권을 인정해야 한다는 취지다.[209]

특허침해소송을 변리사도 대리할 수 있도록 하려는 변리사법 개정안도 산업자원통상위원회에 계류돼 있다. 변호사 직역과 연관성이 있는 공인탐정법안, 공인노무사법 개정안도 계류 중이다.

이러한 직역 다툼은 법조 환경 변화에 따른 불가피한 측면이 있다. 사실 법조 유사 직역을 처음 만들 당시에는 배출되는 법조 인력이 극소수라 국가자격증시험을 통해 변호사 업무 중 일부 기술적 업무를 전문으로 하는 유사 직역을 만들어 법률 서비스를 제공하려는 측면이 없지 않았다. 그러나 변호사의 공급 확대로 이런 상황이 변한 것이다. 변호사 업계의 구직난 및 수임난은 심화 일로에 있으며, 변호사 간의 생존 경쟁은 이러한 유사 직업군이 담당하던 업무도 변호사가 담당할 수밖에 없는 상황을 만들었다. 이런 유사 직업군은 로스쿨 교육의 한계상 세무나 특허 등의 심화 업무를 담당할 변호사를 배출하기 힘들다는 것을 반대 논거로 내세우고 있지만, 이는 로스쿨 제도의 도입 취지에 정면으로 반하는 주장이다. 로스쿨 교육과 변호사 시험으로 그런 전문 영역까지 커버할 수 없는 것은 사실이지만, 로스쿨을 졸업하고 변호사 시험에 합격하였다고 하여 일반 변호사 업무를 제대로 처리할 수 있는 것은 아니다. 수많은 시행착오와 훈련을 거쳐야 일반 변호사 업무도 제대로 처리할 수 있다. 세무나 특허 업무에 국한된 지식을 가지고 법정에까지 서겠다는 그런 발상은 도대체 어떻게 나올까? 그런 자격시험에 소송법 과목을 넣어 시험을 치고 합격한다고 해서 소송 대리를 할 수 있다고 하는 것은 소송을 몰라도 너무 모르는 소리다. 필자의 경우 사법시험을 합격하고 사법연수원 교육까지 받은 후에 법정에 섰는데도 불구하고, 처음 법정에 섰을 때 느꼈던 그 막막함은 말로 표현하기 힘들다. 유사 직역군의 논리라면 일반인들도 소송에 임하면 되지 굳이 변호사가 필요 없을 것이다. 자신의 사건에 대하여 누구보다도 잘 아는 입장에서 법정에 조리 있게 설명하면 될 것이 아닌가? 이들이 과연 변호사 업무의 특성에 대하여 제대로 이해하고 그런 주장을 하는 것인지 아니면 억지에 불과한지 짐작이 가지 않는다.

직역 다툼의 원인은 인공지능

필자는 위와 같은 직역 다툼의 성격을 다른 각도로 조망하고 싶다. 위의 직역 다툼은 변호사 수 증가로 인한 밥그릇 다툼의 양상이 아니라는 게 결론이다. 실제 세무사, 법무사, 변리사는 업무의 특성상 인공지능 알고리즘의 대체 가능성이 높은 직역이라는 것이다. 초기 법률 전문가 시스템의 가장 큰 활용 분야는 세무 분야였다. 세법 등 세무 관련 규칙으로 지식베이스를 만들고, 해결하고자 하는 세무 문제를 대입하여 해법을 내는 과정은 전문가 시스템과 너무 맞아 떨어졌다. 제2차 인공지능 붐 때 이런 세무 전문가 시스템의 활용으로 기업의 세무 관련 비용이 절감된 경우가 많았던 것도, 세무사 업무가 전문가 시스템으로 구현하기 쉬운 분야이기 때문이다. 이들로서는 인공지능 알고리즘으로 인한 직업 상실의 최우선 대상이 된다는 게 우려스러울 수밖에 없다. 누차 이야기하지만, 인공지능 알고리즘이 대체할 수 없는 것은 법정에 서는 변호사다. 세무사도 세무소송 대리권이 있게 되면 인공지능으로 인한 직업 상실의 위험에서 멀어질 수 있다.

법무사의 업무 영역은 인공지능에 의한 대체 전망이 가장 확실하다. 법무사의 업무는 타인의 위임에 의하여 1. 법원과 검찰청에 제출하는 서류의 작성, 2. 법원과 검찰청의 업무에 관련된 서류의 작성, 3. 등기나 그 밖에 등록신청에 필요한 서류의 작성, 4. 등기·공탁사건 신청의 대리, 5. 민사집행법에 따른 경매사건과 국세징수법이나 그 밖의 법령에 따른 공매사건에서의 재산취득에 관한 상담, 매수신청 또는 입찰신청의 대리, 6. 제1호부터 제3호까지의 규정에 따라 작성된 서류의 제출 대행, 7. 제1호부터 제6호까지의 사무를 처리하기 위하여 필요한 상담·자문 등 부수되는 사무로 되어있다. 주된 업무 영역이 서류의 작성인 셈이다. 이런 서류 작성을 중심으로 그에 부수되는 제출이나 신청의 대행, 상담, 자문 등을 할 수 있다(법무사법 제2조). 법무사로 개칭되기 전에는 사법서사였다. 이러한 사법서사의 정의를 보면, 서류 작성이 법무사 업무의 중심임을 더 명백히 알 수 있다. 사법서사라 함은 타인의 위촉에 의하여 법원, 검찰청에 제출할 서류 기타 법무에 관한 서류의 작성을 업무로 하는 자를 칭한다(1954. 4. 3. 제정 사법서사법 제1조).

미국 등지에서는 문서 자동 작성 관련 알고리즘들이 속속 개발되어 활용되고 있다. 우리나라에서도 사람들이 이런 문서 자동 작성 서비스를 접하는 순간 법무사가 해야 할 일의 상당 부분이 사라질 것이다. 소송 대리가 서류 작성의 부수되는 업무로 치부해도 될 정도로 단순 업무인가? 어떻든 인공지능 알고리즘의 위협은 법무사 업계에서도 생사가 걸린 문제가 되어버렸다.

이러한 유사 직역의 노림도 문제지만, 그러한 움직임을 초래한 인공지능 알고리즘과 리걸테크의 등장에 대하여도 경계하고 대처할 필요가 있다. 인공지능 변호사의 등장이나 그로 인한 직업 상실 같은 것은 너무 공상 과학과 같은 이야기라 지금 당장 문제가 될 수 있는 것은 아니다. 오히려 리걸테크에 의하여 제공되는 염가의 고효율 서비스가 변호사의 기존 직역을 위협할 것이다.

법률 서비스의 정보 비대칭성과 비용 과다

변호사가 가진 공공성을 무시하긴 어렵지만, 변호사업 자체는 일종의 비즈니스다. 다만 다른 업종과는 달리 서비스 제공자가 전문직이다 보니 법률 서비스 비용이 만만치 않다. 주로 언론에서 문제되는 법조 비리의 상당수가 고가의 선임 비용과 직결되어 있을 정도로 변호사의 높은 보수는 사회적 비난의 대상이 될 수밖에 없었다.

이런 고가의 법률 서비스를 누릴 수 있는 사람은 한정되어 있다.

흔히 하는 "유전무죄, 무전유죄."라는 말도 그런 연유로 생겨났다. 법률 서비스에서 경제적 부에 따라 점점 벌어지는 서비스 격차의 현실은 암담하지만, 시장경제 시스템에서 충분한 보수 없이 법률 약자에 대한 법률 서비스의 질을 높이는 것은 실로 불가능에 가깝다고 여겨지고,[210] 따라서 법률 서비스에서의 격차 해소는 요원한 일이 되고 만다. 법률 격차 해소를 위해서는 돈, 자원의 불평등을 다루어야 하지만, 쉽지 않다.

뿐만 아니라 법률 비용 책정에서 문제되는 것은 법률 서비스가 가진 불투명성이다. 법률 서비스 제공 방식이 투명하지 못하다 보니 이로 인한 갖가지 문제를 양산한다. 이런 불투명성 때문에 당사자는 부당한 비용 부담을 진다. 당사자가 그런 부담을 자처하기도 한다. 통상 법조 비리의 유형 중에서 판사나 검사 등에게 로비한다는 명목으로 변호사나 사무직원이 돈을 받는 경우가 많다. 이 때문에 변호사법에 이와 같은 행위를 구성 요건으로 하는 벌칙 조항이 생겨나기까지 하였다.

이와 같은 경우를 개념화하면 수요 측면에서 정보의 비대칭성이 된다. 정보의 비대칭성이란 서비스 이용자가 지불한 대가와 공급자가 제공한 서비스 간에 상응하는 관계가 있는가에 대하여 이용자보다는 공급자가 더 잘 알고 있다는 것을 의미한다.[211] 즉 (법률) 서비스를 구매하는 단계에서 이용자가 자신이 원하는 효용을 얻을 수 있는가에 대해서 예상할 수 있는 방법이 다른 재화에 비해서 제한되어 있고, 심지어 서비스 이용 후에도 자신이 원하는 효용을 얻었는지 모를 수도 있다는 면은 도덕적 해이를 불러일으킨다.[212]

리걸테크에 의한 보편적 서비스

법률 수요자 중 상당수가 이와 같은 법률 서비스의 높은 비용 구조 때문에 그 서비스에 접근할 수 없다. 이런 높은 비용 때문에 생겨난 법률 소외층을 구제하는 방안은, 사회를 전체적으로 향상시키되 빈곤층일수록 추가적 노력을 기울여야 한다는 비례적 보편주의가 그 지향점이 되어야 한다. 비용 구조로 인한 서비스 소외층을 리걸테크가 공략하여 저렴한 서비스를 제공하면 리걸테크는 기업 생존의 활로를 찾는 것이 되고, 소외층은 서비스를 누리는 윈윈(win-win)의 결과를 가져올 것이다. 리걸테크의 장점은 무한 복제 가능한 서비스다. 이미 포화상태에 이르렀다고 진단되지만, 우리나라의 경우 변호사의 숫자는 제한되어 있다. 그러나 인공지능 알고리즘은 개발되는 순간 아무런 비용 부담 없이 무한 복제가 가능하며, 인터넷이나 웹 등 이미 구축된 프레임 위에서 이러한 인공지능 알고리즘을 탑재한 시스템만 갖추면 서비스가 제한될 이유가 없다. 따라서 그 비용은 굉장히 낮아질 것이며, 이럴 경우 경제적 능력 때문에 기존 변호사를 찾을 수 없는 많은 고객을 법률 서비스로 인도할 것이다.

3. 법률 서비스 변화의 방향 설정

인공지능 알고리즘을 법률 분야에 활용할 때, 그러한 인공지능 알고리즘이 법률 서비스 분야의 파괴적 혁신과 연계되어 있다는 것을 간과해서는 아니 된다. 다른 영역에서도 마찬가지지만 법률 서비스 영역에서 인공지능 알고리즘은 단순한 기술적 보완에 그치지 않는다. 그러한 인공지능 알고리즘은 법률 서비스의 파괴적 혁신을 초래한다. 역으로 인공지능 알고리즘의 활용이 파괴적 혁신으로 연결되지 않는다면, 인공지능 알고리즘을 제대로 활용하고 있지 못하다는 증거일 수 있다. 인공지능은 단순히 법률 서비스의 프로세스의 효율성을 높이는 기술적 측면만의 문제가 아니라, 법률 서비스 제공의 가치와 연관시켜 생각해야 한다. 따라서 법률 분야가 존립하는 기반이 되는 사회·경제적 환경에서 자유로울 수 없다. 법률 서비스 모델 구상에 있어 법률 서비스로 제공되는 가치 실현이라는 상징은 서비스를 어떤 식으로 향상시킬 것인지 하는 문제보다 더 우선순위에 있다.

가. 보완적 혁신

기존 방식에 변화를 가져오지만, 기존의 방식을 완전히 바꾸지 않는 것이 혁신이다. 혁신은 새로운 방식의 도입을 통하여 제품이나 서비스의 질을 높이는 것을 말한다.213) 물론 어떤 변화가 혁신에 해당하느냐는 가치판단의 문제다.

지속 가능한 경쟁 우위의 창출과 유지

법률 분야에 인공지능 알고리즘을 적용하였을 경우, 그것이 가져오는 변화로 인해 법률 서비스의 질적인 변화가 긍정적 방향으로 일어났느냐는 평가자에 따라 달라질 수 있는 문제이다. 다만 혁신으로 인해 순량의 성능 향상이 있었는지에 대한 평가가 수반되어야 한다. 법률 분야에서의 혁신은 지속 가능한 경쟁 우위의 창출과 유지로 구분된다. 법률 서비스의 경쟁 우위는 결국 그 서비스가 기존 모델과 비교하여 어떻게 차별화되느냐, 비용 측면에서 어떤 우위를 보이느냐에 달려있다. 이는 상보적(相補的)이다. 인공지능을 이용한 지속형 혁신은 소위 변호사업계의 슈퍼스타에게는 그들의 수행 능력을 향상시켜줌으로써 더 승승장구할 수 있게 해줄 것이다.[214] 또 지속형 혁신을 수용하여 서비스 제공 방식이나 조직을 바꾸게 되면 저렴한 서비스가 가능해지고, 그 덕분에 중간계층의 사람들과 소규모 사업자들을 새로운 소비자로 끌어들일 수 있게 된다.[215] 이러한 혁신은 일반 변호사들에게 혜택을 주지도 않지만 그렇다고 딱히 실질적인 위협이 되지도 않는다.[216]

나. 파괴적 대체

지속형 혁신의 경우 시간이 거듭될수록 성능 향상이 이루어지게 되고 중간 레벨의 사용자에게도 어필하게 되면서 파괴적 혁신으로 변모한다. 그러면서 점차 시장 지배자로부터 주도권을 빼앗게 된다. 그 와중에 파괴적 혁신은 시장을 잠식하게 되고, 기존의 시장 지배자가 그것을 자각하게 될 때쯤에는 회복 불능의 상태가 된다.[217] 이런 파괴는 기존 서비스의 지속을 전제하지 않는다. 기존 서비스를 대체하는 형태로 혁신이 이루어진다.

혁신과 대체

혁신이 지속형 혁신인 반면 파괴는 대체적이다. 파괴의 대상이 된 기존 법률 서비스는 아예 사라진다. 따라서 기존 법률 서비스의 효율을 높이는 것이 아니라 기존 서비스와 전혀 다른 형태의 서비스가 그것을 대체한다. 기존의 시장 지배자들도 지배적 지위만 상실한 채 잔존하는 것이 아니라 서비스 시장에서 완전히 퇴출된다.[218] 인공지능 시대에서 우려하는 변호사의 직업 상실 등은 엄밀한 의미에서 이러한 파괴적 대체 때문에 일어난다.

III. 법률 서비스의 새로운 모델과 수용

법률 시장을 둘러 싼 여러 가지 상황 변화는 법률 시장에서의 생존을 이야기하지 않을 수 없는 단계에 이르렀다. 미국의 변호사 중에는 변호사가 직업이 아닌 사업이 되어 버렸다고 말하는 사람도 있다.[219]

일관 서비스 모델의 해체

법률 서비스 시장에서의 생존을 위해 필요한 비용 측면의 우위는 기존 법률 서비스 모델의 해체를 통한 차별화에 달려있다. 종전의 법률 서비스의 특징인 일관 서비스는 신뢰 제공이라는 측면에서 대단한 강점을 지니고 있지만, 비용 측면에서 여러 가지 문제점을 지니고 있다. 법률 서비스의 고비용 문제는 누누이 지적되는 바이지만, 법률 서비스 자체를 개선하지 않고 변호사 수의 급격한 증원을 통해 낮추는 데는 한계가 있을 수밖에 없다. 물론 서비스 진입장벽 등을 통해 법률 서비스 영역을 온전히 변호사들의 수중에 두는 것은 비판을 불러오긴 하지만, 여전히 강력한 시장 보호책이긴 하다. 그렇지만 그와 같은 소극적 시장 보호책은 한계가 있다. 법률 시장의 진입장벽으로 법률 서비스를 제공할 자격 요건을 엄격하게 유지하는 방법, 즉 변호사 숫자의 제한은 법률 서비스의 가격을 올리거나 유지할 수 있겠지만 소송의 건수는 오히려 줄어들게 한다.[220] 소송 건수는 전반적 경제적 상황과도 무관치 않다. 따라서 소송 건수의 증가는 법률 서비스 시장의 외부 여건 외에 시장 확대 전략을 통해서 실현될 수 있다.

인터넷 플랫폼 이용, 서비스 분업화

정체나 위축 상태의 기존 법률 서비스 시장과의 차별화 전략의 핵심은 법률 서비스 운영상의 효율을 높이기 위한 인터넷 플랫폼 이용, 서비스 분업화이다. 이는 모두 기존 서비스의 유지를 전제한 혁신의 범주다. 경우에 따라서는 일부 서비스 프로세스를 아웃소싱하여야 하고, 그에 따른 특정 서비스 프로세스 중심의 비즈니스 모델도 생겨나야 한다. 이와 같이 인공지능과 정보통신기술을 이용하여 새로운 서비스 모델을 만들고, 기존 법률 서비스의 운영 효율도 높이는 일방 비용 절감을 도모하여 새로운 시장을 발굴하지 않는다면 시장 위축이나 과다 경쟁 등 법률 시장이 처한 여러 가지 난관을 돌파하기 어려울 것이다.

법률 서비스 자동화

오늘날의 컴퓨터 기술은 변호사가 수행하는 법률 서비스를 자동화하는 데 충분하다. 이런 점에 고무되어 인공지능이 변호사를 대체할 수 없다는 주장은 명백히 거짓이라고 하는 견해도 있다.[221] 아마도 일부 전문가가 원하는 의식이 있는 강 인공지능 수준의 기계는 수십 년이 더 걸릴 것이지만, 오늘날 법률 전문가 시스템과 머신러닝이 주도하는 인공지능은 현재 변호사가 수행하는 많은 작업을 자동화하는 데 사용할 수 있으며, 자동화 가능한 목록은 시간이 지남에 따라 점점 늘어날 것이다.

이와 같은 자동화는 이미 많은 리걸테크(Legal tech)에 의해 시도되고 있다. 미국에서는 수많은 스타트업 리걸테크 기업들이 생겨나고 있다. 미국의 리걸테크 산업은 2011년부터 본격적으로 성장하였는데, 스탠퍼드 대학 로스쿨에서 법학 교수와 컴퓨터 공학교수, 리걸테크 스타트업이 협업하는 Code-X Project Center를 설치하면서 특히 가속화하기 시작했다.222) 약 600개에서 1,400개로 추산되는 스타트업 기업의 수적 증가도 놀랍지만, 그들이 도모하는 법률 서비스의 다양성이나 독창성은 기존 법률 서비스와 확연히 대비된다. 이런 스타트업 리걸테크 기업들은 Westlaw나 Lexis와 같이 공룡 기업에 의하여 지배되는 법률 정보 검색 분야 외에서 돌파구를 찾고 있다.223) 이러한 리걸테크의 번창은 법률 서비스의 여러 부문을 혁신시킬 것이며, 특히 주목할 만한 변화는 문서 자동화 서비스, 법률 정보 검색 서비스, 전자증거개시 등에서 일어나고 있다.

1. 법률 정보 검색 분야(Legal Research)

가. 혁신의 가시적 성과

법률 정보 검색 분야는 여러 법률 서비스 영역 중에서 혁신이 두드러진 곳이다. 인공지능과 법률 분야는 이론과 실제 양쪽의 동인(動因)을 모두 가지고 있는데, 법률 정보 검색 모델은 인공지능의 실제적인 면을 반영하고,224) 법적 추론 모델은 이론적 면을 반영한다.225)

본래 법률 정보 검색 분야는 후술하는 Document Review와는 달리 방대한 여러 법률 데이터베이스에서 필요한 정보를 찾는 작업이기에 시간 소모적일 뿐만 아니라 막대한 비용이 문제될 수밖에 없는 영역이었다. 인공지능 등 정보통신기술이 법률 정보 검색 분야에 적용되면서 텍스트와 키워드 기반으로 이루어지던 법률 정보 검색은 효율성 측면에서 괄목할 만한 향상을 보이기 시작했다. 실제 미국의 로펌들은 수십억 달러를 법률 정보 검색 서비스에 지출한다. 법률 정보는 공공영역의 재화이고, 우리나라에서는 대법원이나 법제처, 국회도서관 등이 무료로 제공하는 법률 정보 검색 서비스에 미국의 로펌들이 천문학적인 막대한 비용을 지출하길 마다하지 않는 것은, 단순한 법률 정보가 아닌, 보다 향상된 검색 기능과 가치가 증대된 콘텐츠를 제공하기 때문이다. 대체로 미국의 많은 로펌에서는 법률 정보 검색에 비중을 두고, 고용 변호사들이 뛰어난 검색 능력을 갖기를 기대한다.[226] 심지어 상당수의 대형 로펌에서는 변호사와 협업할 수 있는 사서(司書)를 두고, LexisNexis, Bloomberg, RIA, BNA가 제공하는 법률 데이터베이스 기반의 서비스를 이용한다. 그러나 소형 로펌의 경우나 단독 개업 변호사의 경우 예산상 막대한 비용이 소요되는 이런 서비스를 이용하기 어렵다. 때문에 시간도 절약되고, 비용까지 절감할 수 있는 대안적 서비스를 기대하게 된다.[227]

나. 인공지능 적용의 구체적 사례

인공지능을 이용한 법률 정보 검색의 향상 방안은 대체로 그런 서비스 제공 업체가 내세우는 장점 위주로 소개된다. 구체적으로 어떤 기법을 사용하였는지 하는 문제는 항상 논외였다. 그러나 학계에서는 이러한 검색의 효율과 연관된 연구가 꽤 심도 있게 진행되어 왔다. 사건 해결에 필요한 판례를 찾기 위해서 변호사 등 법률 업무 종사자들은 관련 판결을 일일이 검색해야만 했다. 이러한 일에는 상당한 노력과 시간이 소요된다. 그러므로 사건 기록이나 판결에서 정보를 자동으로 추출하는 시스템이 개발된다면 그러한 검색에 드는 노력과 시간을 절약해주는 등 막대한 이익으로 연결될 것이다.

정보의 추출과 관련된 한 연구는, 어떤 사건에서 주장과 사실이 서로 어떻게 관련되는지 파악하는 방법이 정보를 추출하는 과정에서 중요하다는 것에 착안했다. 이 연구는 통상의 다른 법적 영역 연구에 사용된 인공지능 기법과 유사한 방법을 사용하여, FindLaw[228]에서 얻어진 판결문을 가지고, 미 연방 대법원에서 다룬 어떤 사건의 문서에서 사용된 문장과 그 이전에 행해진 관련 사건의 문서에서 사용된 문장과의 관련성을 자동으로 탐색하는 데 중점을 두었다. 하나의 판결문에는 어떤 사건과 관련된 법률적 상황에 대한 사실과 주장이 상세하게 나와 있다.

Casetext의 경우, 이러한 법률 정보 검색 시스템 시장의 요구를 수용하여 파괴적 혁신에 가까운 서비스 제공을 도모하고 있다. 바로 클라우드(cloud) 기반의 주석(Annotation) 플랫폼 제공인데, 이 플랫폼 위에 많은 프리랜서 전문가가 여러 법률 문헌에 다양한 형태의 유용한 주석을 단다.[229] 집단지성의 공익적 서비스 모델인 셈이다.

이와 같이 미국에서 법률 정보 검색 분야는 그 혁신과 변화의 모습이 다양하여 일일이 언급하기 어렵다. 인공지능의 등장 이전에도 미국에서는 이미 컴퓨터를 이용한 다양한 형태의 법률 정보 검색 시스템이 존재하였고, 시스템 운영 기업 간의 치열한 경쟁을 통해 서비스 형태나 질에서 상당한 진전을 이루어냈다. 우리나라의 법률 정보 검색 시스템이 대법원이나 법제처 등 정부기관을 중심으로 개발되고 서비스되고 있는 것과는 달리, 미국에서는 West Publishing과 같은 출판 기업에 의해 개발과 서비스가 주도되고 있다. 인공지능 알고리즘의 활용 가능성이 점쳐지기 전부터 법률 정보 검색 시스템은 법률 서비스 분야의 중심이었고, 법률 공보 등 종이 기반의 법률 정보 전달 시스템은 조만간 완전히 사라질 상황이다. West Publishing

도 컴퓨터의 등장에 따른 시대의 변화에 순응하지 못하여 한때 법률 정보 검색 시장의 경쟁에서 밀려 1위의 명성에 흠이 가기도 했지만,[230] 1조 원 이상의 막대한 자금을 투입하는 승부수를 던진 끝에 시장 지배적 지위를 다시 회복하였다. 그 외에 LexisNexis, Bloomberg, RIA, BNA와 같은 거대 기업이 데이터베이스를 기반으로 하는 법률 정보 검색 서비스를 제공하고 있다.

학습을 통한 검색 시스템의 진화

법률 정보 검색에 인공지능 알고리즘이 적용되면 뭐가 달라질까? 그것은 머신러닝의 특성처럼 검색 시스템이 점점 진화한다는 점이다. 즉 그것을 이용하는 법률가의 검색 질문에 대하여 데이터에서 최선의 답변을 찾아내면서, 동시에 그 과정을 통해 학습한다. 단순한 키워드 검색이 관련된 수백 개의 문서를 돌려주는 것과는 달리, 자연어 처리를 통해 법률가가 진짜 원하는 답변만 추려낸다.[231] 로펌은 인공지능 알고리즘이 적용된 새로운 검색 시스템을 사용하려면 비용을 지출해야 하지만, 이를 피할 수 없다. 동종업계에서의 경쟁력 유지 때문이기도 하다. 경쟁 로펌들이 이런 효율적 검색 시스템을 갖추는데 기존 검색 시스템을 그대로 이용한다는 것은 경쟁에서 뒤쳐진다는 것을 의미한다. 특히 최근 수임 경쟁이 심해지면서 보수를 로펌에서 결정하기보다는 고객이 제시하는 가격에 맞추어야 하는 상황이 되었다.

비용 절감

이런 상황에서 고객이 제시하는 최저 가격에 맞추기 위해서는 기존 서비스 제공에서 비용 절감이 가능한 요소가 있다면 과감하게 바꾸어야 할 필요가 크다. 독점적인 서비스 제공자의 지위에 있지 않는 한, 가격 경쟁이 필요한 상황이 된다. 이런 경우 컴퓨터 알고리즘의 도입으로 비용 절감이 가능하다면 그것을 기꺼이 받아들이려 할 것이다. 이런 상황에서 머신러닝 알고리즘을 적용한 검색 시스템은 최종 단계의 시니어 변호사의 개입의 필요까지 없앨 수는 없더라도 주니어 변호사의 관여 필요성은 없애 준다. 따라서 변호사의 직업 상실이 가장 우려되는 부류가 바로 이 법률 정보 검색을 주로 담당하던 주니어 변호사들이다. 주니어 변호사 단계 없이 바로 시니어 변호사가 될 수 있기는 한가?

2. 문서 자동 작성(Document generation Automation)

우선 문서 자동 작성의 정의부터 파악할 필요가 있다. 문서 자동 작성은 전자문서의 작성을 도와주는 시스템과 작업 흐름의 설계를 의미한다. 당연히 논리 기반이며, 이미 존재하는 문서 조각과 데이터를 이용하여 새로운 문서를 짜 맞춘다는 개념이다.[232] 주로 법 문서 작성, 계약서 등 법률 분야에서의 사용이 증가하고 있다.

자동화 시스템으로 인해 회사는 데이터 입력과 검증 소요시간이 줄어들고, 그로 인해 실수할 가능성도 감소하는 장점이 있다. 종이, 데이터 로딩 시간, 데이터 저장, 분배, 노동 시간 등에서 많은 절감이 일어난다. 주요 원리는 성가시기 짝이 없는 반복적인 수작업을 소프트웨어가 던지는 질문이나 데이터 입력 화면에 답하는 템플릿 기반의 시스템으로 전환하는 것이다.[233] 데이터가 입력되면 초안이 작성된다. 오늘날 보다 향상된 시스템은 사용자로 하여금 프로그래밍 없이도 그들 고유의 데이터와 규칙을 맞춤 설정할 수 있도록 한다.

가. 문서 자동 작성의 함의

이러한 문서 자동 작성이 가지는 함의는 크다. Richard Susskind의 저서 The End of Lawyers에서는 고객들로 하여금 계약서나 유언장 작성을 온라인으로 가능케 하는 이런 기술을 법률 직역의 면모를 바꿀 10대 기술로 꼽았다.[234] 큰 로펌에서는 복잡한 여신 계약 초안 작성 등의 업무 조직화를 위해 이 기술을 사용할 것이다. 이것은 대량의 수요에 비해 마진은 적은 법률 서비스가 패키지화된다 것으로서, 큰 변화를 예고한다.

나. 구체적 실례

문서 자동 작성 프로그램은 주로 법률 서비스나 금융 서비스 등의 분야에서 주로 사용될 것으로 보인다. 그 이외에도 거래가 수반되는 모든 산업에서 사용될 수 있다. 일상적인 사례가 융자 서류 작성이다.

DoNotPay.co.uk

스탠포드 대학교에서 컴퓨터 공학과 경제학을 전공하는 20살의 학생 Joshua Browder가 개발한 'DoNotPay.co.uk'라는 무료 온라인 챗봇(Chatbot)은 주차위반으로 인해 딱지가 부과된 사람들이 이의를 신청할 때 제출하여야 하는 서면 작성을 도와준다.[235] 만일 신호가 혼선을 가져왔다는 등의 이유로 주차위반 딱지에 대해 이의를 제기하고자 한다면, 위 사이트에 접속하기만 하면 된다. 이 챗봇은 페이스북 메신저 형태의 인터페이스를 사용하여 주차위반 딱지의 타당성 여부를 결정하기 위한 일련의 간단한 질문을 행한다. 사용자의 답변을 기초로 이의신청서를 작성한다.236) 이러한 챗봇을 이용하면, 변호사를 만나거나 법조항을 확인하는 등 일반적 이의신청 처리 과정은 물론 서면 작성의 수고를 하지 않아도 된다. 그저 챗봇 서비스 화면에서 나오는 일련의 질문에 답을 입력하기만 하면 저절로 서면의 작성이 완료되고, 제출도 자동으로 된다. 편의성도 있지만, 무료이기까지 하다.237)

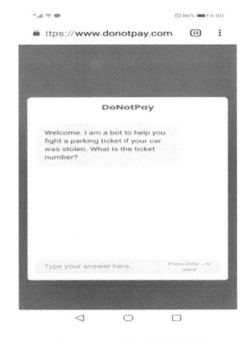

이것이 가지는 의미는 무엇인가? 법률 서비스의 혁신은 기존의 관념에서 인공지능 알고리즘 등 첨단기술을 동원한다고 해서 이루어지지 않는다는 것이다.

업무 혁신 아이디어

행정기관이나 법원, 검찰 등에 제출하여야 할 각종 서면을 직접 작성할 수 있는 능력을 가진 사람이 몇 사람이나 되겠는가? 법학 교수라고 하더라도 5월에 돌아오는 종합소득신고 서면을 직접 작성할 수 있는 사람이 몇이나 될까? 아무리 간단한 서면이라도 직접 작성하지 못하면 이를 대행하는 곳을 찾아가야 하는데, 찾아가는 시간, 비용 등을 생각하면 불편하기 짝이 없다. 우리나라 대법원도 '대한민국 나홀로 소송'이라는 서비스를 제공하고 있다.238) 하지만 웬만한 법률 지식이 없이는 그 서비스를 이용하기 어렵다. 그 서비스를 이용하려면 그 서비스에서 제시하는 각종 질문이나 지시를 이해해야 하는데, 이는 평이하지 않은 전문 용어 투성이라 일반인은 접속해도 이용하기 어렵다. 왜 같은 목적의 서비스가 이렇게 차이가 생기는 것일까?

이것은 'DoNotPay.co.uk'를 단순한 편의 제공 서비스가 아닌 혁신의 시작이라고 평가하는 이유와 연관된다. 컴퓨터 알고리즘을 이용하여 법률 업무 개선과 관련한 경험담으로 이 문제를 풀어보기로 한다. 대검찰청에서는 언제부턴가 외부에 수주를 주어 검사들의 공소장 작성 등 문서 작성을 조력하는 시스템을 개발하고자 하는 프로젝트를 수차 행하였다. 최초 버전은 어떤 죄명과 관련된 대표적 공소장 문형을 화면에 표시하고, 검사들이 공소장을 작성하려는 사건과 대표적 문형과의 차이에 해당하는 부분에 실제 사건의 시간, 장소, 구체적 범행 태양 등을 덮어쓰는(overwrite) 방식을 썼는데, 그것을 보면서 실소하지 않을 수 없었다. 원래 간단하면서도 수가 많은 약식명령 사건의 경우 검사가 직접 약식명령 청구서의 공소사실을 작성하는 수고를 덜기 위해서 해당 죄명의 대표적 기재 례를 복사한 후 일시, 장소 등 수정할 곳에 삭선하고 그 위에 새로운 일시, 장소를 기재하면 타자수가 그것을 보고 전부를 다시 타이핑하는 식으로 처리하였는데, 국내 굴지의 IT기업에 수주를 주어서 만든 프로그램이 그것을 연상시켰기 때문이다.

이런 일화를 통해 알 수 있는 것은, 혁신에 있어 컴퓨터 기술은 일부만 기여한다는 점이다. 중요한 것은 그 업무를 제대로 혁신하려는 아이디어이다. 기존의 업무 방식을 그대로 컴퓨터 알고리즘화한다는 것은 어리석기 짝이 없는 일이다. 따라서 법률 분야의 업무 혁신은 컴퓨터 공학자들만의 몫이 절대 아니다.

위의 'DoNotPay.co.uk'는 무료라는 장점 외에도 일반 사람이 불편해하고 부담스러워 하는 부분을 해결하는 방식에 있어 탁월하다는 점을 높이 사야 한다. 이 서비스를 군이 분류하자면 문서 자동 작성(document automation) 프로그램이지만, 문서 자동 작성보다 더 큰 함의를 지니고 있다. 비록 초기 버전에 머신러닝이나 첨단 인공지능 기법이 아닌 부울 규칙(Boolean rule)이라는 단순한 알고리즘이 적용되었음에도 매우 생산적이다.[239]

컴퓨터 알고리즘에 의한 혁신은 그 컴퓨터 알고리즘이 첨단의 고성능 모델이냐가 중요한 것이 아니라, 기존의 방식을 어떻게 바꾸느냐는 것이 더 중요하다. 결국 법률 분야의 혁신은 제공자가 되었든 이용자가 되었든 그 서비스에 대하여 많이 생각하고 무엇이 문제인지 고민해야 하는 것으로, 주된 역할은 법률가의 몫이다. 미국에서 법률 관련 서비스의 제공자는 대부분 로스쿨 출신이다. ROSS Intelligence 의 Arruda 같은 이도 IT 기업을 거친 로스쿨 출신이다.

LawGeex

상업적 서비스로는 일상적인 계약 문안을 검토해주는 미국 리걸 테크 기업 LawGeex가 있다. 그 주된 기능은 계약 문건에서 들어가서는 아니 되는 이상한 조항을 색출하고 누락 부분을 찾아내는 것이다. 비용 절감과 더불어 신속한 업무 처리가 가능한 매우 효율적인 서비스로 평가되고 있다.[240] 그 외에 회사 운영자가 한국인이라서 국내 언론에 소개되었던 LegalZoom이나 Rocket Lawyer도 개인이나 소상공인을 위한 문서 자동 작성 서비스를 제공하고 있다.

LegalZoom

LegalZoom은 규모 면에서는 가장 큰 로펌에 버금간다. 이 회사의 LastWill 패키지는 100% 만족과 전 생애에 걸친 고객 지원을 약속하며, LegalZoom을 통해 작성한 문서는 법원이나 정부기관에서 공식적으로 받아들여지고 있다. 유언장 작성은 불과 15분만에 끝날 정도이며, 저렴한 비용 때문에 한번 사용해본 고객들은 한결같이 이 서비스를 추천한다고 한다.[241] 이 서비스도 인터넷과 웹이라는 플랫폼을 이용한다. www.legalzoom.com을 방문하여 원하는 문서를 선택하고 몇 가지 질문에 답한 뒤 고객 카드를 작성하면 이메일로 완성된 문서를 받아볼 수 있다. 보다 포괄적인 비싼 패키지 서비스를 선택할 경우, 며칠 내에 진짜 문서를 페덱스를 통해 받을 수도 있다. 유언장 작성은 69달러에서 79달러 사이일 정도로 비용이 환상적이다. 물론 LegalZoom 소속원이 고객에게 전화를 걸어 문서 작성에 필요한 보충 질문을 하는 경우가 있지만, 결코 고객의 질문에 답하진 않는다. 변호사라면 고객의 질문에 응대할 수 있겠지만, 그렇지 않은 경우 이와 같은 행위는 법률 상담이고, 적은 비용이지만 비용 지급이 전제된 법률 상담은 위법일 수 있기 때문이다. 그러나 이와 같은 불완전한 서비스를 이용하다 큰 손해를 입지 말라며 변호사를 찾으라는 조언을 하기도 한다.242) 유언장 작성과 같은 경우에도 나중의 상속 과정에서 복잡한 법률 문제가 생길 수 있기 때문에 이와 같은 서비스로는 충분치 않을 수도 있다는 것을 이유로 든다.

Rocket Lawyer

Rocket Lawyer는 Charley Moore가 설립하고 캘리포니아 샌프란시스코에 본사를 둔 또 다른 온라인 법률 리걸테크다. Rocket Lawyer는 개인 및 중소기업에 법인 설립, 부동산 계획, 법적 건강 진단 및 법률 문서 검토를 포함한 온갖 온라인 법률 서비스를 제공한다. 이 사이트는 On Call 서비스를 통해 소비자 및 중소기업이 법적 문제를 상담할 수 있는 변호사 네트워크도 제공한다.243)

다. 인터페이스(Interface)

이와 같은 문서 자동 작성의 알고리즘은 문서를 짜깁기하듯 하는 것이 기본이다.

문서 짜깁기

필자도 형사사법 포털과 관련한 논의에서 이런 문서 자동 작성 알고리즘을 제안한 사실이 있다. 지금 도로교통법 중 무면허운전과 음주운전을 대상으로 시행 중인 약식절차에서의 전자문서이용 등에 관한 법률에 따르면, 수사 단계의 피의자 신문조서부터 약식명령의 송달, 심지어는 형의 집행 지휘까지 전자문서로 한다. 그러나 이 법이 시행된 초기에 조사해보니 개선할 점이 많을 뿐만 아니라, 전자문서로 처리되는 절차의 장점을 전혀 살리지 못하고 있는 것을 발견했다. 예를 들면 피의자 신문조서를 작성하는 과정을 살펴보니 아래아 한글이라는 워드로 문서를 작성한 후, 그것을 시스템에 탑재하는 방식이었다. 이와 같은 경우는 두 가지 면에서 안타깝다. 첫째, 조서의 작성 과정이 기존과 차이가 없고 토씨 하나까지 일일이 입력해야 하며, 그 과정에서 오탈자가 발생할 가능성도 있다. 둘째, 그렇게 작성된 전자문서는 형태 변환을 거치지 않으면 정보로 활용할 수 없다. 거대한 말뭉치(corpus) 속에서 필요한 정보를 뽑아내야 한다는 약점이 있기에, 이런 문서 속에서 정보를 뽑아내기 위해서 인공지능 알고리즘을 이용한 복잡한 자연어 처리를 해야 한다. 이 정도 수준의 정보 처리가 가능한 자연어 처리 알고리즘을 구축한 국내 기업이 얼마나 될 것이며, 그 비용은 얼마나 될까? 반면 일련의 질문으로 구성된 인터페이스를 채택할 경우 사용자가 입력해야 하는 것은 데이터베이스에 바로 저장할 사건 처리에 필요한 정보이며, 이러한 정보는 가공이 필요 없이 바로 빅데이터로 전환될 가능성이 크다. 질문 화면에 따라 입력이 필요한 곳에 정보를 입력하는 방식 때문에 실수 가능성도 줄어든다. 형사사건의 처리에 필요한 일시, 장소 등의 입력은 날짜나 장소 위젯을 사용하면 스크롤과 클릭으로 해결된다.

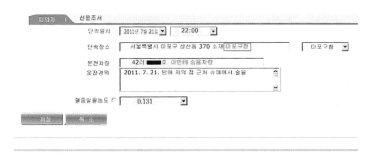

<입력 화면>244)

입력 정보의 체크, 정보 간의 비교를 통해 모순적인 정보가 입력되지 않게 하면 입력 오류도 줄어든다. 이렇게 입력된 정보를 바탕으로 그다음의 처리 과정은 문서 자동 작성의 전형적 알고리즘인 Assembly다. 필자가 "전자약식절차의 효율성을 제고하기 위한 시스템 구축방안"이라는 논문에 게재한 알고리즘은 Actionscript라는 인공지능과 무관한 스크립트 언어로 작성한 것으로, 아마추어 프로그래머라는 것이 그대로 드러날 정도로 거칠기 짝이 없는 프로그램이었지만, 약식명령 공소사실을 자동으로 작성하는 데는 전혀 문제가 없었다.

```
function Writing(e:MouseEvent):void{
    var xocup:String= nocup.text
    var xcar:String= ncar.text+at(ncar);
    var xtime_crime:String= ndate.text+ ""+ ntime.text;
    var xplace_crime:String= nplace.text+ "에서";
    var xalcohol:String=nalcohol.text+ "%의";
```

```
var fr:FileReference:
fr= new FileReference( );
var xfact_constituting_crime:String=
"  공 소 사 실  "+ "\n"+
xtime_crime+ ""+xplace_crime+xalchohol+
"의 술에 취한 상태로 위 자동차를 운전한 것이다.";
caseNo_crime:String=caseNo+'.txt ";
xfact_constituting_crime= xfact.replace(^r/g, "\r\n");
fr.save(xfact_constituting_crime, caseNo_crime);
```

3. 온라인 법률 상담(online Q&A)

  의뢰인과 긴밀한 유대 관계가 전제되는 소송의 경우 대체로 변호
사 1인이 하나의 소송을 맡아 처리하며, 우리나라의 경우 개인 사무
실을 단독으로 운영하는 변호사는 상담부터 소송까지 일관 서비스
로 진행한다. 심지어 상담 단계에서 결렬되면 상담 비용은 따로 청
구하지 않을 때가 많다. 비용의 계산 방법은 대체로 착수금이라는
형태로 지급되고, 형사사건을 담당하는 변호사는 따로 성공 보수 약
정이 되지 아니하므로 대체로 선임 단계에서 소송에 소요되는 비용
전부가 지급되는 형태로 진행된다. 물론 대형 로펌의 경우는 미국과
마찬가지로 상담 등 제공되는 서비스 모두에 대하여 과금이 되지만,
단독 변호사의 경우는 이런 경우가 드물다. 이런 법률 시장 구조하
에서 당사자는 소송 전체를 특정 변호사에게 위임하여야 하는 제약
이 생기며, 중간에 서비스가 마음에 들지 않아도 이미 지급한 비용
때문에 다른 변호사로 대체하는 것이 불가능하다.

  이런 서비스 제공 형태의 현실은 소비자 불만으로 이어질 수밖에

없다. 이와 같이 선임 단계에서 전체적인 비용을 한꺼번에 계산하는 식이 아니라 소장 작성 등 특정 서비스로 나누는 서비스 분업화가 도입되면, 법률 소비자는 어떤 서비스는 어떤 변호사에게, 또 다른 서비스는 그것에 특화된 또 다른 변호사를 선택하는 자유가 생긴다. 서비스의 분업화 정도가 세밀해지면, 특정 서비스에 불만을 가질 경우 다른 변호사에게 다시 위임할 수 있는 선택의 자유 또한 생긴다. 이런 서비스 분업화의 진척은 현재까지는 초기 단계에 머물러 있지만, 법률 소비자를 만족시킬 수 있는 대안인 것은 분명하다. 이런 서비스가 일반화되면, 소송 전부를 일임하는 현행 방식은 시장에서 퇴출될 가능성이 크다.

이러한 서비스 분업화와는 방향이 약간 다르지만, 특정 서비스를 온라인화하는 방안도 있다.

온라인 서비스화

인터넷과 웹의 등장으로 생겨난 인터넷 플랫폼의 장점에 대하여는 어떤 극찬을 해도 모자란다. 이런 플랫폼 없이는 누리지 못할 혜택들이 얼마나 많은가? 온라인 동영상 스트리밍 서비스 넷플릭스의 예를 들어보자. 비록 미국 기업이지만, 새로운 이용자 중 80% 이상이 미국 외에 거주할 정도로 전 세계적인 서비스가 되었다. 넷플릭스는 "언제 어디서나 자유롭게."라는 모토를 내세운다.245) 넷플릭스는 상금 100만 달러를 걸고 인공지능 연구자들에게 널리 알려진 경진 대회를 개최한 바 있는데, 그 목적은 넷플릭스의 자동 추천 서비스를 위한 시스템의 예측 정확도를 더욱 높이기 위해서였다. 자유롭게 시청하고 부담 없이 해지할 수 있는 이와 같은 서비스로 인해 사람들은 TV, 스마트폰과 태블릿, 컴퓨터 등 다양한 디바이스에서 영화와 TV 프로그램을 시청할 수 있게 되었다. 이들은 "가입은 당일, 해지는 원할 때 언제든지."라며 자기들만의 특유한 서비스를 내세우는데,[246] 국내 각종 인터넷 서비스나 휴대전화 서비스가 가입은 수월한 반면 해지 절차가 까다로워 짜증이 났던 사용자 입장에서 반길 만하다. 이러한 넷플릭스라는 비즈니스 모델의 탄생은 인터넷 플랫폼 때문이다.

인터넷 플랫폼

인터넷은 조그만 네트워크가 연결되어 형성된 큰 네트워크다. 그 네트워크에 연결된 모든 사용자를 위한 일종의 장(場), 즉 플랫폼 역할을 한다.[247] 네트워크 효과를 지렛대 삼아 플랫폼은 개방형 생태계를 구축하고, 이 때문에 내부 자원을 기반으로 하는 전통적 기업들이 플랫폼 기업들과의 경쟁에서 뒤처질 수밖에 없다. 미국의 벤처 투자가이자 페이스북 이사인 마크 안드레센이 말한 "소프트웨어가 세계를 집어삼키고 있다."라는 표현은 이제는 "플랫폼이 세계를 집어삼키고 있다."라고 바꿔야 한다.[248] 현대화된 대부분의 기업은 전통적인 조달, 생산, 판매 프로세스에 정보기술을 접목하여 새로운 가치를 창출하는 데 주력하고 있다. 법률 서비스 중 일정 부분도 결국 온라인 서비스 형태로 인터넷 플랫폼으로 옮겨가야 할 것이다. 기존 서비스를 대체하는 온라인 서비스의 큰 장점은 비용이며, 네트워크가 가진 장점을 그대로 가진다. 인터넷 플랫폼은 한계 비용 제로의 무한한 확장성을 갖는다. 이러한 서비스가 정착되면, 서비스의 장을 인간인 법률가가 다시 수복하는 것은 어렵다. 인간이 서비스 제공의 중심에서 벗어나는데도 정작 누구나가 이용 가능한 인간 중심의 서비스가 될 수 있기 때문이다. 법률 시장의 큰 문제점으로 항상 지적되어온 것이 고비용 구조다. 인간과 인터넷 플랫폼의 대결의 장은 오래가지 않을 것이다.

플랫폼과 플랫폼의 대결

결국 플랫폼과 플랫폼의 대결 양상이 될 것이다. 이러한 인터넷 플랫폼 기반의 온라인 서비스는 기존의 법률 서비스 소외 계층을 위한 개인 맞춤형 소규모 법률 서비스를 가능하게 한다. 법률 서비스 제공자가 전통적 로펌의 전면적 서비스의 대안으로 법률 정보 제공, 소송 준비, 제출서면의 작성 등으로 나누어진 온라인 법률 서비스를 소송 당사자에게 제공할 수 있도록 설계된 웹 사이트도 이러한 혁신의 일환이다.249) 그러한 온라인 조력 시스템의 장점은 수익 구조가 전통적 서비스 시장과 다르다는 것이다. 플랫폼이 광고 수익 등을 주목적으로 할 때는 무료 또는 소액의 보수만으로 법률 서비스가 가능해진다. 종래의 일관 서비스로 제공되던 법률 서비스가 세분화되어 간이 법률 서비스 형태나 간이 자문 형태로도 제공될 수 있다.

온라인 자문 서비스

미국에서는 이메일이나 전화로 법률 상담을 제공하는 형태의 온라인 자문 서비스가 일반화되었고, 한국에도 전화 법률 상담을 전문으로 하는 법률 사무소가 우후죽순처럼 생겨나고 있다. 뿐만 아니라 심지어 2014년에 국내에서 전화 법률 상담을 지원하는 용도의 LawGo라는 앱(App)도 생겨났다. 이 앱을 만들어 서비스하는 업체의 이야기에 따르면, 이 앱을 설치하면 2018년 2월 기준으로 151명의 변호사

중에서 고를 수 있는 '변호사찾GO'라는 서비스를 비롯하여 여러 가지 법률 서비스 관련 기능을 쓸 수 있다고 한다.[250]

여러 변호사로부터 상담 조건, 진행 절차, 비용 정보를 받아 비교하고 따져볼 수 있다고 내세우는 이런 앱은, 앞서 소개했던 미국의 **LegalZoom**이나 RocketLawyer를 밴치마킹한 것이다. 그중 '썸변호사'로 등록된 변호사는 몇 시간 내 직접 답변을 할 수 있다고 한다. 각 변호사의 이력 등을 간략히 소개하고 있을 뿐만 아니라, 초기 상담은 무료로 할 수 있고, 비용도 분할하여 납부할 수 있게 하는 등 사용자에게 유리한 조건을 내세우고 있다. 비록 2만 명이 넘는 국내 등록 변호사 중 극히 일부이긴 하지만, 사용자가 변호사를 선택할 수 있고 문자로 상담이 가능하다는 점에서 기존의 전화 상담 법률 서비스와도 차별화된다.

유리한 비용으로 전화상으로 상담이 가능하다는 것은 시간과 비용의 제약이 있는 의뢰인 입장에서는 반길 만하다. 물론 기존의 전화 상담 전문 법률 사무소에서도 전화 법률 상담 이외에 이메일을 통한 상담 서비스를 제공하기도 한다. 필자가 조사한 바로는 상당한 경력을 지닌 변호사들과의 법률 상담임에도 시간당 30만 원 정도의 비용을 받는다. 소송 수임의 전 단계에 무료로 제공되던 법률 상담이 드디어 독자적 수익 구조로 진화한 셈이다.[251]

또 문서 작성 대행, 나홀로 소송 클리닉(pro se clinics), 개인회생 등에 특화된 챗봇 형태의 문서 작성 서비스 제공과 같은 소규모 분업화 현상도 혁신의 일환이라고 볼 수 있다.[252] 이러한 서비스의 간이화·소규모화 현상은 전통적 서비스의 쇠락과 함께 생겨난 것이다. 소규모 법률 서비스는 다양한 형태가 있지만 주로 변호사와의

짧은 대화로 수행되는데, 그 결과 서비스는 별개의, 개별화된 형태로 제공된다.[253)

4. 챗봇

앞서 온라인 법률 상담의 형태에서 전화가 아닌 문자로 상담을 진행한다는 점은 챗봇 서비스와 어느 정도 공통점이 있다. 챗봇에 대해 공식적으로 합의된 정의는 없지만 주로 메시징 프로그램을 통해 사용할 수 있는, 대화형 사용자 인터페이스와 상호작용하는 일종의 지능을 사용하는 응용 프로그램이라고 정의된다. 챗봇은 본질적으로 사용자로부터 입력을 받아 처리해서 사용자에게 응답한다.[254)

대화형 사용자 인터페이스

대화형 사용자 인터페이스는 그래픽 사용자 인터페이스와는 다르다. 그래픽 사용자 인터페이스는 화면 표시, 마우스나 터치 동작을 위한 그래픽 요소와 이미지가 있는 프로그램인 반면, 챗봇은 예외적으로 그래픽 요소를 가질 수 있지만 대화를 쉽게 하기 위해 텍스트를 사용한다.[255) 이런 면을 보면 앞의 온라인 상담 과정에서 문자메시지를 쓰는 경우 챗봇에서 알고리즘이 담당하는 응답 과정을 인간이 한다는 차이만 있으므로, 온라인 상담이 챗봇 서비스로 진화할 여지는 있다.

챗봇의 강점은 인간 사이의 자연스러운 대화와 유사한 의사소통이 가능하다는 점이다.[256) 챗봇은 여러 분야에서 널리 사용되고 있지만 법률 상담을 위한 챗봇의 사용은 지금까지는 매우 제한적이었다. 가장 눈에 띄는 챗봇은 DoNotPay.co.kr로 미국과 영국에서

160,000회의 범칙금 처분이 취소되도록 조력하였다. 이러한 챗봇의 발전 가능성은 크다.257)

서비스의 초기 진입점

일반 고객 서비스의 챗봇과 유사하게 법률 챗봇은 법률 서비스에 대한 정보를 제공함으로써 그러한 서비스의 초기 진입점 역할을 할 수 있다. 좀 더 구체적인 조언과 분석이 필요하면 그 분야의 전문 변호사로의 연결도 가능하다.258)

구체적으로 장점을 들여다보자. 우선 변호사와 의뢰인 간의 최초 대화를 떠올려보면 챗봇이 이를 대체할 수 있다는 생각이 든다. 대체로 의뢰인이 처한 상황에 대한 신속한 이해를 위해 변호사들은 미리 정해진 비슷한 질문으로 시작하는데, 이는 챗봇에게 맡겨도 되는 부분이다. 이러한 면에서 챗봇은 고객과의 의사소통을 위한 첫 단계 임무를 거뜬히 해낸다. 챗봇을 통한 이와 같은 최초 접촉으로 고객과 그 사람의 사건에 대한 기본적 정보를 수집한 후, 변호사가 고객과 접촉하기 직전 단계에서 변호사에게 그 정보를 제공하는 것이 가능하게 된다.

의뢰인과의 의사소통

변호사와 의뢰인의 의사소통은 일상적인 대화 형태로 이루어진다. 그러나 언어학자들의 연구에 따르면, 변호사와 의뢰인의 지식 격차 때문에 의사소통이 효율적으로 이루어지지 않는다.259) 즉 고객들은 종종 변호사가 쓰는 전문적인 법적 용어가 이해되지 않는 반면, 변호사들은 의뢰인이 어떤 문제를 가지고 있는지, 또 무엇을 원하는지에 대하여 제대로 파악하지 못하는 상황이 생긴다. 챗봇이 변호사와 그들 의뢰인 간의 이러한 문제를 해소하고, 보다 효과적인 의사소통이 가능하도록 조력할 것이라 믿는다. 또 챗봇을 사용하면 의뢰인은 통상 변호사와의 대화에 비해 시간적 압박을 크게 느끼지 않게 된다.260) 통상 변호사 업무와 관련된 과금 체계는 소요 시간 기준이므로, 상담 과정에서의 시간적 압박은 피하기 어려운 문제다. 그러나 챗봇을 사용하면 의뢰인은 변호사의 대화 과정에서 느끼는 돈과 관련한 압박감 없이 여러 가지 복잡한 법적 개념을 이해하는 데 훨씬 더 많은 시간을 쓸 수 있다. 의뢰인 입장에서 자신이 직면한 법적 문제를 이해하는 것은 아주 절실한 문제이다.

챗봇은 사용자로부터 기본적인 정보를 수집하고, 이 정보를 사용하여 필요한 문서를 자동으로 생성할 수도 있다. 예를 들어 RATIS의 챗봇은 비행 지연으로 피해를 본 사용자에게 비행 지연에 대한 일련의 질문을 한 후 사용자가 금전적 보상을 받을 자격이 있는지 여부를 결정한다. 그리고 사용자의 동의하에 즉시 해당 항공사에 보상을 요구하는 서면을 자동으로 생성하고, 추가 비용 없이 즉각적인 발송 업무까지 마무리한다.261)

DIY 법률

이와 같은 법률 문서 작성을 위한 템플릿, DoNotPay.co.kr 같은 챗봇은 법률 문제를 스스로 해결하고자 하는 잠재적인 고객들을 겨냥하고 있다는 점에서 'DIY 법률'이라고 부르기도 한다.262) 로펌의 힘을 빌리지 않고 이런 업무를 처리하고자 하는 고객의 욕구를 만족시킬 방안도 강구되어야 한다.

챗봇에서는 이와 같이 대화형이라는 인터페이스도 중요하지만, 한편으로 지능을 사용한다는 측면도 있다. 이러한 지능 구현에는 전문가 시스템 개념이 적용되어야 할 것이다.

5. 전자증거개시(Discovery, Predictive Coding)

전자증거개시는 전자적으로 저장된 정보를 소송의 반대 당사자로부터 획득하는 과정을 의미한다.263) 증거개시는 영미법계 국가의 소송 절차의 특징 중 하나로, 소송 당사자 또는 소송 당사자가 되려고 하는 자가 상대방이나 제3자로부터 소송과 관련된 사실관계나 증거자료를 수집하기 위하여 이용하는 변론 전 절차를 의미한다.264)

증거개시 강제

배심원 재판을 채택하고 있는 미국에서는 배심원들에게 발생하는 시간적 손실을 줄이기 위해서 정식재판 전에 소송의 양측 당사자에게 철저한 준비를 요구하는 의미로 증거개시를 강제하고 있다.265) 증거개시의 대상이 되는 자료의 제출을 요구받은 측은 미연방민사소송규칙 제34조에 근거하여 수많은 자료 중에서 소송과 관련성이 인정되는 자료 모두를 찾는 합리적인 검색을 수행할 의무를 부담하게 된다. 전자적 자료의 방대성은 증거개시 절차상 자료의 제출을 요구하는 측과 요구받는 측 모두에게 시간과 비용 면에서 큰 부담을 안겨주고 있다.266) 소송 당사자가 공개하지 않아도 될 권리가 있는 자료 외에는 당사자의 주장이나 방어에 관계되는 어떠한 자료라도 증거개시를 요구할 수 있다는 점에서, 그 범위가 꽤 넓다.267) 증거개시를 위한 문서 검토(Document Review)는 정보 검색이라는 점에서 전술한 법률 정보 검색과 유사하면서도, 소송 당사자 일방이 보유하고 있는 여러 자료 중에서 제출할 자료와 그렇지 않은 자료를 구분해내는 것을 목적으로 한다는 점에서 다르다. 증거개시의 대상에는 전자적 자료도 포함되는데, 전자적 자료는 쉽게 생성될 뿐만 아니라 그 규모 또한 방대하기 때문에 자료의 검색과 수집 그리고 검토에 막대한 비용이 소요된다. 이 때문에 전자적 증거개시의 현실은 극도로 부담스럽고, 소요되는 막대한 비용 때문에 (소송의) 수단이라기보다는 걸림돌이 되고 있는 실정이다.[268]

predictive coding

전자증거개시와 관련한 문서 검토 비용을 절감하는 방안의 모색은 predictive coding의 등장으로 이어졌다. 기존의 문서 검토가 수동적으로 이루어졌다면, predictive coding은 자연 언어와 머신러닝 기술을 사용하여 엄청난 양의 전자증거 데이터세트를 반자동적으로 처리함으로써 이러한 문제점을 해소한다. predictive coding은 단순한 keyword 검색보다는 기술적으로 많이 발전된 것으로, 클러스터링(clustering), 분류, 선택 등을 포함한다.

대략의 과정을 보면 의미 검색, 키워드 검색을 통해 데이터를 정리한 다음, 경험 많은 변호사가 그 데이터 샘플을 받아 수동적으로 검토하면서 부호화(coding) 작업을 한다. 이와 같이 인간 전문가의 개입이 필요하다는 점에서 predictive coding은 완전한 의미의 자동화가 이루어졌다고 할 수는 없다. 그다음 단계에서는 머신러닝의 예측 기술을 사용하여 부호화된 문서를 가지고 연관성이 무엇인지를 찾는 훈련을 시킨다. 그 후 연관성을 기준으로 연관성이 낮은 문서를 찾아내어 제거하는 정제 작업을 거친다.[269] 또 중복 파일을 제거하여 증거개시 분량을 관리 가능한 수준으로 줄여줄 뿐만 아니라, 반대로 이미 삭제된 파일을 복원하여 보존할 수도 있다.[270] 전자증거는 한곳에 있기 마련인 종이 문서와는 달리 여러 곳에 분산되어 있어 제대로 찾는다는 것이 어려운데 predictive coding은 여러 곳에 분산된 각 부문에서 관련된 문서를 신속하게 찾아낼 수 있다. 이런 장점으로 인해 predictive coding은 전자증거개시가 안고 있는 여러 문제를 해결하는 데 일조한다.

predictive coding은 2012년부터 리걸테크의 첨병 역할을 해오고 있다.[271] Recommind, Equivio, ContentAnlyst와 같은 리걸테크 기업들이 이러한 문서 검색 도구를 개발하고 라이선스하고 있다. predictive coding은 변호사에 의한 수동적 검토보다 신속하고 일관성이 있으며 비용까지 저렴하다는 장점이 있다.[272] 따라서 법원마저도 신뢰할 수밖에 없는 결과를 도출해내는 자동화된 수단인 predictive coding에 관심을 가지기 시작했다.[273]

6. 예측·분석 알고리즘(legal analytics)

가. 법 분야에서의 예측의 중요성

빌려준 돈을 받지 못하든 타인의 불법 행위로 인해 손해를 입었든, 최후의 구제 방법은 소송을 제기하는 것이다. 그러나 소송을 제기할 사유가 있다고 해서 바로 소송으로 갈 수는 없다. 소송 제기는 변호사 선임 비용이나 제소 비용의 문제를 수반하기 때문이다. 전술한 바와 같이 변호사 비용이 적지 않은 부담이라, 소송을 제기하였다가 패소하는 상황이 되면, 소송 비용만 고스란히 날리는 격이 된다. 따라서 소송의 승패에 대한 예측의 필요성이 생긴다.

소송의 승패에 대한 예측의 필요성

소송으로 인하여 이익이 생길 것인가 하는 문제는 소송을 제기한 후의 상황에 달려있다. 그 상황은 수시로 변하기 때문에, 소송을 제기하려면 발생 가능한 모든 상황의 확률을 계산하여 보아야 한다.[274] 피고의 경우라고 크게 달라질 바 없다. 훌륭한 변호사의 덕목은 이러한 승소 가능성 예측이다. 이 예측력은 변호사에겐 무기나 다름없다. 별도로 법률 자문의 형태로도 제공되지만, 대체로 수임 단계에서 의뢰인은 승소 가능성을 묻는다. 무조건 승소 가능성이 있다고 말해서 선임할 수도 있겠지만, 이는 정도(正道)가 아니다. 또 소송에 관한 예측이 빗나가면 그로 인한 후폭풍이 크다. 형사사건에서 집행유예로 석방될 것이라고 예측하여 사건을 맡았는데 실형이 선고된다면, 당사자가 부리는 행패를 감수하여야 하는 경우도 허다하다.

소송 결과의 예측은 판례, 법령, 법관의 성향, 해당 사건의 특수성 등 여러 요소를 고려해야 하는 복잡하고 고도화된 판단 영역으로 결코 단순한 문제가 아니다. 소송 결과 예측은 전문적 식견과 역량, 그리고 사건에 대하여 쏟아붓는 노력의 산물이다. 또 소송 결과 예측은 일반 알고리즘의 적용과는 다르다는 점을 착안해야 한다. 예를 들어 IBM Watson 기반의 Dr. Watson 프로그램은 어느 국가의 의료진에 의해서도 사용될 수 있다. 동·서양의 인종 차이에도 불구하고 인체 구조는 크게 다르지 않다. 따라서 미국 사람을 대상으로 만들었다고 해도 우리나라 의료진이 우리나라 사람들의 진료에 쓴다고 해서 달라질 것이 없다. 미국인의 암(癌)과 우리나라 사람이 걸린

암이 차이가 있을 수는 없다. 그러나 법률 분야는 전혀 다르다. 법률가가 소송 예측을 위해 항용 쓰는 방법은 사실관계에 법률 등 규칙을 적용하려 할 것이다. 그런데 이런 법률이나 규칙에는 각국의 정책이 반영되어 있다. 법 규정의 목적, 법 규정을 통해 이루고자 하는 사회적 목표가 모두 다르다. 물론 정책 중에는 국경, 관할구역이나 문화를 초월하는 것도 있을 수 있다. 그러나 같은 정책 목표를 위해서라도 나라마다 각기 다른 규정이 만들어질 수 있다.

나. 인공지능 알고리즘의 예측 분야에의 도입 필요성

과거 법률가들은 경험과 수련을 통해 규칙에 숨겨진 비의를 배웠다. 그러나 오늘날 법을 전공하는 학생들은 시간이 없어 그런 과정을 통해 소송 결과를 예측하는 방법을 배우지 못한다. 인공지능 알고리즘에 의해 소송 결과를 예측하는 방안이 필요한 이유다. 이것은 일반인보다는 오히려 법률가들을 위한 소프트웨어다.

다. 소송 결과 예측

최근 인공지능 기법으로 소송 결과를 예측하는 데 성공한 사례가 속속 보고되고 있다. 제목도 거창하다. "인공지능 판사가 79%의 정확도로 판결을 예측하였다."라는 식의 자극적 보도도 있었다.[275] 물론 판결 결과를 정확히 예측한다고 해서 인공지능 판사는 아니다.

인공지능에 의한 판결 결과 예측

판결 결과의 예측은 인간 판사가 판결하는 과정과는 전혀 다른 과정으로 수행되기 때문이다. University of College of London 등 3개 대학이 만든 이 인공지능 소프트웨어는 European Court of Human Rights에서 이미 다뤄진 584건의 사건에 대해 결론을 도출했는데, 주로 80%가 고문, 비인간적 처우 등에 관한 사건이었다. 이 소프트웨어는 변호사나 판사 모두에게 조력 도구로 쓰일 수 있는데, 사건의 진상을 빨리 파악하여 어떤 판결로 귀결되게 하는 패턴을 추출한다. 이 소프트웨어는 인간이 판결하는 것과는 다른 방식, 즉 언어 패턴이나 국소 관련성을 가지고 판결을 예측한다. 이 소프트웨어 개발자들은 자신의 프로그램이 인공지능 판사라고 불리는데 대하여 거부감을 느낄지 모른다. 그들은 사람들이 인공지능 판사 앞에 서는 것을 바라기보다는 자신들의 소프트웨어가 현재의 법원의 효율성을 도모하는 데 일조하길 바라고 있기 때문이다. 이런 사례는 개인 변호사의 전문적 식견, 직관, 경험 등에 의하여 그 정확도가 좌우되는 소송 결과의 예측이 인공지능 알고리즘에 의하여 어떤 방식으로 진화해야 하는 것인지를 알려준다.

　인공지능 알고리즘에 의한 소송 결과 예측은 수십만 건에 이르는 법령, 판례, 논문 등을 검색하고 분석하는 것을 넘어 최근 판결의 추이 등 판결에 영향을 미칠 그 이외의 요인까지 고려해야 한다. 이러한 소송 결과 예측은 현재 미국의 판결 절차에서 쓰이는 재범의 위험성 예측과는 구별하여야 한다. 예측이라는 점에서는 동일하지만, 예측의 대상이 하나는 재범의 위험성이고, 다른 하나는 판결 그 자체다.

Predictive Algorithm

Predictive Algorithm은 통상 재범 위험성 예측 알고리즘(pretrial

risk assessment algorithms)을 의미한다. 인공지능 알고리즘을 사용하여 많은 양의 데이터에서 패턴을 찾아내고, 찾아낸 패턴을 미증유 (未曾有)의 미래에 관한 예측에 사용한다는 점에서는 공통적이다. 사용하는 알고리즘이나 입력 데이터를 보면 고개를 갸웃거릴 것이다. 미국 대법원은 그 막강한 영향력에 비해 재판 과정이 덜 투명한 것으로 악명이 높다. 그래서 미국 대법원의 판결 예측은 인공지능 알고리즘 개발자에게 좋은 도전과제다. 구두변론 스크립트만 주어진 상태에서 특정 대법원 판사가 어떤 쪽에 표를 던질 것인가에 대한 연구 결과는 꽤 흥미롭다. 특정 판사의 성향이나 배경 등이 아니라, 동의/부동의의 보다 정밀한 언어적 시그널, 동의/부동의의 대화 역동성을 파악하기 위한 긍정/부정과 같은 극성 점수에 의한 정서적 특성, 어떤 단어가 특정 문서 내에서 얼마나 중요한 것인지를 나타내는 통계적 수치인 tf-idf(term frequency, inverse document frequency) 등의 언어적 특성을 가지고 분석하는 방식을 쓴다.[276] tf-idf는 문서에서 특정 단어의 출현 빈도와 많은 문서에 공통되는 출현 빈도 양쪽의 특징을 통합한 평가 기준이다. tf-idf는 어떤 문서의 특정 단어가 해당 문서의 특징을 어느 정도 표현하는지를 나타낸다.[277]

라. 또 다른 예측 모델

(1) Fiscal Note

국회사무처의 강연을 맡은 것을 계기로 조사한 Fiscal Note의 접근 방식은 참신하다 못해 감탄할 지경이었다. 이 기업은 입법과 관련한 각종 빅데이터를 활용하여 어떤 법령의 입법 가능성을 예측하는 데, 그 정확도는 90퍼센트를 넘는다.[278]

FiscalNote는 인공지능 알고리즘을 이용한 법률 서비스 구현에 상당한 시사점을 던진다. 알고리즘보다는 그 근저에 있는 아이디어가 더 중요하고, 그러한 아이디어는 알고리즘을 구현하는 인공지능 공학자로부터 나올 수 있는 것이 아니며, 따라서 인공지능에 의한 법률 서비스 혁신에 있어 법률 전문가의 역할이 매우 커야 한다는 점을 보여준다. 언젠가 참석했던 범죄 예방 관련 학회에서 인공지능을 전공하는 어떤 공학자는, 범죄 예방과 관련한 컴퓨터 프로그램의 구현은 오로지 공학의 몫이라며 그곳에서 벌어지는 인문·사회학자들의 토론에 비판적인 멘트를 하였다. 당장 반박하고 싶을 정도였지만, 이런 비판에 공감하는 사람도 많을 것이다. 그러나 필요가 혁신을 만든다. 인공지능 연구자들이 법률 분야에서 요구되는 어떤 필요를 절감하긴 어렵다.

입법 과정에서의 예측 모델

Fiscal Note는 그것을 작동하게 하는 알고리즘보다, 기존의 시스템에서 제공하지 못했던 유형의 서비스에 대한 갈구를 제대로 파악하고 이를 알고리즘으로 구현하고자 했던 점에서 괄목할 만한 성과다. 뿐만 아니라 그 서비스의 가장 큰 특장점이 예측이라는 점도 높이 평가할 만하다. 단순한 정보 제공이 아니라, 입법 과정에서의 예측 모델을 제시하고 있다. Fiscal Note는 재정 영향 보고서라고도 불리는데, 법안이 성안될 경우 주 수입 및 지출에 대한 법안의 재정적 영향을 예측한다.[279] 최근에 나온 콜로라도주의 재산세 면제 관련 법안과 관련한 Fiscal Note 보고서는 "이 법안은 개인 재산세 면제한도를 7,400달러에서 5만 달러로 인상하는데, 이로 인해 지방 정부에 대한 재산세 수입은 줄고, 주 소득세 수입은 늘어나며, 학교 재정을 위한 주정부 지출 또한 늘어날 것이다. 이러한 영향은 현재 진행형이다."라고 법안으로 인한 영향을 요약하고 있다.[280] 이것이 가능한 이유는 이와 같은 보고서가 필요하다는 인식과 인공지능 알고리즘에 의한 구현 때문이다.

Government Relationship Management

Fiscal Note의 Government Relationship Management(GRM) 플랫폼은 기계학습을 사용하여 정책 데이터에 대한 중요한 통찰력을 얻고 이를 제공한다. 글로벌 기업의 고위 경영진은 법규, 규제와 기업에 영향을 미칠 수 있는 공적 이슈, 재무나 운영 심지어 기업의 평판에 이르기까지 그러한 이슈가 미치는 영향을 파악하고 기업에 유리한 성과를 창출하는 최상의 전략을 강구할 책임이 있다. Fiscal Note의 GRM 플랫폼은 기계학습을 사용하여 정책 데이터를 필터링하고 기업에 영향을 줄 가능성이 있는 법규 또는 규정을 비롯하여 미처 예상하지 못했거나 엄청난 속도와 양의 데이터 때문에 놓쳤던 이슈까지 자동적으로 찾아내어 경고해준다. 보다 전략적인 관점에서 볼때, Fiscal Note의 GRM 플랫폼은 기계학습을 통해 어떤 정당의 선호도, 투표 내역 및 특정 국회의원에게 투표할 성향을 공개함으로써 광범위한 정책 결정자 네트워크를 구축할 수 있도록 돕는다. 이러한 유형의 지식은 이전에는 대체로 개인이 그때그때의 경험을 스프레드시트나 메모 형태로 작성하여 축적하거나, 광범위한 온라인 조사를 통해서만 얻을 수 있었다. 반면 GRM은 기계학습 기술을 사용하여 정책 입안자를 위한 입체적인 분석도를 만들어낸다.[281]

(2) Lex Machina

지적재산권 분야에 특화된 정보를 제공하는 데이터베이스 회사인 Lex Machina[282]는 단순한 법률 정보 검색을 넘어 데이터베이스를 이용하여 지적재산권 소송의 결과를 예측하고 있다.[283] 이것이 어떻게 작동하는지는 Lex Machina의 사이트의 소개 글을 보면 알 수 있다.[284] 우선 수집된 수많은 원시 데이터에서 소송과 연관 있는 구조화되고 일관성 있는 데이터를 추출하는 처리 과정을 거친다. 그다음 인간 전문가가 개입하여 데이터를 보다 정제하여 고부가가치의 데이터로 만들고, 알고리즘을 동원하여 기본 데이터를 탐색하고 정규화하여 보다 고차원의 개념으로 만든다. 이 서비스를 이용하면 어떤 판사가 어떤 유형의 신청을 받아들일 가능성이 높은지, 특정 판사가 일반 판사와 비교하여 어떤 특이성을 갖는지를 파악할 수 있다. 또한 반대편 변호사나 로펌의 소송 경험 등에 대한 중요한 정보와 통찰을 신속하게 제공함으로써 소송 전략을 짜는 데 조력하기도 한다.

로펌의 변호사 등은 Lex Machina를 사용하여 신규 고객을 유치하고 소송에서의 승소 확률을 높인다. 기업의 사내 변호사는 외부 변호사 선임, 소송 전략 및 전술의 수립 과정에서 Lex Machina 서비스를 이용할 수 있다. 당사자가 과거에 특정 법원이나 판사가 관여한 소송에서 좋은 결과가 있었든 그 반대의 결과가 있었든 가리지 않고 그러한 과거 경험도 분석하여 특정 법원이나 판사를 피할 수 있게 해주며, 반대로 특정 법원이나 판사가 소송을 담당할 수 있도록 소송을 제기할 시기를 가늠해준다. 또한 그러한 유형의 소송에서 얻을 수 있는 배상액도 예측한다. 처음으로 변호사는 상향식 데이터에서 수집한 통찰력을 법령, 규칙 및 법원의 의견에서나 볼 수 있던 전통적인 하향식 통제 권한과 결합할 수 있는 것이다.

Legal Analytics

Legal Analytics는 좋은 변호사의 핵심 요소인 제대로 된 사실관계 파악이 가능하도록 해준다. 객관적인 데이터는 임시방편의 일회적 증거(anecdata)를 대체한다. 더 세부적으로 Lex Machina는 PACER, ITC의 EDIS, USPTO 및 주 법원 데이터를 24시간마다 크롤링하여285) 데이터를 캡처한다. 그런 다음 자사의 독점적인 자연어 처리 머신러닝 엔진인 Lexpressions를 사용하여 모든 데이터를 정리하고 코드화하여 태그를 지정한다. 모든 경우에 있어 Lex Machina는 변호사, 법률 회사, 당사자, 판사 등 관련자 정보를 추출한다. 인정되는 손해액을 비롯하여 결과, 발견 사항, 관련 특허 자산 등도 식별한다. Lex Machina는 모든 사례에 대한 준비서면, 신청, 명령, 의견 및 기타 서류를 연결하는 상세한 일정표를 작성한다. Lex Machina는 웹 애플리케이션을 통해 사용자에게 관련 사안에 대한 분석적 통찰력을 제공한다.

마. 머신러닝 알고리즘에 의한 예측

이런 예측은 어떻게 가능한 것인가? 인공지능 알고리즘이 저절로 이런 예측을 하는 것은 아니다. 예측이 가능하도록 구현되어 있어야 한다. 이런 예측을 가능하게 한 가장 큰 밑거름은 빅데이터이다.

머신러닝에 의한 빅데이터 분석

빅데이터라는 것은 기록된 평범한 사실, 숫자들로 이루어진 거대하고 끝없는 덩어리에 불과하며, 각각의 데이터를 살펴보면 신상 운동화 구입 트윗과 같은 지극히 평범한 것들이다. 그러나 이러한 데이터가 바로 머신러닝이 학습해야 할 경험의 보고(寶庫)다.[286] 이런 빅데이터의 규모는 매일 대략 250경 바이트씩 증가할 정도로 막대하다. 막대한 데이터의 범람은 인간의 인지 능력 범위 밖이다. 오직 컴퓨터만이 그들로부터 뭔가를 배우고, 의미를 파악할 수 있다. 머신러닝에 의한 데이터 분석으로 사람들의 행동 방식, 행위 이유 등을 밝혀낸다.

이런 머신러닝 학습 과정을 통해 다음과 같은 통찰력을 얻게 된다.

* 조기 은퇴는 오히려 당신의 기대수명을 단축시킨다.
* 누구에게나 매력적이라고 평가받는 온라인 데이트 상대일수록 사람의 관심을 더 적게 받는다.
* 채식주의자는 비행기를 놓치는 일이 다른 사람들보다 더 적다.
* 대규모 스포츠 경기가 끝난 직후에 경기장 주변 동네의 범죄가 증가한다.

위와 같은 명제는 사람들의 상식과는 전혀 다른 것이다. 기계학습은 통계학과 컴퓨터 과학에 뿌리를 두고 숫자 파헤치기, 시행착오

과정을 거치면서 위와 같은 통찰력을 얻는다.[287]

이런 예측 분석의 응용 사례는 현실 세계에서도 발견된다. 사람의 소비 활동을 예측하고, 출산이나 불륜, 이혼 확률, 투표 성향, 이직이나 전직, 자동차 사고 고위험자 예측, 발병률과 사망률, 기망 행위, 거짓말 분석, 살인 예측 등은 머신러닝을 통한 데이터 분석으로 가능하다.

예측과 전망

누누이 강조하지만, 머신러닝에 의한 예측은 노스트라다무스의 예언과는 차이가 있다. 예측은 기계학습의 산물이며, 정확도가 낮다는 현실적인 벽이 존재하기도 한다. 특히 사람과 관련된 예측일수록 그런 경향이 더 심하다. 하지만 예측이 아주 정확할 필요는 없다. 예를 들어 홍보물을 보낼 고객들을 선정한다고 가정해보자. 고객 리스트에서 홍보물에 대한 반응이 긍정적인 고객들을 선정하여야 한다. 그럴 때 선정의 정확도가 다소 떨어져도 발송 대상자 명단에서 비반응자로 분류되는 사람을 제거하는 것은 전체적으로 보면 비용 절감의 효과가 크다.[288] 희미한 불빛이라도 암흑보다는 낫다. 예측 분석은 더 나은 의사결정을 위해 미래 행위를 예측하고자 경험(데이터)으로부터 배우는 테크놀로지로서, 전망과는 구별해야 한다. 전망은 거시적인 반면, 예측은 미시적인 면이 있다. 어떤 제품이 얼마나 팔릴 것인지 추산하는 것은 전망인 반면, 특정 지역 주민이 어떤 제품을 살 것인지를 결정하는 것은 예측이다. 그러면서도 예측 분석은 철저히 집단적 특성을 반영한다. 따라서 법 분야에서의 예측 분석도 집단적 속성에 의존하는 것은 피할 수 없다. 이는 개인적 특성이 중요한 법 분야 의사결정에서 약점이 될 수 있고, 이런 점을 비판하는 견해들도 꽤 있다. 어떻든 법 분야에 인공지능 알고리즘이 활용될 수 있는 가장 가치 있는 분야라면 이러한 예측의 영역이다.

바. 예측 모델의 구체적 구현

예측 모델의 양상을 설명하였고, 그 과정에서 봉착할 수 있는 어려움도 설명하였다. 그러나 구체적으로 이러한 예측 모델을 어떻게 구현하여야 할까? 물론 이런 논의는 인공지능 공학 쪽에 맡겨둘 일이고, 법학 논의의 범위를 벗어난다고 할 수도 있다. 그러나 계속 예측 모델을 언급하면서 그것이 어떻게 구현될 수 있을까 하는 의문을 가져보는 것은 자연스러운 것이다. 법률 전문가는 구체적 사건 해결을 위해 과거에 구축된 사례를 떠올리고, 그 사례와 당면 사건의 동일성이나 유사성을 검토한 다음, 과거 사례와 현재 사례가 동일하다면 과거 사례의 결정 방향대로 사건을 해결하려 할 것이고, 유사한 경우 같은 부분은 최대한 사건 해결에 반영하고, 차이 부분에 대하여만 새로운 해법을 모색하는 식으로 처리하려 할 것이다. 따라서 선결 사건에 대한 데이터를 활용하여 효과적인 비교를 위한 데이터베이스를 구축하는 것이 필요하다. 이런 과정에서 필요한 것이 바로 제대로 된 사례 분류다.

사례의 자동 분류

구체적으로 텍스트로 구성되어 있는 어떤 사례를 특정 기준에 따라 분류하여야 한다. 이것은 자동적인 예측 모델이 지향하는 바가 사례 텍스트를 자동적으로 분류하고 법률가가 이해할 수 있는 방식으로 결과를 도출하는 것이라는 점과 일맥상통한다. 이럴 때 사례를 자동으로 분류하는 알고리즘은 매우 유용할 것이다. 이러한 목표를 달성하기 위해서 연구자들은 컴퓨터에게 법률과 법적 논증 등에 관한 다양한 종류의 지식을 풍성하게 입력하여야 한다. 현재 시스템은 유추로 추론을 지원하고 합리적인 대체 논증을 제시하며, 검증 가능한 법률적 예측도 할 수 있다.

텍스트 처리 과정과 인공지능 법률 모델의 통합

그러나 이는 기존의 텍스트로 표현된 사례로는 실현이 불가능하며, 예측과 논증을 법률가가 이해할 수 있는 그럴듯한 설명으로 버무려내는 것도 불가능하다. 따라서 텍스트 처리 과정과 인공지능 법률 모델을 통합하는 것이 절실하다.[289] 현대의 텍스트 기반 법률 정보 검색 시스템은 텍스트가 의미하는 것에 대한 정보가 현저하게 제한되어 있음에도 관련 사례 텍스트를 검색하는 꽤 괜찮은 기능을 갖추고 있다. 미국 법원은 텍스트로 된 사례를 양산하고 있지만 법률 정보 검색 제공 업체는 이를 신속하고 효율적으로 처리하여 수일 내에 고객들이 그 새로운 자료에 액세스할 수 있게 해준다.

역 색인 검색

온라인 검색 서비스 업체가 전자적 형태로 된 법원의 의견을 역 색인(inverted index)에 추가하는 과정은 간단하며 별도의 텍스트 해석 과정이 필요하지 않다.[290] 컴퓨터 알고리즘은 이를 자동적으로 처리한다. 단어에서 복수형 또는 과거 시제와 같은 부분도 제거하여 어간만 남긴다. 사례 의견(case opinion)에 대한 검색은 색인에 있는 용어와 검색어를 일치시키고, 색인된 문서를 검색하고, 용어가 특정 문서에서 얼마나 고유한지에 대한 정보를 수집하는 통계 기준에 따라 순위를 정하여 역 색인에서 검색하는 방식으로 이루어진다.[291] 사건의 법적 중요성을 요약한 개념 체계에 따라 새로운 사례를 분류할 때 상황은 판이하게 달라진다.

West's key number system

웨스트 키 번호 시스템(West's key number system)은 법적 분류를 위한 개념 체계 패러다임의 전형이다. 그것은 화제 또는 분류학적 관계를 명백하게 한다. 법률 정보 검색 시스템은 사례를 찾을 때 관련 키 번호에 의할 수도 있고, 자연 언어로 된 질의 방식(natural language query)에 의할 수도 있다. 자연어 질의 시 질의 용어를 추출하는 과정을 거쳐야 한다.[292]

사. 법률 분석 모델(legal analytics) ― 보다 큰 가치

분석 모델과 예측 모델의 명확한 구분은 어렵다. 예측 모델은 그 전제로 사안의 분석이 선행되어야 한다. 사안에 대한 제대로 된 분석이 없고서는 정확한 예측 결과를 내기 어렵다. 이런 이유로 법률 전문가 시스템을 분류하면서 법률 분석과 법률 정보 검색의 두 가지 항(項)으로 분류하는 것도 타당성이 없지는 않다.

Legal Robot

지능적 법률 분석(Intelligent Legal Analytics) 모델의 하나인 Legal Robot를 소개하면서 분석 모델의 개요를 파악하기로 한다.[293] 지능적 법률 분석의 필요조건은 자연어 이해와 인공지능 알고리즘이다. 사실 자연어 이해가 인공지능 알고리즘에 따르는 만큼, 지능 모델은 인공지능 알고리즘에 크게 의존하고 있다고 해야 할 것이다. Legal Robot은 통계 및 기계학습 기술이 의미를 도출할 수 있도록 복잡한 법률 언어를 수치 표현으로 변환한다. 각 층(layer)을 결합하여 단어에서 문장, 주제까지 더 높은 수준의 개념을 형성한다. Legal Robot은 수천 건의 문서를 지속적으로 비교하여 법률적 언어 모델을 구축함으로써 법률 언어 분석을 지속적으로 확장할 수 있게 된다.

Legal Robot은 자동화된 지능형 보조자(intelligent assistant)를 써서 계약 검토와 같은 기존의 법적 처리 절차를 향상시키거나 완전히 대체한다. 지능형 보조자는 법률 언어 모델을 사용하여 최고의 성과 사례, 위험 요인 및 관할에 따라 생기는 차이를 고려하여 문제를 제기하고 개선을 제안하기도 한다. 또한 계약에 대한 즉각적인 오류 점검 기능을 제공하고, 보다 나은 법률 문서 작성을 조력하며, 어려운 법률 용어를 분해하여 누구나 쉽게 이해할 수 있도록 한다. 이는 언어의 복잡성에 대한 이해를 토대로, 법적 구술의 시행 가능성을 비롯한 여러 척도에서 고급 점수를 매기는 방식으로 분석 작업을 행하기에 가능하다. 이러한 점수를 기반으로 지능형 보조자는 가독성이나 일관성 및 표준 준수 등 여러 가지 척도를 만족시키는 변경을 도모한다.

Legal Robot은 법적인 언어를 이해하고 언어를 다른 계약과 비교하여 상용구와 사용자 정의를 식별하며, 언어의 복잡성과 가독성을 측정하고 계약의 책임, 권리 및 조건을 식별하기 위해 딥러닝과 같은 기계학습 기술을 사용한다. 정보 제공 시 딱딱하고 이해하기 쉽지 않은 법률 용어보다 훨씬 더 흥미 있고 이해하기 쉬운 방법을 동원한다. 이를 통해 사용자들은 계약의 구성 요소를 신속하게 해석하고 위험을 정량화하며, 계약 내용에 대해 자신감을 가질 수 있도록 계약 속 결함을 발견하고 이를 시정한다. 또한 여러 업계 또는 여러 관할의 표준과 대비하여 계약을 평가하고, 협상의 전 과정에서 법률 전문가 팀과 협업하기도 한다.

7. 법적 의사결정 지원(legal decision support) 시스템

법적 의사결정 지원 시스템은 다음과 같은 장점이 있다. 우선 일관성을 갖출 수 있다. 의사결정 지원 시스템은 무한 복제가 가능하다. 따라서 같은 의사결정 지원 시스템을 사용하면 법적 의사결정에서 일관성을 유지할 수 있다. 또한 법적 결정이 이루어지는 과정과 방법을 보여줌으로써 법적 결정에 대한 일반의 이해를 증진시킬 수 있다는 점에서 투명성 요구를 충족한다. 이러한 투명성의 충족은 사법적 의사결정에 대한 일반인의 불신을 줄여줄 수 있다. 이와 같은 법적 의사결정 지원 시스템을 사용함으로써 누구나 소송의 결과를 상당한 정도로 예측할 수 있으며, 이로 인해 사용자는 법적 분쟁 과정에서 발생하는 비용의 절감과 더불어 소송 결과가 불확실한 데서 오는 불안, 정신적 고통에서 어느 정도 벗어날 수 있다.

8. 클라우드 컴퓨팅 기반 법률 서비스 플랫폼(cloud based legal platform)

가. 클라우드 컴퓨팅

위키백과가 정의하길, 클라우드 컴퓨팅(cloud computing)이란 인터넷 기반 컴퓨팅의 일종으로서 정보를 자신의 컴퓨터가 아닌 인터넷에 연결된 다른 컴퓨터로 처리하는 기술을 의미한다.[294] 공유 컴퓨터 처리 자원과 데이터를 컴퓨터나 다른 장치들이 요청할 때마다 제공해준다. 구성 가능한 컴퓨팅 자원에 언제 어디서나 접근할 수 있는 주문형 접근을 가능케 하는 모델이며, 최소한의 관리 노력으로도 신속한 예비나 릴리스가 가능하다.

클라우드 컴퓨팅과 스토리지 솔루션들은 사용자와 기업에게 개인 소유나 타사 데이터 센터의 데이터를 저장, 가공하는 다양한 기능을 제공하며, 전 세계 어디에나 위치할 수 있다. 클라우드 컴퓨팅은 전기망을 통한 전력망과 비슷한 일관성 및 규모의 경제를 달성하기 위해 자원의 공유에 의존한다.[295]

달리 이야기하면 인터넷을 통해 할 수 있는 모든 행위가 클라우드 컴퓨팅이며, 운영비와 투자비를 크게 줄일 수 있다. 예를 들어 업무에 필요한 프로그램이 있어 그 프로그램을 구입하는 경우에는 소프트웨어의 사용 시간과 무관하게 일정한 구입 비용이 소요된다. 지극히 예외적인 상황에서 일시적으로 필요한 경우에도 소프트웨어를 직접 구입해야 한다는 것은 큰 부담이다. 소프트웨어도 자동차나 정수기 렌탈과 같은 단기 용품 대여 서비스가 있으면 편리할 것이다. 클라우드 컴퓨팅을 이용하면 이러한 애플리케이션을 직접 구입할 필요가 없다. 클라우드 서비스 업체가 그런 애플리케이션을 관리하고, 사용자가 사용한 만큼만의 비용을 받으면 된다.[296]

거창하게 클라우드 컴퓨팅 서비스 업체와 계약을 맺지 않더라도 우리는 이미 클라우드 컴퓨팅 서비스를 이용하고 있다. 자각하지는 못하지만, 메일링 서비스 자체가 클라우드 컴퓨팅 서비스와 구조가 같기 때문이다. 우리가 메일을 보내고 수신할 때 그 메일과 관련된 데이터가 각자의 PC에 저장되는 것은 아니다. 메일링 서비스를 제공하는 업체에서 그 데이터 대부분을 보관한다. 즉 메일링 서비스 업체는 저장 공간 제공이라는 측면의 클라우드 서비스와 메일링 서비스 애플리케이션 제공이라는 클라우드 서비스를 동시에 제공하고 있는 셈이다. 오늘날 클라우드 컴퓨팅 서비스는 이와 같이 결합 상품으로 제공되고 있다.

블루믹스(Bluemix)

최근 인공지능 알고리즘도 클라우드 서비스를 통해 서비스되고 있다. 왓슨 알고리즘이 제공하는 기능을 사용하기 위해서는 IBM의 클라우드 서비스인 블루믹스(Bluemix)를 이용하여야 한다. 왓슨의 중요한 기능 모두를 블루믹스에서 API 서비스로 별도로 제공한다. 블루믹스의 카탈로그에는 왓슨 익스플로러와 왓슨 애널리틱스, 왓슨 IoT와 같은 서비스가 포함되어 있다.[297] 왓슨 서비스는 블루믹스에서 제공하는 여러 기능을 쉽게 사용할 수 있고, 애플리케이션과의 연계가 용이하다는 것이 장점이다. 왓슨의 서비스 기능을 간단히 테스트해볼 수 있도록 블루믹스에 데모 화면까지 준비하고 있다.[298] 블루믹스도 클라우드 컴퓨팅 서비스답게 대부분 사용량에 따라 요금이 부과된다. 물론 시험 사용을 위해 계정 사용 후 30일간 무료로 평가판을 사용해볼 수도 있다. 실제 맛보기 서비스는 음성 인식과 음성 합성(Speech to Text), 자연어 분류, 문서 변환(Document Conversion), 채팅봇과 같이 사용자와 대화하기 위한 대화 서비스(Conversation) 등 다양하다.

나. 법 분야의 클라우드 컴퓨팅

우리가 기왕에 알던 인터넷 플랫폼과 새롭게 인식하게 된 클라우드 컴퓨팅 서비스 자체는 새로운 법률 서비스 모델의 강력한 원동력이다. 이러한 플랫폼 없이는 불가능했던 각종 서비스 모델이 구현될 수 있었고, 미국에서는 이를 기반으로 다양한 형태의 서비스가 출현하였다. 어떤 분야에 적용될 것인가에 따라 다르지만, 클라우드 컴퓨팅은 법률 서비스 제공 형태를 탈바꿈할 수 있는 많은 기회를 부여한다. 사무실에 있을 필요를 없앰으로써 노동력의 이동성을 높여주고, 사용한 만큼만 과금하며, 정교한 장치나 소프트웨어 등을 유지하는 총 경비 지출을 줄여주었다.[299] 클라우드 컴퓨팅 지지자들은 클라우드 컴퓨팅을 이용한 법률 서비스가 전통 방식에 비해 많은 이점을 가졌다고 한다.

웹 기반 시스템

클라우드 컴퓨팅의 웹 기반 시스템은 언제 어디서나 접속할 수 있기 때문에 비용 절감 효과가 크다. 사건 관리 시스템의 유지 보수 및 업그레이드와 관련된 번거로움이 해소되고 융통성도 증가한다.[300] 온라인 문서 저장 방식의 도입으로 인해 더 이상 고객들이 사무실에 전화하여 문서 사본을 요청할 필요가 없다. 고객은 클라우드 컴퓨팅이 제공하는 온라인 플랫폼을 이용하여 전체 파일에 자유롭게 접근할 수 있기 때문이다. 고객 입장에서 정말 좋은 것은 이런 플랫폼으로 인하여 법률 사무소에 가서 변호사를 직접 만나지 않더라도 변호사의 문서 검토 서비스를 원격으로 받을 수 있는 것이다. 웹 기반 문서 관리 기술을 이용하면 고객과 실시간으로 공동 작업을 할 수도

있다.[301)]

우리나라에서 비변호사가 이러한 인터넷 플랫폼 기반의 서비스를 제공하는 경우에는 여러 가지 난관이 존재한다. 변호사가 인터넷 플랫폼 기반의 서비스 모델을 직접 구축하여 서비스한다는 것은 극히 예외적인 경우일 것이고, 대부분의 서비스 모델은 변호사가 아닌 리걸테크 기업에 의하여 개발되고 제공될 가능성이 크다. 이때 비변호사가 유상으로 법률 사무를 제공하는 경우를 처벌하는 변호사법 제109조가 서비스 제공 모델의 걸림돌이 될 수 있다. 앞서 인터넷 플랫폼 기반의 법률 서비스의 장점에 대하여 누누이 설명한 바 있지만, 이 서비스 유형은 매우 효율적일 뿐 아니라 법률 소외 계층에까지 서비스를 확대할 수 있는 등 긍정적인 모델이다. 그럼에도 불구하고 위와 같은 진입장벽으로 인하여 이런 서비스 유형이 원천적으로 봉쇄된다면, 다양한 비판에 직면하게 될 것이다. 따라서 비변호사의 법률 사무 취급을 전면 금지하는 위 변호사법 규정을 리걸테크 기업에 의한 서비스 유형이 가능하도록 개정하는 문제를 신중히 검토할 필요가 있다. 경우에 따라 변호사와의 협업이 가능하도록 하는 방안을 마련하여 탈법적인 서비스 제공이 횡행하는 사태를 미연에 방지할 필요도 있다.

9. 인공지능 알고리즘에 의한 법률 서비스 혁신에 대한 인식 변화 필요성

약한 인공지능의 가장 큰 특징은 사람이 할 수 있는 모든 일이 아니라 특정한 분야의 일을 컴퓨터로 하여금 수행케 하는 데 있다. 인공지능이 주도하는 법률 서비스 분야의 혁신도 이런 전제에서 출발하여야 한다. 특정 법률 사무소의 모든 업무나 특정 변호사가 할 수 있는 모든 일을 인공지능 법률 서비스 프로그램이 대신 수행한다는 발상은 어리석을 뿐만 아니라 실현 불가능하다. 따라서 변호사의 역할 전체를 대체하는 인공지능 알고리즘은, 현재로서는 요원하기도 하지만, 굳이 그런 방향의 혁신을 기대할 필요가 없는 것이다.

국한된 특정 서비스 수행

ROSS Intelligence는 파산 분야라는 국한된 분야의 법률 정보 검색에 있어서는 인간 전문가를 훨씬 능가하는 수행 능력을 보인다. 이것이 인공지능에 의한 파괴적 혁신의 요체다. 종래 변호사가 담당하던 업무 중에서 인공지능 컴퓨터 프로그램이 뛰어난 성능을 보이고 비용조차 저렴한 분야가 있다면, 굳이 그런 업무를 변호사로 하여금 직접 처리하게 할 필요가 없다. 오히려 변호사는 이러한 인공지능 프로그램의 서비스를 활용하여 업무 능률을 제고하는 쪽으로 생각을 바꾸어야 한다. 한편, 인공지능 프로그램이 절대 담당할 수 없는 변호사만의 고유 영역도 존재한다. 예를 들어 인공지능은 정형화된 업무 처리에 있어서는 최고의 수행 능력을 보이지만, 변호사처럼 의뢰인과 끈끈한 유대감을 형성하거나 원치 않는 의뢰인을 설득할 수 없고,[302] 법정에 나가서 구술 변론을 할 수도 없다.

인공지능과 인간을 대립적 관계에 놓을 필요가 없으며, 인공지능과 인간의 협업 모델이 주는 혁신의 수혜를 굳이 마다할 필요도 없다.

리걸테크의 진입장벽

다만 그와 같은 서비스 모델을 제공하는 리걸테크가 법률 서비스 제공자이냐 하는 문제, 그리고 그것이 우리 변호사법이 규정하고 있는 진입장벽과 관련하여 어떤 문제가 있는지에 대하여는 좀 더 검토가 필요하다. 대부분의 리걸테크 서비스가 변호사를 조력하는 것에 그치는 것이라면, 이는 우리 변호사법이 열거하고 있는 법률 사무와 무관하며, 설사 그러한 서비스 제공이 유상으로 이루어졌다고 하더라도 큰 문제가 없다. 그러나 앞서 소개한 모델 중에는 주 고객층이 변호사가 아닌 일반인이어서 문제가 될 여지가 있는 법률 서비스가 있다. 바로 유상으로 제공되는 문서 자동 작성 서비스다. 이는 변호사법 제109조 제1호가 금지하고 있는 법률관계 문서 작성이기 때문이다. 뿐만 아니라 이런 서비스는 법무사법에서도 금지하고 있다(법무사법 제74조 제1항 제1호). 이런 프레임이 계속 유지되어야 하는가?

이에 대한 해답의 모색에서 직역 이기주의가 작용해서는 제대로 된 답이 나올 수 없다. 법률 서비스가 어떻게 변하는 것이 바람직할 것인가는 관념적인 차원에서도 답이 쉽게 나올 수 있는 문제지만, 치열한 이해관계가 대립하는 상황에서 명확하고 실증적인 근거 없이 이상에 가까운 이야기나 당위론을 펼쳐봐야 공감을 얻기 어렵다. 그 변화의 방향 모색은 서비스 자체의 분석에서 출발해야 한다. 즉 현실 파악, 원인 진단, 문제 해결의 세 단계 프레임을 이용하여, 법률 서비스를 제공하는 사람과 그 과정 그리고 기술적인 면을 제대로 평가해야 한다.[303] 변호사는 독점적으로 전통적 법률 서비스를 제공하는 것이 대부분이다. 법률 서비스에서 변호사만이 부가가치를 높이는 생산자 역할을 하며, 사무직원 등에 대한 보수는 간접비로 계상할 정도로 변호사의 역할이 법률 서비스 생산력의 핵심이라는 것이 전통적 생각이다.

서비스 제공 독점의 문제

그러나 법률 서비스 제공에 있어서 변호사만이 독점적으로 가치 있는 서비스를 제공한다는 생각은 바꿀 필요가 있다.[304] 변호사가 아닌 사람도 법률 서비스를 제공할 수 있는 가능성이 없지 않다. 의료 산업에서의 산업 다각화 및 전문화에서 시사점을 얻을 필요가 있다. 예를 들어, 의사가 아닌 훈련받은 사혈사가 피를 뽑는데, 이를 염두에 두고 워싱턴주는 제한 법률 면허 기술자 제도 ― 특정 유형에 국한하여 업무를 행하는 부분 법률 전문가 면허 ― 를 도입하였고, 다른 주도 도입 여부에 대한 검토를 계속하고 있다. 이런 변화는 시작에 불과하다. 법률 산업이 발전함에 따라 법률 전문가는 법조인뿐만 아니라 프로젝트 관리자, 기술자 및 데이터 과학자와 같은 다른 전문가도 포섭할 수 있어야 한다.

정작 대부분의 변호사는 그들의 업무 프로세스와 서비스 제공의 기술적 측면에서 이런 점을 간과했다. 아니 무시했다고 보는 것이 맞다. 변호사나 로펌 등이 법률 서비스를 제공할 때 서비스의 품질을 좌우하는 것은 변호사가 가지고 있는 법률적 전문성이라고 생각하기 쉽다. 예를 들어, 법률 회사는 고객에게 항시 그들이 최고의 변호사를 보유하고 있음을 강조한다. 그러나 고객들은 변호사들이 가진 전문 지식을 그리 대단한 차별화 요소로 보지 않는다. 고객은 대부분의 법률 전문가라면 당연히 법적인 문제의 대부분을 처리할 수 있는 충분한 전문 지식을 보유하고 있을 것이라고 생각한다. 따라서 로펌이나 변호사들은 서비스의 본질에 대한 자기 나름의 기준을 깨고, 뛰어넘어야 한다. 고객이 바라는 최고의 변호사는 고객과 고객의 사업을 제대로 이해하고, 효율적이며, 고품질의 서비스로 고객의

비즈니스에 최상의 결과를 가져다주는 변호사다.[305]

그러나 현행 법제의 틀에서는 이것이 어렵다. 이런 상황이 지속되고 리걸테크가 본격화되면 탈법적인 형태가 횡행할 것이 우려된다. 자본력과 기술을 갖춘 비법조인인 리걸테크 운영자가 변호사를 고용하여 앞세우고 실질적으로는 자기가 운영하는 형태는 분명 변호사법 위반이다. 그러나 실제 이렇게 운영되더라도 적발이 어렵다. 마치 사무장 병원이 허다하고 그로 인하여 각종 폐해가 생기는 것처럼, 사무장 로펌으로 의심되는 사례가 없지 않은 상황에서 대책 없이 현상 유지 운운해서는 머지않아 커다란 문제가 발생할 것이다.

가상 로펌

저렴한 법률 서비스를 제공하기 위해서는 비용 절감이 필요한데, 서비스 시작 단계에서부터 종료 시까지 비용 대비 효과가 높은 수행 절차를 구축하지 않으면 불가능하다. 따라서 최상의 법률 서비스를 신속하고 효과적으로 제공하는 기술적 해결 방안이 필요하다.[306] 그런 면에서 가상 로펌이라는 발상은 신선하다. 가상 로펌(virtual firm)이 전통적 로펌과 다른 것은 가상공간에서 법률 서비스가 이루어질 뿐만 아니라 소속 변호사는 그들이 일하는 만큼 보수를 받는 결과 지향적(result-oriented) 시스템이라는 점이다.[307] 이러한 가상 로펌에서 일할 변호사로는 경제적으로 여유가 있고, 업무의 강약 조절이 가능한 능력 있는 시니어 변호사가 적합하다. 가상 포럼의 장점은 의뢰인에게 적은 비용을 받으면서도 변호사에게는 그들의 노력에 비해 많은 보수를 줄 수 있다는 점이다. 변호사들마다 원하는 업무의 강도가 다를 것이다. 여유가 있는 반 은퇴 상태의 변호사는 적게 일하기를 원하는 반면, 가족 생계를 책임져야 할 변호사는 많은 보수를 위해 높은 업무 강도를 감수하려 할 것이다.[308] 이러한 상충되는 요구를 수용할 수 있는 체제가 가상 로펌 체제다. 가상 로펌에서 과금 체계는 시간제나 성공 사례 방식 둘 중 하나를 선택할 수 있다. 시작 단계에서 시간제로 하였다가 예상과 달리 장기화되면 성공 사례 방식으로 전환할 수도 있다.[309]

10. 대체공급자 등장 · 아웃소싱

가. 아웃소싱(outsourcing)

아웃소싱(outsourcing)은 기업의 내부 프로젝트나 제품의 생산, 유통, 용역 등을 외부에 위탁·처리하는 방식을 말한다. 원래는 미국 제조업 기업에서 활용하기 시작했으나 경리, 인사, 신제품 개발, 영업 등 모든 분야로 점차 확대되고 있다. 기업은 핵심 사업에만 집중하고 나머지 부수적인 부문은 외주에 의존함으로써 생산성 향상을 극대화하는 장점이 있다.[310] 최근 (인터넷 등) 정보화 기술의 급격한 발전과 전개라는 상황이 맞물리면서 서비스 분야도 동일한 변화를 겪고 있다.[311] 법률 서비스 분야도 예외는 아니어서, 기존의 로펌이 하던 법률 서비스 일부를 아웃소싱하여 비용 절약을 도모하고, 로펌은 핵심적 영역 또는 고부가가치 부문에만 집중할 수 있게 된다.

국외 아웃소싱

국외 아웃소싱의 경우는 국가 간 시차를 이용해서 효율을 높이고 있다. 일반 기업도 마찬가지이며, Dupont의 경우 회사의 일반 문서 작업을 필리핀으로 아웃소싱하여 연간 600만 달러를 절약했다.[312)] 필리핀은 영어권 국가이고 인건비가 저렴하기 때문에 아웃소싱의 이점이 크다. 기존의 고비용 구조의 법률 서비스 시스템으로는 가격 경쟁력이 떨어지기도 하지만, 아웃소싱이 필요한 또 다른 이유도 있다.

시차 이용 아웃소싱

기존 시스템으로는 24시간 서비스가 불가능하다. 이렇게 하여서는 인터넷 시대에 살고 있는 고객들이 요구하는 상시적이고 신속하며 효율적인 서비스를 제공하기 어렵다.[313)] 통상의 로펌 종사자들이 모두 퇴근한 야간에 갑작스러운 법률 상담 요구가 생겼다고 가정하자. 통상적 시스템으로는 다음날까지 초조하게 기다리는 수밖에 없고, 즉각적 대처가 필요할 때라면 이미 실기(失機)하는 경우도 있을 것이다. 야간에 시차가 달라 아직 근무 시간인 지역에 법률 상담 부분을 아웃소싱하면 이런 상황에 효율적으로 대처할 수 있을 것이다. 이것이 시차를 이용한 아웃소싱의 장점이다. 물론 이는 일상적인 법률 서비스에 국한된다. 아무리 즉각적인 서비스가 가능하다 해도 운명이 걸린 중요한 결정 문제를 해외의 알 수 없는 상담원과 상의하지는 않을 것이다.

아웃소싱이 되는 분야는 법률 서비스의 거의 모든 분야를 망라한다. 미국에서의 아웃소싱 현상은 미국 로펌들이 더 이상 미국 내에서의 서비스 경쟁에 머물러 있기보다는 다른 나라의 법률 서비스와의 비교 우위를 염두에 두어야 하는 상황이 되었다는 것을 의미한다.[314)] 언어 장벽과 법률 체계의 차이로 인하여 미국 등지에서 우리나라에 아웃소싱하기는 어려울 것이다. 같은 이유로 우리나라 법률

서비스의 일부를 필리핀 등 인건비가 저렴한 동남아 등지에 아웃소
싱하기도 어려울 것이다. 그러나 국내에서의 아웃소싱 현상은 생겨
날 것이다. 대형 로펌 등에서 핵심 부문을 제외한 업무를 개인 변호
사나 소형 로펌에 아웃소싱해서 비용 절감을 도모하려 할 수 있기
때문이다. 미국의 경우는 이미 이런 형태의 아웃소싱을 취급하는 전
문 리걸테크가 생겨났다.

Axiom

Axiom과 같은 리걸테크 기업은 사내 변호사나 로펌 변호사가 처
리하던 일상적인 법률 서비스 상당 부분을 아웃소싱하는 것을 전문
으로 하고 있다. Axiom은 창의적인 기술로 대체 인력과 가격 모델
의 결합을 표방하는 (새로운 모델의 아웃소싱) 서비스를 제공한다.

원래 Axiom은 큰 로펌의 퇴출 변호사 등과 기업의 사내 법률 부
서를 연결해주는 취업 알선소에 불과하였다.[315] 그런데 이와 같은
형태의 아웃소싱을 특화하면서 성장을 거듭해왔고, 그 성장 속도는
무서울 정도다. 시장이 얼어붙는 대 침체기를 거치면서도 2011년 1
억 3,000만 달러의 수입을 기록하여 전년 대비 62% 성장을 보였
다.[316] 뉴욕에 본사를 둔 Axiom은 법률 업무의 아웃소싱을 전담하
는 부서를 만들었는데, 이 부서는 시카고, 휴스턴 등지의 일을 처리
하기 위해 330명의 전담 변호사를 추가로 고용하기까지 하였다. 이
회사의 소속 변호사는 Hewlett Packard Company를 비롯한 19개 회
사와 관련된 법률 사무를 처리하고 있으며, 이 서비스만으로 Axiom
은 2011년 기준 회사 수입의 25퍼센트를 올릴 정도다.[317]

이런 서비스가 긍정적인 측면만 있는 것은 아니다. 국내에서는 하

도급에서 나타나는 각종 폐해가 생겨날 수 있다. 국가 간의 아웃소싱은 비단 이런 폐해뿐만 아니라 아웃소싱 대상국에서의 저항을 불러일으키기도 한다. 미국은 같은 언어권인 인도를 주로 아웃소싱 대상국으로 삼는데, 인도는 자국 내에 외국 로펌의 연락 사무소를 개설하는 것을 금하고 있다. 정작 미국은 인도 국민이 미국에서 법률 사무를 하도록 허용하고 있다.[318]

나. 서비스 분업화 모델

전통적인 일관 서비스 모델이 가진 취약점인 고비용 문제를 서비스 분업화를 통하여 해결하는 전략이 필요하다.

법률 서비스 분야도 가치 집약적인 핵심 서비스 부문과 대체 가능한 단순 서비스 부문으로 나눌 수 있다.

핵심 서비스

핵심 서비스 부문은 반드시 전문적 지식이 필요한 고난이도의 부문을 의미하는 것은 아니다. 핵심 부분은 로펌의 수지 타산과 연결되는 것이며, 어떤 부분이 핵심인지는 그 로펌이 지향하는 바에 따라 다를 것이다. 만물상 식으로 모든 서비스가 가능한 로펌을 갖추는 것은 선택과 집중이라는 차원에서 보면 크게 문제된다. 그러나 특정 부문에 집중한다고 해서 로펌의 고객이 그 분야에 국한되는 것도 아니다. 물론 광고 등을 통해 특정 부문에 특화되어 있다는 정보가 통용되지만, 사건 선임이 이런 요소에 의해서만 결정되는 것이 아니다. 지연이나 학연 등 사건의 본질과 무관한 요소 때문에 선임되는 경우도 많은데, 이런 경우 선임을 거절하는 것이 곤란할 수 있다.

따라서 이런 사건을 선임하여 일정 부분 업무를 다른 로펌 소속 변호사나 개인 변호사에게 위임할 수 있으면 좋을 것이다. 일반인의 입장에서는 낯설지 모르지만, 변호사 간에는 복대리라는 제도가 있다. 일종의 서비스 쪼개기다. 전체 사건은 자신이 맡아 처리하지만, 그 과정에서 법률 서비스의 특정 부분을 다른 변호사에게 맡기는 형태의 서비스 분업화를 체계화할 필요가 있다. 핵심 부문은 소위 제조업의 경우로 치면 굴뚝 산업에 속하는 분야가 될 수도 있다.

우리 사회는 전관예우를 둘러싼 각종 폐해를 몸소 경험하다 보니 전관예우 문제라면 선병질적(腺病質的)인 반응을 보인다.

전관예우

그러나 전관예우에 대한 다른 분석도 가능하다. 전관예우 변호사는 신뢰를 바탕으로 의뢰인에게 가치 집약적 서비스를 제공하는 측면도 있다. 예를 들어 영장 전담 판사를 사직하고 개업한 변호사가 구속영장이 청구된 피의자 사건을 선임하여 처리한다고 가정하자. 그 변호사는 자신이 평소 담당하면서 전문성을 가지게 된 영장 관련 업무에, 판사에서 변호사로 역할만 바꾸어 관여한다. 구속에 영향을 미치는 요소 등에 대하여 여타 변호사와 차별화되는 전문성을 가지고 있다. 그로 인해 제공하는 서비스의 질이 전혀 다르다. 가끔 전관예우 변호사를 찾는 의뢰인 중 나쁜 의도를 가진 사람이 없는 것은 아니지만, 모든 의뢰인이 변호사의 전관예우를 이용한 부당한 업무 처리를 기대하는 것은 아니다. 전관 변호사가 가진 전문성과 경험에 기한 신뢰 제공 때문에 선임하는 것이다. 믿을 수 있는 변호사에게 일을 맡겨 처리하니 어떤 결과가 나오더라도 다른 변호사를 선임한 것보다는 나을 것이라는 안도감도 생길 것이다.

이와 같이 가치 집약적 서비스 핵심 영역 여부를 결정하는 것은 취급하는 분야가 아니라 그 변호사의 속성일 수도 있다. 어떤 변호사만이 제공할 수 있는 성격의 서비스, 그것이 요체다. 따라서 이러한 법률 서비스는 그것을 제공하는 변호사와 분리하여 생각할 수 없다. 이런 가치 또는 신뢰 제공을 핵심 요소로 하는 법률 서비스가 아니라면 어떤가? 어떤 변호사에게 맡겨도 된다는 판단이 드는 사건이라면, 인공지능 알고리즘이나 다른 변호사에 의한 대체가 가능할 뿐만 아니라 분업화도 가능하다. 가끔 변호사 추천을 의뢰받는 경우가 있는데, 이때 그 사건이 신뢰 제공이라는 측면이 중요한지, 아니면 기계적으로 성실하게 처리해 줄 변호사가 적합한지를 먼저 고려한다. 특정 변호사의 신뢰 제공이라는 요소가 중요하지 않다고 판단하면, 대체로 수임료가 저렴한 변호사를 찾으라고 조언한다. 이런 경우는 비용 측면이 중요한 요소이며, 어떤 변호사를 선임하려고 하다가도 더 저렴한 변호사가 있다면 그 변호사를 선임해도 무방하다. 따라서 변호사의 대체 가능성도 이런 측면과 연관된다. 대체 사건을 전담하는 변호사가 생겨난다면 이러한 변호사의 보수는 상대적으로 낮을 수밖에 없고, 그런 측면에서 보면 일반 노동시장의 분절과 유사한 측면이 드러난다. 이러한 서비스 분업화가 변호사 간에 이루어지는 경우는 문제가 없다.

비변호사와의 분업

그러나 비변호사가 영리를 목적으로 이런 서비스에 관여할 경우 복잡한 문제가 생길 수 있다. 변호사의 사무직원이 아닌 다른 일반인이 이런 서비스 분업에 관여할 경우, 변호사법 위반의 문제가 생긴다. 우리나라에서도 초기 단계의 리걸테크 등이 의욕적으로 이런 서비스 제공을 염두에 두고 움직이고 있다.

문제는 비변호사가 운영하는 리걸테크가 이러한 서비스를 제공할 때 생긴다. 우리나라에 Axiom과 같은 회사처럼 아웃소싱만을 전문적으로 취급하는 리걸테크 기업이 생겨난다면 어떤 문제가 생기겠는가. 우리나라라고 해서 비용 절감 모델인 아웃소싱의 필요성이 부정되지는 않는다. 그러나 현행 법제하에서는 다른 여러 가지 기업 규제 관련 법률 이외에도 변호사법과 관련하여 문제가 많다. 우선 리걸테크 기업의 운영 주체가 변호사가 아니라면 그곳에 고용된 변호사와의 동업이 문제될 것이고, 소속 변호사가 아닌 다른 변호사로의 아웃소싱은 법률 사무의 수임에 관하여 소개·알선을 규제하는 제34조 제1항 제1호에 저촉될 여지가 있다.[319]

제4장

법률 전문가 시스템 구현

Ⅰ. 서론

법률 전문가 시스템(Legal Expert Systems)은 특정한 법적 문제와 관련하여 법률 전문가(주로 변호사)의 사고 과정과 행동을 복제하는 응용 프로그램이다.320) 이러한 시스템을 사용하면, 복잡한 법적 논리를 적용하여 적절한 결론을 도출하고, 사용자의 특정 상황에 맞춘 고품질의 법률 문서를 작성할 수 있다고 여겨졌다.

기능적 측면의 법률 전문가 시스템 분류

그러나 기능적 측면에만 국한하면, 법률 전문가가 행하는 지적 작업을 알고리즘에 의하여 대신하면 법률 전문가 시스템으로 못 볼 바 없다고 생각된다. 필자도 본 저서의 출판 승인 시점까지도 정형적인 법률 전문가 시스템 개념을 고수했다. 그러나 전문가 시스템은 인공지능의 한 유형이고, 특정 시점에는 인공지능이 곧 전문가 시스템이던 시절도 있었다. 그때는 전문가의 지적 작업을 인공지능으로 하여금 대신하게 하는 방안이 전문가 시스템밖에 없기도 하였다. 그러나 현행 시점에서 법률 전문가의 지적 작업을 알고리즘으로 대신하는 방법은 다양하다. 지극히 단순한 지적 작업의 수행부터 보다 복잡한 작업까지, 알고리즘이 대행하면 그 형태를 불문하고 전문가 시스템으로 볼 수 있다.

버비 생활법률 지식 서비스

우리나라의 경우, 흔히 챗봇 알고리즘을 도입하여 사용하는 경우가 많다. 법무부에서 도입한 버비 생활법률 지식 서비스와 같은 경우[321] 전형적인 챗봇이며 단순하고 기능적으로 부족한 부분이 많다. 그럼에도 전문가 시스템의 한 유형으로 볼 수 있다.

작동 프로세스

일반적으로 이러한 법률 전문가 시스템의 작동은 세 단계를 거친다. 우선 고객과의 질의응답 과정을 통하여 법적 문제와 관련한 정보를 수집하는 것이 첫 번째 단계이다. 이후 논리 엔진에 통합된 추론 기능을 사용하여 문제와 관련한 정보로부터 어떤 법적 결론을 도출하는 것이 두 번째 단계이다. 마지막으로 고객에게 맞춤형 지침과 기타 지원 문서를 제공하는 보고서를 만드는 것이 세 번째 단계이다.

변호사 경력이 있는 필자의 생각으로는 이러한 법률 전문가 시스템이 수행하는 기능 중 고객과의 질의응답 과정이 생각보다 중요하다. 의사와 같은 다른 분야의 전문가도 마찬가지지만, 대체로 법률 전문가는 의뢰인과의 상담을 통해 의뢰인의 사건이 가진 문제점을 파악한다. 그 과정을 통해 문제점을 제대로 파악하여야 제대로 된 해결 방안을 강구할 수 있다. 문제에 대한 진단이 잘못되면, 아무리 전문 지식을 동원해도 적절한 해결 방안이 나올 수 없다. 따라서 법적 사안이 가진 문제점을 파악하는 과정인 상담 또는 면담이 실제 변호사가 해야 하는 일 가운데 상당한 비중을 차지하며, 해당 분야에서의 해결 경험이 많은 변호사는 이러한 질의응답 과정에서 그렇지 못한 변호사와 차별화된다.

질의응답 과정의 설계

법률 전문가 시스템에서는 사용자(의뢰인)와의 질의응답이 변호사와의 상담 과정을 대신하며, 이러한 절차를 어떻게 수행하는지가 시스템의 성패를 결정짓는 중요한 바로미터가 된다. 따라서 법률 전문가 시스템에서 법적 추론을 담당하는 추론엔진의 설계 못지않게, 질의응답 과정의 설계가 매우 중요하다. 사용자가 편안하게 사용할 수 있는 인터페이스도 중요하겠지만, 사용자가 쉽게 이해하고 제대로 답변할 수 있도록 적절한 질문이 구성되어야 한다. 통상의 전문가 시스템과 마찬가지로 법률 전문가 시스템이 가진 이러한 질의응답 절차는 인공지능 알고리즘이 제공할 수 있는 최상의 법률 서비스가 바로 전문가 시스템이 될 수밖에 없는 이유이기도 하다.

추론엔진

그다음 중요한 것이 법률 전문가 시스템에 사용되는 추론엔진이다. 이러한 추론엔진에는 다양한 형태의 법률 분석 기능이 탑재되어야 한다. 법률 분석 기능은 어떤 사실에 관한 정보를 제공하면 그런 정보를 토대로 법적인 결론을 제공하여야 한다는 점에서 법률 정보 검색과 구별된다. 전통적 추론엔진에는 규칙 기반 추리, IF THEN 문장에 반영되는 수학적 계산 등이 포함된다.[322] 또한 수집한 정보를 정리하고, 다양한 인자를 테스트하며, 쟁점 추출과 분석을 행하기도 한다. 법률 전문가 시스템에는 또한 일반적으로 사용자에게 도움이 되는 답변서나 편지, 메모 등 기타 문서를 작성하는 스마트 문서 작성 기능도 포함된다.[323]

법적 분석의 선행

법률 전문가 시스템을 제대로 만들기 위해서는 필연적으로 법적 분석이 선행되어야 한다. 시스템 설계자는 특정한 법적 질문에 법률이나 규정, 사례를 어떻게 적용할 것인지를 이해하여야 하고, 나아가 그것들의 상관관계에 대해서도 알아야 한다. 제기된 법적 질문에 답하기 위해 어떤 정보가 필요한지도 파악해야 한다. 따라서 순수한 인공지능 공학자가 홀로 이런 법률 전문가 시스템을 개발하는 것은 어렵다. 법률 전문가 시스템은 법률 서적의 내용에 대한 모델링 외에도 변호사들이 의뢰인의 문제를 평가하기 위해 사용하는 경험 법칙과 절차를 포함하여야 한다.[324] 법률 전문가 시스템의 개발은 일반적으로 인간 법률 전문가들의 암묵적 전문 지식을 표면화하고 명확히 하기 위해 상당한 실무 경험을 가진 전문가들과 협력하는 것이 필수적이다.[325] 이하에서는 이러한 전문가 시스템 일반에 대하여 더 자세히 설명하기로 한다.

II. 전문가 시스템

1. 전문가 시스템(Expert System)의 의의

2차 인공지능 붐 시대에는 인공지능이 곧 전문가 시스템을 의미하였다. 그 당시 인공지능 응용 분야 중 가장 현저한 영역이 전문가 시스템 또는 지식 기반 시스템이었다.

전문가 시스템에서의 지식

지식이란 일반적으로 데이터(Data), 정보(Information), 사실들(Facts)과 같은 의미로 사용되기도 하지만, "정보를 보다 체계화하고 개념화한 것"이라고 볼 수 있다.326) 여기서 개념화란, 정보를 구조화함으로써 사람들이 보다 쉽게 이해하고 이용할 수 있게 하는 것을 말한다. 또 다른 측면에서 지식을 정의하면, "컴퓨터가 지능적으로 작동하는 데 필요한 정보로서 사실, 믿음, 문제를 해결하는 방법, 절차, 개념의 정의 등을 포함하며 또한 이것들 간의 관계(Relationships)"를 말한다. 전문가 시스템에서의 지식은 그저 저장되어 있는 것이 아닌, 해결하고자 하는 목적을 이루도록 사용될 수 있어야 한다. 따라서 지식을 이용하여 원하는 목적을 이루기 위한 성과를 올릴 수 있어야 한다.327)

지식 기반 시스템

전문가 시스템을 지식 기반 시스템이라고도 부른다. 그것은 이러한 전문가 시스템이 구축된 지식기지 또는 지식베이스(knowledge base)의 토대 위에서 작동하기 때문이다. 지식기지는 문장들의 집합이다. 물론 문장은 기술 용어로서 영어나 기타 자연어의 문장과 관련이 있지만, 같은 것은 아니다. 이러한 문장은 지식 표현 언어 (knowledge representation language)라 부르는 것으로 표현되며, 세계에 대한 어떤 단언(assertion)을 나타낸다. 전문가 시스템의 구현을 위해서는 지식기지에 새 문장을 추가하는 방법과 질의를 통해 지식기지에서 문장을 찾아내는 방법이 모두 필요하다.328) 이러한 추가, 검색 연산에는 기존 문장에서 새 문장을 이끌어내는 추리(inference) 공정이 개재된다.

이런 지식기지의 작동 구조의 효율성은 크다. 절차적 접근 방식과 비교하면 엄청난 차이가 있다. 절차적 프로그래밍에 의할 경우, 관련 지식기지에 하나하나의 문장을 추가하고 질의하는 과정을 직접 컴퓨터 코드로 구현해야 한다. 반면 전문가 시스템이 채용한 선언적 시스템 구축 방식은 빈 지식기지로 시작해서 지식과 관련된 문장들을 하나씩 주입한다.

인공지능은 인간이 할 일을 대신하는 컴퓨터 알고리즘을 의미한다. 전문가 시스템은 그 범위를 좀 더 좁혀 인간 전문가의 의사결정 과정을 모방하는 컴퓨터 알고리즘을 의미한다고 하는 것이 맞다. 전문가 시스템이 그 분야의 인간 전문가처럼 제대로 된 의사결정을 하기 위해서는 역으로 그 분야 전문가의 도움을 받아 구축되어야 한다. 법률 분야 전문가의 도움을 받아 구축된 것이 법률 전문가 시스템이지만, 이는 그 법률 분야 전문가에 못지않을 정도의 의사결정을 해내거나, 오히려 더 우월한 수행 능력을 갖춘 컴퓨터 알고리즘이다.

작동 원리
전문가 시스템은 지식 기반에 포함된 데이터에 연역적 원리를 적용하여 작동한다. 전문가 시스템은 풍부하고도 깊이 있는 지식을 갖춤으로써 전문가와 동등하거나 능가하는 수준의 수행 능력을 보인다.329) 일반적으로 전문가 시스템은 전문가와 유사한 지식에 관한 추론을 수행함으로써 복합적인 문제를 해결한다.

주요 전문가 시스템은 1970년대에 구축된 후 1980년대에 재편되었을 만큼 역사가 있다.330) 제2차 인공지능 붐 시기의 개막과 함께 제1차 인공지능 붐 시기에 대한 반성으로 한정된 문제가 아닌 현실의 복잡한 문제를 해결할 수 있는 전문가 시스템이 전면에 등장했다.331) 인공지능의 한 분야이기도 한 전문가 시스템은 강인공지능 등 비현실적 구상이 아닌, 제한된 영역에서라도 실질적으로 인간 삶에 기여하고자 하는 노력의 일환이다. 제2차 인공지능 붐 때에는 이러한 전문가 시스템을 인공지능으로 간주할 정도였다. 완전한 형태의 인간 모사(模寫)332)가 아닌, 어떤 특정 분야의 인간 전문가의 전문 지식을 토대로 지식베이스 시스템(Knowledge base system)을 구축하고, 강력한 추론(Inference) 기능을 부가하여 인간의 의사결정을 조력할 수 있도록 구축된 시스템이 전문가 시스템이다.

전문가 시스템은 고도의 숙련된 의사 또는 변호사와 같은 전문가의 지식을 전산화된 컨설팅 서비스에 포함하려는 것이기도 하다.333) 그러한 시스템은 인간처럼 맡겨진 일을 지루해하거나 피곤해하지 않고, 늙지도 않는다. 그 때문에 다른 사람들에게 유용한 지식을 보존하고 전파할 수 있다. 또한 인공지능 시스템은 복사나 확산이 쉽다. 이는 의사나 변호사, 컴퓨터 프로그래머와 같은 전문가를 대량으로 양성하는 것이 쉽지 않은 것과 차이가 있다. 사람이 가지고 있는 지식을 다른 사람에게 전수하는 것은 쉽지 않다. 반면 컴퓨터의 지식을 다른 컴퓨터에 복사하는 것은 용이하다.

또한 인공지능은 인간과는 달리 이직이나 이동 없이 오래도록 사용 가능하고, 비용도 적게 든다. 인간 전문가를 양성하려면 막대한 시간과 비용이 드는 반면, 인공지능 전문가 시스템은 한번 만들어지면 유지비용 외에는 다른 추가 비용이 없으므로, 오래도록 사용할 수 있다는 장점도 있다. 사람이 작업 환경이나 감정 변화에 따라 작업 결과가 달라지는 데 반해, 인공지능 전문가 시스템은 같은 일을 여러 번 반복해도 일관성 있게 처리한다. 전문가 시스템의 경우 그것이 내린 의사결정의 과정을 추적하기 쉽고 문서화하기도 용이하다. 반면 사람의 결정 과정은 이를 다시 재구성하기 어렵고, 같은 일을 해도 매번 결정 과정이 상이할 수 있다.[334]

지식 습득

이러한 전문가 시스템은 우선 인간 전문가의 지식을 컴퓨터라는 도구를 이용하여 재구성하고, 이렇게 재구성된 지식 체계를 토대로 추론(reasoning)을 통해 정보를 습득하는 과정을 거친다.

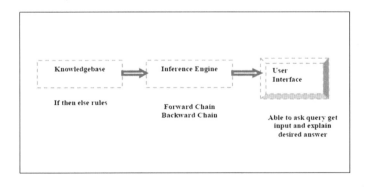

이러한 지식 습득 과정은 지식 공학자가 주로 담당하며, 지식 공학자는 인간 전문가와 전문가 시스템의 중간자 역할을 한다. 지식 습득 과정에서 먼저 인간 전문가가 "만약 ○○라면 ㅁㅁ한다."라는 식으로 컴퓨터에게 지식을 학습시키고, 이 규칙의 조합에 따라 컴퓨터가 판단하게 하기 때문에 규칙 기반 인공지능이라고 한다.335) 인간의 두뇌 구조를 모방한 인공신경망 구조는 아니다. 그런 점에서 요즘 성과를 올리고 있는 머신러닝과는 다른 접근이다.

전문가 시스템의 가장 중요한 두 부분은 지식베이스와 추론엔진이고, 그 외에 지식 습득 모듈과 설명 모듈로 구성된다.336)

지식베이스는 문제 해결에 필요한 지식을 담고 있다. 이는 컴퓨터가 이해할 수 있는 형식 언어로 기술되어야 할 뿐만 아니라, 실제 문제 영역의 객체나 관계를 컴퓨터 프로그램 연산에서 사용하는 객체나 관계로 대응 또는 mapping(寫象)해야 한다. 지식베이스 구축에 사용되는 형식 언어를 지식 표현 언어라고 하는데, 지식베이스는 이러한 지식 표현 언어를 이용하여 구축된다. 지식 표현 언어의 종류는 다양하며, 문제 영역의 이론이나 현상을 기술한 사실(Fact)과 문제 해결을 수행하기 위해 필요한 휴리스틱 같은 규칙 형태로 지식베이스에 저장된다.337)

지식 표현 방식

지식 표현 방식은 논리적 지식 표현 방식, 절차적 지식 표현 방식, 망 표현 방식, 구조적 지식 표현 방식으로 나뉜다. 논리적 지식 표현 방식은 형식적인 논리식을 이용하여 지식베이스를 구축한다. 절차적 지식 표현 방식은 문제 해결을 위해 필요한 명령어들의 집합으로 지식을 나타낸다. 지식을 그래프 형태로 표현하는 방식이 망 표현 방식이며, 그래프 내의 노드(node)는 객체나 개념을, 아크(arc)는 그들의 관계를 나타낸다. 이러한 노드와 아크의 모양에 따라 방향 그래프, 트리, 네트워크 등으로도 분류된다. 머신러닝 기법 중 텐서플로우는 이러한 그래프를 이용하여 연산을 한다. 구조적 지식 표현 방식은 망 표현 방식을 확장하여 노드들이 다양한 데이터 구조를 가지도록 한 것으로, 각 노드는 단순한 데이터이거나 다른 노드로 연결되는 포인터 또는 Procedure일 수 있다.

지식 표현 시 객체의 관계의 규정부터 메타 지식 표현 문제, 지식베이스 내에서의 클래스 계층 구조 형성 등 다양한 문제를 고려해야 한다. 법률 전문가 시스템의 구현에 있어서도 지식 표현이 가장 큰 문제이다. 이는 법적 규칙(statutory rules)을 제대로 표현하여야 하고, 그러한 규칙들의 법적 해석이 가능하여야 한다.338)

추론엔진

추론엔진은 전체적으로 규칙의 수행을 조절하여 결론을 찾는, 전문가 시스템의 두뇌와 같은 역할을 한다. 추론엔진은 어떤 규칙을 수행하기 위해 지식베이스에서 그 규칙 수행의 필요조건을 만족하는 사실들을 탐색하여 찾고, 규칙을 적용하여 새로운 사실을 얻어낸다.339) 추론엔진은 지식베이스와 분리되어 있어 지식베이스 내에 저장된 지식과는 별개로 작동한다. 지식 영역과 무관한 소위 영역 독립적 추론 방식을 사용한다. 이런 방식은 전문가 시스템에 유연성을 부여하고, 확장 가능성을 높인다.

전향 추론과 후향 추론

규칙 기반 전문가 시스템을 구현할 때 추론엔진이 어떤 규칙을 먼저 사용하여 추론을 진행할 것인지 결정하여야 한다. 이때 전향 추론(forward chaining)과 후향 추론(backward Chaining) 두 가지 방식이 있다.340) 전향 추론은 사실로부터 출발하여 모든 가능한 결론을 찾기 위해 규칙을 적용하는 것으로 데이터 지향적이다.341) 전향 추론의 단점은 추론 과정에서 필요 없는 사실도 생성해낼 가능성이 거론된다. 그래도 여러 가지 결론이 예상될 때는 전향 추론이 좋다.

반면 후향 추론은 원하는 결론에서 시작하여 결론에 부합하는 사실을 찾기 위해 거꾸로 작업하는 방식으로서, 결론 지향적이다. 찾고자 하는 결론을 이미 알고 있는 경우에 적합하다.342) 만약 결론이 없으면 추론 과정을 그대로 끝낸다. 결론이 존재하는 경우, 첫 번째 목표를 취하고 지식베이스에서 긍정적인 리터럴(literal)이 목표와 같은 규칙 조항을 찾는다. 리터럴은 컴퓨터 프로그래밍에서 변수에 넣는 변하지 않는 데이터를 의미한다. 지식베이스의 규칙에 있는 문자 그대로를 다시 하위 목표로 삼아, 이 하위 목표와 함께 원래 목표의 나머지 부분 목표를 반복적으로 탐색하며 절차를 계속한다. 이것 모두가 제대로 수행된다면, 작업이 완수된다. 그렇지 않으면 지식베이스의 다른 조항들을 다시 찾는다.

후향 추론은 깊이 우선 탐색(Depth-First Search)으로 불리기도 한다. 깊이 우선 탐색은 루트 노드(혹은 다른 임의의 노드)에서 시작해서 다음 분기(branch)로 넘어가기 전에 해당 분기를 완벽하게 탐색하는 방법을 의미하는데, 넓게(wide) 탐색하기 전에 깊게(deep) 탐색하는 것이다. 모든 노드를 방문 하고자 하는 경우에 이러한 방법을 선택한다. 깊이 우선 탐색은 너비 우선 탐색보다 좀 더 간단하지만, 검색 속도가 너비 우선 탐색보다 느리다는 단점이 있다.343) 후향 추론이 깊이 우선 탐색이다 보니 그것이 가진 단점을 그대로 갖는다. 자기 자신을 호출하는 순환 알고리즘의 형태를 가지고 있다 보니, 잘못하면 무한 반복의 오류에 빠질 수 있다. 뿐만 아니라 상당한 양의 중복 검색을 한다는 점에서 비효율적이다.344)

불확실성과 확률산법

전문가 시스템이 의사결정을 돕는 것이라면, 의사결정에 내재된 불확실성이라는 요소를 극복해야 한다. 오래전부터 불확실성에 대한 모형으로 확률을 선호해왔다.345) 확률에 대한 선호는 1850년 제임스 멕스웰이 한 "이 세계에 대한 진정한 논리는 확률산법이며, 그러한 산법은 합리적인 사람의 머릿속에 있는, 또는 있어야 마땅한 규모의 확률을 고려한다."라는 말이 대변해준다.346) 그런데 1970년대에 개발된 초창기 전문가 시스템들은 불확실성을 무시하고 엄격한 논리적 추론을 사용했고, 대부분이 실제 세계의 문제 영역에 쓰일 수 없다는 것이 밝혀졌다. 그 후 확률적 기법들이 전문가 시스템에 도입되었지만, 완전한 결합 분포에 필요한 확률들의 개수가 지수적으로 증가했기 때문에 1988년까지는 확률적 접근 방식을 외면하였다.

규칙 기반 전문가 시스템

규칙 기반 전문가 시스템은 규칙 기반 논리 시스템으로서 다음과 같은 조건을 만족하여야 한다. 즉 규칙 기반 논리 시스템에서는 만일 A⟹B 형태의 규칙이라면 증거 A가 주어졌을 때 그 외의 규칙들은 전혀 고려하지 않고 B라는 결론이 나와야 한다. 또 일단 명제 B를 논리적으로 증명해 냈다면, 그 명제를 구체적 증명 방법과는 무관하게 사용할 수 있어야 한다. 이를 논리와의 분리라고 한다. 이는 어떤 믿음의 원천이 이후의 추론에 영향을 미치는 확률 세계와 구분된다. 이와 더불어 복합문자의 진릿값을 그 구성 요소들의 진릿값으로 계산할 수 있어야 한다. 그러나 강한 전역 독립성 가정이 성립하지 않는 한, 확률 결합은 그런 식으로 작동하지 않는다.[347] 이와 같은 규칙 기반 시스템의 국소성, 분리, 진릿값 함수성은 불확실한 추론에는 적합하지 않다. 현실 세계의 경우 불확실성이 지배한다. 따라서 이러한 규칙 기반 추론 시스템의 한계를 극복할 방안이 필요하다.

퍼지 논리

법 현실을 묘사하다 보면 애매모호한 서술이 꽤 많다. 이러한 상황에서 어떤 객체가 어떤 서술과 매칭되는지를 따지는 추론에 정합성을 부여하기 어렵다. 이럴 때의 해결책이 퍼지집합 이론이다. 퍼지 논리(Fuzzy logic)는 고전적 세트 이론의 일반화인 퍼지집합의 수학적 이론에 기초하여 1965년 Lotfi Zadeh에 의하여 만들어진 부울 논리의 확장이다. 이 논리는 조건 검증에 정도라는 개념을 도입함으로써 조건이 참 또는 거짓의 이진 논리가 아닌 다치성 상태가 될 수 있도록 하여 무한 가치의 유연성을 제공하고, 이와 더불어 부정확성과 불확실성을 표현할 수 있게 해준다.

추론 규칙의 공식화 과정에서 퍼지 논리의 큰 장점은 규칙을 자연어로 설정할 수 있다는 점이다.[348] 퍼지 논리는 불확실한 추론을 위한 방법은 확실히 아니다.[349] 퍼지 집합 논리에 기초한 퍼지 제어의 성공 사례에도 불구하고, 이러한 성공은 어디까지나 규칙 집합이 적고 추리들의 연쇄가 없는 상황에서 시스템 성능의 개선에 쓰일 수 있는 매개 변수들이 존재하기 때문에 가능한 것이라고 폄하하는 견해가350) 없지 않지만, 법 분야 현상과의 궁합은 의외로 환상적일 것이라는 생각이 든다. 규칙 기반 시스템의 규칙 표현에 퍼지 논리를 도입할 경우, 기존의 지식 표현 방식보다는 훨씬 더 효율적일 것이라 감히 전망한다.

역 연쇄

전문가 시스템은 추론엔진에 내장된 추론 프로세스인 시스템의 사고 기능을 사용하여 습득된 지식 기반 시스템으로부터 조언을 제공한다. 전문가 시스템은 추론의 기초로 역 연쇄(연역)를 사용한다. 왜냐하면 그들은 가장 가능성 있는 가설에서 출발하여 이런 가설을 지지하는 증거를 찾는 방식을 취하기 때문이다. 이 방식은 시스템의 성공과 효율성에 큰 역할을 할 것이다. 만약 사용자에게 관련 정보를 요청한 후 이 초기 가설을 뒷받침할 수 있는 증거가 없으면 시스템은 다음으로 가장 가능성 있는 가설을 기본값으로 사용한다.351) 이 과정은 의사가 가장 가능성 있는 진단을 먼저하고 이를 확인하기 위한 테스트를 행하는 의학 진단과 유사한 면이 많다. 초기 전문가 시스템의 상당수가 의료 분야라는 사실은 어쩌면 당연한지 모른다. 진단 과정에서 의사가 테스트를 해도 결론이 나지 않으면 추가 테스트를 해야 하고, 그 결과가 초기 진단과 모순되면 의사는 또 다른 진단을 해야 한다. 이러한 과정은 의사가 확진을 하기 전에는 계속되어야 한다. 전문가 시스템의 결과 산출도 이와 다를 바 없다.

다른 어떤 알고리즘보다 전문가 시스템이 우위인 것은 이 모델이 결론을 설명하고 추론 과정을 보여줄 수 있기 때문이다. 이런 장점은 법 분야에서 요구되는 덕목이다. 인공신경망 기반의 시스템이 여러 가지 면에서 탁월하고, 각종 분야에서 괄목할 만한 성과를 거양하고 있지만, 적어도 설명이 가능하다는 점은 전문가 시스템이 가진 비교 우위이다. 따라서 의료 진단과 같이 안전에 중점을 둔 응용 분야, 요청이 있으면 의사결정 과정에 대한 법적 이유를 설명할 필요가 있는 분야 등에서는 전문가 시스템 프레임의 사용 가능성이 크다.

제2차 인공지능 붐 시대에 대기업의 전문가 시스템 도입이 크게 증가하였지만, 그 적용 과정에서 인간의 방대한 지식을 규칙의 형태로 전환하는 데 많은 어려움을 겪었다. 예를 들어 사람에게 얼룩말을 가르칠 때 "얼룩말은 얼룩이 있는 말이야."라고 설명해도 얼룩이라는 모양과 말이라는 동물을 알고 있기 때문에 문제가 없다. 그러나 컴퓨터에게 이를 가르치는 것은 전혀 다른 어려움이 존재한다. 인간이 성장 과정에서 다양한 경험을 쌓고 상식을 몸에 익히며 자라는 것과 달리, 컴퓨터는 직접 일일이 가르쳐야 한다. 제2차 인공지능 시대 붐도 이런 난관 때문에 다시 끝을 맺는 운명에 처하게 된다.352)

명백한 구술 규칙과 협소하게 정의된 영역

전문가 시스템이 성공할 수 있는 요인은 명백한 구술 규칙에 의해 자연스럽게 기술될 수 있는, 협소하게 정의된 영역으로 대상을 제한했기 때문이다.353) 누누이 이야기했지만, 이러한 전략은 현재 성가를 올리는 인공지능 알고리즘 성공의 주요한 요소다. 그야말로 모든 영역의 모든 문제를 해결할 수 있는 범용 기계의 구현은 당분간 포기해야 한다.

전문가 시스템에 필요한 지식 획득을 위해서는 교과서, 연구논문, 인터뷰, 설문조사 및 프로토콜 분석과 같은 다양한 출처에 의존해야 한다. 모델링한 영역이 복잡하거나 프로세스에 대한 전문가의 인식이 부족할 때는 프로토콜 분석이 유용하다.354)

2. 전문가 시스템의 유형 일반

전문가 시스템은 IF THEN 구조의 규칙 기반 추론 시스템 (Rule-Based Reasoning System)과 사례 기반 추론 시스템 (Code-Based Reasoning System) 두 가지로 대별된다. 한편, 이를 혼합한 하이브리드 시스템도 있었다.

IF THEN Rule

IF THEN Rule은 규칙 기반 추론 전문가 시스템에서 지식을 인코딩하는 방식이다. 규칙의 적용 방식은 다음과 같다.

> Rule1: if P and R Then T
> Rule2: if P and S Then U
> Rule3: if Q and W Then X
> Problem: If P and Q is True Then X is True

규칙 기반 추론 시스템은 개개의 결과물인 규칙은 나름 간단명료하지만, 규칙 간의 상관관계가 불분명하여 개개의 규칙이 전체 결정에 어떻게 작용하였는지를 파악하긴 어렵다는 단점이 있다. 나아가 각 추론엔진은 모든 규칙을 일일이 검색하는 소모적인 과정을 거치기 때문에 시스템이 많은 규칙으로 이루어진 경우 결과 산출에 지연이 일어난다. 즉 실시간 애플리케이션에는 부적합한 비효율적 검색 시스템이 약점이다. 뿐만 아니라 규칙 기반 추론 시스템은 인간처럼 경험에 의하여 배운다는 것이 불가능하고, 규칙을 깨야 할 때를 아는 인간 전문가처럼 자동으로 지식베이스를 변경하거나, 기존 규칙을 조정하거나, 새로운 규칙을 추가할 수 없다는 근본적 문제를 지니고 있다.[355] 또한 IF와THEN 간의 공고한 관련성을 수립하는 데 큰 어려움이 있다는 것도 큰 단점이다. 관계의 깊이를 숫자로 표현하여 확률요소로 만들어야 하는 것과 자연어 자체가 가지고 있는 부정확성도 규칙 기반 추론에 장애가 된다. 그로 인해 IF THEN 형식으로 표현하기 어렵거나, 어떤 데이터가 불완전하거나 없을 때 추론에 문제가 생긴다. 대형 전문가 시스템의 경우, 여러 다양한 방면의 전문가가 지닌 전문 지식을 결합하게 마련인데, 각 전문가 사이에서 상충하는 결론이 나왔을 때 가중치를 부여하는 등의 처리 방안이 마땅치 않다는 단점이 있다.[356]

물론 장점도 있다. 규칙 기반 추론 시스템은 지식베이스와 추론엔진을 분리함으로써 지식 자체를 처리 과정과 구분할 수 있다. 이 때문에 전문가 시스템의 구축과 유지가 용이하다. 지식 공학자나 전문가는 지식베이스에 규칙을 입력하기만 하면 된다. 전문가 시스템의 전문 지식은 규칙, 의미론적 네트워크(Semantic Network), 프레임(Frame), 사실(Facts), 사례(Case)들로 표현된다. 규칙 기반 추론 기법은 만족(Match)해야 하는 조건을 정하고 지정된 조건을 만족하는 규칙들을 찾아 최선의 규칙을 선택(Select 또는 Conflict resolving)하고 실행하며, 새로운 조건의 만족을 발생시킬 수도 있다. 이러한 방식은 주어진 상황에서 적절한 서비스를 선정하는 상황 인지 기반 서비스의 구현에 적합한 형태를 가지고 있다.357) 규칙 기반 추론은 해의 유의성이 높고 탐색 과정이 논리적인 반면에 지식의 추출과 추가 확장이 어렵고, 불확실한 자료의 표현과 처리가 곤란하다.358)

사례 기반 추론

사례 기반 추론을 이용한 시스템은 과거의 사례·경험으로부터 문제를 해결한다. Case Library에 저장된 과거 사례(Previous cases)를 검색하여 유사한 사례를 재사용함으로써 제시된 문제를 해결하는 것인데,359) 이는 인간이 이전에 문제에 적용했던 해결책을 수정하여 새로운 문제에 활용하는 방식인 유사 추론과 닮았다.360) 이러한 사례 기반 추론 시스템은 규칙 기반 추론 시스템의 결점을 보완하기 위하여 등장한 것으로, 인간의 추론 과정과 매우 유사하다는 점 때문에 정형화되기 어려운 규칙, 문제 영역이 불명확한 분야에 효율적으로 활용된다.361) 기왕에 축적된 지식을 문제 해결에 이용하고, 그 과정에서 새로운 지식을 획득하여 향후 문제 해결에 이용할 수 있다.362) 이런 사례 기반 추론은 일반화된 지식이 부족할 때도 유익하다. 해의 도출에는 유사성 측정이 중요한 요소로 작용한다.363)

물론 사례 기반 시스템도 문제가 없는 것은 아니다. 사례 기반 추론은 유사도를 근거로 추론하기 때문에 주어진 문제보다는 많은 Case Library를 유지하여야 한다. 그 때문에 Case Library 양이 방대해지고, 검색 지연이 발생한다. 또한 도출된 해가 광범위하여 주어진 증상(사안)에 대해 정확하고 신뢰성 있는 진단(해결 방안 제시)을 하는 데 어려움이 있다.364) 이러한 애로점을 해결하기 위하여 인공 신경망을 이용한 학습 알고리즘이 제안된다. 또한 지식베이스의 구축도 사실보다는 확률에 의존할 것이다. 통계적 시스템은 확률을 계산하여 어떤 사실에 대한 신뢰도를 평가하는 것이기 때문이다. 그러므로 이런 시스템은 어떤 것이 사실일 확률이 이런저런 정도라고 판단하지, 그 무엇에도 확신은 없다. 반면 인간은 분명한 지식을 바탕으로 일한다.365)

지식베이스를 구축한다는 것은 컴퓨터를 가르치는 일에 비유할 수 있다. 그런데 인간이 컴퓨터를 가르치면 느릴 뿐만 아니라 막대한 시간과 비용이 든다. 반면 자동으로 학습하는 쪽은 초고속으로 답을 찾아내긴 하지만 얻어진 지식이 피상적이고, 그러한 지식베이스로는 추론을 제대로 할 수 없다. 따라서 기계의 속도와 폭을 인간 두뇌의 깊이, 섬세함과 결합할 필요가 있다. 이러한 목표를 달성하려면 뭔가 모르는 돌파구가 필요하다.366)

3. 전문가 시스템의 개발

전문가 시스템 개발에서 지식베이스 구축은 매우 중요하다. 또한 구축뿐만 아니라 구축한 지식베이스를 실험하고 평가하여 개선하는 작업이 항시 필요하다.367) 뿐만 아니라 전문가 시스템 사용을 위한 인터페이스도 필요하다. 전문가 시스템의 경우 지식베이스를 구축하는 지식 공학자와 전문가 시스템 자체를 사용하는 사용자 모두 사용자로 볼 수 있으므로, 지식베이스 구축 작업을 위한 인터페이스와 전문가 시스템 사용을 위한 인터페이스가 모두 필요하다.

가. 지식 획득 또는 지식 습득

지식 습득은 문제 해결에 필요한 지식을 전문가나 책 등의 지식원으로부터 지식베이스로 옮기는 것이다.[368] 지식 습득의 과정은 문제 인식, 개념화, 정형화, 구현, testing의 단계로 나누는 것이 일반적이다.[369] 문제 인식 단계에는 영역 전문가와 지식 공학자가 모두 참여하여 대상 문제의 확인이 이루어져야 한다. 지식원은 영역 전문가의 문제 해결 경험, 교과서 등 문헌이 주를 이룬다.

개념화

그다음 단계는 개념화이다. 여기서는 의사결정과 관련된 지식의 개념과 관계들을 구체화하는 것이 필요하다.[370] 어떠한 정보가 필요하며, 이러한 정보를 어떻게 표현할 것인가가 결정되어야 하며, 규칙에 정보가 적절히 반영되었는지, 또 이러한 지식들을 어떻게 획득할 것인지 하는 문제가 강구되어야 한다. 이때 영역 전문가와 지식 공학자 사이에 긴밀한 협력 관계가 요구된다.[371]

지식원의 유형

일반적으로 지식 습득은 전문가로부터 이루어지기 때문에 법률 전문가 시스템의 지식원은 법률 전문가의 전문 지식이라고 생각하기 쉽다. 그러나 법률 전문가 시스템의 지식원은 법률 전문가의 지식에 한정되지 않는다. 법률 전문가 시스템의 지식원은 법률, 판례, 논문 등 여러 가지이며, 그중 대부분은 이미 데이터베이스 형태로 저장되어 있다. 통상의 전문가 시스템이 전문가로부터 지식을 습득하기 때문에 사람을 상대하여야 한다는 데서 오는 여러 가지 어려움이 있지만,372) 법률 전문가 시스템의 경우 주된 지식원이 텍스트 형태이다 보니 상대적으로 용이하다고 볼 수도 있다. 하지만 꼭 그런 것만은 아니다. 통상 지식 습득 방법으로 전문가를 인터뷰하거나 전문가의 작업 관찰, 사례 분석을 통해 습득하는 수동적 방법, 전문가의 개입 없이 지식 습득 시스템을 사용하여 과거의 데이터나 예제로부터 자동적으로 지식으로 습득하는 자동적 방법, 지식베이스 에디터와 같은 전문가 시스템 개발 지원 도구를 사용하여 지식베이스를 구축하는 반자동적 방법이 있다.373) 자동적 지식 습득에는 머신러닝 기법이 사용되어야 한다. 수동적 방법의 경우 한 번에 제대로 되기는 어렵기 때문에 반복적인 과정을 거쳐야 하고, 통상 인간 전문가들은 주어진 문제와 관련된 모든 정보 또는 데이터를 망라하는 것이 어렵다는 애로가 있다.374)

법률 전문가 시스템의 경우, 데이터가 이미 텍스트 형태(특히 가독성이 있는 형태로 변환된 상태)로 존재하기 때문에 이러한 문서 데이터를 토대로 자동적으로 지식베이스를 구축할 수 있으리라 생각하지만, 의외로 그 과정에서 자연어 처리 시스템을 비롯한 여러 가지 인공지능 기법이 역할을 하여야 한다. 그러나 자연어 형태로부터 지식베이스로의 변환 과정은 녹록지 않은 작업이다.

형사사법정보시스템

우리나라의 경우 형사사법절차에 관한 법률 전문가 시스템을 개발할 때 지식베이스 구축과 관련한 하나의 팁이 있다. 현재 시행 중인 형사사법정보시스템의 활용 가능성이다.

현재 검사들의 업무 처리 실상을 보면 조서 작성부터 결정문 작성까지 모두 형사사법정보시스템을 이용하고 있다. 이러한 형사사법정보시스템은 형사사법절차에서 형사사법기관의 모든 문서 작성을 전자화하고, 형사사법정보를 공동 활용하기 위한 형사사법절차 전자화 촉진법이 제정되면서 생겨난 것이다.

형사사법절차 전자화 촉진법 제정 전에도, 종이 문서 작성 및 송부에 따른 업무 처리 부담, 형사사법절차에 있어서 불투명성 등을 해소하고 국민 중심의 형사사법 서비스를 제공하며, 형사사법기관 간 정보의 공동 활용 차원에서 형사사법절차 전자화가 필요하다는 생각을 해왔다. 형사사법정보시스템은 빅데이터 생산기지 역할을 할 수 있다. 통상 빅데이터를 논의할 때 비정형성을 이야기한다. 이러한 빅데이터의 비정형성 때문에 지식베이스 구축 과정이 어려운 것이고, 특히 자연어 형태의 정보를 추론엔진에서 사용할 수 있는 지식베이스 형태로 구축하는 난제가 생겨난다.

지식 습득 모듈

그러나 형사사법정보시스템의 경우, 그 시스템을 잘 개선하면 지식베이스로 전환하는 데 큰 어려움이 없는 양질의 정형화된 데이터를 생산할 수 있다. 어쩌면 형사사법정보시스템 자체에 지식 습득 모듈(knowledge Acquisition Module)을 내장하여야 이상적이라 평가받을지 모른다. 지식 습득 모듈은 지식 습득 작업에서 흔히 발생하는 병목 현상을 해소하고 작업의 효율화를 이루기 위해서 사용된다.

나. 구현 단계

전문가 시스템의 구현은 여러 단계를 거쳐야 하는데, 그중 첫 단계가 문제를 정의하고 요구사항이 무엇인지를 파악하는 개발 준비 단계다.

개발 준비

전문가 시스템을 개발하고자 하는 이유를 명확히 하여야 한다. 예를 들면 전문가 시스템을 통한 비용 절감이 목표인지, 아니면 제한된 전문가로 인해 애로가 있는지, 작업 환경 때문에 사람이 작업을 수행하기 어려워 컴퓨터로 대체하고자 하는 것인지, 작업능률이나 작업의 질을 향상시킬 수 있는지, 일관성 있게 작업을 수행할 필요가 있는지 등 여러 가지 측면에서 전문가 시스템을 개발하려는 동인을 찾는 것이다.375) 법률 전문가 시스템의 경우도 크게 다를 바 없다.

분석 및 설계

그다음은 전문가 시스템의 분석 및 설계 단계이다. 어떠한 형태의 전문가 시스템을 만들 것인지를 결정하는 개념 설계가 기본이 된다. 개념 설계가 끝나야 개발되는 전문가 시스템의 작동 구조가 그려진다.

prototype 개발

기본적인 기능만을 갖춘 간단한 시스템인 원형(prototype)을 개발하는 단계다. 단시간 내에 만들어 최종 시스템의 형태를 미리 보고 발생 가능한 오류나 문제점을 예측해보기 위한 것이므로 적은 수의 규칙만을 사용한다.376)

시스템 개발

그다음 단계는 본격적인 시스템 개발 단계이다. 지식베이스를 구축하고 실험과 평가를 거쳐 개선하는 작업을 수행한다. 지식베이스 구축을 위해서는 지식원으로부터의 지식 습득과 저장이 필요하다. 지식원으로부터의 지식 습득에 대하여는 앞서 설명한 바 있다. 그러나 지식원으로부터의 지식 습득에는 지식 표현이라는 난제가 도사리고 있다.

4. 전문가 시스템 구현을 위한 프로그래밍 도구

전문가 시스템 개발은 고수준 프로그래밍 언어로 구현된다.[377] 이는 범용 프로그래밍 언어, 범용 표현 언어, 도메인 독립 전문가 시스템 프레임워크로 나뉜다.[378]

범용 프로그래밍 언어

전문가 시스템에 사용되는 범용 프로그래밍 언어로는 LISP와 PROLOG가 있다. LISP는 존 매카시가 1950년대에 개발한 목록 처리 언어(list processing language)의 약어이다. 이는 1960년대 요제프 바젠바움(Joseph Weizenbaum)이 개발한 SLIP도 LISP의 영향을 받은 것이다. SLIP는 목록 처리를 위한 컴퓨터 프로그래밍 언어로서, SLIP라는 이름은 대칭 List 프로세서를 의미한다. 이때 명칭의 list라는 부분에 주목하여야 한다. SLIP로 Eliza를 만들었는데, 기존의 Fortran과 같은 절차적 프로그래밍 언어로는 다수의 리스트를 처리하는 데 문제가 있었기에 새로운 프로그래밍 도구를 만든 것이다. 반면 PROLOG는 1970년대에 유럽에서 개발된 것으로 일본에서 주로 사용되었다. 이러한 고수준 언어는 탐색적 프로그래밍(exploratory programming environments) 환경에서 자주 사용되며, 방대한 분량의 지식 처리가 필요하거나, 추상화나 상징적 조작, 잠정적인 수정이 행해져야 하는 작업에 유리하다.[379)

범용 표현 언어

범용 표현 언어는 지식 공학을 위해 특별히 고안된 프로그래밍 언어로서, 특정한 통제나 추론 전략에 국한되지 않는 다양한 형태의 문제 구현에 유리하다. 범용 표현 언어로는 SRL, RRL, KEE, OPS5, ROSIE, ART, LOOPS 및 AGE가 있다.

쉘

일반적으로 '쉘'이라고 불리는 도메인 독립 전문가 시스템 프레임워크는 추론 메커니즘을 기본으로 제공하며, 이러한 추론 메커니즘을 이용하여 메인별 지식을 추가할 수 있다. 이러한 프레임워크는 종종 지식 습득과 설명을 위한 모듈도 제공한다. 이 쉘들은 특정한 전문가 시스템 프로젝트에 그들의 뿌리를 두고 있는 경우가 많다. 지식베이스가 포함되지 않은 전문가 시스템인 셈이다. 여기에 특정 영역의 지식베이스가 추가되면 특정 영역을 위한 전문가 시스템이 된다. 즉 전문가 시스템을 만드는 틀이라고 할 수 있다. 이러한 전문가 시스템 쉘의 예로는 EMYCIN(SACON 실험에 사용), KAS, HEARSAY-III, EXPERT 및 KMS/KES가 있다.[380) 법률 전문가 개발에 사용된 쉘(shell)로는 지식 표현 도구 VP-EXPERT가 있다.

VP-EXPERT

VP-EXPERT는 미국 paperback software에서 개발한, 규칙형 지식 표현을 위한 전문가 시스템 쉘이다.[381] 요즘 관점에서 보면 1 mega byte도 안되는 경량 프로그램인데, 주요 특징은 규칙 기반의 역방향 추론 방식이다. 신뢰도로서 규칙과 정보의 불확실성을 표현하고, 테이블 형태의 데이터로부터 규칙을 자동 생성할 수 있다는 장점이 있다.[382]

그러나 일반적으로는 LISP나 PROLOG가 전문가 시스템 프로그래밍을 위한 범용 도구이다. 이들에 대하여 간단히 살펴보고 그 후 VP-EXPERT도 알아본다.

우선 현재의 머신러닝의 도구로 쓰이는 텐서플로우를 이용한 인공지능 프로그램 소스부터 살펴보자.

```
# Lab 5 Logistic Regression Classifier
import tensorflow as tf
import numpy as np
tf.set_random_seed(777) # for reproducibility
xy = np.loadtxt('data-03-diabetes.csv', delimiter=',', dtype=np.float32)
x_data = xy[:, 0:-1]
y_data = xy[:, [-1]]
print(x_data.shape, y_data.shape)
# placeholders for a tensor that will be always fed.
X = tf.placeholder(tf.float32, shape=[None, 8])
Y = tf.placeholder(tf.float32, shape=[None, 1])
W = tf.Variable(tf.random_normal([8, 1]), name='weight')
b = tf.Variable(tf.random_normal([1]), name='bias')
# Hypothesis using sigmoid: tf.div(1., 1. + tf.exp(-tf.matmul(X, W)))
hypothesis = tf.sigmoid(tf.matmul(X, W) + b)
```

```
# cost/loss function
cost = -tf.reduce_mean(Y * tf.log(hypothesis) + (1 - Y) *
tf.log(1 - hypothesis))
train = tf.train.GradientDescentOptimizer(learning_rate=0.01).minimize
(cost)
# Accuracy computation
# True if hypothesis>0.5 else False
predicted = tf.cast(hypothesis > 0.5, dtype=tf.float32)
accuracy = tf.reduce_mean(tf.cast(tf.equal(predicted, Y), dtype=tf.float32))
# Launch graph
with tf.Session() as sess:
# Initialize TensorFlow variables
sess.run(tf.global_variables_initializer())
for step in range(10001):
cost_val, _ = sess.run([cost, train], feed_dict={X: x_data, Y: y_data})
if step % 200 == 0:
print(step, cost_val)
# Accuracy report
h, c, a = sess.run([hypothesis, predicted, accuracy],
feed_dict={X: x_data, Y: y_data})
print("\nHypothesis: ", h, "\nCorrect (Y): ", c, "\nAccuracy: ", a)
```

그렇게 길지 않다. 이러한 프로그램의 실행 결과는 다음과 같다. 점점 판별의 정확도가 증가하는 것을 알 수 있다.

```
'''
0 0.82794
200 0.755181
```

```
400  0.726355
600  0.705179
800  0.686631
...
9600  0.492056
9800  0.491396
10000  0.490767
...
[ 1.]
[ 1.]
[ 1.]]
Accuracy: 0.762846
'''
```

xy = np.loadtxt('data-03-diabetes.csv', delimiter=',', dtype=np.float32)
부분이 데이터를 읽어 들이는 부분이다. data-03-diabetes.csv는 엑셀
형태의 데이터로서 다음과 같은 모양을 하고 있다.

0	0.527638	0.344262	-0.21212	-0.35697	0.23696	-0.83604	-0.8	1
-0.88235	0.115578	0.016393	-0.73737	-0.56974	-0.28465	-0.94876	-0.93333	1
-0.64706	0.065327	-0.11475	-0.57576	-0.62648	-0.07899	-0.81725	-0.9	1
-0.64706	0.748744	-0.04918	-0.55556	-0.54137	-0.01937	-0.56021	-0.5	0
-0.17647	0.688442	0.442623	-0.15152	-0.24114	0.138599	-0.39454	-0.36667	1
-0.29412	0.055276	0.311475	-0.43434	0	-0.0313	-0.31682	-0.83333	1
0.294118	0.386935	0.213115	-0.47475	-0.65957	0.076006	-0.59095	-0.03333	0
-0.64706	0.065327	0.180328	0	0	-0.231	-0.88984	-0.8	1
-0.29412	0.175879	0.57377	0	0	-0.14456	-0.93254	-0.7	1
-0.76471	-0.31658	0.016393	-0.73737	-0.96454	-0.40089	-0.84714	-0.93333	1
0.058824	0.125628	0.344262	-0.51515	0	-0.15946	0.028181	-0.03333	0
0	0.19598	0	0	0	-0.03428	-0.9462	-0.9	0
-0.76471	0.125628	0.409836	-0.15152	-0.62175	0.14456	-0.85653	-0.76667	1
-0.76471	-0.07538	0.245902	-0.59596	0	-0.27869	0.383433	-0.76667	1
-0.29412	0.839196	0.540984	0	0	0.216095	0.181042	-0.2	1
0	-0.05528	0.147541	-0.45455	-0.72813	0.296572	-0.77028	0	1

마지막 열의 1 또는 0은 당뇨 여부를 나타내고, 다른 열은 몸무게를 비롯한 각종 변수이다. 800여 개에 가까운 행 중에서 일부만 캡쳐하였다. 8개 변수를 적정하게 가중하여 나온 예측과 실제 결과가 일치하는지를 비교하면서 정확도를 높여가는 방식으로 작동한다.

이와 같이 의료용 데이터는 수치로 표현되고 결과도 당뇨이거나 아니거나 하는 데이터로 변환이 가능하다. 따라서 수치 연산을 통해서 결과 예측이 가능한 면이 있다. 그러나 법률 추론은 이와 같은 방식으로 진행되기가 어렵다. 위와 같은 머신러닝 기법은 수학 모델을 구축하는데, 문제는 법률 문제에서 수치화되기 어려운, 따라서 수학적 통계 모델로 보면 지극히 부정확하고 불확실한 인자들로 통계와 확률에 기초한 연산을 진행하여야 한다는 점이다. 그 모사 과정에서 많은 가설과 근사치가 동원될 수밖에 없으며, 필연적으로 그 모델은 현실과 많이 다를 수밖에 없다.

분명히 이와 같은 수량적 모델은 법률 문제의 복잡하고도 구조화되지 않은 문제들을 해결할 수 없다. 수량화할 수 없는 수많은 정보, 심지어 불확실성의 개재 때문에 법 분야의 현실을 제대로 반영하는 정확한 수학 모델을 만들 수 없는 것은 자명하다. 또한 문제의 목표 설정이 상대적으로 부정확하기 때문에라도 정확한 수학 모델의 구현은 무의미하다.

그래서 생각할 수 있는 방법은 정량적 모델이 아닌 정성적 모델이다. 하지만 이를 구현하는 것은 현재의 수량적 모델 중심의 머신러닝 알고리즘 구현과는 전혀 다른 새로운 도전 과제이다. 흔히 인공지능 알고리즘 중에서 감성까지 반영한 모델이 나왔다고들 하지만, 그것은 어디까지나 감성을 수량적으로 변환한, 철저하게 수량적인 모델의 변종에 불과하다. 따라서 정성적 모델이라는, 인공지능 알고리즘과는 너무나 판이한 구조를 제대로 실현하기 위해서는 머신러닝이라는 인공지능 연구의 주류적 흐름에서 이탈할 필요가 있다.

그러나 현재 단계에서 이것을 고려하기에는 너무나 많은 장애가 존재한다. 그래서 임시방편으로 모색한 것이 과거의 회고다. 1990년 이전에도 인공신경망 방식이 존재하긴 했지만, 당시에는 지금과 같은 수량적 모델이 아니라 다른 방식으로 접근할 수밖에 없었다. 그때 쓰인 프로그래밍 도구가 LISP, Prolog, VP-Expert이다. 특히 인공신경망은 현대 머신러닝을 대표하는 기법이긴 하지만, 블랙박스라는 인공지능의 취약점의 주범 격이라는 점에서 전문가 시스템 구현의 주된 도구로 쓰기에는 문제가 있어 부분적으로만 기여할 수 있을 것으로 보인다. 아래에서 간략하게 전문가 시스템에 사용하였던 Lisp, Prolog 등 범용 프로그래밍 언어에 대하여 살펴보기로 한다.

가. LISP

LISP는 LISt Processor와 동의어로서 심볼(Symbol)들로 구성된 리스트(List)들을 쉽게 조작할 수 있는 언어이다.[383] 규칙 기반 추론 전문가 시스템에서는 지식을 인코딩하는 방식으로 IF THEN Rule을 사용한다. 예제 소스코드를 보자.

```
(setq a 10)
(if(<a 20)
    then (format t "~% a is less than 20"))
(format t "~% value of a is~d " a)
```

우선 a에 10을 할당하고((setq a 10)), a가 20보다 작으면(if<a 20)), 그때 결과 화면에 a는 20보다 작고(then (format t "~% a is less than 20"))), 아울러 a의 값이 10이라고 표시한다((format t "~% value of a is~d " a)).

```
.Iı Result

$clisp main.lisp

a is less than 20
value of a is 10
```

<결과 화면>

비교적 직관적이고 상대적으로 이해하기 쉽다.

```
((SETQ RULES
'((RULE ID 1
(IF (animal has hair))
(THEN (animal is mammal)))
(RULE ID2
(IF (animal gives milk))
(THEN (animal is mammal)))
(RULE ID3
(IF (animal has feathers))
(THEN (animal is bird)))
(RULE ID4
```

```
(IF (animal flies)
    (animal lays eggs))
(THEN (animal is bird)))
(RULE ID5
(IF (animal is mammal)
    (animal eats meat))
(THEN (animal is carnivore)))
(RULE ID6
(IF (animal is mammal)
    (animal has pointed teeth)
    (animal has claw)
    (animal has forward eyes))
........................................
(animal is black and white))
(THEN (animal is penguin)))
(RULE ID15
(IF (animal is bird)
    (animal flys well))
(THEN (animal is albatross)))))
```

위의 LISP 소스 또한 조금의 코딩 경험이 있으면 해독이 어렵지 않다. 이처럼 다른 컴퓨터 언어보다 비교적 직관적인 것이 특징이다.

나. PROLOG

PROLOG는 1973년 마르세이유 대학 인공지능 연구실에서 A. Colmerauer와 P. Roussel에 의해 개발된 논리 지향적 언어로서, 술어 논리(Predicate Logic)에 기반을 두고 있다. PROLOG는 LISP보다 경량 언어이기 때문에 실행하는 데 좋은 성능의 컴퓨터가 필요하지 않다. PROLOG는 전문가 시스템의 연구에는 좋지만, 대형 전문가 시스템 개발에는 적합하지 못하다는 단점이 있다.[384]

PROLOG는 규칙 기반 프로그래밍 방식이며, 내장 패턴 매칭과 역추적 실행이란 특징을 가지고 있다. 규칙 기반 프로그래밍은 절차적 형태보다는 선언적인 형태로 코드를 작성할 수 있게 해주는데, 이는 프로그램의 제어 흐름을 자동으로 제공하는 내장된 패턴 매칭 및 역추적 방식 때문이다. 이러한 PROLOG의 특징을 제대로 활용하면 다양한 유형의 전문가 시스템을 우아하게 구현할 수 있다.

물론 전문가 시스템 쉘의 구축에 C와 같은 재래식 언어를 사용하여야 한다는 이도 있다. C와 같은 재래식 언어는 이식이 쉽고 사용해본 개발자도 많기 때문이라고 하지만, 상용 Prolog가 점차 정교해지고, 휴대성이나 성능이 향상됨에 따라 C가 가진 상대적 장점은 더 이상 크지 않다. Prolog 코드는 프로그램의 논리 사양에 가깝기 때문에 다른 언어로 구현하는 기준으로도 사용될 수 있다.[385]

구체적으로 Prolog를 사용하여 어떤 문제를 해결하는 과정을 들여다보자. 예를 들어 규칙에 기반하여 문제된 앨버트로스가 어떤 종에 속하는가를 식별하는 전문가 시스템이 필요하다고 하자. 몇 가지 규칙만 작성하는 것으로 즉각 시스템 구축이 시작된다. 일반적인 IF THEN 형식을 사용하여 특정 앨버트로스를 식별하는 규칙은 다음과 같다.

```
IF family is albatross and color is white
THEN bird is laysan_albatross
```

만약 과(科; family)가 앨버트로스이고 색이 흰색이면 그 새는 litsan albatross라는 규칙인데, Prolog에서는 이러한 규칙은 다음과 같이 표현한다.

```
bird(laysan_albatross) :-
family(albatross),
color(white).
```

"bird is laysan_albatross"의 PROLOG식 표현이 bird(laysan_ albatross)인 셈이고, "family is albatross"의 PROLOG식 표현은 family(albatross)인 셈이다.

PROLOG는 대상(Object)과 대상 간의 관계(Relationship)가 중요하다. "John likes Mary."라는 문장은 like(john,mary)로 표기하는데, 이는 John과 Mary의 관계를 선언하는 셈이다.[386]

Prolog 프로그래밍은 다음 예시에서 보는 바와 같이 우선 대상과 대상 사이의 관계에 대한 사실(Facts)을 선언한 다음, 대상과 다른 대상 간의 관계에 대한 규칙(Rules)을 정의하고, 대상과 다른 대상 간의 관계에 대한 물음(Questions)이 이어지는 식이다.

```
Facts:
likes(john, flowers).
likes(john, mary).
likes(paul, mary).
```

```
Question:
        ?- likes(john, X)
Answer:
X=flowers and wait
;
mary
;
no
```

모두의 사실 선언에서 john이 좋아하는 것을 꽃과 mary로 정의했기 때문에, ?- likes(john, X)라는 물음, 즉 john이 좋아하는 것이 무엇이냐는 것에 flowers, mary라는 식의 답이 나오는 것이다. 역시 직관적이고 쉽게 읽힌다.

다. VP-EXPERT

VP-EXPERT는 꽤 영향력 있으며, 이를 이용한 전문가 시스템도 다수 있었으므로, 이에 대하여 보다 상술하고자 한다. 이 프로그램은 실상 1989년경의 것으로 그 시대에 널리 사용된 MS-DOS 기반이다. 소위 다른 전문가 시스템을 개발할 수 있는 프레임 격인 쉘 프로그램임에도 불구하고, 윈도우 버전이나 그 상위 버전이 없다는 것이 전문가 시스템 개발의 현주소다. 이는 법률 전문가 시스템 전용이 아니며, 다른 분야의 프로그램 개발에도 사용될 수 있는 쉘이다. VP-EXPERT는 지식 표현 관련 규칙뿐만 아니라 화면의 구성 등에 대한 명령어를 포함한 여러 개의 블록으로 구성되어 있다.

VP-EXPERT와 같은 쉘은 추론엔진을 갖추고 있고, 표현된 지식들은 지식베이스를 구축하는 방법을 잘 설명하고 있기 때문에 좀 더 간단한 전문가 시스템을 구축하기에 적합하다는 장점이 있다. 반면 그 자체가 가지고 있는 제약으로 인해 실제 문제를 해결할 수 있는 범위에 한계가 있다는 것이 단점으로 거론된다. 뿐만 아니라 좋은 쉘은 너무나 고가였다는 것도 문제였다.

LISP와 같은 고급 프로그래밍 언어도 다양한 형태의 전문가 시스템을 개발할 수 있는 융통성이 큰 반면, 어떻게 지식을 구현할지, 구축된 지식베이스에 접근할 수 있는 메커니즘(inference engine)을 어떻게 설계할지에 관한 매우 어려운 과제를 직접 해결하여야 한다.[387] LISP 등을 쓰는 사람도 없고, 실제 개발에 쓰일 수 있는 변변한 쉘도 남아있지 않다. 과거 전문가 시스템 전성기를 회고하는 데나 유용하다.

5. 방향과 지침

전문가 시스템은 그 결론에 이른 추론 과정을 설명할 수 있도록 구축되고, 지식베이스의 수정이 어렵지 않아 시스템이 유연하다는 장점이 있다.[388] 그럼에도 불구하고 현재 전문가 시스템의 사용은 일반적으로 잘 정의된 단일 주제, 특수한 업무 영역으로 제한된다. 현재의 전문가 시스템 기술은 규칙 중심의 연역 과정을 선호하며 직관이나 상식적인 추론과는 동떨어지는 경향을 보인다.

가. 거대 규모 자료 집합의 활용

인공지능의 역사에서 연구의 중점은 항상 알고리즘이었다고 해도 과언이 아니다. 그러나 데이터에 적용하는 알고리즘보다는 데이터 자체에 신경 쓰는 것이 더 합당하다는 주장이 나오고 있다.389) 빅데이터라고 불리는 큰 규모의 자료원의 활용 가능성을 부인키는 어려울 것이다.

웹상에는 수많은 이미지와 텍스트 등의 데이터가 있다. 데이터가 알고리즘보다 더 중요하다는 실례는 다음과 같다. 어떤 영어 문장에 나오는 plant가 식물을 뜻하는지 아니면 공장을 뜻하는지 밝혀야 하는 과제를 해결함에 있어, 이전의 접근 방식들은 사람이 이름표(label)를 붙인 사례들과 기계학습 알고리즘을 결합하는 기법을 사용했다. 그러나 데이터에 주목하는 다른 접근 방식은 이름표를 붙인 사례에 의존하는 대신 주해가 붙지 않은 텍스트의 아주 커다란 말뭉치(corpus)와 두 의미의 사전 정의들이 주어졌을 때 알고리즘이 말뭉치의 사례들에 이름표를 붙이고, 그로부터 새로운 이름표 붙이기 사례에 도움이 되는 패턴들의 학습을 기동(bootstrap)함으로써 96% 이상의 정확도를 보였다. 이로써 더 많은 자료를 사용해서 생긴 성능 향상이 다른 알고리즘을 선택해서 생긴 성능 향상보다 크다는 점을 보여주었다.390)

1억 개의 단어로 이루어진 이름표 없는 훈련 자료와 평범한 알고리즘의 성능이 백만 개의 단어와 최선의 알고리즘의 성능을 능가한다는 점은 법률 전문가 시스템을 구현하는 데 있어 여러 시사점을 던진다. 전문가의 지식을 지식베이스로 전환하는 데 쓰인 현재까지의 방식으로는 한계가 있다. 지식베이스 형성에서 지식 표현 운운하면서 컴퓨터 공학자가 규칙 형성에 필요한 교묘한 알고리즘 개발에 골몰하는 것보다 더 중요한 것은, 법률 전문가 시스템에 필요한 풍부한 데이터를 기존의 방식에서 벗어나 지식베이스로 전환하는 것이다. 지식베이스를 토대로 한 추론도 현재의 IF THEN Rule을 벗어날 필요가 있을 것이다. 여러 인공지능 응용 분야에서 시스템에 필요한 모든 지식을 어떻게 표현할 것인지의 문제가 지식 병목의 주된 원인이다. 하드코드된 지식 공학이 아니라 학습 기반 방법들에 의하여 해결될 것이라는 전망[391]을 숙고해야 한다.

나. 가능도와 중요도 혼동의 문제

인공지능을 이용한 의사결정 내지 자문 공정에서 흔한 함정 중의 하나가 가능도(likelihood)와 중요도(importance)를 혼동하는 것이다. 이는 초기 의료 전문가 시스템에서 드러난 문제로, 그 당시 의료 전문가 시스템의 전략은 가능한 진단 중 가능도가 가장 큰 진단을 내리는 것이었다. 기침 때문에 병원에 온 환자들을 진단할 때 가능도가 큰 진단은 '이상 없음'과 '감기 증상'일 것이다. 하지만 비록 이들보다 가능도가 더 낮더라도, '폐암'이라는 진단이 중요도는 훨씬 더 높다. 따라서 의료 전문가 시스템에서는 가능도보다는 중요도 즉 정보의 가치를 더 고려해야 한다.[392] 이는 법률 전문가 시스템의 구현에서도 필연적이다.

Ⅲ. 초기 법률 전문가 시스템의 성쇠

1. 법률 전문가 시스템의 전성기, 1980년대 인공지능의 주역

가. 진정한 법률 전문가 시스템의 부재

과거 전문가 시스템의 실패 사례는 널리 알려지고 호된 비판과 부정적인 평판에 직면한 반면, 일부의 성공 모델은 정작 개발 기업들이 자신들의 경쟁력 유지를 위해 성공 자체를 숨겼기 때문에 실제 기여한 것보다 덜 평가받았다는 게 중론이다.[393] 일반 전문가 시스템이 해당 전문 영역에 지대한 공헌을 한 것과 달리, 법률 전문가 시스템의 성취는 다른 분야에 비해 상대적으로 시원찮았다.[394] 그 이유는 법률 전문가의 사고 과정을 그대로 모방하는 과정에서 발생하는 복잡성 문제 때문이었다. 이러한 복잡성 문제는 해결되지 않은 채 그대로 남아있지만, 법률 전문가 시스템에 대한 계속된 연구는 개념적 법 분석 시스템의 특징과 문제점들을 점차 밝혀내기에 이르렀다. 법률 정보 검색 시스템은 애당초 개념적 법 분석 모델에 기초하지 않았다. 따라서 법률 정보 검색 시스템은 큰 어려움이 없이 구현되었고, 그 덕분에 법률 정보 검색 시스템을 구현한 서비스는 상업적 성공도 거두었다.

개념적 법 분석 모델

개념적 법 분석 모델은 기본적으로 특정 법률 영역의 개념을 이해하는 것을 전제한다. LEXIS와 WESTLAW와 같은 법률 정보 검색 시스템이 법의 어떤 부분도 '이해'하지 않는다는 것과는 대조적이다. 법률 정보 검색 시스템은 특정 키워드의 발생과 그 키워드의 근접 관계에 기초한 연산에 의존하므로, 법적 문헌 검색만 가능하다.[395] 예를 들어 형법 제31조에 규정된 "교사"는 타인으로 하여금 범죄를 결의하여 실행케 하는 행위를 말하는데, 이러한 "교사"라는 키워드로 검색하면 교사범이나 교사 행위에 관한 것뿐만 아니라 학교 교사와 관련된 판례도 검색된다.

이와 같은 문제는 시스템이 텍스트 뒤에 존재하는 개념이 아니라 텍스트 자체로만 검색하기 때문에 일어난다. 물론 이러한 문제는 법률 전문가가 검색하는 경우라면 나타날 수 없다. 법률 전문가라면 의당 검색어를 적절히 추가하여 검색 범위를 좁힐 수 있기 때문이다. 그러나 법률 전문가가 아닌 일반인이라면 이와 같이 검색 범위를 좁히는 것이 어렵다. 일반인은 남에게 범죄를 행하도록 시키는 행위가 '교사'라는 것도 모르고, "교사범"이란 키워드를 넣어야 하는지도 모른다.

이러한 문제를 해결하고 제대로 된 법률 전문가 시스템을 개발하기 위해서는 텍스트 이면의 의미를 바탕으로 유용한 정보를 제공하는 개념적 법 분석 시스템이 구축되어야 한다. 따라서 보다 고도화한 검색 시스템을 개발하기 위하여 기존의 거대 법률 정보 제공 업체에서도 인공지능 알고리즘을 검색에 도입한 것일지 모른다. Westlaw의 경우 천문학적인 투입 비용에 비하여 사용자들이 체감하는 사용의 편의성은 떨어진다. 여전히 복잡한 검색 키워드의 관계 설정이 필요하다. 이러한 문제는 법률 정보 검색 시스템이 지닌 내재적 한계다.

언어 모델 구축

반면 법 자체를 이해하는 분석 모델을 구현하기 위해서는 우선 필요한 관계를 포함할 수 있을 만큼 풍부한 법률 영역 개념 모델(conceptual model)이 구축되어야 한다. 이는 어떤 법적 상황을 제대로 기술할 수 있는 언어 모델의 구축을 의미한다. 그러한 언어 모델은 사건의 사실과 법적 규칙을 충분하게 기술할 수 있을 뿐만 아니라 쉽고 일관된 업데이트가 가능하도록 간명해야 한다. 특히 쉽고 일관된 업데이트가 요구되는 것은 법률 분야에서 새로운 판례가 생기고 새로운 법률·규칙이 제정되는 속도가 빠르기 때문이다.[396] 이러한 언어 모델을 전문가 시스템적 사고로 바라보면 지식베이스의 구축으로 연결된다. 지식베이스를 어떻게 구축하느냐는 결국 법적 분석 과정에서 단순한 텍스트가 아닌 이면의 의미를 들여다볼 수 있는 첩경이 되기 때문이다.

사실 많은 학자가 전문가 시스템을 구축하기 위한 열쇠는 지식의 선택과 효과적인 사용이라고 믿고 있었다. 지식을 효과적으로 사용한다는 것은 시스템의 규칙이 실제 사용자의 생각과 일치한다는 것을 의미하므로, 전문가 시스템 개발에서 지식의 효과적 사용을 구현한다는 것은 쉽지 않다. 선행 연구에 따르면 전문가 시스템은 절대 단순한 추론 알고리즘이 아니며, 일부 형식자(formatter)에 전적으로 의존하고 있는 것도 아니다. 협력 관계의 성립은 사실의 반전과 진화의 식별, 평가라고 볼 수 있다.[397] 사실 지능에는 두 가지 요소가 있다. 과거 활동 과정에서 계승되는 경험 기반의 지능(기본 지능), 학습(학습 정보)으로 개선할 수 있는 지식 기반 지능이 바로 그것이다.

특정 영역의 모든 종류의 지적 활동은 지식 규칙 시스템에 기반을 두고 있지만, 지식 규칙 시스템이 곧 전문가 시스템은 아니다. 지식은 전문가 시스템의 '도구'에 불과하다. 목표를 이해하지 못하면 목표에 도달하는 것이 불가능하다. 학습 능력은 지식을 향상시킬 수 있는 인간의 중요한 지적 능력이다. 지식 때문에 지적 활동이 강화된다. 지능, 지식, 경험, 직관 모두를 갖춘 전문가 시스템을 구현하기 위해서는 세 가지 속성이 뒷받침되어야 한다.

확장 속성을 가진 지성

경험의 귀중함은 기본 행동의 특성에 대한 인식을 반영한다. 지식의 속성은 학습 인식을 지적 행동의 특성에 반영한다. 경험과 지식을 바탕으로 한 직관적인 속성을 지성의 '확장 속성'이라고 하며, 다른 말로 확장 속성을 가진 지성을 '확장 지능(Extension Intelligence)'이라고 한다.398)

법률과 관련 판례로 추론하기 위하여 변호사는 다음과 같은 다단계 분석을 한다.

> 첫째, 변호사는 당면한 사건의 진상을 탐구한다. 법률에 관한 일반적인 지식을 바탕으로 변호사는 처리되는 사건의 종류를 살피고, 그 사건에 어떤 법률이 적용될지 결정한다.
> 둘째, 변호사는 의미 추출의 목적으로 어떤 법안의 단어를 살핀다. 그 후 그 의미를 규칙으로 전환한다.
> 셋째, 변호사는 어떤 사실들을 법령과 대비하면서 어떤 결론을 내리려고 한다.
> 마지막으로, 변호사는 법령의 의미나 사건의 사실에 관한 추가 정보를 구한다.

이러한 과정은 인간의 손길이 필요한 분야와 기계가 효율을 발휘할 수 있는 분야로 나눌 수 있다.399)

컴퓨터는 설계자가 입력하는 규칙에 따라 추론하고, 사실과 규칙의 요건을 일치시킨다. 컴퓨터는 서로 다른 관할구역에서 유래된 서로 다른 규칙을 혼동 없이 기억하고, 자주 사용되는 규칙만이 아니라 좀처럼 사용되지 않는 예외도 기억한다. 그러므로 컴퓨터는 최고

수준의 분석을 제공할 수 있다.400)

반면 인간은 풍부한 상식에 기하여 서술 형태에 구애됨이 없이 어떤 상황에 관한 사실들을 인식한다. 이 부분은 컴퓨터가 취약한 영역이다. 그러므로 컴퓨터가 더욱 정교해질 때까지 시스템은 사실과 관련된 어려운 질문에 대해 인간의 해석에 의존할 수밖에 없다. 이와 같은 점은 시스템 설계자를 괴롭힐 것이다.401)

나. 법률 분야의 지식 표현의 어려움
― 법률의 개방적 구조(open texture)

H.L.A. Hart는 언어의 의미에는 그 중심부(core)와 주변부(penumbra)의 구분이 있어서, 어떤 대상이 특정 언어가 가리키는 것에 해당하거나 해당하지 않는다는 점이 명백하여 어떠한 의심의 여지도 없는 사례(표준적 사례)가 있는가 하면, 이와 달리 해당 여부가 매우 불분명한 사례(논쟁적 사례)도 있다고 보았다. 그러므로 만약 인간의 언어가 지닌 일반적인 성질이 이와 같다면, 그러한 언어를 기반으로 존재하는 법률의 규칙도 마찬가지로 개방적 구조를 띨 수밖에 없고, 다분히 불확실하고 비결정적인 대역(borderlines)을 남기게 된다고 하였다.402)

다. 법률 분야 전문가 시스템의 등장

어떻든 법률 전문가 시스템의 전성기는 1980년대였다. 원래 일반 전문가 시스템은 1960년 중반부터 개발되기 시작했으며, 초기에는 특정 영역을 정하지 않고 모든 문제의 해결에 적용할 수 있는 일반적인 문제 해결 시스템을 개발하려 하였다.

일반적 문제 해결 시스템

그러나 이러한 일반적 문제 해결 시스템은 전문가 시스템으로서의 역할을 감당할 수 없었고, 그 후 특정 분야에 한정된 특수 목적용 전문가 시스템 개발이 시작되었다.403) 이 시기에 개발된 시스템이 DENDRAL, MYCIN 등이며, 그 과정에서 효율적인 전문가 시스템은 일반적인 문제 해결 시스템에서 강조하는 추론 능력보다는 문제 해결에 필요한 지식을 얼마나 많이 확보하는지가 더 중요하다는 것을 알게 되었다. 그 결과 전문가 시스템의 주종도 추론 기반에서 지식 기반으로 옮겨가게 되었다.404)

상업용 전문가 시스템 개발

1980년대에 이르러 실험 단계의 전문가 시스템이 아닌 본격적인 상업용 전문가 시스템이 개발되기 시작하였다. DEC(Digital Equipment Corporation)에서 개발한 XCON405)과 XSEL, GE(General Electric)에서 개발한 DELTA가 대표적이다. 1980년대는 2차 인공지능 붐 시대이다. 이때는 전문가 시스템이 인공지능을 대표하는 알고리즘이었다.

법적 분야의 전문가 시스템

의학 분야의 Mycin처럼 다른 분야에서 발달한 전문가 시스템의 아이디어는 법적 분야의 프로젝트로도 옮겨갔으며, 공개적으로 접근 가능한 시스템이 만들어지기도 했다. 하지만 상당수는 어떠하다는 설명만 있을 뿐 공개적으로 테스트에 내놓을 정도는 되지 못하였다.

구체적으로 맥카티의 TAXMAN 프로젝트는 고전적인 인공지능 툴을 사용하여 기업 세법에 대한 초보적인 형태의 법적 추론이 가능한 프로그램을 개발하기 위한 것이었다. Meldman은 1970년대 초에 M.I.T. 프로젝트를 시작했는데, 이 프로젝트의 원형은 폭행과 관련한 법적 분석을 위한 시스템에 관한 연구였다(이 시스템은 1976년에 부분적으로 킹에 의해 실행되었다). 그 시기에 시작된 다른 두 가지 중요한 시도로서 Popp와 Schlink의 독일 민법 기반의 JUDITH 시스템406), 법률 문서 초안 작성을 위한 Sprowl의 A.B.F.가 있었다.

1980년대 당시의 수준이었지만, 인공지능의 상당한 진전으로 인해 더 많은 프로젝트가 시작됐다. 협상 도구의 법칙과 관련한 문서들의 검색에 지식베이스를 이용한 접근법을 택한 Hafner의 L.I.R.S, 규칙 기반의 전문가 시스템을 이용하여 민사소송을 해결하는 과정에서의 의사결정 시스템을 개발하려는 Waterman과 Peterson의 L.D.S.가 장 널리 알려진 것으로서 런던 대학교 임페리얼 칼리지에서 전문가 시스템 쉘을 이용하여 개발한, 1981년 당시의 영국 국적법 일부와 다양한 의료사회보장 규정에 대한 전문가 시스템 등이 그것이다. 또한 Michaelsen의 TAXADVISOR은 전문가 시스템 쉘인 EMYCIN에서 동작하는 프로그램으로 연방 세금 계획에 대해 조언해주는 시스템이었으며,407) DeBessonet의 CCLIPS(민법 법률 정보 처리 시스템)은 인공지능 기법을 이용하여 개발된 것으로 루이지애나 민법의 일부를 과학적으로 성문화하고자 하는 것이었고, 스탠포드 대학에서 진행된 Gardner의 프로젝트는 계약법의 쌍방합의(offer/acceptance)에 관한 전문가 시스템이었다. 또 다른 프로젝트로는 런던 경제대학에서 수행된 LEGOL/NORMA와 스웨덴 국방연구소의 주관으로 노르웨이 컴퓨터법 연구센터(NRCCL)와 POLYTEXT/ARBIT가 공동으로 개발한 SARA가 있다. 영국의 Bellord와 미국의 Hellawell이라는 두 명의 변호사도 각각 이런 맥락의 ATAXIS와 CORPTAX라는 전문가 시스템을 만들었다.[408]

마지막으로 이용할 수 있는 주목할 만한 일반적인 전문가 시스템 쉘로 ESP/Adviser가 있다.

위와 같은 연구 프로젝트 추진, 인공지능 알고리즘을 법적 추론에 적용하는 데 관한 인식과 관심이 높아졌음에도 불구하고, 1980년 당시 법조계가 법률적 추론에 활용할 만한 마땅한 법률 전문가 시스템은 개발되지 않았다.

실상 초기 일반 전문가 시스템 연구도 의사결정보다는 사람의 질문에 답하는 데 초점을 두었다는 한계를 가지고 있다.[409]

당시에는 위와 같이 다양하게 추진된 프로젝트의 집합적 성과로 인해 법 분야에 있어서의 전문가 체제의 구축을 향한 중대한 진전이 이루어질 것으로 보는 등, 여러 가지 낙관론이 팽배했다. 하지만 그 당시까지 거의 15년 동안 진행된 지식 기반 컴퓨터 조력 법적 추론 시스템의 가능성에 대한 조사 결과, 다른 분야와 비교해 별반 성과가 없는 것으로 밝혀졌다.[410]

규범적 법칙과 조작 문제

법률 전문가 시스템에서 제대로 된 성공작이 없는 것은 법률적 추론의 성격과 질병 진단, 광물 발견, 화학 구조 추론 등 다른 영역 시스템과의 특성 차이에서 비롯된다는 것은 직관적으로 봐도 명백하다. 후자는 궁극적으로 자연과학의 경험적, 인과관계적, 서술적 법칙에 뿌리를 두고 있는 데 반해, 법적 추론은 주로 외부 세계의 어떤 획일성이나 패턴이 아니라 공식적인 법원(source of law)에 대한 정밀한 조사를 통해서 발견할 수 있는 법질서의 규범적 법칙 조작을 포함하기 때문이다.411)

이러한 규범적 법칙과 조작 문제에 대한 관심의 결여는 위의 프로젝트를 설명한 저서들에도 나타난다. 이들 저서에는 법학과 인공지능을 이용한 법적 추론 사이의 관계에 대해 제대로 언급하지 않는다. 예를 들면, Bellord와 Hellawel가 LDS, ABF, POLYTEXT/ARBIT를 설명한 논문에는 법학에 대한 언급이 아예 없다.412) M.I.T. 프로젝트나 JUDITH, LEGOL NORMA의 해설에서는 법률 이론이 거론되지만, 프로젝트에서 중심적인 사안으로 취급하지는 않았다. 요컨대 SARA, Gardener의 프로젝트, E.L.I.를 제외하면 문헌에 나타난 법학과 인공지능 애플리케이션 사이의 관계에 대한 언급은 많이 미흡했다. 법학자가 되려고 하는 사람이나 전문가 시스템을 구축하려는 사람들이 이용할 수 있는 귀중한 법학 자원이 풍부함에도 불구하고 이를 제대로 활용하지 못했다.413)

이와 관련하여 Bryan Niblett 교수는 시스템이 성공적으로 운영된다면 이러한 법률 전문가 시스템이 법학에 대하여 기여하는 정도는 다른 전문가 시스템이 관련 분야에 기여하는 정도보다 훨씬 더 클 가능성이 있다고 주장하기도 하였다. 어떻든 성공적인 법률 전문가 시스템의 구현을 위해서는 컴퓨터 알고리즘 구현에 필요한 법률뿐만 아니라 법 추론·분석의 모델도 법학이 제공하여야 한다.414)

법 추론·분석 모델

법 추론·분석 모델은, 개발자가 프로그래밍을 통해 구체적으로 애플리케이션을 개발하는 단계 이전에, 법학 쪽에서 구축하여야 한다.

1990년대에도 이런 법률 전문가 시스템의 개발 추세는 계속되어 SHYSTER[415] 같은 다양한 법률 전문가 시스템이 소개되었고, 초기의 법 관련 컴퓨터 연구자들은 법률 전문가 시스템으로 대거 옮겨갔다. 그러나 그 법률 전문가 시스템의 실현 과정에서 밝혀진 사실은 법 분야를 전문가 시스템으로 이식하는 것이 초기 연구자들이 생각한 것보다 쉽지 않다는 것이었다.[416] 1980년대의 대부분 변호사은 법률 전문가 시스템의 열렬한 지지자였다. Latent Damage System을 개발한 Capper같은 이는 프로그래머이지만, 존경받는 훌륭한 변호사이기도 했다. 법률 전문가 시스템에 대한 변호사들의 지지는 많은 개발자로 하여금 법률 전문가 시스템의 성공 가능성을 확신하게 하기에 족했다. 그러나 2000년에 이르러서는 이런 추세가 이어지지 못했다. 기대 수준을 하향 조정하여 의사결정 지원 시스템 개발로 전환했다. 그러나 여전히 컴퓨터 CPU에 변호사의 전문적 지식과 전술을 캡슐화해서 집어넣은 시스템의 가능성에 대하여 믿는 사람이 있다.[417] 적어도 1980년대에는, 법률 전문가 시스템의 가능성에 대한 회의론은 많은 연구비를 끌어오는 골드러시 속에 파묻혔다. 법률 전문가 시스템의 가능성은 여전해 보였다. 값싸고 양질의 조언을 해주는 법률 전문가 시스템으로 인해 생산성이 향상되고, 자연스럽게 고가의 법률 서비스가 사라질 것이라는 전망이 팽배했다. 이러한 연구 목표는 법률 서비스를 누구나 이용할 수 있는 민주적 사회 가치 체계에 부합하는 일이기도 했다.

그러나 이런 낙관의 분위기는 1980년 중반도 되기 전에 사라졌다. 정확히 어느 시점인지를 묻는 것보다 왜 법률 전문가 시스템이 실패했는지를 따져보는 것이 의미 있을 것이다. 다른 분야에서 자금 부족에 시달릴 때도 법률 전문가 시스템에 대하여는 괴이할 정도로 막대한 자금 조달이 이루어졌다. 그런데도 제대로 된 법률 전문가 시스템 하나 만들지 못하고 실패한 이유는 무엇일까?

변호사의 로봇화

그것은 시스템의 개발이 사용하는 사람이 아닌 법률 전문가 시스템의 기계적 알고리즘에 초점을 두고 진행되었기 때문이다. 구체적으로 '변호사의 로봇화'라는 달성하기 어려운 목표를 설정했으며, 이는 실패할 수밖에 없었다.[418] 기술과 지식이 쉽게 공식화되고, 처리 과정도 그리 복잡하지 않아서 규칙만 알고 있으면 변호사처럼 법적 조언을 할 수 있다는 전제는 철저하게 잘못된 것이었다. 의료 분야나 광물 탐사와 같은 복잡한 영역에서 성공했다면 그보다 쉽게 보이는 법률 분야에서도 충분히 통할 것이라고 인식했다는 것이 문제다. Dendral, Mycin, Prospector와 같은 1970년대 후반에 제작된 프로그램이 실험실에서 실제로 성공했었고, 실험 단계인 일부 프로그램은 예측에 쓰일 수 있게 디자인된 것이 분명했다. 전문가들은 그 10년 내내 매우 제한된 영역에서나마 '전문가처럼 추론하는 알고리즘'을 염두에 두었다.

2. 실용적 법률 전문가 시스템

일반적으로 전문가 시스템은 의학, 공학, 상업, 교육, 군사 분야 등 여러 분야에 응용되고 있으며, 환자를 진단하거나 기계의 고장을 찾아내는 것처럼 대상의 상태를 보고 원인을 찾아내는 진단 시스템, 주어진 조건하에서 목적을 달성하는 데 필요한 행동의 순서를 찾아 주는 계획 시스템, 주어진 부분들을 조건에 맞게 조합하여 문제를 해결하는 시스템으로서 맞춤형 개인 컴퓨터 조립이나 여러 생산 현장에서 사용되는 배치 시스템, 은행에서 대출을 결정한다거나 보험 회사에서 고객의 위험도를 판단하여 보험료를 결정할 때 사용하는 의사결정 시스템, 공장이나 기계의 작동을 실시간으로 감시하여 고장이나 이상 현상을 발견하는 것을 목적으로 제철소나 정유공장에서 사용하는 감시 시스템, 건축이나 공장, 물리적 장치 등의 설계 시 각 요소를 조건에 맞게 구성하도록 설계자를 도와주는 설계 시스템, 교사처럼 피교육자를 교육시키며 도와주는 교수 시스템, 특정 영역의 문제에 대하여 전문가 수준의 상담을 해주는, 예컨대 문서 작성 시 문법이나 문체 등을 조언해주는 충고 시스템 등으로 나누기도 한다.[419] 법 분야에도 전형적 법률 전문가 시스템은 아니지만 많은 실용적 전문가 시스템이 존재했었다.

범죄 데이터베이스 기반 전문가 시스템

범죄 데이터와 인공지능을 결합하여 범죄 해결에 도움을 주는 전문가 시스템이 그 좋은 예다. 범죄 해결은 주로 지역 기반으로 이루어졌기 때문에 범죄 해결의 범주를 전국적 단위로 확대할 필요성이 제기되었다. 전국적으로 산재되어 있는 각 데이터베이스상의 수많은 증거와 범죄의 단서를 묶어줄 필요가 생겼다.[420] 범죄와 관련된 패턴을 제대로 인식하여 범죄 해결의 단서를 얻기 위해서는 그러한 데이터마이닝에 제공할 범죄 데이터의 통합이 필요하다. 미국에서는 이를 위해서 COPLINK, ViCAP, ViCLAS나 SHERA와 같은 통합된 전문가 시스템을 만들었다. COPLINK는 용의자들을 연결해주는 다양한 범죄 정보를 공유하는 통합된 정보 시스템이자 전문가 시스템이다. SHERA는 마약 범죄 조사를 지원하기 위해 개발된 시스템이고, ViCAP은 FBI가 폭력 범죄를 조사하기 위해 만든 시스템이다. MATRIX는 범죄 수사에 있어 각 주의 정보를 공유하기 위한 프로그램이고, ViCLAS는 캐나다에서 개발된 것으로 10년 이상의 장기 미제인 사건의 해결을 돕기 위해 개발되었다.[421)]

ViCAP

ViCAP의 경우 수사 경찰관이 미해결 사건과의 일치 여부를 확인하기 위하여 해당 사건의 정보를 시스템에 입력하도록 한다. 사건 정보가 ViCAP에 입력되면 범죄의 특정 속성을 기준으로 다른 모든 항목과 지속적으로 비교한다. 이 프로세스는 살인 사건의 고유한 측면이나 특징, 패턴을 탐지하려 한다. 그 과정을 통해 동일 인물에 의해 자행된 범행인지를 확인하는 데 큰 도움이 된다. 어떤 패턴이 발견되면 수사기관에 통보하고, 수사기관은 이것을 단서로 수사에 착수한다.[422)]

COPLINK

2001년에 배치된 COPLINK는 통합 정보 및 지식 관리 시스템으로 법 집행 관련 정보의 수집과 분석, 공유를 위한 것이다. 구성 요소 중 하나인 'COPLINK Connect'는 사용자 친화적인 인터페이스로 각

경찰서의 정보를 공유할 수 있게 해준다. 또 다른 요소인 'COPLINK Detect'는 경찰 데이터베이스에 입력된 여러 범죄 패턴을 제공한다. COPLINK Connect는 사람, 차량, 사건, 장소라는 네 가지 유형의 검색 기능을 제공한다. COPLINK Detect는 COPLINK Connect와 동일한 레코드 정보를 공유한다. 그렇지만 COPLINK Detect는 새로운 지능형 세트를 사용하는데, 상세한 형사사건 보고서나 각 사건을 설명하는 용어 세트는 Detect 모듈의 기초가 된다. 보고서는 정형적 데이터 형식으로도 저장되고, 비정형 데이터 형식으로도 저장된다. 현재 개발 중인 COPLINK Collaboration은 수사 팀원 간에 형사사건의 정보를 공유하게 해주는 기능을 가지고 있다. 이러한 검색이나 탐지의 속성은 데이터마이닝에 속한다.

이처럼 범죄 데이터베이스의 검색 기능에 인공지능 기술이 널리 적용되고 있다. 인공지능을 이용한 데이터마이닝은 데이터 분석가가 아닌 일반 수사관도 데이터 기반의 범죄 수사를 가능케 하는 강력한 도구다. 데이터마이닝은 인공지능 알고리즘인 분류와 예측, 군집, 상관 분석을 통해 방대한 분량의 데이터에서 패턴을 확인하는 과정이다.[423]

MATRIX

MATRIX는 Multi state Anti-Terrorism Information Exchange 프로그램의 약자로, 플로리다주에서 테러 용의자를 식별하는 도구로 개발된 데이터마이닝 시스템이다. 이 시스템은 정부와 일반 상업용 데이터베이스를 분석하여 용의자 간의 연관성을 찾거나 완전히 새로운 용의자를 색출하는 것을 목표로 한다. 이 시스템에 사용된 데이터베이스와 처리 기술은 Lexis Nexis가 인수한 이후 플로리다에 본사를 옮긴 Seisint가 보관했다. Matrix 프로그램은 개인 정보 보호 및 주정부 감시에 대한 대중의 우려로 연방 기금이 삭감된 2005년 6월에 중단되었다.[424)

ViCLAS

ViCLAS는 Violent Crime Linkage Analysis System의 약자로, 3년에 걸쳐 캐나다 정부가 개발한 정부 범죄 데이터베이스 시스템이다. 1991년 공개된 이 데이터베이스 시스템은 살인, 성폭력, 실종자 및 인간 유해에 관한 정보를 저장하고 해결된 범죄와 해결되지 않은 범죄의 연결고리가 되는 정보를 찾아낸다. 263개 질문에 대한 범죄 분석 질문지가 중앙 데이터베이스에 입력된다. 연쇄 살인범은 계속해서 범행하기 때문에 미해결 살인에 관한 정보를 저장한 다음 새로 범한 살인과 비교하면 연쇄 살인범의 반복 범행 패턴을 발견할 가능성이 높아진다. 1997년 5월 당시를 기준으로 2만 건이 넘는 사례가 데이터베이스에 등록되어 있었다.[425)

ViCLAS는 벨기에, 오스트리아, 호주, 네덜란드 및 영국을 비롯한 여러 국가에서 사용되고 있고, 미국의 테네시주와 인디아나주도 그것을 사용하고 있었다. 그러나 그 시스템 또한 부정적인 면이 없지 않다. 한 사건 당 263개의 질문을 채워야 하는 것은 수사 경찰관의 저항을 불러일으켰다. 입력의 부담 때문에 수사 경찰관이 핵심 증거를 ViCLAS에 입력하는 것을 주저하였고, 결국 시스템의 효율성이 감쇄하였다. 나아가 개인 정보의 보호 이슈 또한 이 시스템의 사용을 주저케 하는 요인이다.[426)

이와 같은 인공지능과 데이터마이닝 기술 및 기법을 갖춘 전문가 시스템이 활용되어 범죄 수사를 지원하고 있다. 법 집행기관에 의한 시스템의 활용은 선택적이기 때문에 전문가 시스템이 접근하고 분석할 수 있는 정보의 양이 제한적이고 부분적일 수밖에 없다. 이는 전문가 시스템의 성능에 영향을 미치는 취약점이다. 전문가 시스템도 인공지능 알고리즘이 핵심이고, 인공지능 알고리즘의 성공 여부는 입력되는 데이터의 양과 질에 좌우되기 때문이다.

데이터마이닝

인공지능 알고리즘이 수사 지원 외에 수사에 직접 활용되는 경우도 있다. 범죄 수사를 위해 많은 사람을 만나고 많은 자료를 접하는 수사관들에게 있어, 방대한 양의 빅데이터를 분석하는 인공지능 알고리즘에 의한 데이터마이닝의 역할은 기대 이상일 것이다. 특히 시각화를 바탕으로 조직 체계를 밝혀내는 기법은 외국의 실제 사용 과정에서 탁월한 효과가 있음이 확인되었다. 과거 범죄와 범죄자들에 대한 축적된 데이터베이스에 효율적인 데이터마이닝 기법이 적용된다면, 향후 미제 범죄의 해결에 중요한 전기가 될 수 있을 것이다.[427]

국내의 경우에도 형사사법절차 전자화 촉진법의 시행에 따라 형사사법기관의 모든 문서 작성을 전자화하고 형사사법 정보를 공동 활용하도록 하고 있다. 그러나 이러한 제도가 시행 중임에도 전혀 논의되지 않는 부분이 바로 그러한 절차에 따라 전자적으로 축적되는 전자사법정보, 즉 빅데이터의 활용 방안이다. 형사사법절차의 전자화에 따라 막대한 전자사법정보의 축적이 가능한 인프라와 시스템이 구축되고, 그에 따른 다양한 서비스 개발이 가능하게 되었다. 그러나 축적된 데이터의 양이 아무리 방대해도 이런 정보를 단순히 기록하고 보관만 하여서는 아무런 도움이 되지 않는다. 기술, 인프라 중심의 국가 정보화 전략과 함께, 체계적인 국가 데이터 전략이 필요하다는 지적이 되풀이되고 있는 것도 그 때문이다. 데이터 활용을 통한 새로운 가치 창출의 중대성 증대에 따라, 정보 시스템과 인프라에서 산출되는 데이터 중심의 국가 전략이 필요하다.428) 즉 형사사법전자화 시스템에서 산출되는 데이터를 체계적으로 관리하고 활용하기 위해 데이터 관련 신기술의 개발 및 데이터 분석 알고리즘 개발 등이 절실히 필요하다.

방대한 정보에서 가치 있는 정보를 추출하는 인공지능 알고리즘, 특히 머신러닝과 자연 언어 처리 등의 활용이 절실한 데도 불구하고 이런 논의가 전무하다시피 한 것은 정말 안타까운 일이다. 형사사법 절차에서 생성되는 전자사법정보를 인공지능 알고리즘으로 처리하게 되면 가치 있는 정보의 보고가 될 것이 분명하다.

유전자 색인 시스템

미국에서는 수사 지원 외에도 인공지능 알고리즘이 수사 자체에 활용되고 있다. 유전자 색인 시스템은 인공지능 알고리즘의 전형적 산물이다. 미국 FBI는 범죄자 유전자 데이터베이스 구축을 통해 흉악범 검거를 위한 과학적 수사 기반을 마련하였다. 우선 유전자 감식 결과로 도출된 고유한 패턴을 데이터베이스에 저장하고 검색할 수 있는 법 제도를 정비한 후, 구축된 유전자 데이터베이스를 기초로 입력 대상, 활용 범위 등을 지속적으로 확장하여 효율적인 범죄자 감식 시스템인 유전자 정보 은행(CODIS, Combined DNA Index System)을 구축하였다. 이 시스템에는 미제 사건 용의자 및 실종자에 대한 DNA 정보 1만 3천 건을 포함하여 12만 명의 범죄자 DNA 정보가 저장되어 있고, 여기에 50개 모든 주와 연방정부가 수집한 확정 판결을 받은 범죄자들과 일부 체포자들에게서 추출한 350만 개에 달하는 DNA 분석표도 저장되어 있다.[429] 이러한 CODIS는 미국의 오바마 행정부의 역점 사업의 하나인 빅데이터 이니셔티브 추진의 일환이기도 했다.[430]

Message feature mining

뿐만 아니라 수사 과정에서 행해진 진술의 허위 여부를 판별하기 위하여 인공지능 알고리즘을 사용하기도 한다. Message feature mining(MFM)로 불리는 이 시스템은 먼저 분석 대상이 되는 진술을 텍스트 형태로 변환하고, 변환된 구조화되지 않은(unstructured) 텍스트를 마이닝을 거쳐 구조화한 다음, 진위 여부 판별에 쓰이는 30여 가지의 언어적 특성(linguistic feature)이나 단서(cue)를 이용하여 분석한다. 이 단서는 Reality Monitoring, Interpersonal Deception Theory, Information Manipulation Theory 등의 허위 적발 연구에 사용된 이론을 적용하여 설정된다. 그 분석 과정에는 GATE(General Architecture for Text Engineering)와 LIWC(Linguistic Inquiry and Word Count)라는 소프트웨어가 동원된다. 그 후 특성 분석을 토대로 가장 적절한 특성을 정한 후 인공지능 신경망, 결정 나무, 회귀분석, 앙상블 기법 등을 동원하여 진술의 허위 여부를 판별한다.[431] 수사기관의 사실 파악이나 법관의 사실 인정 과정이 매우 어려운 과제임을 감안하면, 이러한 진술의 허위 여부 판별은 그런 과제 수행을 조력하는 전문가 시스템으로서의 자격이 충분하다.

3. 국내의 법률 전문가 시스템 구현 의도

필자는 국내에서는 다른 분야와는 달리 법률 전문가 시스템을 구현하려 시도한 사례가 거의 없다고 생각했다. 국내의 연구 풍토에 비추어 기대를 갖지 않았다.

형량정립을 위한 전문가 시스템

그런데 의외로 "형량정립을 위한 전문가 시스템"이라는 제하의 논문을 보면 국내에서 양형과 관련한 전문가 시스템의 연구·개발이 시도되었다는 것을 알 수 있다. 이는 전문가 시스템을 통하여 형량을 정립하려는 시도로서, 그 대상을 형법 제268조의 적용을 받는 교통사고로 하였다.[432] 교통사고에 대하여 교통사고처리특례법이 적용되지 않는 것은 이 연구가 꽤 오래전에 이루어졌다는 것을 방증한다.

이 연구는 형량 결정 전문가 시스템을 점수 산정 모델로 구현하려 하였는데, 형량 결정 요인으로 33개의 요인을 꼽고 있다. 각 요인에게 점수가 주어지고, 이것이 합쳐지면 그에 해당하는 형량이 결정된다. 이렇게 각 요인의 점수가 단순히 합하여지는 요인 간 가법 작용(additive effect)을 가정하는 점수 산정 모델은 요인 간의 상호작용(interaction effect)을 고려할 수 없다는 중대한 단점이 있어 일관된 형량을 제시하고 있지 못하며, 특히 특수한 사안에서 상당히 불만족스러운 형량을 제시하는 결함이 있다. 이 연구에서 단순한 점수 합산보다는 요인 비교(factor comparison) 모델이 형량의 결정 과정을 반영하는 데 있어 보다 더 유연성을 가질 수 있다고 보았다.

이 모델의 구조는 다음과 같다. 우선 형량에 영향을 주는 요인

(factors)을 F=(f1, f2, …, fn)으로 표기하고, 형량은 이들의 함수 p(F)로 파악한다. 예를 들어 두 사건 A, B에 대하여 구체적 요인을 각각 F^A, F^B라 할 때, 두 사안 사이에 $F^A \leq F^B$, 즉 대응되는 요인 사이에 관계가 성립하면 $p(F^A) \leq p(F^B)$이 되는 것을 형량원칙으로 삼고 있다.

따라서 연구는 그 당시 실제 형량의 결정 과정을 반영하면서 이상적인 시스템을 구축하고자 하였는데,[433] 법관과의 면담, 토론을 통하여 형량 결정에 기여할 주요 요인으로 피해정보, 피의자 과실, 피해자 과실, 합의의 만족도 등을 선정하였다. 이 프로그램은 turbo prolog로 구축되었다. 그러나 이러한 프로그램은 전형적인 법률 전문가 시스템과는 다르다. 일종의 형량 분석 시스템이라고 해야 할 것이고, 법적 개념 분석 모델보다는 인공지능 공학 모델로서의 역할이 크다.

4. 현대 법률 전문가 시스템의 고민

가. 법률 전문가 시스템의 부활

근래 들어 법률 전문가 시스템과 관련한 논의가 거의 없다시피 한 마당에 매우 소중한 연구 결과를 접하게 되었다. Edinburgh 대학의 Burkhard Schafer 교수의 논문이 바로 그것이다. 그는 법률 인공지능과 법률 전문가 제도 연구 초기에는 컴퓨터 판사를 구현해 보려는 것이 연구계의 포부였다고 보면서, 이러한 생각은 심지어 인공지능 법률의 연구만이 아니라 일반 법학이나 대중 문학에까지 영향을 미쳤다고 했다.[434] 물론 컴퓨터 판사와 같은 허무맹랑한 생각이 제대로 먹힐 리 없었고, 아직도 쓸 만한 법률 전문가 시스템의 등장도 요원한 것이 현실이다. 누누이 이야기한 바 있지만, 이러한 황당한 기대로 가득 찼던 초기의 좌절은 인공지능의 겨울과 맞물리면서 긴 성찰의 시간을 가졌고, 결국 소박한 목표 설정으로 돌아서게 되었다. 그러면서 초기에 꿈꾸었던 자동화된 법률 의사결정 시스템에 대한 비판적 재평가, 법률상 인공지능 연구에 대한 목표의 하향 조정이 이어졌다.

완전 자동화된 사유자

2010년대에 이르러 개념적, 철학적, 방법론적 차원에서든 윤리적 차원에서든 인공지능 판사라는 것은 실현될 수 없는 시도라는 점은 명백해졌다.[435] 법적 규칙을 해석하고 구체적인 해결책을 제시하는 완전 자동화된 사유자(fully automated reasoner)에 대한 생각도 분명히 1980년대의 시대착오적인 회귀라고 보아야 한다.[436] 그렇다고 해서 인공지능 법률이 단순히 법률 정보 검색 프로그램의 성능 향상 정도에 그쳐서도 아니 된다. 욕심을 버리고 실현 가능한 인공지능 알고리즘을 구상할 필요가 있다. 필자는 그것이 법률 전문가 시스템 이라고 생각한다. 비록 그 시스템의 구현에 현대 인공지능의 상징인 머신러닝의 정수가 스며들지 못하더라도, 충분히 가능성이 있다고 본다.

검색 알고리즘의 지배

솔직히 지금 세상을 지배하는 것은 검색 알고리즘이다. 자연스럽게 법률 분야에서도 인공지능 개발은 검색 프로그램에 집중되고 있는 형편이다. 미국의 ROSS Intelligence 개발이 그렇고, 한국도 비슷한 상황이다. 예를 들면 한국의 인공지능 법률 개발의 선두 주자 격인 인텔리콘 메타연구소에서 만든 i-LIS(아이리스)는 법률 정보 검색 시스템일 뿐이다. 그들이 스스로 밝힌 바에 따르면, 아이리스는 국내 최초의 지능형 법률 정보 시스템으로서 인공지능, 머신러닝 등 첨단기술이 융합되어 법률 정보 검색의 혁신적인 패러다임을 제공한다고 하지만, 검색 프로그램이라는 카테고리를 벗어나지 못한다. 세계적으로도 인공지능 법률 경진 대회(COLIEE)가 벌어지기는 하지만, 주된 경연 분야는 법률 정보 검색(The Legal Case Retrieval Task)이다.

바둑에서 알파고라는 존재가 인간 기사를 누르는 상황까지는 아니더라도, 이러한 지경을 벗어나 뭔가 확실히 존재감 있는 법률 인공지능 알고리즘의 등장이 절실하다. 필자는 그것이 법률 전문가 시스템이며, 이는 기존 전문가 시스템의 분류에서 비록 벗어나더라도 인간 전문가의 기능 일부나 대부분을 대체하는 알고리즘이어야 한다고 본다. 적어도 법률 정보 검색이 아니라, 법률 규범 자체를 해석하고 이를 현실적인 법률 문제에 적용할 수 있는 시스템을 개발하려는 시도가 필요하다.

법 규범의 적용

법률 규범의 해석과 현실적 문제에의 적용이 가능한 법률 전문가 시스템을 구현하기 위한 전제는 당연히 특정 사건의 사실관계에 일반적이고 추상적인 법 규범을 정확하게 적용할 수 있어야 한다는 것이다. 그러나 일반 법 규범을 특정 사례의 사실관계에 적용하는 과정을 알고리즘으로 구현하려면 여러 가지 어려운 난관에 봉착할 수밖에 없다.

첫 번째로 법 규정은 본래 애매한 형태로 규정될 수밖에 없다. 법은 제정 시점에 입법자가 예측하지 못한 상황을 규율할 수 있도록 어느 정도 유연함을 가지고 있어야 하는데, 이를 위해서 법률 언어는 다분히 모호함을 내포할 수밖에 없다. 이러한 모호함 때문에 필연적으로 법 규범 해석의 필요성이 뒤따른다.

두 번째, 법과 법률 언어의 가치관을 포착하기 위해서 법관은 그 법률 규정의 해석 과정에서 법체계에 내포된 가치를 고려하여야 한다. 이러한 가치관에 내재한 도덕적, 정치적, 철학적 함의는 비록 그것에 어떤 문제가 내포되어 있더라도 법의 해석 과정에서 필수적인 역할을 한다.

세 번째는 사실과 법 규범과의 관계 정립인데, 사실관계가 법적 해석에 선행하여야 한다. 실제 법 현실에서는 사건의 진상이 중요하고, 그러한 사실관계의 규명이 법적 해석보다 훨씬 중요하다.[437] 따라서 단순한 법 규범의 연관을 위주로 논증하는 것은 실상과 맞지 않는 모델이다.

법의 세계는 자연과학의 세계와 달리 절대적 진실이라는 것이 결코 존재하지 않는다. 양측의 주장 모두 나름 옳은 면이 없지 않고, 어느 것이나 다소간 문제가 있기 때문이다. 따라서 1심과 항소심의 결론이 달라지는 것은 자연스럽다. 가끔 기존 판례가 폐기되고, 그와는 완전히 상반된 새로운 판례가 나오기도 한다. 기존 판례는 폐기되기 전까지 오랫동안 일관된 해결 방안으로 자리매김하였을 것이다. 누구나 그러한 결론과 배치되는 생각을 하는 것이 금지되다시피 했다.

이러한 법적 세계와 이를 뒷받침하는 이론이 컴퓨터 알고리즘으로 구현될 수 있을까? 법률 전문가 시스템의 지식베이스가 되는 '지식'은 정확히 무엇이며, 어떤 근거로 어떤 지식을 포함할지, 어떻게 표현할지에 관한 지식 표현의 문제는 법 현실에서 결코 쉽지 않은 일이다.

설사 어떻게 법률 전문가 시스템이 구현되었다고 하더라도, 이러한 법률 전문가 시스템이 온전히 작동되고 있는지는 어떻게 알 수 있는가? 법률 전문가 시스템의 조언이 적절한지는 어떻게 평가할 수 있을까?

언어 처리

사실 인공지능에서 언어 처리의 중요성은 매우 크다. 이러한 부분은 법률 분야라고 하여 다를 바 없다. 법적 규범이라는 것도 결국 언어적 형태로 표현된다. 레이먼 앨런은 특히 1980년대 일반적인 자연어 처리 연구에서 나온 아이디어에 착안하여, 광범위한 법적 규범의 해석 모델에 자연어 처리를 적용했다.[438]

현대의 인공지능 연구는 주로 인공신경망과 머신러닝 접근 방식을 주로 사용하는데, 이런 기법을 통해 인공지능 알고리즘은 주어진 맥락을 파악해서 어떤 용어의 애매함을 해소할 수 있는 지식을 학습한다.[439] 물론 법적 용어의 의미에 관한 일반적인 추론 모델을 만드는 것은 쉽지 않다. 오히려 어떤 법원이 한 판결을 어떤 법률 조항과 관련된 사실의 요약으로 파악하여 입력으로 받아들여 분석하는 것이 법적 용어의 파악에 훨씬 수월하다. 물론 이 경우 소송에 임하는 법률가가 직면하는 주된 난관은, 결정에 관련되는 파라미터의 수(이혼소송의 경우 결혼 생활 중 주택과 같은 주요 자산의 취득에 각 당사자가 기여한 것 등)이다. 컴퓨터 알고리즘은 고려해야 할 많은 변수를 추적하는 데 탁월하므로, 전문가 시스템에 의한 의사결정 과정에서 유리하다. 물론 기계학습의 활용을 위해서는 훈련에 쓸 많은 데이터가 필요하며, 법률 전문가 시스템의 경우 많은 선례가 훈련용 데이터가 될 수 있다.

확실히 법적 의사결정에서는 단순히 긍정 또는 부정의 답변만이 나오는 것은 아니다.440) 이혼소송에서 판사는 다수의 등급을 기준으로 공동 자산을 분할하도록 할 수도 있다. 만약 소송 당사자가 결혼 후 6년 동안 아이들을 양육하였다면, 평균적으로 기대할 수 있는 재산 분배 비율은 몇 퍼센트가 될 것인가? 예를 들어 합리적인 비용-편익 분석을 통해 어느 정도의 돈을 예상할 수 있는지 미리 아는 것은 양 당사자에게 유리하다.441) 법 현실에서는 물론 개별 사건의 결정이 이러한 평균적 기대에 부합하지 아니하는 경우가 많다. 그것은 '평균적' 판사가 아닌 특정 판사에 의해 그리고 '정상적' 상황 집합이 아닌 특정 상황이 고려되어야 하기 때문이다. 결국 기대와 실제 결론 사이에는 상당한 차이가 있을 수밖에 없다.

실제 전문가 시스템의 구현에는 다음과 같은 실질적인 어려움도 있다. 법원 판결 중 상당 부분이 일반에게 공개되지 아니하며, 따라서 이런 판결은 전문가 시스템을 훈련시키기 위한 데이터로 사용할 수 없다. 하급심 판결의 경우는 상급심에 의하여 결론이 번복되는 경우가 많아 이러한 판결은 훈련용 데이터로 쓸 수 없다.442) 주로 대법원 판결을 데이터로 사용할 수밖에 없는데, 그렇게 되면 훈련용 데이터가 줄어들 수밖에 없다. 결론의 정당성이 보장되는 판결이라 하더라도 이런 판결에 이르는 추론 과정이 인공지능 알고리즘의 추론 과정 구현에 적합할 정도로 명확하지 않을 수도 있다. 그렇다고 그 재판부에게 그런 점을 확인하는 것은 비현실적이다.[443)

모호성과 해석 과정

법률 용어는 변화하는 상황과 예기치 못한 상황에 적응할 수 있도록 모호성이란 속성이 불가피하다. 입법자는 해석이 필요한 애매한 용어를 사용해 국민, 사법부와 소통한다. 그러나 국회가 그들이 입법한 법이 새롭고 예측하지 못한 상황에서 어떻게 이해되기를 바랐는지는 해석 과정을 통해 결정될 수 있고, 그러한 해석 과정은 간접적이고 복잡하며, 궁극적으로 논쟁의 여지가 많다.

법률 전문가 시스템 설계에 대한 초기 접근도 이러한 상황을 타파하기 위한 해결책을 찾고자 했다. 수많은 변수와 미지의 상황에 의하여 지배되는 의사결정 상황이 문제의 중심이었다. 따라서 국회가 어떻게 해석하기를 원하는지 파악하려면 필연적으로 장차 사건을 담당하여 의사결정을 하여야 하는 판사들의 가치, 신념, 방법론적 선호도를 예측하여야만 했다.

규범 기여자·통역자

이러한 복잡성을 줄이기 위한 방안은 하나의 규범-기여자와 이미 알려진 하나의 '판단' 또는 규범-통역자를 설정하는 것이다. 그렇게 하면 이 시스템은 체계적인 조사를 통해 다양한 가상 조건에서 규범을 해석할 방안을 찾아낼 것이며, 더불어 무제한의 잠재적 훈련 사례까지 제공할 수 있다. 일단 이런 시스템이 충분히 훈련되면, 그것은 이와 같은 시스템의 평가를 위한 객관적인 벤치마크로도 사용할

수 있다.[444)]

　인공지능 알고리즘의 성능을 가늠할 때 좋은 방안은 그 알고리즘
이 실제 판사들의 결정을 정확하게 예측할 수 있는가 하는 것이다.
그러나 기본적으로 인공지능 알고리즘의 훈련용으로 사용할 수 있
는 사건 수가 제한되어 있기 때문에, 장차 행해질 판결에서 판사들
의 다양한 도덕적, 정치적, 철학적 신념이 어떻게 작용할지를 결정
하는 것은 문제가 된다.

　전문가 시스템 설계의 성능을 결정하는 것은 그것이 새롭고 예기
치 못한 상황을 얼마나 정확하게 예측하는지이다.[445)] 그러나 예측의
'정확성'에 대한 평가는 이론(異論)의 가능성이 높다. 무엇이 '제대로
된 올바른' 결정이냐는 법조계 내에서도 의견이 분분할 수 있다. 인
공지능 알고리즘으로 산출해내는 결과는 참(True) 또는 거짓(False)
이 되어야 한다. 따라서 제대로 된 결정이냐 하는 것도 2진법에 따
라 분류되어야 한다. 문제는 알고리즘에 의한 복잡한 연산 결과가
확률적 모형의 특징에 따라 퍼센티지로 표시될 때이다. 판결에 대한
예측 결과가 퍼센티지로 표시된다는 것 자체도 쉽게 수용하기 어렵
다. 따라서 인공지능 알고리즘과 법학에서의 방법론적 차이에 대한
성찰을 통해, 이러한 문제에 대한 해결 방안을 모색할 필요가 크다.
과대 포장된 허황한 기대하에 되지도 않는 꿈을 꾸는 것보다, 이와
같이 지극히 사소해 보이지만, 실제로는 큰 문제가 되는 논쟁거리에
대한 진지한 모색이 필요하다. 법적 규범을 자율적으로 해석하고 결
정을 내릴 수 있는 컴퓨터 알고리즘이 가능하고, 그러한 시스템은
분명 판결 등 관련 법적 문제의 해결 지원 도구가 될 수 있다고 믿
고 있다.

사후 분석

법률 분야의 핵심 기술인 법 규범에 대한 실제 해석의 대부분은 사후 분석에서 이루어진다. 실제 법률 전문가는 어떤 법적 주장의 일관성이나 완전성을 검토할 때 사후 분석에서 축적된 지식을 바탕으로 한다.[446] 그러나 예측이라는 문제와 관련하여 이러한 분석이 가능하지 않다고 보는 것이 맞고, 어떤 방향 전환이 필요하다. 이러한 방향 전환은 기존 법률 시스템을 반영하려 한 법률 분야 인공지능 이론의 오래된 아이디어와 접근법을 무용지물로 만들 것이다.[447] 적절한 인공지능 알고리즘 고안의 유효성과 성공을 결정하는 것은 의외로 인공지능이 적용될 영역의 선택과 관련되어 있다. 실현 불가능한 강한 인공지능이나 마스터 알고리즘을 포기하고, 주로 법률 규범의 해석과 용어 해독에 초점을 맞춰 법적 추론의 전개를 실현하는 알고리즘을 모색하여야 한다. 이러한 겸손한 목표는 인공지능 알고리즘의 개발을 촉진하고 활용을 도모할 것이다.

그럴 경우 거의 소멸 단계에 있는 법률 인공지능 시스템의 부활을 모색할 수 있을지 모른다. 경우에 따라 인공지능 알고리즘은 판사의 판결 과정을 도울 수 있는 복잡한 법률 정보 관련 모델일 수 있다. 이러한 소박한 시스템은 과거 법률 전문가 시스템이 실용화되지 못한 주요한 원인인 방법론적 함정의 대부분을 회피하고, 보편적 법적 추론이나 규범 해석의 역할을 제대로 수행하면서 법률 전문가 시스템의 사용을 촉발할 수 있을 것이다. 경우에 따라 그 시스템은 이를 설계할 때 모델로 한 인간 전문가의 완전한 지능에 크게 미치지 못하는 시스템이 되어도 좋다. 적어도 그러한 시스템은 특정한 영역에서 특정한 업무의 관련 지식을 완전하게 보존하고 적용할 것이기 때문이다.[448]

규칙의 정립

통상 법률 전문가 시스템의 가장 큰 기술적 관건이자 문제는 적절한 질문과 답변 및 그러한 답변에서 얻어진 변수로부터 결론을 추론하는 규칙의 정립이다. 이 규칙의 설정 과정에서 그러한 전문가 시스템을 설계하고, 훈련시키는 사람의 가치 체계를 모형화하는 것이 필연적이다. 따라서 법률 전문가 시스템은 다분히 설계자의 가치 체계를 반영하는 시스템이다. 따라서 설계 과정에 관여한 인간 전문가의 경험이나 전문 지식의 수준이 법률 전문가 시스템의 성패를 좌우한다. 인간 전문가의 지식이 시스템의 규칙 생성 단계에서 제대로 반영되어야 한다. 규칙이 임의대로 변경되면 그것은 전혀 다른 성격의 시스템이 된다.

시스템의 안전성 대책

따라서 이러한 규칙과 연산 과정이 설계 과정의 가치 체계를 그대로 보존할 수 있도록 시스템의 안전성 대책이 강구되어야 한다.[449] 작동 과정에서 해킹 등에 의하여 규칙이나 변수 등에 관한 데이터를 임의 조작하게 되면 전혀 다른 시스템이 되고, 그러한 시스템의 자문 결과는 신뢰할 수가 없게 된다. 악의적인 제3자의 통제를 받는데도 시스템 사용자는 물론 운용자조차 알 수 없다면, 이는 추후 그런 시스템의 자문 결과에 따른 법적 대응이 파국으로 치달았을 때의 책임 문제로 연결될 것이다. 전문가 시스템의 알고리즘은 자율 에이전트의 성격도 갖고 있기에, 그 사용에 따른 책임 문제는 자율 에이전트 소프트웨어 프로그램의 법인격 부여와 관련한 심도 있는 논의를 포함한다. 하지만 이는 이 책의 서술 목적에서 벗어나므로 자세히 언급하진 않는다.

나. 머신러닝과 특징 추출

인공지능 역사에서 기계가 스스로 학습하여 수행 성능을 향상시키다는 머신러닝 관념은 획기적인 발상이었다. 기계가 스스로 학습한다는 것은 프로그래머가 일일이 코딩을 통해 컴퓨터가 수행할 작업을 정할 필요가 없다는 것 이상의 특별한 의미를 지닌다. 즉 컴퓨터 알고리즘이 인간의 사고 과정을 기계적으로 재현한다는 것이다.[450] 머신러닝의 핵심은 데이터 속에서 패턴과 관계를 발견하고 활용하는 데 있다.[451]

특성 추출 작업

머신러닝의 성패를 좌우하는 가장 중요한 분야는 데이터가 가진 특성을 추출하는 작업이다. 특성 추출 작업이 잘못되면 그 결과인 인공지능 알고리즘 모델은 현실 세계와 동떨어진 결과(output)를 내놓는다.[452] 인공지능 모델의 구조상 인간 전문가가 관여할 수 있는 부분은 특성 추출과 그러한 특성 데이터의 입력 부분이다. 나머지는 블랙박스와 같은 연산 과정으로 인간 전문가라도 일일이 들여다볼 수 없다. 따라서 성공적인 머신러닝 모델의 구축은 인간 전문가가 관여할 수 있는 영역인 입력에서 결정된다. 따라서 성공적인 모델 구축을 위해서는 입력이 중요하고, 그러한 입력값을 결정하기 위한 특징 추출이 중요할 수밖에 없다.

데이터로 답할 수 있는 질문

특징 추출의 첫 과제는 데이터로 답할 수 있는 질문을 하는 것이다. 예를 들어 기혼 여부를 예측할 수 있는 머신러닝 모델을 만든다고 하자. 우선 고객 명단이 필요한데, 이러한 명단에는 각종 정보가 포함되어 있다. 이를 모델로 구축하는 경우, 어떤 사람이 결혼했는지 여부는 목표(target) 또는 레이블(label)이고, 나머지 정보는 특성(feature)으로 사용한다.

머신러닝 모델은 이렇게 입력된 특성들을 사용해 목표를 성공적으로 예측하여야 한다.[453) 머신러닝 모델에서 학습 또는 훈련 부분을 담당하는 것은 텐서플로우 등 제공되는 플랫폼이다. 이것도 누군가가 개발한 것이지만, 인공지능 알고리즘을 구현할 때 학습·훈련을 담당하는 부분까지 직접 만들 필요는 없다. 따라서 각 개발자가 인공지능 모델의 성능에 기여하는 것은 최적의 특성 추출 부분이다.

이러한 특성 추출에서 머신러닝 모델의 큰 애로인 통계적 복잡도와 계산 복잡도를 줄여야 성공적인 모델을 구현할 수 있다. 이러한 특성은 머신러닝 시스템에서 입력에 해당한다.

특성 추출은 입력 데이터를 수학적으로 변환해 머신러닝 모델에 사용할 새로운 특성을 만드는 작업이라고 설명된다.[454) 그러나 이러한 표현에는 어폐가 있다. 특성 추출은 입력 데이터를 정하는 일이다. 수학적 변환이라 하였지만, 엄밀한 의미에서 머신러닝의 입력은 수치여야만 한다. 참을 1로 거짓을 0으로 환산하는 것을 비롯하여 바깥세상의 특징들을 기계가 인식할 수 있는 수치로 전환하는 것은 당연하다. 이런 과정에서 적절한 수치 변환도 특성 추출에 영향을 미치는 것이 분명하지만, 보다 중요한 것은 어떤 특성을 입력 변수로 사용하느냐이다.

피쳐 엔지니어링

머신러닝 시스템을 구축 할 때 핵심적인 문제가 피쳐 엔지니어링 (feature engineering)이라고 하는데, 이때 결국 머신러닝 모델이 사용할 특성의 종류를 정하는 일이 상당 부분을 차지한다. 시그널(Signal)이라고도 하는 특성(feature)은 기계학습 알고리즘이 알 수 없는 객체를 분류하거나 알 수 없는 값을 추정할 수 있도록 원시 데이터에서 정보를 인코딩(encoding)하여야 나온다. 머신러닝 알고리즘의 주된 장점은 많은 특성을 다룰 수 있는 능력이다.[455] 행렬의 합성 곱셈을 이용하면 아무 많은 입력 변수라도 수월하게 연산해서 제대로 된 결과를 낸다. 텐서플로우 연산 과정을 보자.

```
X = tf.placeholder(tf.float32, shape=[None, 3])
Y = tf.placeholder(tf.float32, shape=[None, 1])
```

위 소스 코드의 X에 입력값, 즉 특성 부분이 담긴다. Y는 결괏값에 해당한다.

```
W = tf.Variable(tf.random_normal([3, 1]), name='weight')
```

W는 각 입력값, 즉 특성에 부여될 가중치를 결정한다.

```
b = tf.Variable(tf.random_normal([1]), name='bias')
```

b는 그 과정에서 투입되는 편향값이다.

```
hypothesis = tf.matmul(X, W) + b
```

hypothesis가 결괏값을 예측하는 핵심 과정이다. matmul 함수가 입력값 X와 가중치 W의 행렬 곱셈을 담당한다. 입력 변수인 X가 아무리 많아도, 그에 대응하는 W와 곱셈을 해내는 데 아무런 문제가 없다. 머신러닝 모델 구축에서 이와 같이 많은 특성을 추가하면 모델 정확도를 높일 수 있다. 그러나 머신러닝에 특성을 무조건 추가한다고 해서 반드시 좋은 결과로 이어지는 것은 아니다.[456]

절충 관계

머신러닝의 통계 모델링에서 예측 정확도와 모델 해석 능력 사이에는 절충 관계(trade off)가 있다고들 한다. 즉 하나를 높이면 다른 하나에서 문제가 생긴다는 것인데, 단순 모델의 경우 작동을 이해하기는 쉽지만 그 예측 결과는 신통찮다. 반대로 복잡한 모델을 사용하면 정확한 예측 결과를 얻을 수 있을지 모르지만, 너무나 복잡한 연산 과정 때문에 모델의 작동 구조는 블랙박스적 성격을 갖게 되어 이해가 불가능하거나 어려울 수 있다.[457] 즉 해석이나 설명 기능에 최적화된 모델이라고 해도 정확도 면에서는 미흡할 수 있다.[458]

특성 추출은 데이터를 수치로 변형해 결괏값과 연관 짓고, 비정형 데이터 자료를 머신러닝 모델에 사용할 수 있게 해준다. 제대로 된 특성 추출을 통해 해석 가능한 실용적인 특성 모델의 구축이 가능하다. 또한 더 많은 특성 집합을 사용하면 특성 추출의 적절성을 확인할 수 있을 뿐만 아니라, 어떤 특성의 예측력이 더 우수한지도 파악할 수 있다. 심지어 특성의 추출 과정에서 새로운 동향이나 패턴도 발견할 수 있다. 여러 가지 특성 중에서 수행 성능에 결정적 영향을 미치는 특성을 잘 선택하여야 제대로 된 수행 결과를 생성한다. 그러나 좋은 특성을 고안한다는 것은 어렵기 짝이 없어, 머신러닝 시스템 구축 과정에서 주요한 병목(bottleneck)으로 작용하는 것으로 알려져 있다. 실제 어떤 특성이 머신러닝 알고리즘에 유용할지를 예측하는 일은 쉽지 않다. 많은 입력 변수를 사용하고, 이러한 입력 변수에 사용자 정의 함수를 적용하는 등 기계학습 모델을 훈련시키다 보면, 특성 코드에 대한 각각의 변경 사항이 모델 결과에 어떤 영향을 미치는지 평가하는 데만 엄청난 시간이 소요될 수 있다.[459]

다. 규칙 정립의 자동화

특성 추출이 성공적 모델 구축에서 중요하다고 하였다. 사실 이러한 특성 추출은 입력값의 질로 그 작업의 성공 여부를 평가할 수 있는데, 입력값의 질은 그 입력값이 실제 현실의 특성을 얼마나 제대로 반영하느냐에 달려있다.

따라서 각 법적 영역의 성격에 맞는 특성 추출이 매우 중요하다.

이러한 특성 추출을 전문가 시스템과 결부해보면, 전문가 시스템의 규칙과 연관을 맺는다. 앞서 살펴보았듯이 전문가 시스템의 일반적 작동은 질의응답을 통해 사용자로부터 입력값에 해당하는 답변을 얻어낸 다음, 그것이 각개의 규칙을 만족하는지 여부를 연쇄적으로 따지는 방식을 취한다. 따라서 이러한 규칙이 적절하지 않으면 전문가 시스템의 판단도 제대로 나올 수가 없다.

현재까지의 전문가 시스템은 규칙 자체를 인간 전문가가 일일이 정해주는 방식이었다. 전문가 시스템 쉘도 이 부분은 시스템 개발자에게 전적으로 맡기고 있다. 따라서 시스템 개발자는 각 분야의 인간 전문가와 긴밀히 상의하여 직접 규칙 부분을 입력할 수밖에 없다. IF THEN과 같은 단순한 구조이긴 하지만, 이것이 제대로 연쇄가 되어야 옳은 결정이 가능하다.

규칙으로의 변환

세상에는 엄청난 법률 관련 데이터가 있고, 각종 법 규정만 해도 너무 많다. 비록 전자적 데이터로 보관 중이긴 해도 이를 규칙으로 변환하는 것은 너무나 힘든 작업이다. 이러한 규칙 정립 과정을 인공지능 알고리즘을 이용하여 자동화하는 방안이 모색되어야 한다. 필자의 짧은 생각인지는 몰라도, 그 답은 텍스트 피처 엔지니어링에 숨어있는 것 같다.

라. 사용자 인터페이스의 문제

최근 리걸테크의 개발 동향을 부분적으로나마 접할 기회를 가졌다. 의외로 상당수의 젊은 변호사가 이런 리걸테크 붐에 동참하여 스타트업을 만들어 운용하고 있는 것을 알 수 있었다. 대부분의 서비스 제공 형태가 대화형이라는 것을 알 수 있었다.

대화형 서비스

변호사의 관여 없이 리걸테크 애플리케이션과 사용자가 직접 대면하여야 하는 리걸테크 서비스의 특성상, 이런 대화형 서비스는 불가피한 측면이 있다. 실상 전통적 법률 서비스 제공 형태도 가장 기본이 상담이다. 상담을 시작으로 각종 형태의 법률 서비스가 제공된다. 그런 점에서 보면 리걸테크가 제공한 서비스에서 의뢰인과의 대화는 필연적이다. 인공지능 법률 전문가도 역시 질의응답 형태가 기본이다. 과거의 **VP-EXPERT**와 같은 범용 전문가 시스템 쉘에서도 질의응답 과정이 핵심이었다. 이런 질의응답과 관련하여 다양한 형태의 인공지능 알고리즘이 적용되어야 한다. 당연히 대화 과정에서 사용자의 응답을 컴퓨터가 이해하는 것이 필요한데, 그러한 과정의 해결에 자연어 처리라는 문제가 등장한다.

자연어 처리 문제

이러한 자연어 처리 문제는 간단하지 않다. 꽤 오랫동안의 연구에도 불구하고 자연어를 처리하는 것은 쉽지 않다. 통신사들이 판매하는 인공지능 스피커가 좋은 예다. 통신사들은 인공지능 스피커가 사용자의 말을 잘 알아듣고 이에 맞는 서비스를 제공한다고 광고한다. 하지만 이와는 다르게 인공지능 스피커의 음성 인식률이 떨어진다는 지적이 나온 지 오래다. 이는 설문조사 결과 50%가 넘는 사용자가 일상적인 사용 환경에서 음성 인식이 미흡하다고 답변한 데서 알

수 있다. 인공지능 스피커가 사용자의 말을 인식하지 못하는 사례는 기자회견장에서도 일어났다. 2018년 7월 31일 국내 통신사가 키즈 콘텐츠를 소개하는 기자회견을 마련했다. 이날 직원이 외국어 번역 기능을 소개하기 위해 직접 인공지능 스피커와 대화를 시도했는데, 직원이 한 말과는 다르게 음성을 인식하는 해프닝이 벌어졌다. 음성 인식률이 떨어지는 이유는 '언어적 어려움', '사람마다 다른 발음과 억양', '작동 환경' 등 여러 가지가 있다. 이에 대한 해결책은 데이터 양의 누적이다. 데이터가 누적되는 만큼 음성 인식률의 정확도가 높아지므로, 데이터 축적에 유리한 이동 통신사, 포털 사이트가 서비스 제공에서 강점을 지닐 수밖에 없다.460)

수익성이 높고 자본 집중도가 높은 인공지능 스피커조차 인식률 저하의 문제로 어려움을 겪는다는 사실은 그만큼 자연어 처리가 쉽지 않음을 대변한다. 그 해결은 물론 많은 데이터를 바탕으로 한 머신러닝과 인공지능 알고리즘의 개발이다. 그 이전에 질의응답 처리 프로세스를 어떻게 할 것인가도 연구되어야 한다. 그 해결책이 나온다면 법률 전문가 시스템의 질의응답에도 숨통이 트일 것이다.

그러나 그런 알고리즘이 유료라면 법률 전문가 시스템이 가진 수익성의 규모가 문제시된다. 지나치게 높은 비용이 소요된다면 이를 법률 전문가 시스템에 적용하기 어려울 것이다.

질의응답에 사용되는 용어 제한

그렇다면 나름의 해결책이 필요한데, 이때 등장한 비법은 질의응답에 사용되는 용어를 제한하는 방책이다. 업계의 경험에 의하면, 전화 문의에서 어휘를 적게 유지하여야 성공적인 시스템이 되었다고 한다. 문제는 미지의 사용자가 자신이 처한 문제를 설명하기 위해 시스템이 설정한 단어만을 쓴다는 보장이 없고, 어느 정도의 시스템도 수천 개의 단어만 식별할 수 있다는 것이다.

인공지능 스피커의 음성 인식은 사용자의 발음이나 사투리 등 개인 특성을 바탕으로 맞춤형 훈련이 가능하다. 따라서 일단 훈련이 되면 다른 사람의 말을 알아듣지 못해도 사용자의 말은 알아듣는다. 사용자는 어떤 시스템이 자신이 말한 문장을 인식할 때까지 충분히 자주 반복하면서 시스템을 훈련시킬 수 있다. 그러나 법률 전문가 시스템은 어떤 사용자에게 특화될 수 없다. 누구나 사용할 수 있어야 한다는 점에서 고민거리다. 사용자가 누구일지, 또 어떤 판사가 어떤 사건을 결정할지에 관계없이 결과물을 산출해내야 한다.

그러자면 시스템 구현에서 가능한 답변의 수가 매우 제한되고, 매우 적은 어휘로 구성되어야 한다. 그러자면 앞서 본 VP-EXPERT와 같은 쉘의 질의응답 구조는 법률 전문가 시스템을 구현하는 데 있어 대안 없는 선택지가 될 것 같다. 머신러닝 등 첨단 알고리즘과 법률 전문가 시스템의 궁합은 썩 좋지 못하다. 반면 거의 사장되다시피 한 전문가 시스템 전용 도구는 의외로 법률 전문가 시스템의 구현에 적합할 듯하다. 다만 VP-EXERT가 DOS 버전인 상태로 존치하고 또 무료로 얻을 수 있는 것처럼, 전문가 시스템은 상업적인 성공으로 연결된 프로젝트가 별반 없는 것으로 보인다. 그러나 드물게 Neota Logic이라는 기업은 전문가 시스템 구축을 위한 플랫폼을 제공하고, 로스쿨 등에도 유료로 그 플랫폼을 이용하도록 하고 있다. 이와 관련해서는 후술한다.

적어도 법률 전문가 시스템과 결부시켜 보면, 전문가 시스템이라는 틀은 나쁘지 않은 것 같다. 전문가 시스템은 그 기본 구조를 사용자가 검증할 수 있고, 법률 전문가의 전문 지식을 지식베이스로 그들의 행동과 태도를 모방하는 솔루션을 개발하기에 적합하기 때문이다.

사용자의 피드백

사용자의 피드백은 법률 전문가 시스템의 구현에서 사용된 전문가의 지식뿐만 아니라 그들의 가치와 신념, 행동을 지배하는 윤리적 규칙까지 모델링하는 데 기여할 수 있다. 법률 전문가 시스템 개발 과정에서 구축된 법 규범 해석의 논리적 측면에 대한 통찰은 법률 전문가 시스템에 투영되어 인공지능 알고리즘과 법률 분야의 연구를 활성화하는 데 기여할 것이며, 또 다른 법률 전문가 시스템의 구축에 재사용될 것이 분명하다. 이러한 법률 전문가 시스템의 사용이 일반화되고 활성화되면, 그로 인해 지식베이스가 갱신된다. 현행 법률 전반의 가치나 개개인의 선호도를 반영하여 새로운 상황에 맞춘 참신한 규범 해석도 분명 가능할 것이다. 나아가 법률 전문가 시스템의 예측력도 보다 정확해질 것이다.

Ⅳ. 법률 전문가 시스템 구현 모델과 특장점

1. 법률 전문가 시스템의 분류

법률 애플리케이션은 변호사가 사용하는 일반 응용 프로그램을 의미하기도 하지만, 법률 분야를 위해 특별하게 고안된 응용 프로그램에 국한되기도 한다.

법률 전문가 시스템은 인공지능(AI) 기법을 이용해 법적 문제를 해결하는 일부 시스템을 의미한다. 리걸테크에서 개발하고 제공하는 시스템이나 애플리케이션이 모두 전문가 시스템이라고 하기는 어렵다. 전형적인 의미의 전문가 시스템은 적어도 지식베이스를 토대로 구축된 인공지능 알고리즘이어야 하고, 법적 개념 분석과 추론을 통해 실제 법적 문제를 해결할 수 있어야 한다. 법률 정보 검색 프로그램이 고도화된다고 하여 전형적 의미의 법률 전문가 시스템이 될 수는 없다. 법률 전문가 시스템은 인공지능과 법의 핵심이고 희망이라고 감히 말할 수 있다. 법률 전문가 시스템은 변호사에게 기대하는 정도의 수준에서 수행되는 시스템이라고 정의하기도 하는데,461) 참으로 적절하다.

법률 분야에서는 법률 정보 검색 시스템(legal retrieval system)과 법률 분석 시스템(legal analysis systems)을 인공지능의 양대 축으로 보기도 한다.462)

법률 정보 검색 시스템

본래 법률 정보 검색 컴퓨터 시스템은 키워드를 입력하고 제목이나 내용 중에서 키워드와 매칭되는 결과를 내놓는다. 그런데 이러한 검색 알고리즘의 구현에서 인공지능 기법을 사용하면 검색의 효율이 향상된다. 예를 들어, 사용자가 입력하지 않았지만 입력 키워드와 동등하거나 충분히 관련 있다고 추론된 연관 검색어를 사용하여 데이터를 검색하기 때문이다.463)

법률 분석 시스템

법률 분석 시스템은 어떤 사실에 관한 정보를 제공하면 그 정보를 토대로 법적인 결론을 제공한다.

법률 전문가 시스템의 지식베이스는 일반적인 데이터베이스와 유사한 면이 있다. 그러나 데이터베이스는 단순히 어떤 데이터를 체계적으로 분류·저장하는 데 그치지만, 법률 전문가 시스템은 데이터로 저장된 지식을 문제 해결에 적용할 수 있다는 점에서 차이가 분명하다. 어떤 이는 법률 분석 시스템과 법률 정보 검색 시스템은 기본적으로 같고, 정도의 차이만 있다고 한다. 어떤 이는 법률 분석 시스템은 그 산출 결과가 법적 전문가에 의한 것이라고 간주될 정도라야 하지만, 법률 정보 검색 시스템의 결과는 법률 전문가에 의하여 산출된 것이라고 보기 어려운 점에서 차이가 있다고도 한다.

법률 전문가 시스템은 전문적인 법률 교육을 받은 변호사와 같은 사람만이 사용할 수 있게 만들거나 일반 대중도 함께 사용할 수 있도록 설계할 수 있다. 전문적 법률 교육을 받은 사람만이 사용할 수 있는 법률 전문가 시스템을 만드는 것은 상대적으로 용이하다. 왜냐하면 그러한 시스템은 변호사가 고객에게 법적 조언을 하는 데 필요한 Legal Research의 정확성과 신속성을 향상시키는 것을 목표로 하기 때문이다. 법률 교육을 받은 전문가가 사용하기 때문에 이러한 시스템의 설계 단계에서 그 대상을 일반적인 법률 지식을 가진 사람으로 가정할 수 있고, 구현에 있어 사용자의 상위(相違)에 따른 시스템의 복잡성 요소를 제거할 수 있다. 시스템에 요청하는 질문이 비교적 정제되어 있어 해법을 모색하는 과정에서 불필요한 낭비가 없고, 전문가 시스템이 연산의 결과로 제공하는 보고서도 적절히 훈련

받은 사람들에게 적합한 수준으로 진술될 수 있기에 구현 과정이 용이하다.

우리나라 법원에서도 판결문을 작성함에 있어 일반인이 쉽게 이해할 수 있도록 하자는 움직임이 있었으며, 지금도 그러한 노력은 계속되고 있다. 하지만 필자는 그러한 노력에 한계가 있다고 본다. 판결문을 읽고 이해하여야 하는 일반 국민을 누구로 삼느냐에 달린 문제이기 때문이다. 일반 국민의 교육 수준이 상이하기 때문에 쉽게 쓰는 판결문의 대상을 누구로 잡느냐는 쉽지 않은 일이다. 판결문은 결국 법률 전문가를 대상으로 작성하여야 한다. 판결문이 지닌 취지는 판결 선고 과정에서 쉽게 설명할 일이다. 판결문 자체를 일반 국민이 이해하도록 하자는 노력은 가상하기는 하나 불가능에 가깝다.

판결문의 이해에도 법률 전문가의 도움이 필요하다는 설정이 옳다고 본다. 판결문을 제대로 이해하지 못하여 엄청난 불이익을 받는 참사를 막기 위해서도, 판결문이 이해되지 않는 경우 전문가의 도움을 받은 것이 맞다. 의사가 발급하는 진단서 역시, 쉽게 쓰더라도 전문적 의학 지식이 없는 일반인의 입장에서는 이해가 어렵다.

이러한 점을 고려하면, 일반인이 이용하는 전문가 시스템을 구현하는 것은 전문가를 위한 시스템을 구현하는 것과 난이도에서 엄청난 차이를 보인다. 일반인이 사용할 수 있도록 설계된 법률 전문가 시스템은 비록 법적 서비스에 대한 접근성을 확대한다는 이상에도 불구하고 일반 사용자의 법률 지식을 가정할 수 없다는 난점 때문에 만들기가 더 어렵다.

따라서 법률 전문가 시스템의 개발 단계를 나누자면, 우선 법률 전문가를 위한 시스템 개발에 주력하는 단계를 거쳐 충분한 개발 경험과 사용 경험이 축적된 후 일반인을 위한 범용 법률 전문가 시스템을 개발하는 단계로 이행하여야 한다. 전문가를 위한 법률 전문가 시스템의 장점은 법률 정보 검색 등 Legal Research의 비용 절감이라는 비교적 소박한 목표에 주력할 수 있다는 것이다. 이는 일반 고객의 법률 서비스 비용을 절감해줄 뿐만 아니라, 서비스의 품질 향상을 가져올 수 있다. 뿐만 아니라 비용으로 인한 법률 서비스 접근의 제약 문제를 개선하고, 법적 분쟁을 해결하는 데 소요되는 시간을 단축할 수 있게 해줄 것이다.

추론이 가능한 모델

Susskind 같은 이도 법률 전문가 시스템이 어때야 하는가에 대하여 고민한 듯하다. 단순한 법률 정보 검색 시스템이 아니라 진정한 법률 정보 검색 시스템이라면 어떤 특징을 지녀야 하는지에 대하여 여러 측면에서 따져보았으며, 이때 추론이 가능한 모델을 최소한의 요건으로 보았다.

법률 전문가 시스템은 다양한 기준에서 다양하게 분류할 수 있다. 예를 들어 앞서 본 것처럼 법률 정보 검색 시스템과 법률 분석 시스템으로 나누기도 한다. 법률 정보 검색 시스템은 변호사가 법령의 세부 사항 및 선례에 관한 정보를 데이터베이스에서 검색할 수 있게 해준다. 인공지능 기술이 적용되면 사용자가 입력한 키워드뿐만 아니라 그와 같은 의미이거나 충분히 관련된 것이라고 추론되는 키워드까지 함께 검색하는 기능 등, 검색의 효율성이 높아진다. 그러나 이러한 법률 검색 시스템은 기본적으로 법률 분석(legal analysis)의 개념 모델에 기반하지 않는다.

개념 모델

개념 모델은 법의 특정 영역의 개념을 이해하는 것을 전제한다.[464)
법률 검색 시스템과는 달리 법률 분석 시스템은 이러한 개념 모델을
전제로 단어 이면의 의미에 기초한 유용한 정보를 제공할 수 있어야
한다. 필연적으로 특정 영역의 모델 구축에 있어 법적 상황의 묘사,
관계 설정이 필요하다.

따라서 사용되는 언어는 법적 사실과 규칙을 설명하기에 족한 공
고함이 있어야 하고, 업데이트도 용이하여야 한다. 새로운 판례가
생기면 법률 전문가 시스템의 규칙으로 즉각 반영되어야 한다.[465)
법률 분석 시스템은 일련의 사실이 특정 영역의 법률에서 어떻게 처
리될지를 결정한다.[466) 좀 더 복잡하게, ① 전형적인 법적 추론 시뮬
레이션이나 법령 및 판례의 해석에 기초한 조언과 같은 자문 전문가
시스템, ② 경험에 근거하여 어떤 전략에 관하여 조언하거나 결정을
예측하는 비공식적 법적 추론의 시뮬레이션, ③ 법안 초안, 유언장
이나 증서 같은 법적 문서를 작성하는 문서 생성 전문가 시스템, ④
정보 검색 기능 전문가 시스템, ⑤ 사건 관리 및 지원 전문가 시스템
으로 구분하기도 한다.[467)

하지만 다음 그림과 같은 분류도 가능하다.

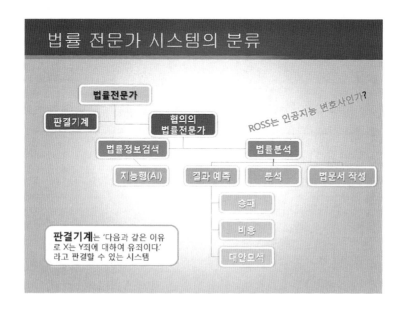

법률 전문가 시스템의 분류

법률전문가
판결기계 / 협의의 법률전문가
법률정보검색 / 법률분석
지능형(AI) / 결과 예측 / 분석 / 법문서 작성
승패 / 비용 / 대안모색

ROSS는 인공지능 변호사인가?

판결기계는 '다음과 같은 이유로 X는 Y죄에 대하여 유죄이다.' 라고 판결할 수 있는 시스템

가. 판결기계

"다음과 같은 이유로 X는 Y죄에 대하여 유죄이다."라고 판결할 수 있는 판결기계는 엄밀한 의미의 법률 전문가 시스템은 아니다. 이는 오히려 강인공지능에 가까운 완전체이며, 실현이 요원한 것이다. 미국에서는 다마토 교수가 1977년 판결기계를 제안하면서 "컴퓨터가 판사를 대체할 수 있는가(Can/Should Computer Replace Judge?)"라는 논문을 발표하였다.[468] 그러나 거창한 제목과는 달리, 그 논문에서 다룬 판결기계는 관할 문제 경합의 해결이라는 국소적 문제에 초점을 맞춘 단순한 모델에 불과하다. 국·내외적으로 인공지능에 의한 판사의 대체 등이 언론의 주목을 받고, 각종 학술대회가 개최되고 있기는 하나, 아직까지 인공지능 판사 또는 판결기계의 구현 등에 관한 구체적인 연구는 없는 것으로 보인다. 이러한 판결

기계는 알고리즘 구현 차원에서 법 관계의 사실 확정에 관한 복잡도 등 여러 가지 어려움이 있고, 이외에도 수용에 관한 사회적 합의, 개발 비용이나 투자 가능성의 문제 때문에 당분간 실현이 어렵다.

통계학에 기반을 둔 기계의 결정에 승복

어느 누구도 수학, 특히 통계학에 기반을 둔 기계의 결정에 승복하지 않으려 할 것이다. 이 점에 대하여는 별도의 장에서 좀 더 논의를 진행하기로 한다.

나. 협의의 법률 전문가 시스템

반면 협의의 법률 전문가 시스템은 전형적인 전문가 시스템의 속성을 그대로 가지고 있으며, 현실에서 마주할 수 있는 것이다. 협의의 법률 전문가 시스템도 법률 정보 검색과 법률 분석 분야로 대별할 수 있다. 법률 분석은 다시 소송의 승패, 비용, 대안 모색 등의 결과 예측, 일반적 사건이나 법령 분석, 법 문서 작성으로 나눌 수 있다. 앞서 법률 전문가 시스템이 법 분야에서 다양하게 쓰이고 있는 사례를 보았다.

다. 인공신경망 알고리즘을 적용한 법률 전문가 시스템

앞서 소개에서 언급한 바와 같이, 인공신경망은 컴퓨터가 사람의 학습 기능을 갖출 수 있도록 사람의 뇌 구조를 모방한 데이터 모델링 기법으로, 과거에 수집된 자료로부터 반복적인 학습 과정을 거쳐 자료에 내재되어 있는 패턴을 찾아내는 비선형 통계기법이다. 이와 같은 인공신경망은 생물학적 뉴런을 모델링한 유닛과 그 유닛 사이의 가중치 연결들로 이루어지며, 각 인공신경망 모델에 따라 다양한 구조와 각기 독특한 학습 규칙을 갖는 특성이 있다.

인공신경망의 구조

인공신경망의 구조는 크게 선택된 예측 인자가 입력되는 최하위 층인 입력층(input layer), 외부와의 직접 연결이 전혀 이루어지지 않는 은닉층(hidden layer), 은닉층의 모든 뉴런과 연결되어 있으며 인공신경망에 의해 처리된 예측 결과를 출력해주는 출력층(output layer)까지 세 개의 층으로 구성된다.[469] 인간의 두뇌와 유사한 처리를 하는 기계를 만들려는 노력의 일환인 이런 인공신경망에서도, 인간의 두뇌가 어떻게 활동하고 지능이 어떤 것인지에 대한 확정적인 결론이 없다는 애로는 있다. 그럼에도 뉴런이라 불리는 인간의 신경 세포와 유사한 처리 요소로 이루어져 있는 것이 인공신경망이라 하겠다.[470] 그 외에도 퍼지 시스템이나 유전자 알고리즘, 하이브리드 뉴로퍼지 또는 퍼지 진화 시스템이 이러한 추론 시스템의 성능 향상을 위해 고안되었다.

이러한 여러 도구가 많은 문제를 잘 처리할 수 있지만, 딱 들어맞는 하나의 도구를 선정하는 것은 그리 쉽지 않다. 각 기법이 나름 특정한 업무에 맞게 최적화되어 있긴 하지만, 모든 일에 완벽하게 맞아떨어지는 도구는 없기 마련이다.[471] 최근의 주류는 인공신경망 또는 딥러닝이지만, 이러한 딥러닝과 법률 전문가 시스템은 궁합이 맞지 않다고 보는 것이 옳다.

패턴 발견 중심의 알고리즘

머신러닝에는 불투명성이나 설명 기능의 부재 등 법적 의사결정과 맞지 않는 커다란 약점이 있다. 실상 머신러닝이라는 것은 패턴 발견 중심의 알고리즘으로, 컴퓨터의 엄청난 연산력으로 무한한 반복을 거쳐 우연히 바람직한 해법을 발견하는 것처럼 보인다. 분석은 몰라도 어떤 법적 의사결정을 그런 기법에 의해 처리한다는 것을 쉽게 받아들일 수는 없을 것이다.

과거 전문가 시스템의 뼈대가 된 IF THEN RULE 방식은 법 분야의 복잡성으로 인하여 구현에 문제가 있긴 하다. 흔히 거론되는 인공지능 판사 정도 수준의 알고리즘을 구현하기 위해서는 IF THEN 규칙 기반이든 사례 기반이든 한계가 분명하다. 그러나 복잡도 증가의 문제를 해결하면 규칙 기반 자체가 그리 나쁘지는 않다. 어차피 법 분야는 각종 규칙이 존재하고, 법적 의사결정도 다분히 그런 규칙의 조합으로 해결되는 것처럼 보일 수 있기 때문이다. 다만 복잡도 문제를 어떻게 잡을 것인가를 고민해야 하는데, 그 해법은 결국 복잡도의 원인이 된 가지(tree)를 자르는 데 있다.

단순화≠특성의 사상(捨象)

즉 문제를 분야별로 나누어서 단순화하는 것이다. 이때 단순화는 실제의 여러 특성을 사상하는 것을 의미하지 않는다. 추상화도 아니다. 그야말로 유형별로 쪼개는 것이다. 이렇게 하면 하나의 시스템이 다양한 유형의 문제를 모두 해결하지는 못하지만, 특정 유형의 사건에 대하여는 그 속성 하나하나를 살려가면서 현실적인 해법을 내놓을 수 있다.

물론 인공신경망의 딥러닝, 강화학습 등 최근 주요 프로젝트의 성공에 기여했던 알고리즘이 법률 전문가 시스템에 불필요한 것은 아니다. 동원할 마땅한 방안이 없는 것뿐이다. 물론 딥러닝과 같은 획기적 알고리즘을 동원하여 복잡도 문제를 해결하지 못하면, 법률 전문가 시스템은 특정한 문제 유형을 해결하는 수단으로 남아야 한다. 인공지능 알고리즘의 주류와는 판이하지만, 법률 전문가 시스템이 현실 문제를 해결하는 데 일정한 역할을 해낸다면 그 유용성은 적지 않을 것이다. 이와 같은 방식으로 법률 전문가 시스템의 부활을 도모할 수 있을 것이다.

2. 개발 플랫폼 등장

최근에는 인공지능 기술을 이용하여 법률 전문가 시스템을 개발하고자 하는 기업이나 개인을 위한 플랫폼을 제공하는 기업도 생겼다. Neota Logic은 인공지능 기반 플랫폼과 포괄적인 도구 모음으로 구성되어 있다. 이는 법률 전문가가 전문 지식을 자동화하여 생산성과 고객 만족도를 높이고, 새로운 비즈니스 기회를 창출하는 응용 프로그램 솔루션을 신속하게 구축하고 배포할 수 있음을 표방한다. Neota Logic으로 구축된 인공지능 기반 애플리케이션을 통해 기업과 전문가는 최고의 변호사나 준법 감시인 수준의 정확하고 편견이 없는 법률 지식을 일상적으로 활용할 수 있다고 밝히고 있다.[472] 폴 앨런의 헤일로 프로젝트가 추진하던 지식 자동화 도구 세트가 등장한 것인가 하는 생각을 들게 한다.

Digital Aristo

헤일로 프로젝트는 인터넷에 축적된 방대한 정보를 지식 시스템과 연결하면 현존하는 세상의 모든 지식을 기반으로 한 초인적 지식체인 Digital Aristo를 만들 수 있다는 발상에서 출발한 것으로, 마이크로소프트사의 공동 창업자인 폴 엘런(Paul Allen)이 설립한 벌컨 주식회사에서 주관하였다. 헤일로 프로젝트가 지향한 Digital Aristo는 세계에 대한 깊은 이해를 지니고 있고, 각종 질문에 대하여 답변하고 설명할 수 있었다. 이로써 그 시스템이 실제 세상을 제대로 이해하고 있음을 입증하고자 한 것이다. 이들이 홈페이지에서 밝힌 설명을 그대로 옮기면, 디지털 아리스토텔레스는 기계 판독과 자연어 처리, 텍스트 결합과 추론, 불확실성을 이용한 추론, 커다란 말뭉치에 대한 통계 기법, 도표 이해 등을 종합한 것으로, 과학에 관한 최초의 '지식 기계'이자 전문가의 지식을 컴퓨터가 처리 가능한 형태로 변환하여 지식 시스템을 만드는 일을 자동화하는 도구화 세트이다.473) 이것의 개발에 성공하면 컴퓨터 공학자의 도움 없이도 도구화 세트를 사용하여 특정 분야의 전문가가 자기 분야의 전문가 시스템을 구축할 수 있을 것이다.

Neota Logic의 expert system platform

Neota Logic에서 제공하는 플랫폼도 위의 헤일로 프로젝트에서 만들고자 했던 지식 자동화 도구 세트와 유사하다. 즉 법률 분야 전문가가 지식 공학자의 도움 없이 법률 전문가 시스템을 개발할 수 있는 도구 세트인 셈이다. 실제 이런 Neota Logic의 플랫폼을 기반으로 법률 전문가 시스템을 개발하는 것을 커리큘럼으로 제공하는 대학도 있다. 미국 GEORGETOWN LAW center에서는 Neota Logic과 손잡고 법률 전문가 시스템의 디자인 과정을 개설하였다. 여기에 참가하려는 학생들은 반드시 컴퓨터 프로그래밍 지식이 있어야 하는 것은 아니다. 심지어 주관하는 교수 역시 프로그래밍에 대한 소양이 없는데도, 법률 전문가 시스템의 개발 과정을 진행하는 데 전혀 문제가 없었다고 한다. 이 코스를 주관한 Tanina Rostain 교수에 따르면, 법률 전문가 시스템의 설계 과정은 많은 교육적 편익을 가져다주었다고 한다. 전통적인 사례 교육 방식과는 매우 다른 접근법을 택하였기 때문이다. 이 코스는 법률 문제를 해결할 때 흔히 동원되는 전통적 방식과는 근본적으로 다른 해결 방식과 더불어, 여러 기술적 지식도 가르친다. Rostain 교수는 Neota Logic과 협력한 이유로 그 회사의 소프트웨어가 해당 과정에 아주 적합하였기 때문이라고 밝혔다. 이공계 학생이 아닌 법학도에게는 최소한의 훈련으로 애플리케이션을 만드는 것이 중요하다.

Neota Logic의 플랫폼에는 다양한 형태의 법률 분석을 반영한 앱을 만들 수 있는 강력한 추리 엔진이 탑재되어 있다고 한다. 플랫폼은 최종 사용자측에게도 많은 장점을 부여한다. 최종 사용자가 자동화된 인터뷰를 완료하면, 그 시스템은 사용자의 법적 질문에 맞춘 지침을 제공하는 짧은 보고서를 작성하고, 사용자가 제공한 정보와 만들어진 지침과의 관련성을 쉽게 설명해주는 기능이 있기 때문이다.474) 이런 설명 기능은 머신러닝 등 주류 인공지능 알고리즘이 가지고 있는 설명 불가능성(unexplainable AI) 문제에 대한 해답이다. 그런 상황이 되면, 로펌 등에서는 Westlaw와 같은 공룡 기업이 제공하는 범상한 서비스가 아닌, 자신들의 특성에 맞는 애플리케이션을 독자적으로 개발하여 사용할 수 있는 길이 열릴 것이다.

3. 법률 전문가 시스템의 개발 방향

법률 전문가 시스템의 개발에는 사례 기반 추론 시스템이 더 적절할 것으로 보인다. 미국 등 외국에서는 인공지능을 이용하여 다양한 형태의 법률 전문가 시스템을 구현하려는 시도가 이어졌다. 앞서 본 바와 같이 대개의 시도는 연구 단계에 그쳐 실용화로 나아가지 못했지만, 조세 문제 등 특정 분야에 국한된 법률 전문가 시스템은 실용화되기도 하였다.

우리나라에서도 다른 분야의 경우 전문가 시스템에 대한 연구가 상당 부분 진척되어 괄목할 성과를 보였고, 그 범주에는 공학은 물론 의학이나 한의학과 같은 분야도 포함된다. 그러나 법률 분야의 전문가 시스템 개발은 다른 분야와 달리 앞서 소개한 형량 전문가 시스템 등의 극히 희소한 예를 제외하면 제대로 진행된 바가 없다. 최근까지도 법률 전문가 시스템에 대한 논의가 전무하다시피 하다. 앞서 언급한 법률 전문가 시스템의 가능성에 비추어, 법률 전문가 시스템에 대한 논의가 필요하지 않을까 생각한다.

법률 전문가를 위한 법률 전문가 시스템

계속 언급하고 있는 바이지만, 인공지능 자체에 대한 과도한 기대가 팽배한 상황에서 인공지능 기반의 전문가 시스템에 대하여도 명백한 관념상의 오류가 있는 것으로 보인다. 인간과 똑같이 행동하는 인공지능을 전제하면서, 법률 전문가 시스템의 조력을 받으면 비전문가도 전문가적인 판단을 할 수 있다는 잘못된 생각이 바로 그것이다. 앞서 언급한 바와 같이, 일반인을 대상으로 하는 법률 전문가 시스템의 구현은 거의 불가능할 정도로 어렵다. 그런데도 불구하고 이상적인 시스템을 구현하려는 생각이 법률 전문가 시스템을 개발하려는 사람들의 뇌리에 있는 한, 법률 전문가 시스템의 미흡한 성과는 당연한 것인지도 모른다. 역설적일지 모르지만, 현 단계에서 법률 전문가 시스템은 법률 전문가를 위한 것이어야 한다. 변호사 등이 법률 전문가로서 판단함에 있어 조력하는 역할에 우선적인 비중을 두어 시스템을 개발하여야 한다.

설계

또 법률 전문가 시스템의 제대로 된 구현을 위해서는 설계 단계부터 위에서 거론한 바를 반영하는 것이 매우 중요하다. 이때 설계라는 개념은 건축·토목·기계 제작 따위에서, 그 목적에 따라 실제적인 계획을 세워 도면 따위로 명시하는 일이라는 정의와는 다른, 즉 청사진, 계획, 구상에 가까운 개념이다. 말하자면 구체적 명세가 아니라 큰 그림을 그리는, 전술적이 아닌 전략적 개념이다.

전문가 시스템 개발의 핵심 단계는 전문가와 프로그래머 간의 시행착오적인 협의를 거쳐 인간 전문가가 이론과 실전으로부터 배우는 각종 규칙과 예외를 개발하는 것이며, 이 과정을 '지식 공학'이라고 한다.475) 그러나 전문가 시스템의 설계가 가능하기 위해서는 법 분야의 전문가나 인공지능 연구자만으로도 아니 되고, 이들이 단순히 협업한다고 해도 제대로 된 설계를 할 수 없다. 인공지능 공학자가 법률을 전혀 이해하지 못하는 것과 마찬가지로 법 분야 전문가도 인공지능 알고리즘에 대한 이해가 전무하다시피 한 현실에서, 두 분야의 전문가가 협업해도 이뤄내는 결과는 투여된 노력에 비해 실망스럽기까지 할 것이다. 그야말로 양쪽 분야에 정통한 전문가가 있어야 제대로 된 설계가 이뤄질 수 있다. ROSS Intelligence의 개발자 Andrew Aruda가 신경과학, 컴퓨터 공학, 법학을 모두 전공하였다는 것이 시사(示唆)하는 바를 알아채야 한다.

　과거 법률 전문가 시스템은 주로 인공지능 공학자들의 주도로 이루어졌고, 법 분야의 전문가가 참여하는 정도였다. 이런 전문가 시스템의 핵심은 시스템을 구축하는 동안 축적되는 강력한 지식기관(Corpus of knowledge)이라고 할 수 있다. 이러한 전문가 시스템은 문제 해결에 도움을 주는 고수준의 전문 기술(high-level expertise)을 갖추고 있고, 주어진 문제 상황에 따른 만족할 만한 해결책을 제시하며, 그때그때의 상황에 따라 유연하게 대처할 수 있는 예측 모델링 능력(Predictive modeling power)을 지니고 있어야 한다.476)

　그러나 현실은 녹록지 않다. 과거 소프트웨어 개발자들이 전문가 시스템의 연구 및 개발에 점점 더 많은 투자를 하였지만, 유감스럽게도 전문가 시스템 소프트웨어의 개발 비용은 높았고, 개발 시간 또한 비정상적으로 길었다. 컴퓨팅 리소스에도 많은 부담을 주었다. 개발 문제에서의 애로는 대개 인간 뇌의 추론 과정에 대한 이해가 부족하고 그러한 이해를 기계에 적용할 수 없었다는 데 기인한다. 물리학자나 사회과학자가 인간의 창조적 과정을 명확하게 이해하지 못하기 때문에 컴퓨터 프로그래머가 인간의 추론을 흉내 내는 알고리즘을 구현하는 것은 개념적으로도 불가능에 가깝다. 또한 개념상의 난점 외에도 효과적인 전문가 시스템을 위해서는 속도와 저장 용량이라는 하드웨어적 요구도 충족해야 한다.477)

과거, 순진한 생각, 오판

미국에서 1980년대에 벌어진, 인공지능을 이용한 법률 전문가 시스템의 개발 과정을 살펴보는 것도 의미 없지는 않을 것이다. 법률 전문가 시스템의 개발은 다음과 같은 비교적 단순한 관념에서 출발하였다. 즉 '법률의 규칙을 가져와서 컴퓨터 기반의 정형화된 규칙으로 이루어진 전문가 시스템을 만들 수 있고, 구축된 규칙을 기초로 적절한 법률적 조언을 도출하는 것이 가능하다.'라는 생각이다. 1980년대에 추진되던 법률 전문가 시스템 연구 프로젝트의 투자자들은 일정한 틀에 맞도록 법률을 변환하고, 사용자를 위한 소프트웨어적 해석 구조를 추가하면 된다는 식의 생각을 크게 이상하다고 여기지 않았다. 법률을 어떤 형식으로 변환하고, 최종 사용자를 위한 소프트웨어적인 해석 기법을 추가하면 법률 전문가 시스템이 된다고 오판하였다.

이러한 오판은 인공지능 공학자와 법률 전문가의 협업으로 법률 관련 규칙을 설계하고, 여기에 사용자 인터페이스를 추가하는 것만으로 법률 전문가 시스템의 구축이 가능하다고 하는 인식으로 이어졌다. 그렇게 구축된 법률 전문가 시스템은 법률 전문가가 법률 조언을 행하는 것과 비견될 수 있는 논리적 해석기이자 규칙의 정수(精髓)를 구현한 모델이 될 수 있다고도 생각하였다. 이는 명백히 잘못된 인식인데, 아직도 그런 전망이나 인식이 인공지능 공학자, 연구 후원자에게 남아있다는 것이 문제다.

1980년대에는 이러한 법률 전문가 시스템이 가져올 양질의 저렴한 조언으로 인해 비용이 비싼 법률 전문가가 축출될 것이며, 그 정도는 아니라 해도 인공지능 법률 전문가 시스템이 전통적 법률 상담 방식보다 비용 대비 더 나은 생산성을 보이면서 전통적 방식이 크게 위축될 것이라고 보았다. 이런 과도한 기대는 얼마 못 가 무산되었지만, 당시로서는 인공지능을 이용한 법률 전문가 시스템의 연구가 불가능한 목표를 추구하는 것이 아니라 현실적으로 구현 가능하다고 여겼다. 또한 이러한 연구로 인해 누구나 법률 시스템을 향유할 수 있다는, 민주적이며 사회적으로 가치 있는 결실이 맺어질 것으로 믿어 의심치 않았다. 법률 전문가 시스템의 구현과 상품화로 인하여 일반 국민은 더 이상 전문적 지식을 지닌 소수의 법률 전문가에게 매달릴 필요가 없게 될 것으로 보았으며, 그러한 시스템의 지속적인 판매와 활용을 당연한 것으로 여겼다. 전문가 시스템을 개발하여 판매하려는 사람뿐만 아니라 정작 상당수의 법률 전문가조차도 이와 같은 법률 전문가 시스템이 자신들의 몫을 잠식하는 것이 아니라, 오히려 그들에게 돌아오는 몫을 더 증대해줄 것이라 믿기까지 하였다.

어쨌든 법률 전문가 시스템 분야가 되살아나 1980년대와 같은 막대한 투자를 다시 끌어올 것이라고 기대하지 않은 것이 옳을 것이다. 1980년대 당시의 낙관적 관점에서나 가능했던 전폭적이고 묵시적·명시적인 지원은 더 이상 불가능할 것이기 때문이다. 즉 상대적으로 기괴하게 여겨질 뿐만 아니라 비현실적이기까지 한 법률 전문가 시스템에 현재의 투자자들이 막대한 자금을 쏟아붓지는 않을 것이다.[478] 그러나 지나친 기대와 환상을 버린다면, 인공지능 기반의 법률 전문가 시스템을 구현하는 것이 불가능하거나 무익하진 않을 것이다.

앞서 본 헤일로와 같은 프로젝트가 성공하려면 단순히 정보를 찾아내는 데 머물러서는 아니 되며, 여러 개의 개념을 연결할 수 있는 능력이 있어야 한다는 인식이 일반적이다. 이를테면 물이 섭씨 100도에 도달하면 수증기로 변해서 행동이 완전히 달라진다는 사실을 이해해야 한다는 뜻이다. 이런 지식 자체를 전달할 수 있는 컴퓨터는 얼마든지 있다. 그러나 이 지식을 분석에 적용하여 이를 바탕으로 추론할 수 있는 컴퓨터는 얼마나 되는가? 헤일로의 목표는 간단히 말해 '생각'이라는 단어의 인문학적 의미에서만이라도 정말로 생각할 수 있는 시스템을 만드는 것이다.[479]

이런 시도의 전제는 머신러닝의 전제인 자가학습 기술(Self-Learning)이다. 자가학습 기술의 상용화는 국가 또는 글로벌 기업이 주도하고 있으며, 고위험 기술 범주로 분류된다. 유럽의 Human Brain 프로젝트는 이를 통해 컴퓨팅 아키텍처, 신경과학, 의학 등의 분야를 한 단계 진전시킨다는 목표를 가지고 있다.

글로벌 검색엔진 회사에서는 지능형 검색 SW의 성능 향상을 위해 인공지능의 기계학습 기술, 텍스트마이닝 기술, 자연어 처리 및 이해 기술을 활용하고 있다. 심지어 이들은 이와 같은 기술을 공개하고 있다. 구글의 Google Cloud Natural Language API를 예로 들자. Google Cloud Natural Language는 간편한 REST API에서 사전 학습된 강력한 머신러닝 모델인 AutoML Natural Language 베타를 사용하여 쉽게 빌드 가능한 커스텀 모델을 통해 텍스트의 구조와 의미를 파악할 수 있게 해준다.[480] Cloud Natural Language를 사용하면 텍스트 문서, 뉴스 기사, 블로그 글에서 언급된 인물, 장소, 이벤트 등의 정보를 추출할 수 있다. 이는 제품에 대한 소셜 미디어의 분위기를 파악하거나 콜센터, 메시지 앱에서 이루어지는 고객 대화를 통해 의도를 분석하는 데 유용하며, 요청을 통해 텍스트를 업로드해 분석하거나 Google Cloud Storage의 문서 저장소와 통합할 수도 있다.[481] 심지어 구글은 친절하게도 이러한 API로 애플리케이션을 쉽게 개발할 수 있도록 문서 가이드까지 만들어 놓고 있다.[482] 이 문서 가이드는 프로그래밍에 익숙한 사람뿐만 아니라 프로그래밍 지식이 많지 않아도 이해할 수 있다는 것이 장점이다. 이 가이드에서는 Python 코드를 사용하여 Natural Language API 애플리케이션을 설명하는데, 자바 및 Node.js로 만든 애플리케이션도 근본적으로 유사하다고 한다.[483]

```
import argparse

from google.cloud import language
from google.cloud.language import enums
from google.cloud.language import types
```

위 코드는 표준 라이브러리인 argparse를 가져와 애플리케이션이 입력 파일 이름을 인수로 받아들이게 한다. Cloud Natural Language API를 사용하기 위해서는 google-cloud-language 라이브러리에서 language 모듈도 가져오는 것이 좋다. types 모듈은 요청을 생성하는 데 필요한 클래스를 포함하고 있다.

```
def print_result(annotations):
    score = annotations.document_sentiment.score
    magnitude = annotations.document_sentiment.magnitude

    for index, sentence in enumerate(annotations.sentences):
```

```
        sentence_sentiment = sentence.sentiment.score
        print('Sentence { } has a sentiment score of { }'.format(
        index, sentence_sentiment))

    print('Overall Sentiment: score of { } with magnitude of { }'.format(
        score, magnitude))
    return 0
```

위 코드는 응답을 검토하여 각 문장에 대한 감정 score값과 전체 검토에 대한 전반적인 score 및 magnitude값을 추출하여 사용자에게 표시한다.

```
def analyze(movie_review_filename):
    """Run a sentiment analysis request on text within a passed filename."""
    client = language.LanguageServiceClient()

    with open(movie_review_filename, 'r') as review_file:
        # Instantiates a plain text document.
        content = review_file.read()

    document = types.Document(
    content=content,
    type=enums.Document.Type.PLAIN_TEXT)
    annotations = client.analyze_sentiment(document=document)

    # Print the results
    print_result(annotations)
```

```
if __name__ == '__main__':
    parser = argparse.ArgumentParser(
        description=__doc__,

formatter_class=argparse.RawDescriptionHelpFormatter)
    parser.add_argument(
        'movie_review_filename',
        help='The filename of the movie review you\'d like to analyze.')
    args = parser.parse_args()

    analyze(args.movie_review_filename)
```

이 코드 스니펫은 우선 LanguageServiceClient를 클라이언트로 인스턴스화하고, 텍스트 데이터가 들어있는 파일 이름을 변수로 읽는다. 그 후 파일의 콘텐츠로 Document 객체를 인스턴스화하고, 클라이언트의 analyze_sentiment 메소드를 호출한다.

이러한 코드를 해독하기 위해서는 python에 대한 지식이 있어야 한다. 나아가 이러한 코드에 쓰인 오픈소스 라이브러리를 재사용하기 위한 근본적인 애플리케이션을 구상하고, 구현할 수 있어야 한다. 위와 같은 API는 오픈소스 라이브러리로, 인공지능 알고리즘의 개발 과정에서 개발자가 직접 구현하여야 할 부분을 상당히 줄여준다. 개발자는 작동 구조만 설계하고, 그 작동 부분의 알고리즘은 이러한 API로 대체할 수 있다. 개발에 있어 대단히 편리한 머신러닝 프레임워크다. 그러나 함정도 있다. 이러한 API가 구현하는 부분의 작동 구조에 대하여는 전체 개발을 책임지는 개발자도 모른다. 오로지 작동 과정을 면밀히 살펴 제대로 작동하는지 여부를 따져볼 수 있을 뿐이다. 즉 일종의 블랙박스다. 개발자도 모르는 작동 구조는 복잡한 인공지능 알고리즘의 한 단면이고, 불가피한 면이 없지 않다.

어떻든 인공지능 알고리즘을 둘러싼 환경은 격변하고 있다. 머신러닝 프레임워크가 오픈소스 라이브러리로 제공되는 이러한 오픈 아키텍처의 장점도 크다.

이와 같은 여러 변화가 일어나는 상황에서 보다 현실적인 법률 전문가 시스템의 개발 방향이 어떠해야 하느냐에 대한 고민을 해 볼 시기가 왔다. 분명 인공지능을 이용한 법률 전문가 시스템의 구현도 새로운 시각과 관점에서 접근할 필요가 있다. 뿐만 아니라 위와 같은 인공지능 분야의 최근 발전 상황을 법률 전문가 시스템에 활용하려는 다각적인 노력도 필요한 것이 틀림없다. 특히 자연어 처리와 관련된 오픈소스 라이브러리는 전문가 시스템에 필수적인 질의응답 과정의 처리 부담을 크게 줄여줄 것이다. 이렇듯 전문가 시스템의 지식과 규칙 기반을 손상하지 않으면서 인터페이스나 기타 규칙의 처리 과정에서 머신러닝 등 첨단 기법을 동원할 필요나 가능성은 크다. 다만 아쉬운 것은 법률 전문가 시스템에 활용할 만한 오픈소스 라이브러리는 자연어 처리나 텍스트 엔지니어링 외에는 별로 없다는 것이다.

어떻든 필자는 인공지능에 대한 단순한 소개와 법률적 검토 차원에만 머무르지 않고, 법률 전문가 시스템의 프로토타입(prototype)이 될 수 있는 구상을 제시하고자 한다. 그 일환으로 인공지능 판사 또는 판결기계의 구현에 대하여 검토하기로 한다.

V. 인공지능 판사 또는 판결기계의 구현 가능성

1. 인공지능 판사의 구현 가능성을 왜 논하게 되었는가?

인공지능의 발전 가능성에 대한 근거 없는 기대는 너무 지나쳐서 어이가 없다. 이러한 현상은 비단 현재의 이야기만은 아니다. 인공지능 태동기의 약속을 보면 어처구니가 없다. 1950년대의 전망으로는 조만간 길거리를 걸어 다니는 인간과 흡사한 로봇들의 등장도 어렵지 않은 일로 간주되었다. 그와 같은 기대가 얼마나 터무니없는 것인지는 현재의 인공지능이나 로봇의 수준을 보면 된다.

이러한 공상에 가까운 전망은 현실의 복잡계(複雜系)를 제대로 반영하지 않은 탓이다. 현실의 복잡성은 그리 쉽게 정복할 수 있는 것이 아니다. 이를 도외시한 채 단순하기 짝이 없는 초기 인공지능 시스템의 성공에 고무되어 하드웨어적인 발전만 수반되면 인공지능이나 로봇의 수준이 기하급수적(幾何級數的)으로 발전할 것이라는 지극히 비현실적인 예측이 난무하였다. 이러한 초기의 인공지능 시스템은 주어진 목적에 맞게 마련된 간단한 문제나 해결할 수 있는, 게임이나 논리처럼 독립적이고, 단순화된 분야에만 적용될 수 있었다.[484]

허버트 드레퓌스라는 이는 Mind Over Machine: The Power of Human Intuition and Expertise in the Era of the Computer라는 저서에서 당시의 인공지능에 대한 풍조를 "어떤 사람이 나무에 올라가는 데 성공하고는, 달에 도달하겠다는 목표에 한 걸음 더 다가갔다고 주장하는 격"이라며 신랄하게 비판하였다.[485] 인공지능 발전 초기의 이와 같은 전망은 그나마 변명거리라도 있다. 요즘 세간에 회자되는 인공지능과 관련한 각종 논의나 전망에 대하여는 훗날 뭐라고 변명할지 우려된다. 도대체 인공지능에 대하여 몰이해에 가까울 정도이면서도 기존 학문의 틀에 기대어 나름대로 추측성 전망을 하는데, 이는 전문가의 자세가 아니다. 전문가가 빛나는 것은 전문가다운 충분한 지식과 이해라는 현실 기반 위에 서있기 때문이다.

어떤 분야 전문가라 해서 인공지능에 대하여 전문적인 지식과 이해를 갖추고 있기를 기대하기는 어렵다. 문제는 별다른 전문 지식이 없는 이가 자기 분야와 관련된 인공지능의 전망을 무책임하게 쏟아낸다는 점이다. 너무 황당한 이야기가 그 전문 분야의 각종 틀로 포장되어 나오면서 그것이 마치 인공지능과 관련된 그 분야의 전망으로 간주되는 것이 서글프다. 해악도 적지 않다. 선무당 사람 잡는다는 옛말이 딱 맞다. 외국의 저명한 일부 인공지능 전문가들(?)이 전망하는 바와 달리, 먼 훗날에도 특이점(singularity)에는 도달하지 못할 것이다. 강인공지능을 전제한 각종 우려는 현 시점에서는 성급하기 짝이 없다. 당분간 인공지능의 중심은 약인공지능일 것이다.

문제는 이러한 약인공지능은 이미 일반화되어 있고, 여러 분야에서 작동 중임에도 이를 자각하지 못하고 있다는 것이다. 법 분야에서도 인공지능 알고리즘의 수혜를 받는 영역이 증가하고 있으며, 그로 인해 법률 서비스의 면모가 바뀌고 있다. 미국의 경우이긴 하지만, 인공지능 알고리즘을 이용한 범죄 예측 기법이 경찰의 범죄 예방 활동에 활용되고, 사법 분야에서도 재범의 위험성을 예측하는 데 인공지능 알고리즘이 널리 활용되고 있다. 이처럼 인공지능은 법의 집행 과정에 개입하기 시작했고, 그 활용 양상도 다양하다. 이러한 현실을 제대로 바라보지 못하고, 강인공지능이 변호사는 물론 판사 등 법률 분야의 직역 대부분을 대체할 것이라는 예측을 내놓는 이들이 많다. 그러나 이러한 예측은 근거도 없고 터무니없기 짝이 없다.

현재의 인공지능 수준을 냉정하게 살펴보면, 인공지능 알고리즘에 의한 법률 직역의 변화는 없을 것이라고 단정해도 좋다. 인공지능 알고리즘에 의해 변호사 등이 직업을 상실할 가능성도 낮다. 필자는 다른 교수들과 의견을 나누면서 이외로 이러한 부분에 대한 몰이해가 심각하다는 데 놀랐다. 나름대로 이해를 도모하기 위한 논쟁에 가까운 설명도 했다. 그 결과 이와 같은 인공지능 알고리즘에 의한 법조 직역의 대체 전망에 대하여 여러 측면의 논거를 타진할 필요성을 느꼈으며, 이에 "인공지능 알고리즘에 의한 판사의 대체 가능성"이라는 논문을 발표한 바 있다.[486]

디테일

이 논문을 통해 기존의 법조 직역의 직업 상실, 대체 등의 전망은 현재의 인공지능 기술에 대해 충분히 이해하고 있지 못하며, 실제 인공지능의 알고리즘이 어떤 특성을 가진 어떤 법조 직역을 어떻게 대체할 것인지 하는 점 등에 대해서도 아무런 검토가 없다는 것, 특히 기술적인 디테일이 결여되어 있다는 것[487]을 보여주고 싶었다.

디테일은 컴퓨터가 어떠한 법률의 어떤 분야를 대체할 수 있을지를 이해하는 데 대단히 중요하다.[488] 스포츠 기사 작성 업무보다 법률 의견서 작성의 자동화가 왜 어려운지 이해하는 데는 이러한 (인공지능의) 기술적 디테일이 필요하다.[489] 법조 직역의 여러 분야 중에서 인공지능 알고리즘의 대체가 어렵다고 여겨지는 분야는 판결 부분이다. 그동안 머신러닝을 동원하여 판결 결과를 예측하려는 알고리즘이 등장하긴 하였으나, 판결 결과 예측 프로그램을 언론에서 이야기하는 것처럼 인공지능 판사라고 볼 수는 없다. 실제 판결 과정의 전부 또는 일부를 인공지능으로 대체할 수 있는가? 아니면 일부 기능을 자동화하는 정도로 법관의 판결 과정에 도움을 주는 판결 조력 전문가 시스템이 현실적 모델인가? 이를 가늠하기 위해서라도 인공지능 판사의 구현 가능성을 따져보는 것이 필요하였다.

왜 인공지능 판사?

인공지능으로 구현할 수 있는 법률 전문가 시스템의 궁극은 인공지능 판사 또는 판결기계다. 형사 절차를 예로 들면, 수사부터 시작한 형사절차는 공판을 거쳐 판결에 이르러 완성된다고 해도 과언이 아닐 만큼 판결의 중요성은 크다. 이러한 판결을 제대로 하기 위해서는 수사 과정부터 공판 과정에서 드러난 각종 쟁점을 제대로 이해하고 그 사건에 맞는 제대로 된 결론을 낼 수 있어야 한다. 결론 과정에서는 사실관계의 확정만이 아니라 그러한 사실관계를 둘러싼 각종 법적 법리를 그에 적용할 수 있어야 한다. 형사절차에 관여하는 법률가의 일을 분류하자면, 수사를 담당하는 법률가(검사가 대표적이다), 수사 과정부터 공판 과정까지 관여하는 변호사, 주로 공판 과정에서 판결까지 담당하는 판사로 나눌 수도 있다. 이렇게 각기 다른 성격의 일을 하고, 형사절차 개입 단계에서도 차이가 있지만, 근본적으로 형사사건을 중심으로 보면 궁극으로는 동일한 성격의 일을 하게 된다. 예로부터 속된 말로 좋은 변호사가 따로 있는 것이 아니라고 하였다. 좋은 판사나 검사가 곧 좋은 변호사이다. 반대로 좋은 변호사는 훌륭한 판사나 검사가 될 수 있다. 피의자들을 벌벌 떨게 만드는 좋은 의미의 '악질' 검사가 좋은 변호사가 될 수 있다.

검사인데도 변호사를 하면 잘할 거 같다는 평을 받는 사람은 절대 변호사로서 성공할 수 없다. 검사인데 왜 검사답지 못하고 변호사답다는 이야기를 듣는가? 즉 직분만 다를 뿐 일의 본질은 동일한데, 검사로서 시원찮은 사람이 변호사 일에 더 적격일 수는 없다.

이렇게 장황하게 시작한 것은, 제대로 된 인공지능 판사 또는 판결기계를 구현하면 인공지능 검사나 인공지능 변호사의 구현은 별 문제가 되지 않음을 보여주기 위해서다. 강인공지능에 가까운 인공지능 판사의 불가능성을 따져보면서, 오히려 실현 가능한 법률 전문가 시스템을 그려볼 수 있다.

2. 인공지능 판사가 수행하여야 할 일의 분석

인공지능 판사 또는 판결 알고리즘은 사실관계 인정부터 법률 적용, 양형 결정, 판결문 작성 등 여러 가지 임무를 수행할 수 있어야 한다. 이를 현재의 인공지능 수준으로 구현한다는 것은 불가능에 가깝다.

로봇 판사

더 나아가 사람들이 상상하는 로봇 판사, 즉 로봇이 재판도 진행하고 각종 심문·신문도 행하는 것은 단순한 알고리즘 개발 차원을 넘어 인간과 흡사한 로봇의 개발이라는 또 다른 난제와 봉착한다. 알고리즘 구현만이 아니라, 피고인, 검사, 변호사, 증인 등 재판과 관련한 사람들과 의사소통을 하기 위한 정교한 실시간 입·출력 시스템, 그 전제인 자연어 처리 시스템이 해결되어야 한다. 당장 자연어 처리 분야만 해도 인공지능의 주요 과제로서 전력을 쏟아붓고 있지만, 아직 그 진전 속도가 여의치 않다. 따라서 공상과학 영화에 등장하는 로봇 판사는 현 단계로서는 실현 가능성이 전무하다고 해야 하겠다. 급속한 하드웨어나 소프트웨어의 발전 속도를 이야기하면서 조만간 이러한 로봇 판사가 등장할 수 있다는 터무니없는 전망에 대하여 조목조목 반박할 수도 있지만, 앞서 소개한 것처럼 1950년대 인공지능 태동기에 불과 몇 년만 지나면 인간과 흡사한 로봇들이 길거리를 다닐 것이라는 예상과 시점만 다를 뿐 진배없다는 점만 이야기하려 한다.

알고리즘도 문제

이러한 로봇 판사의 구현만이 불가능한 비현실적 문제가 아니다. 정작 알고리즘 차원에서도 인공지능 판사의 구현 가능성은 의문이다. 사실관계 인정 등을 알고리즘으로 구현하는 것을 가로막는 높은 장벽들이 가득하기 때문이다.

사실관계 확정

우선 통상의 재판 과정은 사실관계 확정부터가 단순하지 않다. 인간 세계의 여러 가지 현상을 알고리즘이 연산할 수 있도록 입력 변수로 전환하여야 한다. 그러나 현실은 그 상관관계를 쉽게 파악하기 어렵고, 수치화하기 어려운 복잡적응계(complex adaptive system)라 할 수 있다. 복잡적응계의 복잡성은 알고리즘으로 해결하는 데 장애가 된다. 예를 들어 범죄사실이 "피고인은 (언제) (장소)에서 피해자(누구)가 주차해놓은 (어떤 자동차)의 문을 보조 열쇠로 열고 들어가 위 승용차를 운전하여 가지고 갔다. 이로써 피고인은 피해자(누구)

의 시가 (얼마) 상당의 위 승용차 1대를 절취하였다."라는 절도사건의 예를 들어보자. 이때 피고인의 자백 여부와 무관하게 사실관계의 확정이 필요한데, 이것만 해도 이론적으로 설명하기 어려운 분야다. 미국의 배심제도하에서 배심원들이 이러한 사실관계 확정을 하며 겪는 여러 가지 문제는 차치(且置)하고, 우리나라에서 법관의 사실관계 확정을 위한 규칙은 형사소송법 제307조에 규정된 "사실의 인정은 증거에 의하여야 한다. 범죄사실의 인정은 합리적인 의심이 없는 정도의 증명에 이르러야 한다.", 제308조의 "증거의 증명력은 법관의 자유판단에 의한다."라는 조문이 전부다. 오로지 개개 법관의 양심, 소양과 양식에 맡겨져 있다. 따라서 제대로 된 사실 인정이었는지를 두고 첨예한 대립이 있다. 최근의 김경수 지사 관련 재판에서 여당이 재판부를 노골적으로 비판하는 등 사실관계 인정을 둘러싼 각종 해프닝이 이야기하는 바와 같이, 사실관계 인정은 고난도의 작업임이 틀림없다. 재판 불복의 대부분이 법리보다는 이러한 사실관계 인정과 관련된 것이라는 점에서, 이를 위한 알고리즘의 구현이 가능하기나 할까 하는 의구심이 앞선다.

　나아가 이러한 사실관계 확정을 통해 피고인이 유죄라고 판명된 경우, 확정된 사실관계를 기초로 법률을 적용하고 증거의 요지 등을 설시하는 작업을 행하여야 한다. 그런 연후 형량을 결정하는 양형 과정을 거쳐야 하는데, 이들을 모두 단계적으로 구분하여 처리할 수는 없다. 때문에 절차적인 프로그래밍 방식에 의하면 그 알고리즘의 복잡도(complexity)가 가히 상상을 초월할 정도로 늘어난다. 따라서 전통적인 전문가 시스템의 방식, 즉 지식베이스에 축적된 규칙과 인정된 사실관계와의 매칭을 통한 방식으로는 구현하기 어려울 것이다.

설사 피고인이 자백한 경우라고 하더라도 사실관계 인정이 단순화되진 않는다. 여전히 허위자백의 가능성 등을 염두에 두어야 하고, 또 피고인이 자백을 하더라도 그러한 자백을 보강하는 증거가 없으면 형사소송법 제310조의 자백보강법칙에 의하여 무죄판결이 선고되어야 하는 법리까지 있으니, 피고인이 부인하는 사건만 어려운 것이 아니다. 법관은 더 나아가 자백과 다른 객관적 증거와의 부합이나 자백 간의 일관성 등을 따져 그 신빙성을 판단하여야 하며, 혹여 자백의 임의성에 영향을 미친 사유가 존재하는지도 따져보아야 한다. 우리 형사소송법 제309조는 "피고인의 자백이 고문, 폭행, 협박, 신체구속의 부당한 장기화 또는 기망 기타의 방법으로 임의로 진술한 것이 아니라고 의심할 만한 이유가 있는 때에는 이를 유죄의 증거로 하지 못한다."라고 규정하기 때문이다.

피고인의 범죄사실을 인정하는 증거에 대하여도 그러한 증거가 위법수집증거로서 증거능력이 부정되지는 않는지도 따져보아야 한다. 본래 형사소송법 제308조의2 규정은 "적법한 절차에 따르지 아니하고 수집한 증거는 증거로 할 수 없다."라고 규정하고 있다. 따라서 위법수집증거는 증거로 쓸 수 없으며, 이 문제도 모든 위법수집증거가 증거능력이 배제되는 것이 아니라는 점에서 녹록지 않다. 즉 실체적 진실 규명을 통한 정당한 형벌권의 실현도 헌법과 형사소송법이 형사소송 절차를 통하여 달성하려는 중요한 목표이자 이념이므로, 형식적으로 보아 정해진 절차에 따르지 아니하고 수집된 증거라는 이유만을 내세워 획일적으로 그 증거의 증거능력을 부정하는 것 역시 관련 법의 취지에 맞는다고 볼 수 없다.[490] 이처럼 법이 정한 절차에 따르지 아니하고 수집된 압수물의 증거능력 인정 여부를 최종적으로 판단함에 있어서도 복잡한 고려 요소가 있다.

형사재판에 얽힌 사실관계 확정을 절차적 프로그래밍 또는 기존의 인공지능 알고리즘으로 구현하려는 시도는 이와 같은 소위 경우의 수의 폭발적 증가로 인해 불가능에 가까운 일이 되고 만다. 사실인정과 관련된 여러 증거가 존재하는 경우 어떤 증거를 믿을 것인지 하는 문제도 있다. 개개의 증거 자체의 신빙성 판단도 필요하지만, 각 증거는 상호 독립적이지 않고 연관성을 맺고 있다. 증거의 취사선택 과정은 직관적으로 이루어지지만, 이를 규칙화하는 것은 쉽지 않다. 기존 전문가 시스템의 규칙과 사실관계의 부합 과정은 이런 복잡한 메커니즘을 해결하는 데 부적절하다.

또 비교적 단순하다고 여겨지는 절도죄에 관한 재판 과정마저, 피고인의 특성인 습벽 등을 전과나 범행 일시, 간격, 범행 수법 등의 사실관계를 토대로 판단해야 하므로, 인공지능 알고리즘으로 대체하기가 쉽지 않을 전망이다. 이러한 복잡도 증가의 문제는 다른 분야에서도 여전히 인공지능 발전을 가로막고 있는 중요한 장애 요인으로 작용한다.

3. 사실관계 인정(fact finding) 알고리즘 구현 가능성

베이지안 통계 모델

인공지능 알고리즘에서는 베이지안 통계 모델(Bayesian probability model)을 중시한다. 베이지안 통계는 '확률이라는 수학적 언어를 이용해 인식론적 불확실성을 체계적으로 기술(a system for describing epistemological uncertainty using the mathematical language of probability)'하는 과학적 접근법으로 정의될 수 있다. 자료를 모집단으로부터 추출된 무작위적인 것으로 보고 고정된 모수 값을 찾는 빈도주의와 달리, 베이지안 통계는 모수를 확률 분포를 갖는 확률변수(random variable)로 보고 자료를 통해 모수의 사후 분포를 찾는 것을 목적으로 한다. 다시 말하면 빈도주의는 실재론(realism)적 입장에서 모수의 참값은 객관적으로 존재하는 고정된 것이라고 보는 반면, 베이지안 통계는 모수가 주관적 세계에만 존재하는 것이며 객관적 세계를 이해하도록 돕는 개념적 도구라고 본다.491) 이러한 베이지안 통계 모델과 스토리 비교 모델(story comparison model)의 전통적 모델과의 차이에 주목할 필요가 있다. 전통적 모델은 진술의 비교, 진술의 전체 맥락을 고려한다.492) 반면 베이지안 통계 모델은 개별적 증거의 확률론적 분석에 주력하면서 앞선 증거의 평가를 후순위 증거의 평가에 반영한다.493) 두 모델은 접근 방식이 매우 상위하다는 점에서 그 우열을 가리기가 쉽지 않다.

날씨 예측

법 분야의 사실 인정 과정의 어려움을 날씨 예측(weather forecast)과 조수 예측(tide prediction)에 비유하여 설명하기로 한다. 조수 예측은 그것에 영향을 미치는 요인이 일정한 패턴을 가지고 있다. 따라서 예측에 큰 어려움이 없다. 날씨의 경우는 여러 가지 변수에 의하여 좌우된다. 바람은 온도, 지형 및 기타 여러 변수를 예측에 사용한다.494) 이러한 변수들은 순간순간 변하고, 상호간에도 서로 영향을 미치기 때문에 날씨 예보의 예측력은 떨어질 수밖에 없다. 현대의 날씨 예보는 예보관의 지식, 경험 및 주관적 판단에만 의존해야 했던 종래와는 달리 수치 예보에 의하며, 고성능 컴퓨터에서 계산되는 수치 예보 모델을 이용하여 현재의 대기 상태로부터 미래 날씨를 예측한다. 예측의 영역에 과학적 방법을 도입한 것이라는 자평에도 불구하고, 종종 틀린 예보로 혹독한 질타를 받는 것이 현실이다.

법 분야에서의 사실 인정은 날씨 예측과 유사한 측면이 있다. 날씨 예측에 기여하는 변수는 다양하기도 하지만, 변수 그 자체도 확정적이지 않고 유동적이며, 심지어 그런 변화가 전체 예측력을 좌우하기까지 한다. 이러한 점은 법 분야의 사실 인정에서도 그대로이다.

복잡적응계

법 분야의 사실관계는 복잡적응계이다. 자연적 사실에 그치지 않고 사실 자체에 사회적 가치가 반영되며, 그러면서도 그 관계는 상호 연관된다. 또 비선형적인 상관(non-linear interaction) 관계여서[495] 통계적 확률 모델을 적용하기 어렵다. 사실관계 인정은 각 점을 연결하면(connecting dots) 일정한 그림이 나오는 유아용 그림책 놀이에 비유할 수 있다. 따라서 현재의 인공지능 기법에서 활용하는 선형 상관(linear interaction) 기반의 분석 알고리즘은 적절하지 못하다. 인공지능 알고리즘에 의한 법률 문제 해결에서 이와 같은 난점이 걸림돌로 작용했고, 이를 해결하기 위해 다양한 변형 알고리즘이 제안되기도 하였다.

병렬적, 상호 연관성

통상 우리가 법률 문제를 해결할 때는 유추(analogy)와 연역(deduction)을 함께 사용한다. 이런 과정을 말로 설명하려는 경우, 그 설명은 연대순(chronological)의 일련(sequential)의 과정이 된다.[496] 그러나 실상 법률가가 최종 해법에 도달하는 추론 과정은 병렬적이다.497) 이러한 병렬 처리 과정의 특징이 법률의 열린 문 구조(open texture) 속성과 결부되면서 문제 해결 과정에서 그 여건 자체를 변경한다.498) 이런 과정은 역으로도 일어난다. 후순위의 문제 단위 해결이 전 단계의 문제 여건에 변경을 가하기도 한다. 이때 각 단위의 상태 변화는 상호 독립적인 것이 아니라 긴밀하게 연결되며, 어떤 단위의 변화가 다른 상태에 변화를 일으키게 된다.

우리가 인공지능 알고리즘을 설계할 때 법 분야의 사실 인정과 관련한 이런 특징을 간과하면, 그 적용 결과가 실제 사실 인정과 부합하지 않는다. 실례를 들면 현재 우리 법원의 통상적인 사실관계 인정에 있어 중요한 증명력 판단을 할 때, 동일인의 진술이 복수로 존재하고 그 진술 자체의 비교를 통해 모순점이 발견되면 진술 전체를 일관성 결여로 믿을 수 없다고 판단하는 것이 보통이다. 즉 그 진술 각개를 따로 분석하여 신빙성을 판단하는 식이 아니다. 심지어 어떤 진술과 다른 객관적 상황과의 부합 여부를 가지고도 진술의 신빙성을 따지는데, 이런 경우 객관적 상황과 문제된 진술은 그 신빙성을 각개로 판단하는 상황을 넘어 서로의 신빙성에 영향을 미친다. 경찰에서의 첫 번째 진술의 신빙성 판단에 이어 검찰에서 행해진 두 번째 진술의 신빙성 판단, 객관적 상황의 판단과 같이 연대순 또는 일련의 과정으로 증명력 판단이 이루어지지 않는다.499) 또한 자명한 사실보다 법원이 의심을 갖는 사실이 사실 인정에 더 기여할 수 있고, 이러한 사실관계의 가중치가 재판 과정에서 수시로 변동된다는 점은500) 사실관계 인정 알고리즘의 구현을 어렵게 한다.

그 외에도 어려운 문제가 있다. 형사재판에서 범죄사실에 대한 증명 책임은 검사에게 있고, 유죄의 인정은 법관으로 하여금 합리적인 의심을 할 여지가 없을 정도로 공소사실이 진실한 것이라는 확신을 가지게 하는 증명력을 가진 증거에 의하여야 하므로, 그와 같은 증거가 없다면 설령 피고인의 유죄가 의심이 간다 하더라도 피고인의 이익으로 판단할 수밖에 없다는 원칙[501] 또한 통상의 과학적·통계적 확률 모델과 배치된다. 구체적인 예를 들면, 금품 수수 여부가 쟁점이 된 사건에서 금품 수수자로 지목된 피고인이 수수 사실을 부인하고 이를 뒷받침할 금융자료 등 객관적 물증이 없다면, 금품을 제공하였다는 사람의 진술만으로 유죄를 인정할 수 있느냐에 관하여 대법원은 다음과 같이 판시하고 있다. 우선 그 사람의 진술이 증거능력이 있어야 함은 물론, 합리적인 의심을 배제할 만한 신빙성이 있어야 하고, 신빙성이 있는지 여부를 판단할 때는 그 진술 내용 자체의 합리성, 객관적 상당성, 전후의 일관성뿐만 아니라 그의 인간됨, 그 진술로 얻게 되는 이해관계 유무, 특히 그에게 어떤 범죄의 혐의가 있고 그 혐의에 대하여 수사가 개시될 가능성이 있거나 수사가 진행 중인 경우 이를 이용한 협박이나 회유 등의 의심이 있어 그 진술의 증거능력이 부정되는 정도에까지 이르지 않아도 그로 인한 궁박한 처지에서 벗어나려는 노력이 진술에 영향을 미칠 수 있는지 여부 등도 아울러 살펴보아야 한다.[502] 이 얼마나 복잡한가?

나아가 각개 진술의 진위에 대한 결론이 타 진술의 진위 인정에도 영향을 미친다. 즉 금품 수수 여부가 쟁점이 된 사건에서 여러 차례에 걸쳐 금품을 제공하였다고 주장하는 사람의 진술을 신뢰할 수 있는지에 관하여 심사해본 결과, 그중 상당한 진술 부분을 그대로 믿을 수 없는 객관적인 사정 등이 밝혀짐에 따라 그 부분 진술의 신빙성을 배척하는 경우라면, 여러 차례에 걸쳐 금품을 제공하였다는 진술의 신빙성은 전체적으로 상당히 약해졌다고 보아야 할 것이다. 비록 나머지 일부 금품 제공 진술 부분에 대하여는 이를 그대로 믿을 수 없는 객관적 사정 등이 직접 밝혀지지 않았다고 하더라도, 그 진술만을 내세워 함부로 나머지 일부 금품 수수 사실을 인정하는 것이 원칙적으로 허용될 수 없다고 보아야 한다는 판단이다. 적어도 나머지 일부 금품 수수 사실을 인정할 수 있으려면, 신빙성을 배척하는 진술 부분과는 달리 그 부분 진술만을 신뢰할 수 있는 근거가 확신할 수 있을 정도로 충분히 제시되거나 그 진술을 보강할 수 있는 다른 증거들에 의하여 충분히 뒷받침되는 등, 합리적인 의심을 해소할 만한 특별한 사정이 존재하여야 한다고 요구하기까지 한다.

빅 메커니즘

이런 상호 연관성과 복잡도 때문에 일어나는 문제의 해결을 위해 미 국방과학연구소가 2014년부터 빅 메커니즘(Big Mechanism) 모델 개발에 착수했다. 각종 분야와 관련된 문헌과 데이터는 수집 자동화로 빅데이터를 형성하고 있지만, 분야별로 단편화되고 분산되어 있으며 일관성이 없다는 단점이 있다. 빅데이터 간 상호작용에 의해 초래되는 효과를 제대로 이해하려면, 복잡한 체계를 완전하게 설명할 수 없다는 문제점을 해결하는 모델을 개발할 필요가 있다.

이것이 지향하는 것은 상호작용이 복잡한 체계가 갖는 중요한 인과관계를 규명하고 설명하는 논리 모델을 개발하는 것이다. 조각들을 보다 완전한 인과관계 모델로 가져와서 추론하고 그 복잡한 역동성을 설명하려는 것인데, 이러한 모델이 개발된다면 법률 분야의 복잡한 사실관계 인정에도 사용할 수 있을 것이다. 그러나 이러한 모델의 성공 가능성에 대하여는 장담하기 어렵다.

나아가 각개 증거 형태에 따른 난점이 있다. 사실관계 인정의 단서가 되는 증거는 진술과 같은 텍스트를 기반으로 한 증거 외에 범행 장면 영상이나 현장 사진과 같은 이미지 형태의 증거도 있다. 따라서 이러한 증거가 의미 관계적으로 연결되고 상호 비교될 수 있도록 같은 성상(性狀)의 증거로 변환이 이루어져 하는데, 이러한 작업 과정에서 증명력 소실이나 변형 등의 문제가 일어날 수 있다.

진술 우선적 사고

이러한 과학적 분석 외에도 법 분야의 '진술 우선적' 사고를 무시할 수 없다. 인과적 가중치(Causal weight)의 할당을 통한 통계적 예측 모델보다는 관찰 가능한 진술을 선호한다.[503] 진술 증거는 반대신문 등을 통한 증명력 탄핵이 상대적으로 쉬운 반면, 통계적 모델에 의한 사실관계 인정은 증명력 탄핵의 방안이 마땅치 않다. 지극히 과학적인 증거인 DNA 샘플의 감정 결과보다 지능지수가 낮아 흠결이 있는 본인 자백과 동료 재감자의 전문 진술처럼 취약한 증거를 더 믿어서 오판하는 사례가 발생하는 것은[504] 이와 같은 형사재판 과정에서의 진술 우선적 사고 때문이다. 이러한 오래된 사고방식이 타파되지 않는 한, 판결기계에 의한 인간 판사의 대체를 수용하는 것은 요원할 것이다.

4. 법률 적용 과정 알고리즘 구현 가능성

우리 형사 재판에서는 사실관계가 확정되면 법률 적용 과정이 뒤따른다. 법률적용 과정은 법률 조문, 판례, 지침 등 지식베이스와 추론 기능을 부가한 알고리즘을 확정된 사실관계에 사용하여 쉽게 컴퓨터 알고리즘화될 수 있다고 여겨지는 영역이다. 전문가 시스템의 IF THEN의 연관에 의하여 사실관계에 부합하는 적절한 법률 적용을 할 수 있을 것 같아 보이지만, 인간 판사와는 달리 인공지능 알고리즘의 경우 복잡한 관계 설정 등이 필요할 것으로 보인다. 단순한 관계가 아니라 벡터 또는 텐서와 같은 다차원의 데이터와 그 상호관계 등에 의한 복잡한 연산이 따라야 제대로 된 결론이 나올 것이기 때문이다.

단순히 하나의 범죄사실만 존재한다면 그 범죄사실의 형태 분석으로 해당 법조를 찾아낼 수 있을 것이다. 각 형벌 법규의 구성 요건과 범죄사실 간의 비교는 단순한 텍스트 비교만으로는 어렵고, 조문의 텍스트와 범죄사실의 텍스트 이면의 의미의 이해까지 수반되어야 가능하다. 많은 유형의 범죄사실과 대응되는 적용 법조로 이루어진 지식베이스를 구축하고, 그 지식베이스를 이용해 해당 법조문을 찾는 방법도 가능하겠지만, 어떻든 보통의 평범한 범죄사실이라 하더라도 기존의 절차적 프로그래밍 기법이나 인공지능 알고리즘으로 구현한다는 것은 불가능해 보인다. 형사 실체법이나 형사 절차법은 모두 규칙화하여 지식베이스로 구축할 수 있는 영역이긴 하지만, 해당 사실관계에 적합한 법률의 단순한 매칭(Matching) 방식은 아니된다. 이는 컴퓨터에 의한 번역 프로그램의 개발 과정을 되짚어보면 알 수 있다. 초기에는 각 단어에 해당하는 외국어 단어의 매칭으로 충분히 해결 가능한 단순한 문제로 여기다가, 앞서 언급한 언어의 열린 문 구조 때문에 좌절하고야 말았다. 인공지능 알고리즘에 의한 기상천외한 방식의 해결책이 나오기 전까지, 기존 컴퓨터 알고리즘이 적용된 번역 프로그램의 번역 수준은 조악하기 짝이 없었다. 그러나 대량의 기존 번역 결과를 토대로 머신러닝을 적용한 결과, 구글 번역기 등은 놀라운 수준의 번역을 하게 되었다. 이러한 인공지능 알고리즘은 특정 단어와 그에 맞는 외국어 단어와의 일대일 매칭 같은 방법을 쓰지 않는다. 그러한 방법으로는 조악한 번역이 되며, 제대로 된 결과를 내고자 하면 지나친 복잡도 증가로 이어지기 때문이다. 새로운 인공지능 번역 알고리즘은 지도 학습으로 분류되는데, 실제 지도 학습은 대량의 원문과 번역된 자료를 제공하는 것에 그치고, 나머지는 컴퓨터가 알아서 번역의 패턴을 찾아내는 식으로 이루어진다. 그러나 이러한 방식이 법적 분야에서도 그대로 통용될 것인가는 의문이다. 실제 사실관계와 적용 법률의 매칭에 관한 해결책이 알파고에 적용된 강화학습이 되어야 하는지, IBM Watson에 적용된 인지컴퓨팅 기법이 적용되어야 하는지, 아니면 또 다른 방식의 인공지능 알고리즘이 적합할지는 고민해 보아야 할 영역이다.505)

5. 양형 과정 알고리즘 구현 가능성

양형기준제도

유전무죄 무전유죄라는 말이 있을 정도로 사법의 신뢰가 문제시되고 있다. 양형은 유·무죄 인정 이상으로 사법 신뢰 구조의 핵심이 되는 영역이다. 따라서 양형 편차를 줄이고, 양형을 둘러싼 여러 문제에 대한 해결책으로 우리나라뿐만 아니라 세계 각국에서 양형기준제도를 도입하여 시행하고 있다. 미국에서는 양형위원회(Sentencing Commission)가 연방법원 판사를 위한 양형 기준을 제정하여 형량 결정에 사용하도록 하고 있다.[506] 이러한 양형기준제도를 바탕으로 만든 규칙 기반의 판결 선고 조력 시스템이 바로 Sentencing Advisor라는 양형 전문가 시스템이다. 이 시스템은 규칙 기반의 쉘인 VP-Expert를 사용하여 개발되었는데, 앞서 설명한 바와 같이 VP-Expert에는 전문가 시스템 운영에 필요한 추론엔진 및 사용자 인터페이스가 포함되어 있어 개발자는 작업 시스템을 만들기 위해 추론 규칙으로 구성된 knowledge base를 IF THEN 형식으로만 공식화하면 된다.[507] 날씨 또는 스포츠라는 엉뚱한 변수로 선고 형량의 예측이 가능하다는 연구 결과를[508] 보면 다소 혼란스러울 수도 있지만, 이것은 인공지능 알고리즘의 본질적 기능인 패턴인식 또는 데이터마이닝(data mining)의 결과일 뿐이다.

재범 위험성 예측 모델 중심의 형량 결정

어떻든 현실적으로 시행되고 있는 미국의 재범 위험성 예측 모델 중심의 형량 결정은 앞선 언급처럼 인공지능 알고리즘의 직접적 수혜 분야임이 분명하다. 미국에서는 형량 결정에 있어 피고인의 미래의 재범 위험성 판단이 핵심이며,[509] 이러한 재범 위험성 판단에 인공지능에 의한 자동화된 예측 알고리즘을 널리 사용하고 있다. 펜실베니아 주에서는 이러한 위험 평가(risk assessment)를 판결 과정 자체에도 사용하기로 하였다.[510] 우리나라의 경우 형량 결정에 있어 재범의 위험성도 고려하지만, 미국과는 달리 그리 큰 비중을 두고 있지 않다.

미국 내에서도 이러한 자동화된 재범 위험성 평가(Automated risk assessment)를 두고 긍정적으로만 평가하진 않는다.511) 유·무죄는 논리적 추론에 의한 검증·평가가 가능한 영역이지만, 양형은 유·무죄와는 완전히 다른 이질적 요소를 갖추고 있다. 양형기준제도 자체도, 양형 격차로 인한 불신 해소라는 긍정적 측면에도 불구하고, 시행 초기는 물론 여전히 그 타당성에 대한 논란이 불식되지 않고 있다. 이러한 양형기준제도를 근간으로 형량 결정을 위한 인공지능 알고리즘을 구현함으로써 인간의 개입을 근본적으로 차단하고 양형의 공정성과 신뢰성을 높여줄 수 있다는 일부 견해가 있긴 하지만, 양형기준제도는 그 이전에 행해진 기존 법관들의 선고 형량을 기초로 구축되었으며, 따라서 그들이 가졌던 편향성이나 차별 등의 부정적 요소를 투영하고 있다는 부정적 측면도 무시할 수 없다. 즉 인공지능 알고리즘에 의한 형량 결정은 그와 같은 편향성이나 차별 등 부정적인 면을 고착화하여 차후 개개 법관에 의하여 시정될 수 있는 기회를 원천 봉쇄한다는 문제점도 동시에 가지고 있는 것이다.

선고 형량 결정 알고리즘

어떻든 선고 형량 결정 시스템은 비교적 간단한 알고리즘으로도 구현될 수 있을 것 같지만, 실상 제대로 된 선고 형량 결정 알고리즘의 구현은 어렵다.512) 재범의 위험성을 평가하는 알고리즘의 구현은 축적된 데이터를 기초로 어떤 요소가 재범과 통계적으로 연관 있는지를 따져보고, 최초 범행 시의 연령, 폭력적 성향의 범죄 전력, 가정환경 등 복잡한 인자 중 재범 위험성 예측에 기여하는 인자에 가중치를 부여하는 통계적 알고리즘을 만드는 과정을 거쳐야 한다.513)

선고 형량을 결정하는 알고리즘은 여기에 더해 보다 많은 인자나 특성 등을 적절히 추출하고 그 인자 간의 상관관계 계산, 가중치 부여 등의 기능이 추가되어야 하므로, 그 복잡성이 지극히 높아서 그 구현을 가로막는 난관이 많을 것이다.[514]

6. 판결문 작성 알고리즘(Automation) 구현 가능성

자동 작성

판결문 작성 알고리즘은 판결문의 자동 작성(Automation)을 추구한다. 판결문은 그 설시를 통해 당사자를 설득하여야 하고, 법관 스스로도 판결문 작성 과정을 통해 형사재판이 제대로 이루어졌는지를 자체적으로 검증한다. 나아가 상소심에서 하급심의 재판 과정이 제대로 이루어졌는지를 사후 검증할 때도 판결문이 중요한 역할을 한다.

형식 재판

판결문도 형식 재판이냐 실체 재판이냐에 따라 다양한 형태가 있지만, 형사소송법 제327조에 규정된 공소기각 판결, 형사소송법 제326조에 규정된 면소판결과 같은 형식 재판의 경우는 그 사유가 법에 명시되어 있고 정형적 형태이기 때문에 복잡한 첨단 인공지능 알고리즘의 도움 없이도 판결문 작성을 구현할 수 있을 것으로 보인다. 예를 들면 형법 제40조 소정의 상상적 경합관계의 경우에는 그 중 1죄에 대한 확정판결의 기판력은 다른 죄에 대하여도 미친다.[515] 따라서 공소사실과 확정판결의 범죄사실이 상상적 경합관계에 있는 경우는 확정판결이 있는 때로 보아 형사소송법 제326조 제1호에 의하여 면소판결을 하여야 한다. 이러한 경우는 사실관계 확정과 법령 적용을 거치면서 어떤 확정판결이 존재하고 그 확정판결과 공소사실의 범죄사실이 상상적 경합관계, 즉 1개의 행위가 수죄에 해당하는 경우라는 것만 확인되면, 그 판결 이유는 거의 정형적으로 나올 수밖에 없다. 우선 확정판결이 존재함을 먼저 설시하고, 공소사실과 그 확정판결의 관계가 상상적 경합관계이며, 그러한 경우 확정판결의 기판력이 공소사실에 미치므로, 결국 확정판결이 있는 경우에 해당하여 형사소송법 제326조 제1호에 의하여 면소판결을 한다는 식으로 기재할 수밖에 없다. 형사소송법 제327조 제2호에 의한 공소기각 판결의 예도 하나 들면, 피고인과 피해자가 동거하지 않는 친족이고, 절도 등 재산범죄인 경우 피해자가 고소하지 않거나 고소한 후 취소하거나, 고소가 부적법할 경우, 판결 이유는 우선 이러한 죄가 고소가 있어야 공소제기가 가능하다고 기재하고, 고소가 없거나 취소되거나 부적법하다고 한 후, 결론으로 공소제기가 법률의 규정에 위반하여 무효라거나 고소가 취소되었다고 기재한다. 그리고 마지막으로 형사소송법 제327조 제2호 또는 제5호에 의하여 공소기각 판결을 한다고 하면 된다. 달리 쓸 방도가 없는 정도로 정형화되어 있다. 이와 같은 경우는 컴퓨터 알고리즘의 구현은 쉽다. 물론 그 전 단계인 공소사실과 확정판결의 관계가 상상적 경합이라거나 어떤 죄가 친족 간 범행의 특례가 적용되는 죄라는 부분의 지식은 지식베이스의 규칙으로 존재하여야 하고, 나아가 사실관계 인정 과정에서 그런 관계에 대한 파악이 가능하도록 알고리즘이 구현되어야 한다. 이것은 만만치 않다.

실체 판결

나아가 실체 판결인 유죄판결의 경우에도 형사소송법 제323조에서 형의 선고를 하는 때는 판결 이유에 범죄될 사실, 증거의 요지와 법령의 적용을 명시하여야 한다고 규정하고 있고, 어느 정도 정형적인 포맷을 가지고 있어서 일부 복잡한 사안과 같은 예외를 제외하고는 형식 판결과 마찬가지로 자동화가 그리 어렵지 않을 것으로 보인다. 반면 무죄판결의 경우는 무죄 유형이나 사유에 따라 이질적 요소가 혼재되고, 비정형적이며, 복잡 구조일 가능성이 농후하여 작성 시스템의 구현이 쉽지 않을 것이다. 형사소송법 제325조 전단의 경우는 주로 법리적인 부분이라 법조문과 판례 등에 기초해 어느 정도 정형화된 결론을 낼 수 있기 때문에 구현이 용이할 것으로 예상되는 반면, 형사소송법 제325조 후단의 무죄일 경우는 사실 인정과 연계된 구조를 구현하여야 하기 때문에 현재까지 개발된 인공지능 알고리즘으로는 해결이 어려운 분야임이 분명하다. 이러한 구현의 어려움 외에도 인공지능 알고리즘의 블랙박스와 같은 속성 때문에 상호 연관된 사실관계 인정의 추론 과정을 당사자가 납득할 수 있게 설명할 수 없다는 난제도 함께 해결하여야 한다.

7. 판결기계의 개발 가능성과 수용

가. 판결기계의 개발 가능성

불투명성, 신뢰성 검증

퀴즈 쇼 시연이나 이세돌 등과의 바둑 대결로 구글이나 IBM은 막대한 경제적 이득을 취한 바 있다. 판결기계가 개발되기 위해서는 위와 같은 판결기계의 구현 가능성만이 아니라 그것의 사용을 수용하려는 사회적 합의가 전제되어야 한다. 우선 문제가 되는 것은 판결기계를 신뢰할 수 있느냐이다. 로보 어드바이저와 같이 투자 수익만 내면 되는 경우는 그러한 투자 결정 과정 자체가 크게 문제될 바 없다. 그저 수익률로 그 알고리즘의 성능을 가늠하면 족하다. 따라서 그러한 투자 결정이 어떤 데이터나 알고리즘에 의하여 이루어지는지 하는 부분에 대한 검증이 필요 없다. 그러나 판결기계의 경우는 그 결정 과정이 투명하게 설명되어야 한다. 이러한 투명성 요구는 블랙박스와 같은 인공지능 알고리즘의 속성과 정면으로 배치(背馳)되는 부분이다. 나아가 신뢰성 검증을 위해서는 알고리즘의 공개와 테스트가 필요하다.516) 문제는 이러한 인공지능 알고리즘이 개발한 기업의 영업 비밀이며 자산적 성격을 가지고 있다는 점이다.517) 따라서 판결기계의 알고리즘에 대한 접근 자체가 영업 비밀을 보호하려는 법체계에 의해 거부되어 신뢰성 검증이 불가능할 수 있다.

알고리즘 결정에 승복?

또 수학 특히 확률론과 통계학에 기반을 둔 기계의 결정에 승복할 수 있는지도 의문이다. 자신이 교도소에 가서 몇 년씩 복역하여야 하는지가 확률·통계적 모델인 판결기계에 의하여 결정된다는 방식을 우리 사회가 저항 없이 받아들이기는 어려울 것이다. 기계가 아닌 같은 인간에게 운명을 맡기겠다는 요구, Decision Accuracy보다는 가치를 우선시하는 생각 때문에 판결기계에 대하여 본능적으로 거부감을 가질 것이다.518)

재범의 위험성 평가를 위한 통계적 모델의 큰 약점은 그 위험성 평가나 형량 결정에서 패턴 분석에 의존하다 보니 개인적 특성보다는 집단적 특성을 우선 고려한다는 점이다. 이로 인해 개별화되어야 할 판결에서 개인적 특성이 무시되고, 마치 공장에서 찍어내듯 정형화된 판결이 생산되는 양상을 띠게 될 것이라는 우려도 없지 않다. 뿐만 아니라 인간에 대한 재판은 정량적 요소만을 고려하여서는 아니 된다. 통계적 모델의 범주가 아닌 범법 행위의 심각성, 개인의 특성, 배경 등을 고려해야 하는데, 인공지능 알고리즘에 의한 판결기계의 구현에서는 이런 속성을 심각하게 고려하지 않을 것이다. 법 분야에서는 알고리즘에 의하여 산출될 수 있는 객관적 수치 외에도 공동체 가치, 정의와 같은 요소를 중시하고 고려하여야 한다는 요구는 판결기계에 의한 재판을 수용할 수 없게 만드는 또 다른 중요한 변수다.519)

나. 개발 비용·투자 가능성의 문제

경제적 요인·투자

인공지능 개발의 동인(動因)은 경제적 이윤이다. 초기 인공지능 태동기에는 정부 주도로 인공지능 개발이 이루어졌다. 정부가 개발에 필요한 자금을 투여했고, 그러한 자금을 바탕으로 연구가 수행되었다. 그러나 제1차, 제2차 인공지능 붐은 가시적 성과를 내지 못하면서 정부의 투자 중단으로 이어졌고, 곧 종언(終焉)을 고하고 말았다. 그때의 인공지능 개발과 달리 제3차 인공지능 붐이라 할 현재는 민간 주도로 인공지능 개발이 이루어지고 있다. 물론 인공지능 알고리즘을 장착한 무인 항공기 개발과 같은 부분은 군비(軍備) 경쟁 차원에서 여전히 정부 주도하에 이루어지고 있지만, 그러한 분야를 제외한 인공지능 알고리즘 개발의 대부분은 구글, IBM, 페이스북과 같은 거대 민간 기업에 의하여 이루어지고 있다.

인공지능 연구에 있어 경제적 이욕이라는 동인이 얼마나 중요한 가는 제3차 인공지능 붐의 시기를 열었다고 평가받는 제프리 힌튼(Geoffrey Everest Hinton) 교수의 예에서 알 수 있다. 제프리 힌튼은 제2차 인공지능 붐의 시기가 끝난 후 인공지능 분야 중 딥러닝에 관한 연구를 계속하고자 하였다. 하지만 모국인 미국에서는 정부나 기관, 기업 등에서 경제적 이득이 보장되지 않는 그런 연구에 투자하겠다고 나서지 않아 순수 연구를 지원하는 캐나다로 옮겨 인공지능 연구를 계속할 수밖에 없었고, 그곳에서 제3차 인공지능 붐의 시기를 여는 결정적 알고리즘을 창안하였다. 제3차 인공지능 붐 시기의 모든 투자는 경제적 이득과 직결되는 분야에서 일어났다.520) 구글이나 페이스북과 같은 거대 기업이 인공지능에 주목한 최초의 계기는 각각 다르지만, 종국적인 것은 이익 창출이다. 구글은 음성 인식과 번역의 정확성을 획기적으로 끌어올리기 위해 제프리 힌튼 등 인공지능 연구자들을 대거 영입하였고, 페이스북은 사용자들이 업로드하는 사진과 얼굴 등 이미지의 인식, 분류, 검색을 효과적으로 수행하는 알고리즘의 개발로 광고 수익을 증대하고자 선도적인 인공지능 연구자들을 영입하는 등 인공지능 알고리즘 개발에 막대한 투자를 하였다. 중국의 바이두(百度)와 같은 검색 서비스 기업도 음성 검색 등 서비스의 질을 제고하기 위하여 딥러닝의 또 다른 권위자인 스탠포드 대학의 엔드류 응(Andrew Ng)을 영입하였는데, 그는 최근 인공지능의 발전을 위한 기초적 연구에 몰두하기 위하여 바이두를 떠났다.521)

인공지능은 연금술도 아니고 비책(祕策)과 같은 존재도 아니다. 그것은 컴퓨터 알고리즘이며, 구체적 형태는 컴퓨터 프로그램이다. 따라서 그 알고리즘을 구현하기 위해서는 구체적으로 코딩 작업을 거쳐 프로그램을 만들어야 한다. 수많은 선행 연구에서의 실패와 성공이라는 경험적 바탕 위에서 또 다른 알고리즘이 창안되며, 다시 그러한 토대 위에 현실적 문제를 해결하기 위한 각종 연구가 이루어진다. 인공지능 기법은 참으로 다양한 가지가 있고, 딥러닝도 머신러닝 알고리즘 중 하나일 뿐 이것이 인공지능 알고리즘을 대표한다거나 지도 학습과 비지도 학습 중 어느 것이 우월하다거나 적합하다고 단언키 어렵다. 구체적으로 해결하고자 하는 과제에 따라 그에 맞는 인공지능 알고리즘이 있고, 한 종류의 알고리즘으로는 해결되지 않는 것이 많은 게 현실 세계의 문제다.[522]

오픈소스 라이브러리, 컴포넌트

앞서 소개한 것처럼 IBM은 왓슨이라는 컴포넌트를, 구글은 머신러닝 라이브러리인 텐서플로우를 공개하여 인공지능 연구자들이 자유롭게 이용할 수 있도록 하고 있다. 이러한 컴포넌트 또는 라이브러리의 장점은 뚜렷하다. 바로 재사용이 가능하다는 것이다. 왓슨을 기반으로 인공지능 변호사라고 포장되는 ROSS Intelligence나 의료용 진단 알고리즘인 Dr. Watson이 등장한 것은 전술한 바 있다.

그러나 우리는 여기서 또 다른 한계와 직면한다. IBM의 왓슨은 이미 구축된 지식기관, 즉 데이터베이스가 있어야 하고, 이런 광범위한 데이터베이스에서 문제 해결에 필요한 정보를 찾고 그 정보를 분석·정제함으로써 문제를 해결한다. 판결기계의 구현에 전 세계에서 검증된, 압도적 우월성을 지닌 IBM Watson이 기여할 수 있는 바는 극히 제한적이라는 것이다. 이와 같이 장황할 정도로 기존 알고리즘의 재활용 가능성을 언급하는 것은 어떤 인공지능 알고리즘이 갑자기 창발적(創發的)으로 생겨나지 않는다는 점을 설명하고자 함이다.

개발의 분산, 재활용

인공지능 알고리즘 개발에 있어서 기존 알고리즘, 컴포넌트, 라이브러리 등의 재활용과 차용이 전제되어야 한다. 세계 어디에서나 이러한 컴포넌트가 개발되고 공개되어 누구나 활용할 수 있다는 개발의 분산 가능성은 인공지능 개발 과정의 협업을 가능케 한다. 문제는 이렇게 재활용 가능한 컴포넌트는 경제적 이득이 보장되는 분야에서만 이루어진다는 것이다. 민간 차원에서는 결코 판결기계 구현에 필요한 알고리즘을 만들려고 하지 않을 것이기 때문에, 재활용 가능한 알고리즘이나 컴포넌트는 존재하기 어렵다. 따라서 국책사업 차원에서 막대한 정부 투자가 선행되지 않고서는 온전한 판결기계 알고리즘의 개발은 이루어지지 않을 것이다.[523]

막대한 구축 비용

Westlaw 서비스를 하는 Thomson Reuters는 인공지능 알고리즘을 적용한 검색 서비스 재구축에 1조 원을 투입하였다.[524] 이러한 예에서 보듯, 보유한 법률 데이터베이스를 바탕으로 인공지능 알고리즘을 이용하여 검색 기능을 고도화하는 작업에도 엄청난 자금이 소요되었다는 점을 감안하면, 보다 고도화된 판결기계의 구축에 드는 비용은 짐작이 가지 않는다.

인공지능 개발은 이미 거대한 비즈니스 각축장이 되었다. IBM Watson이나 알파고를 개발한 팀이 그 알고리즘의 우월성을 보이기 위해서 선택한 분야가 범용적(汎用的)이라 할 수 없는, 폐쇄적이며 복잡성과 이질적인 변인(變因)이 적은 퀴즈쇼나 바둑이라는 것이 뜻하는 바도 크다. 물론 IBM Watson과 알파고의 알고리즘은 출발 자체가 다르다. IBM Watson의 경우 강력한 지식기관의 구축과 자연어 처리 등이 개발의 주된 과제였고, 알파고는 승패라는 목표를 달성하기 위한 탐욕적 강화학습 알고리즘이었다는 점에서 차이가 있다. 그러나 이들이 도전한 퀴즈쇼나 바둑은 제한적이고 일정한 규칙이 지배한다는 점에서 현실의 복잡적응계와 차이가 있다.

현재 우리 법학 분야에서도 인공지능에 대한 지대한 관심이 일어나고는 있지만, 램프의 요정처럼 알아서 음악도 척척 골라주는 등 모든 일을 대신해주는 인공지능 알고리즘이 현실 세계의 모든 일을 인간 대신 처리해줄 수 있다는 전제나 믿음에서 논의가 출발하는 우(愚)를 범해서는 아니 된다.[525]

다. 수용 가능성

사실관계 인정이나 법률 적용, 증거 설시 등의 영역은 분명 논리적 검증이 불가능하지 않은 영역이다. 어쩌면 통계적 모델의 정확성이나 신뢰성은 수용 가능성을 높여주는 요소가 될 수 있을 것이다. 그러나 양형 결정에 이르러서는 전혀 다른 문제가 발생할 것이다. 통상 앞서 예를 든 절도죄에 대하여 유죄로 결론이 나면, 어떤 기간의 징역형을 선고하면서 양형 이유를 다음과 같이 설명할 것이다. 즉 "피고인이 절도 범행에 대하여는 자백하고, 피해자가 처벌을 원하지 아니하는 점을 피고인에게 유리한 정상으로 참작하되, 이 사건 범행이 동종의 누범기간 중 상습절취 범행으로 범행의 수법, 횟수 등에 비추어 그 죄질이 상당히 불량한 점, 피고인에게 동종의 처벌전력 포함하여 다수의 처벌전력이 있는 점, 그 밖에 피고인의 나이, 성행, 환경, 이 사건 범행의 경위와 결과, 범행 후의 정황 등 이 사건 변론에 나타난 제반 양형요소를 모두 참작하여 그와 같은 형을 결정하였다."라는 식이 될 것이다.

불투명성, 블랙박스, 설명 가능성

인공지능 알고리즘이 형량을 결정할 때, 위의 예에서 나온 여러 인자를 모두 고려하여 형량을 결정하겠지만, 그 결정은 각 요소의 발화(發火) 여부, 가중치 부여와 합산 등 복잡한 통계학과 수학적 연산에 의한 머신러닝의 처리 과정에 의하여 이루어진다. 그런데 머신러닝의 블랙박스와 같은 속성 때문에 판결기계가 위의 양형 이유와 같은 설명으로 피고인 등 당사자를 설득하기는 어려울 것이다. 인간인 판사는 위와 같은 형량 결정에 미치는 여러 요인의 상관관계를 복잡한 수식으로 변환하여 계산하지 않더라도 직관적으로 연관시키고, 양형 기준의 범위 내에서 적정한 선고형을 이끌어내며, 그 선고형의 결정 과정을 설명할 수 있다. 그러나 모든 처리 과정을 알고리즘으로 하나하나 구현하여야 하는 경우, "인간이라면 (직관적으로) 쉽게 할 수 있는 일이 로봇에게는 어렵고, 로봇에게 쉬운 일은 사람에게는 어렵다."라는 모라백의 역설을 실감할 것이다.[526] 뿐만 아니라 당사자의 설득 문제에서 인공지능 알고리즘 특히 머신러닝의 경우, 설명 가능성의 문제와 직면할 수밖에 없다.

설명 가능한 인공지능

설명 가능한 인공지능(eXplainable Artificial Intelligence; Xai)은 인공지능에 의한 법 분야의 의사결정에 필수적인 요소다. 그러나 2016년부터 미국 방위고등연구계획국이 이 프로젝트를 후원하기로 한 이래, 국내외 각종 유명 대학 및 연구 기관 등이 매달리고 있지만 현재까지 가시적 성과는 나오지 않고 있다.

알고리즘 생성 기계적 증거

약식재판 등 복잡성이 덜한 경우로 국한한다면, 인공지능에 의한 재판이 불가능할 것 같지는 않다. 즉 서서히 통계적 모델이 우위에 설 수 있는 재판 환경이 조성되고 있다. 사람의 경험 진술을 중심으로 이루어지던 형사재판에서 기계 생성 증거(Machine-generated evidence)가 차지하는 비중이 점차 늘기 시작했다. 컴퓨터 알고리즘을 이용하여 생성되는 이러한 유형의 증거는 사람의 경험 진술과는 차원이 다른 신용성을 부여받음으로써, 유죄를 확정하는 막강한 증명력을 지니고 있다. 이러한 인공지능 알고리즘으로 생성된 기계적 증거를 기존의 증거 법칙으로 포섭할 수 있는가 하는 문제는 큰 숙제다. 나아가 이러한 기계적 증거가 중요한 역할을 하는 유형의 형사재판은, 배심재판이라는 확고한 프레임을 가진 미국에서조차, 배심재판의 예외가 적용되기 시작하면서 그 근간에 큰 변화가 올 것이라는 전망도 없지 않다. 즉 인공지능 알고리즘에 의하여 생성되거나 처리된 증거는 통상의 진술 증거와 같은 반대신문권 보장, 당사자 대면권 보장만으로 그 허용성이나 증명력을 탄핵하기가 쉽지 않다. 페이스북의 사진이나 피고인이 범행 시각에 범행 장소에 있었다는 GPS 추적 기록은 유력한 유죄의 증거가 될 것이다.527) 이와 같은 인공지능 생성 증거가 주가 되는 재판의 경우는 전통적인 사실관계 인정에서와 같은 복잡한 알고리즘을 구현할 필요가 없다. 포렌식 도구에 의한 증거가 양산되고 주종이 되면 형사재판의 면모가 달라질 것이다. 그 시점에는 다시 판결기계의 가능성을 모색할 필요가 생겨날지 모른다.

제5장

인공지능 알고리즘의 활용과
법률 서비스 영역의 명암

Ⅰ. 법률 서비스 접근 가능성 확대

1. 인공지능 알고리즘 확산의 긍정적 효과

인공지능 활용은 그로 인해 일상적인 법률 프로세스의 효율성을 높임으로써 전통적으로 고비용이던 법률 서비스를 적은 비용으로 접근·이용할 수 있다는 긍정적 측면이 부각된다. 인공지능 알고리즘의 적용으로 법률 서비스가 제공되는 방식이 바뀌면서 종래 이용이 불가능하던 수요자들도 법률 서비스에 쉽게 접근할 수 있게 된다.[528] 법원이나 정부기관 등이 법률 정보와 같은 방대한 양의 리소스를 제공하는 웹 기반 또는 모바일 애플리케이션을 개발하여 서비스하는 경우가 늘었다. 법률 정보 및 지침 등을 쉽게 접할 수 있는 정보 제공 시스템, 자동화된 양식을 이용하여 법원이나 기타 정부기관에 제출할 서류를 손쉽게 만들어 주는 앱, 적합한 변호사 찾기 지원 시스템 등의 도구는 가난한 사람들을 위한 것이지만, 인터넷과 모바일 기술의 확산으로 누구나 이용 가능한 서비스가 되었다. 법률 서비스의 이러한 형태 변화는 리걸테크와 같은 영리적인 기술 스타트업에 의해서만 이루어지는 것은 아니다.

또 현행 법률 서비스 제도하에서 제공되지 않는 새로운 형태의 서비스 제공도 가능할 것이다. 현재 리걸테크의 중심에 있는 법률 정보 검색, 전자증거개시 분야 외에도 문서 자동 작성, 온라인 법률 상담(Q&A site), 챗봇이나 예측·분석 알고리즘, 법적 의사결정 지원을 위한 전문가 시스템의 사용이 확산될 가능성이 없지 않다. 뿐만 아니라 오프라인 위주의 법률 서비스 플랫폼이 클라우드 컴퓨팅 기반의 법률 서비스 플랫폼으로 대거 이동할 가능성도 있으며, 법률 서비스의 대체 공급자 등장, 아웃소싱, 분업화 가능성도 점쳐진다. 이런 인공지능 알고리즘에 의한 급속한 변화는 법률 사무와 컴퓨터의 수행 능력의 호환성 때문에 가능하다. 법률 서비스 분야에서의 인공지능 알고리즘 발전에 있어서도 무어의 법칙이 계속 될 것이라고 믿는 전문가가 많다. 그들은 접근 가능한 디지털 정보의 규모가 놀라울 정도로 커지고 있기 때문에 그와 같은 추세가 가속화할 것이라고 믿는다.

저렴, 정확성, 균질화

인공지능 알고리즘은 그 기계적 처리의 정확성 때문에 인간에 의하여 법률 업무가 수행될 때와는 달리 실수를 허용하지 않는다. 인간 변호사는 항상 한두 가지 쟁점을 놓치는 등 실수할 가능성이 있는 반면, 인공지능 알고리즘은 그런 실수를 하지 않는다는 점에서 인공지능 알고리즘의 도입을 역설하기도 한다. 이 점은 전자증거개시 분야 등에서 이미 검증되었다. 문서 검토와 분류 분야에서는 인공지능 알고리즘은 인간보다 훨씬 저렴하고 정확한 수행 능력을 보였다. 또한 이런 인공지능 알고리즘의 무한 복제 가능성 때문에, 변호사 인력의 확충이 여러 가지 현실 문제 때문에 막혀 있는 것과는 달리, 인공지능 법률 서비스가 일반화되면 보다 많은 사람이 저렴한 법률 서비스를 자주 이용할 수 있게 된다. 인간변호사의 경우 변호사의 역량이나 경험에 따라 제공되는 법적 조언 등 여러 가지 서비스의 질이 차등화 되는 것과는 달리 동일한 알고리즘이 적용된 인공지능 법률서비스의 경우, 누구에게 같은 품질의 서비스를 제공할 수 있다.

2. 확산의 그늘

대규모의 오류 사태

이러한 엄청난 장점에도 불구하고 인공지능 알고리즘도 오류를 피할 수 없다는 한계를 가지고 있다. 인공지능 알고리즘에게 어떤 결함이 있는 경우 인간에 의하여 개별적으로 제공되는 법률 서비스와 달리 대규모의 오류 사태를 빚게 되고, 이로 인하여 대규모, 고비용의 집단소송 사태가 벌어질지도 모른다. 인공지능 알고리즘은 그 알고리즘의 배치·활용에 추가적인 비용이 전혀 들지 않아 서비스 제공 규모가 대규모일 가능성이 높다. 이는 비용 절감 측면에서는 유리할지 모르지만, 알고리즘 오류가 있는 경우 그 서비스의 규모에 비례해서 피해도 커지는 문제점이 있다.

의사소통 부재

법률 서비스 불만으로 인한 소송은 주로 변호사와 의뢰인 간의 의사소통이 제대로 되지 않아서 발생하는 경우가 많다. 하지만 컴퓨터 알고리즘과 의뢰인 간에 과연 충분한 의사소통이 이루어질 것인지 의문이다. 변호사의 경우도 의뢰인의 사건과 관련한 정보를 제대로 인지하거나 획득하지 못하는 경우가 많은데, 컴퓨터 알고리즘과 인간 의뢰인 사이에는 이런 커뮤니케이션 과정에서의 문제가 보다 심각할 수 있다. 인공지능 연구에서 자연어 처리 부분이 비약적으로 발전하고 있고, 왓슨 같은 경우는 미묘한 퀴즈쇼의 질문에도 답변하는 수준을 보였다지만, 법률과 같은 복잡한 영역에서 법 분야에 특화된 자연어 처리 시스템이 아니고서는 의뢰인이 원하는 바를 정확히 파악하고 그에 필요한 모든 정보를 의뢰인으로부터 획득한다는 것은 엄청난 과제가 될 것이 분명하며, 이러한 부분을 제대로 처리할 수 있는 알고리즘의 등장은 요원하다고 보는 것이 현실적이다. 이러한 문제 때문에 앞서 언급한 바와 같이 질의 과정에서의 제한된 용어 사용이 해결책으로 제시되기도 한다. 법률 문제와 관련한 온라인 상담 사이트 같은 경우 정형화된 제한적 질문만으로는 의뢰인과 충분히 소통하기 어렵다. 의뢰인이 그러한 사이트의 질문을 제대로 이해하고 제대로 답할지 의문이다. 일반적으로 법률에 대하여 소양이 없는 의뢰인이 답변을 통해 법적으로 의미 있고 그 사건 해결에 유용한 정보를 제공하기는 어렵다고 해야 할 것이다.

인공지능 알고리즘이 법 분야에 수많은 혜택을 가져온 것은 분명하지만, 그와 더불어 골치 아픈 문제를 야기하기도 한다. 문서 검토와 같은 구조화된 작업은 인공지능 알고리즘의 조력으로 보다 빠르고 저렴하게 수행할 수 있게 되었다. 많은 인공지능 기술자와 학자들은 인공지능 알고리즘이 적절한 데이터와 변호사의 지도 감독하에 학습이 된다면 그 결과의 정확도가 높을 것이라고 전망한다. 다수의 연구 결과는 컴퓨터 알고리즘이 전자증거개시의 문서 검토에 있어 인간보다 훨씬 나은 성과를 거양하고 있다는 결론을 내렸다. 물론 이런 결론에 대하여 기계는 인간과 다른 방식으로 작업한다는 점과 관련 알고리즘의 정확성에 대해 연구자들과 법원이 진지하게 조사하지 않았다는 문제를 비판하기도 한다. 더욱이 컴퓨터 작업 규칙에 맞게 법률 업무의 복잡성을 축소하여 단순화하는 경우, 그 결과가 현실과 동떨어질 수 있다는 문제도 있다. 어떻든 별반 문제가 없어 보이는 Document review에서조차 인공지능 알고리즘으로 인해 예상치 못한 오류가 발생할 수 있으며, 그런 오류를 즉각 발견하는 것은 어렵다.

의사결정 기제

또 다른 중요한 문제는 인공지능 알고리즘의 신뢰성이다. 특정 알고리즘이 도출한 결과의 질은 훈련 데이터의 질과 양에 따라 사건별로 달라질 수 있다. 대부분의 알고리즘은 그것이 도출하는 결론이 최상의 것이 아님을 사용자에게 알릴 것인지, 어떻게 알릴 것인지를 결정하는 기제(機制, mechanism)가 없다. 충분한 지식을 가진 인간 법률 전문가는 위험의 감수 여부라는 고민을 안고 특정 결론의 질을 평가하고 그 결과에 대한 책임도 지려 한다. 그러나 인공지능 알고리즘에는 그와 같은 판단 기능이 부여되기 어렵다. 따라서 인공지능 알고리즘이 변호사 등 법률 전문가를 조력하는 도구가 아니라 직접 소비자와 대면하는 경우, 이런 의사결정 기제가 없다는 것 때문에 문제가 커질 수 있다. 또 인공지능 알고리즘이 변호사 등에게 요구되는 고도의 법적 윤리에 따라 의사결정을 하려 할 것인지도 중요한 이슈다.

II. 법률 전문가 시스템에 의한 변호사 대체

1. 수혜

인공지능 알고리즘에 의한 직업 상실도 간과할 수 없는 큰 문제다. 오늘날 인공지능 알고리즘으로 인하여 변호사를 비롯한 법조 직역 종사자들은 그 혜택을 톡톡히 누리고 있다. 인공지능 알고리즘으로 인해 법규와 판례를 손쉽게 수집할 수 있고, 널리 전파할 수 있게 되었다. 이로 인해 변호사들은 사건 관련 법규나 판례를 손쉽게 찾아볼 수 있을 뿐만 아니라, 계약서 초안이나 소송 사건 적요 등의 법률 문서를 작성할 때 활용할 수 있는 다양한 정보 시스템도 구비하게 되었다. 그럼에도 불구하고, 변호사들의 업무 능률을 제고하고 비용을 낮추는 인공지능 알고리즘의 활용을 가로막는 문제가 있다.

경쟁력, 클라이언트 중심, 빅데이터

변호사들은 성공 보수나 정액의 비용을 받는 것이 아니라 시간당 보수를 받는 것이 대부분이기 때문에 업무 효율을 높이는 것은 수입 감소로 이어진다. 이러한 수입 감소가 뻔히 보이는 상황에서 인공지능 알고리즘의 활용을 거부하려는 것은 당연해 보인다. 그러나 기업이 외부에 지출하는 법률 비용이 감소하고 시장 점유율을 둘러싼 경쟁이 치열해짐에 따라, 로펌들은 고객 서비스에 초점을 맞출 수밖에 없게 되었으며, 이러한 고객 대응은 현대 로펌의 중심 전략이 되었다. 로펌 변호사가 무엇을 알아야 하고 무엇을 어떻게 해야 하는지에 대한 고객들의 기대는 계속 커지고 있다. 기업 고객들은 로펌 변호사가 법률에 대한 전문적 지식과 역량을 갖춘 것 외에 그들의 사업과 그 사업이 속한 산업을 제대로 이해하기를 기대한다.

이러한 기대를 충족하는 소위 '클라이언트 중심'의 사고는 업계에서 괄목할 만큼 독특한 브랜드의 클라이언트 서비스를 가능케 한다. 변호사들은 그들이 경험하고 훈련받아온 시각에서 탈피하여 새로운 렌즈를 통해 그들과 클라이언트 관계를 정립할 필요가 있다. 앞서 법률 서비스의 특질을 논하면서 현재 변호사들이 가지고 있는 고질적인 문제점을 지적한 바 있다. 그들은 현재의 의뢰인이 가진 문제의 법률적 세부 사항에 초점을 맞추는 경향이 있다. 그러나 고객 중심의 서비스를 창출한다는 것은 쉽지 않다. 평생 법률 해석 위주의 사고로 살아온 변호사들이 기업의 문제를 제대로 이해한다는 것은 어렵다. 따라서 그에 대한 어떤 방안을 마련하지 않은 채 고객 중심 서비스를 외치는 일은 구두선이 되고 만다.

이에 대한 해결책이 바로 기업 조직에 대한 빅데이터이다. 빅데이터 활용은 서비스 제공을 효과적으로 한다는 것을 넘어선다. 고객 기업이 속한 산업을 제대로 이해하는 로펌은 기업 정보가 담긴 빅데이터를 활용하여 기업의 문제 해결에 대한 정보와 구체적 방안 제공을 넘어 전략적 차원의 조력이 가능하다. 기업 고객에 대한 자료가 풍부하다는 것과 그러한 정보를 제대로 활용할 수 있는 역량은 주목할 가치가 넘친다. 따라서 로펌은 고객 중심 서비스를 위한 시스템을 구축할 필요가 있다. 이런 시스템 구축에는 당연히 인공지능 알고리즘이 동원되어야 한다. 이는 순수한 인공지능 알고리즘의 색채를 그대로 가지고 있는 영역이고, 비 법률 분야의 알고리즘도 그대로 통용될 수 있다. 문제는 이러한 인공지능 알고리즘이 법률 분야 서비스의 제공 과정에 도입된다는 것이 가지는 의미다. 서비스의 질적 변화를 수반하는 시도로 종래 법률 서비스가 가지고 있던 한계를 초탈한다. 이런 변화를 도모한 로펌의 경쟁력은 여타 로펌과 차별화될 것이 분명하다.

인공지능에 의한 업무 대체 가능성 ― 구조화

변호사들의 업무 대부분은 법정에서의 변론 활동 등 논쟁이 아니라, 계약서 작성, 이혼서류 작성, 특허 신청, 파산신고, 유언장 작성, 재산분할 계획서 작성, 상표권 등록 등의 복잡하지 않고 정형적인 형태의 업무다. 이러한 업무는 반복성을 지니고 있기 때문에 인공지능 알고리즘에 의할 경우 그 효율성이 사람을 능가할 것이다. 따라서 문서 검토와 같은 신입 변호사의 일이 복잡성이 높은 파트너 변호사의 일보다 로봇에 의해 대체될 가능성이 높다. 물론 연공서열이나 경험이 이런 직업 상실의 결정적인 유일한 요소는 아니다. 진정한 기준은 수행하는 업무 자체가 통상적인지, 구조화되어 있는지 하는 잣대다. 예를 들어 신입 변호사는 대개 문서 검토와 실사(due diligence)로 대부분의 시간을 보낸다. 문서 검토는 사건과의 관련성을 식별하는 프로세스이므로 아주 구조화된 작업이다. 이와 대조적으로 거래와 관련된 실사는 예기치 않은 요소를 찾는 비체계적인 작업이다. 따라서 신입 변호사가 하는 일 모두가 인공지능 알고리즘에 의하여 일률적으로 대체된다고 단언하는 것은 어리석다.

문서 작성 ― 자동화, 정형화?

문서 작성도 그 성격에 따라 다르다. 소송 서면 작성(legal writing)은 자신의 입장을 관철하기 위해 논거를 찾는 창의성과 유연성이 요구되는 고도의 작업이며, 직관이 요구되는 작업이다. 반면 일반 문서 작성(document drafting)은 상대적으로 정형화되고 체계적일 뿐만 아니라, 표준 템플릿과 양식에 의존하기 때문에 직관이 필요 없다. 직관은 컴퓨터 알고리즘이 구현할 수 없는 인간의 속성이다. 따라서 일반 문서 작성 부분은 인공지능 알고리즘에 의해 대체될 가능성이 높다. 다른 업계와 마찬가지로 변호사들도 DIY로 인한 압력에 시달릴 것이다. 제한된 정보와 비교적 반복적인 기술을 기반으로 했던 사업 모델들은 업계를 불문하고 인공지능에 의한 자동화의 영향을 받고 있다.

2. 알고리즘 도입에 대한 저항·규제

저항

변호사들은 이런 알고리즘의 도입에 강력하게 저항했다. 소프트웨어 프로그램으로 문서 양식을 제공하고 보여주는 것까지는 용납하겠지만, 자동화를 통해 일반인들이 법률 관련 서류까지 준비하는 것에는 거부감을 느꼈기 때문이다. 앞서 살핀 바와 같이 현재 법제하에서는 리걸테크 등이 제공하는 각종 문서 자동 작성 알고리즘이나 온라인 질의응답 시스템이 유상으로 제공될 때 허가받지 않은 법률 행위로서 변호사법 등의 규율을 받을 가능성이 높다. 이미 논의한 바 있지만, 인공지능 알고리즘으로 대체 가능한 영역에 속하는 직역 종사자들은 인공지능 알고리즘이 침투할 수 없는 영역을 자신들의 업무 범위에 포함시키려고 사활을 건 투쟁을 벌이고 있다.

송무 업무의 부상

종전까지만 해도 법정 변론 등을 중심으로 하는 송무 업무는 상대적으로 덜 생산적인 것으로 취급받았다. 기업 자문 등 보다 전문화된 영역이 창출하는 수익이 높았기 때문에 이런 분야가 유망하다는 것이 지배적인 인식이었다. 그러나 이제 인공지능 알고리즘으로 인해 그러한 인식이 바뀌는 상황이다. 기업 자문 등 보다 전문적 지식이 소요되는 영역은 전문가 시스템의 조력으로 인간 역할이 줄어든 반면, 법정에서의 변론 등 송무 관련 업무는 인간 변호사만이 할 수 있는 영역으로 향후 그 가치가 더 높이 평가받을 수 있다. 이와 같이 인공지능 알고리즘의 도입은 단순한 기술적 문제만으로 초극할 수 있는 것이 아니다. 따라서 당분간 인공지능 알고리즘의 개발은 이런 변호사 업무의 대체라는 차원에서 접근해서는 만만치 않은 저항에 직면할 것이다.

알고리즘에 의한 변호사 대체 시나리오

물론 앞서 인공지능 판사 시스템의 개발 가능성에서 따져보았듯이 인간 변호사를 대체하는 인공지능 알고리즘의 등장은 어렵다. 디테일한 기술적 문제는 가까운 시일 내에 풀릴 수 없는 난제이고, 또 변호사 자체를 대체할 알고리즘을 개발할 동인도 적다. 그 막대한 비용을 들여 시스템을 개발해도, 인간 변호사가 아니면 담당할 수 없는 영역이 존재하는 한, 적정한 비용으로 인간 변호사를 양성하고 확충하는 것이 맞지 황당하게 변호사 자체를 대체하려는 법률 전문가 시스템을 개발할 가능성은 적다.

법 분야 전문가를 위한 전문가 시스템

그렇다면 답은 하나다. 현 단계에서 법률 전문가 시스템은 그야말로 법 분야 전문가를 위한 시스템으로 개발되어야 한다. 전문가를 조력하는 전문가 시스템이 되어야 한다는 것이다. 사실 법원이나 수사기관의 업무를 조력하는 법률 전문가 시스템의 가능성은 무한하다. 업무 효율을 단순히 증대시키는 것을 넘어, 업무 자체의 근간을 바꾸는 혁신이 가능하다. 검사로 재직한 필자의 경험으로는, 이러한 분야의 혁신은 분명히 가능하며 인프라도 충분하다고 본다. 특히 형사사법정보 시스템은 상당히 견고히 구축되어 현재도 잘 작동 중이다. 방대한 규모의 빅데이터가 생산되고 있고, 이러한 빅데이터를 이용할 수 있는 알고리즘만 개발하면 그 이용 가능성은 무궁무진하다. 또한 그런 알고리즘은 역으로 형사사법절차를 획기적으로 바꿀 수 있다.

그러나 이러한 분야의 법률 전문가 시스템의 개발은 그 가능성에 비하여 현실화가 쉽지 않다고 감히 진단할 수 있다. 이런 시스템이 가져올 수 있는 여러 가지 장점에 대한 이해가 선행되어야 한다. 또 누누이 이야기한 것처럼, 인공지능 알고리즘의 개발에 있어 중요한 것은 경제적 이욕이다. 돈이 되는 곳에 투자가 몰리고, 투자가 있어야 인공지능 연구와 개발도 이루어진다.

수익성 부재

그러나 법원의 판사나 수사기관 종사자의 업무를 조력하기 위한 법률 전문가 시스템의 개발은 민간 개발자가 뛰어들 만한 수익성이 보장되지 않는다. 따라서 이러한 시스템의 개발은 정부의 전적인 자금 지원이 이루어져야 가능하다. 하지만 정부가 이런 분야의 업무를 개선한다는 명목으로 막대한 자금을 투자할 것 같지는 않다.

대안적 분쟁 해결

그렇다면 가능한 것은 현재의 여건에 비추어 변호사법 등과 충돌을 피하면서 법률적인 문제 해결에 도입할 수 있는 알고리즘을 개발하는 것이다. 소송 대신 대안적인 분쟁 해결 방식이 최근 법률 분쟁 해결에서 중요한 비중을 차지하기 시작했다. 이런 분야에서는 인공지능 알고리즘에 의하여 전문 협상가, 조정기관, 중재자 등의 업무 처리 과정을 효율화하고, 해결 과정에 인공지능 알고리즘을 적극 활용함으로써 실질적으로 법률 분쟁을 해결하면서도 변호사법 위반과 같은 문제를 야기하지 않을 수 있다. 향후 추가적인 연구를 통해 이런 방안에 대하여 모색할 필요가 있다.

3. 대량 실직

변호사와 의뢰인 간의 의사소통 및 유대 관계는 구조화·정형화하기 어려운 부분으로 대체가 쉽지 않다. 일반적으로 다른 사람들과 의사소통을 할 때 언어뿐만 아니라 몸짓, 표정 등이 중요한 역할을 한다. 인공지능 알고리즘이 전자 메일 메시지의 내용을 파악할 수는 있겠지만, 스크립트로 표현할 수 없는 인간의 상호작용을 이해하기는 어렵다. 파트너 변호사는 의뢰인 등 사건 관계자와의 의사소통 등 관계 형성에 더 많은 시간을 할애하고 있기 때문에 다른 변호사보다는 인공지능 알고리즘에 의한 대체 가능성이 낮다.

고부가가치 업무 집중 — 전략 수립, 분석 등

기술 발전으로 인해 변호사는 그 업무 처리 방식을 바꾸어야 할 것이다. 각종 연구 결과에 따르면, 현재의 변호사 업무 시간 중 20% 이상이 자동화될 수 있다고 전망된다. 이런 인공지능 알고리즘의 채택으로 인한 비용 감소는 법률 서비스에의 접근 가능성을 높여주며, 이는 사회적 정의에도 부합한다. 또한 전체 법률 시장의 규모가 확대될 가능성도 높다. 인공지능 알고리즘의 도입으로 통상적인 업무는 그것에 맡기고, 변호사는 법적 전략 수립과 사건 분석, 예측과 같은 보다 가치 있는 업무에 시간을 할애하여야 한다.

법 분야 전문가의 몫

인공지능 알고리즘의 도입으로 인한 법률 서비스 시장의 명암은 숙명이라기보다는 노력 여하에 따라 바꿀 수 있는 운명에 가깝다. 인공지능의 도입이 부정적인 결과로 이어지거나, 혹은 법률 시장의 확대와 새로운 직역 창출 등과 같은 긍정적인 결과로 이어지거나 하는 것은 그것을 수용하는 자세에 따라 달라진다. 인공지능을 제대로 이해하고, 그것이 가진 장점을 법률 서비스에 어떻게 활용할 것인가를 모색한다면, 현재의 전망처럼 비관적이지는 않을 것이다. 그리고 그러한 노력은 인공지능 연구자가 아닌 법학자나 실무가 등 법 분야 전문가의 몫이라는 점을 피력하고자 한다.

법 분야 전문가의 양상도 변할 것이다. 종전의 전형적인 법률 업무가 아닌 분야에 진출하여야 한다. 인공지능 알고리즘의 활용이 증가하면 할수록 이런 인공지능 알고리즘이 제대로 작동할 수 있도록 고수준의 특성 추출이 이루어져야 하는데, 그런 특성 추출은 인공지능 공학자가 아닌 법 분야 전문가가 제대로 할 수 있는 영역이다. 물론 데이터 분석 능력이 구비되어야 한다. 법률 분야의 빅데이터는 인공지능에 의한 혁신을 가능케 하는 주요한 요소지만, 이러한 데이터가 과학자들이 접하는 전형적 종류의 데이터와는 매우 다르다는 점을 간과해서는 아니 된다. 과학자들은 한결같이 정확한 결과를 도출해내는 실험을 거쳐 세심하게 구성된 데이터를 다루지만, 법률 관련 빅데이터는 복잡하게 얽혀 있는 정제되지 않은 데이터다.

법률 관련 빅데이터의 특징

어떤 과학적 목적 없이 일상적인 업무를 처리하는 과정에서 수집된 사실, 수치의 잡다한 모음으로 비춰질 수 있는 데이터다. 흠결도 많고 오류나 공백도 존재한다. 빅데이터 세트는 엄청나게 많은 하부 데이터 세트의 종합인데, 어떤 하부 데이터는 신뢰할 만한 반면, 어떤 하부 세트는 그렇지 않다. 인공지능 알고리즘의 중요한 특장점은 전혀 상관없는 것처럼 보이는 관계에서 상관관계를 찾아낸다는 점이다. 소위 과학적 인과관계를 따르지 않는 것이다. 그런데 인공지능 알고리즘은 납득이 되지 않는 이상한 상관관계를 발견한다. 데이터 생산이 통제된 환경에서 이루어질 경우, 과학자가 추후에 데이터를 분석할 때 유리하다. 그러나 법 분야는 데이터 생산이 통제되지 않은 상황에서 이루어진다. 이러한 법 분야 데이터 생성의 환경에서 법 분야의 특성을 제대로 이해하지 않으면 관련 데이터의 분석·정제 작업을 제대로 수행하기 어렵다. 특히 법 분야에서 사실관계의 복잡도는 기계적 알고리즘으로 규명하기가 쉽지 않다. 따라서 법률가로서의 직관과 데이터 분석 기술을 겸비한 새로운 인재상이 요구된다. 앞서 이야기한 바 있지만, 로스쿨에서 법 과목만이 아니라 데이터 과학도 가르쳐야 할 날이 올 것이다. 로스쿨 졸업 후의 장래 희망으로 법 분야 데이터 과학자를 꼽는 학생들이 생길 것이다.

인공지능 규율 법률 전문가

또한 인공지능 알고리즘의 사전 규율이나 사후 규율을 담당하는 법률 전문가도 양성하여야 한다. 인공지능 알고리즘이 가진 본질적 위험과 그 위험의 규모성에 비추어 사전 규율 방안이 우선시되는데, 이런 사전 규율의 프레임이 잘못되면 인공지능 개발과 발전이 억제되는 엉뚱한 방향으로 전개될 수 있다. 또한 경제적 동인을 가진 인공지능 개발자들의 속성상 자율적 규제도 쉽지 않다. 따라서 독립적 기관이나 공적 기관에 의한 규율 방안을 모색하여야 하고, 나아가 그런 규율을 할 수 있는 전문가도 양성하여야 한다. 법률 분야의 인공지능 알고리즘에 대한 규율에 국한하지 않고, 법 분야 전문가들은 다른 분야의 인공지능 알고리즘의 사전 규율 과정에도 적합한 자격과 소양을 갖추고 있어야 한다. 따라서 법적·제도적 장치를 잘 이해하고, 인공지능 알고리즘의 개발과 운영을 감시하고 평가할 수 있는 감사 전문가로서의 법 분야 전문가가 새로운 법조 직업으로 부상할 가능성이 있다.

점복

상당수의 학자가 아무런 근거 제시도 없이 막연하게 변호사 등 법조 직역의 직업 상실이 우려된다거나 새로운 직업이 생겨날 것이라는 식의 전망을 한다. 그러나 냉정하게 보면, 현재까지의 인공지능 알고리즘 개발의 진척 상황은 의외로 느리고, 향후 전망도 그리 밝지 않다. 걸음마 단계의 아기를 보고 그 아이의 장래를 예측하고, 그 아이가 성장하여 우리 사회에 어떤 기여를 할 것인지, 어떤 해악을 끼칠 것인지를 진단하는 것은 점복(占卜)에 가깝다. 다른 분야는 몰라도, 현 단계에서 법률 분야 인공지능 알고리즘의 발전 가능성을 타진하는 것도 그와 비슷한 느낌이 든다. 도대체 수십 년이 지나도 걸음마 단계에 있으니, 언제 제대로 성장하여 법률 분야를 제대로 변혁할 것인가?

III. 변호사와 인공지능의 협업 시스템

1. 사이보그형 협업 전문가 시스템

여태까지 다양한 시각으로 법률 전문가 시스템 전체를 조망하면서 내린 유일하고 타당한 결론은 법률 전문가 시스템이 단독으로 의사결정을 하여서는 아니 된다는 점이다.

지적 사이보그

사이보그는 어떤 신체적 결함을 해결하기 위하여 신체 부위에 인공물을 부착한 것을 말한다. 이 개념을 사고 영역까지 확장하면, 인간이 어떤 결정을 하는 데 있어 오로지 자신의 지식과 경험에만 의존하지 않고 어떤 인공적 존재의 조력을 받는다면, 이를 사이보그(cyborg)적 형태라 못 볼 바 없다. 그런 시각에 의하면 법률 전문가와 그를 조력하는 법률 전문가 시스템은 사이보그적 존재이다. 법률 전문가 시스템이 법률 전문가의 지식이나 경험을 보완해주기 때문이다. 따라서 법률에 무지한 사람을 대상으로 한 법률 전문가 시스템과는 달리, 변호사 등 법률 전문가가 사용할 법률 전문가 시스템은 그런 점을 염두에 두고 설계하여야 한다. 그럴 경우 의사결정의 최후 단계는 인간 전문가인 변호사 등이 담당하여야 한다.

이와 같은 인간과 알고리즘의 협업 구조의 효율성도 이미 입증된 바 있다. 인공지능 알고리즘과 인간의 협업 구조는 법률 전문가 시스템과 외견상 차이가 없어 보이지만, 개념은 전혀 다르다. 이 협업 구조로서의 법률 전문가 시스템은 인간이 결정의 주체이고, 인공지능 알고리즘은 어디까지나 조력의 도구에 불과하다. 협업 시스템은 인공지능 알고리즘의 역할과 격을 높이는 것이다. 지능적 활동과 관련한 인간의 노력과 부담을 줄이고 지원하거나 자동화하기 위해 인공지능 알고리즘이 사용된다. 반면에 인간의 지식은 인공지능 기법을 설계하기 위한 출발점이 되기도 한다. 또한 인공지능 알고리즘의 적용 결과는 인간 사용자에 의해 해석되거나 검증되어야 한다. 이러한 사용자의 피드백은 인공지능 기술을 더욱 향상시킬 수 있다. 이런 지속적인 피드백 루프(feedback loop)를 개념화하면 인간과 알고리즘의 협업 모델이 나온다.

인간과 알고리즘의 협업 모델

인간과 도구(알고리즘)의 협력 모델을 상정할 수 있다. 인간이 인공지능 알고리즘을 조력하는 모델(human assisted), 인간이 중심이 되고 인공지능 알고리즘이 조력하는 모델(human centric)이 바로 그것이다. 체스 경기를 가지고 이런 모델을 테스트한 바가 있다. 즉

2005년에 행해진 인공지능 알고리즘 테스트에서 두 명의 아마추어 체스 선수가 슈퍼 컴퓨터와 여러 그랜드마스터 팀을 연달아 격파한 일이 벌어졌다. 그 아마추어들은 그랜드마스터에 비하여 체스 실력은 떨어졌지만 숙련된 컴퓨터 사용자였다. 그 경기 결과 '약한 인간+기계+향상된 프로세스' 조합이 강한 컴퓨터 시스템이나 심지어 '강한 인간+기계+열약한 프로세스' 조합보다 더 우월하다는 것이 밝혀졌다.529) 인간과 인공지능의 시너지 효과를 활용하는 솔루션이 얼마나 절실한지를 보여주는 예다.

모라벡의 역설

이는 흔히 이야기하는 모라벡의 역설(Moravec's Paradox)과도 관련 있다. 모라벡의 역설은 통상 사람에게 쉬운 것은 컴퓨터에게 어렵고, 컴퓨터에게 쉬운 것은 사람에게 어렵다는 설명이 일반적이지만, 몇 가지 논리적인 규칙이 있는 컴퓨터에서는 지각과 같은 낮은 수준의 인지 능력보다 반복이 필요한 고수준의 인지 능력을 시뮬레이션하는 것이 더 쉽다는 것이 본래 의미이다.530) 예를 들어 오늘날 체스에서 인간을 능가하는 인공지능 프로그램이 있고, 자연어 질의를 해석하는 프로그램들도 높은 수행 능력을 자랑한다. 그러나 인공지능 알고리즘에게는 얼굴을 인식하거나 설거지를 하는 등 낮은 인지 능력이 요구되는 일이 더 높은 지적 능력을 요구하는 일보다 실행하기가 훨씬 어렵다. 인지 능력과 같은 기본적인 동물 행동마저도 논리적이고 결정론적인 인공지능 메커니즘을 사용하여 재현하기 매우 어려워 보인다. 이와 같은 역설적 상황은 인간과 알고리즘의 협업이 시너지 효과를 발휘하는 중요한 근거가 된다. 인간이나 인공지능 알고리즘이 능력을 발휘하는 분야를 각각 맡고, 어려운 부분은 상대방에게 맡기는 전략은 상호 보완의 차원을 넘는다.

이러한 협업 모델은 인공지능 알고리즘의 발전과 함께 항시 문제 시되는 직업 상실 등을 해결하는 방안이 될 수도 있다.

인간 ─ 최후의 의사결정자

물론 이러한 협업 모델에서 마지막 판단을 인간이 하여야 한다는 점은 법률 전문가 시스템과 인간과의 의사소통에 있어 필요충분조 건이 된다. 질의응답이라는 기본적 틀이 깨어져서는 아니 된다는 것 이다. 여러 가지 다른 기법의 인공지능 알고리즘이 법률 분야에 도 입되겠지만, 가장 기본적인 형태는 법률 전문가 시스템이 되어야 하 는 이유도 이와 같은 의사소통의 필요 때문이다. 협업 모델에서는 법률 전문가 시스템이 가진 설명 가능성이라는 요소가 의외로 크게 다가온다. 머신러닝과 같은 주류 알고리즘의 경우 엄청난 데이터가 필요하고, 방대한 계산 리소스에 의존하여야 하며, 시간이 많이 소 요되는 시행착오 방법론(Trial and Error)이나 블랙박스와 같은 성격 때문에 협업 모델과는 어울리지 않는다. 특히 인간 전문가가 최후의 결청을 하여야 하는 협업 시스템에서 설명 가능성의 의미는 크다. 필자는 인간과 알고리즘의 협동 모델은 인공지능 알고리즘에 대한 두려움과 거부감을 없애면서도 그로 인한 혜택만 고스란히 인류에 게 돌려주는 프레임이 분명하다고 믿는다. 법률 전문가 인공지능과 관련하여서 항상 기술적 측면에 지나치게 전도되어 기술이 모든 것 의 해결점이거나 화근이라고 단정하는 경우가 많다. 인공지능 알고 리즘은 컴퓨터 프로그램에 불과하며, 그것을 어떻게 이용하는지는 인간에게 달려있다.

2. 개발 과정에서의 협업

위와 같은 협력 관계는 개발 과정이라고 해서 다를 것 없다. 통상 법률 문제를 해결하기 위해서 인간과 법률 전문가 시스템이 협업하였다면, 법률 전문가 시스템 개발에서도 법률 전문가가 인공지능 공학자와 긴밀히 협력하여야 한다.

개발에 법률 분야의 특성 반영

머신러닝의 성패가 입력 변수에 달려있는 것처럼, 법률 전문가 시스템이 성공을 거두기 위해서는 법률 분야의 여러 가지 특성을 제대로 반영하여야 한다. 법률 분야의 특성을 제대로 반영하는 것은 결국 어떤 문제와 관련된 특성값 추출에 달려있다. 다른 분야에서 작동 알고리즘의 근간을 가져올 수 있다. 심지어는 중요한 연산을 담당하는 라이브러리가 있다.

특성값 추출

그러나 그러한 알고리즘이 연산 대상으로 삼는 입력값은 그 분야의 특성을 그대로 담고 있어야 한다. 따라서 이런 특성값 추출의 know how는 분야별로 다를 수 있다. 대체로 특성값은 데이터의 여러 특징을 나타내는 값을 의미하며, 특성값 추출은 raw data를 가공해서 그 값을 표 형식으로 저장하는 과정이다. 이러한 특성값 추출은 머신러닝 분류기나 최신 통계 모델, 코드 구현보다 훨씬 중요한 것으로 여겨진다.[531] 데이터 과학에서 이러한 특성값 추출 과정은 여러 분야의 배경지식을 바탕으로 하는 창의성이 요구되는 작업이며, 분야별로 독특한 특성을 지닐 수 있다. 따라서 어떤 분야에 대한 전문적인 배경지식 없이는 특징의 의미를 알거나 그러한 의미에 해당하는 값을 추출할 수 없다.[532] 결국 법률 분야에서 활용할 수 있는 법률 전문가 시스템을 구축하기 위해서는 당연히 법률 분야에 대한 전문적인 배경지식이 필요하다. 그러나 어떤 전문가가 가진 배경지식은 다른 분야의 전문가에게 쉽게 전달될 수 있는 성질의 것이 아니다. 따라서 인공지능 모델을 개발하는 사람이 법률 분야에 대한 전문적인 배경지식을 갖고 있어야 하고, 그 개발 과정에 직접 참가하는 전문가의 배경지식의 깊이에 따라 특성값 추출의 질이 달라지며, 이렇게 추출된 특성값의 질에 의해 그 전문가 시스템의 완성도가 좌우된다. 그런 관점에서 보면 통상 생각하는 인공지능 공학자와 법학자의 단순한 협업으로는 제대로 된 인공지능 알고리즘을 구축하기 쉽지 않다. 이런 점 때문에, 특정 분야 전문가가 인공지능 알고리즘을 직접 구축하지 않더라도, 자신이 가지고 있는 전문지식을 특정한 틀에 입력하여 전문가 시스템을 구축하도록 하는 Neota Logic과 같은 도구가 등장한 것이겠다. 하지만 그러한 정형적인 틀의 사용이 특성값 추출에 대한 해결책이 되지는 못한다. 역시 인간 전문가에 의한 직접적인 추출 작업이 불가피하다. 이런 작업에 소요되는 방대한 시간과 비용은 법률 전문가 시스템 구현에 큰 장애가 될 것이다. 실제 Westlaw가 기존 데이터베이스 형태에서 인공지능 알고리즘에 맞게 새로 데이터를 조직하는 데만 천문학적인 비용이 들었다. 그런데 실제 Westlaw 사용자들의 불만은 여전하다.

정제 작업, 조직화

법률 분야에서 머신러닝 등 첨단기술로도 해결할 수 없는 이러한 데이터 정제 작업과 조직화는 큰 과제다. 법률 분야의 특성값 추출이 제대로 되지 않고서는 아무리 머신러닝 등 첨단 알고리즘을 동원해도 높은 질적 수준을 갖춘 법률 전문가 시스템이 나올 수 없다고 단언한다. 따라서 이런 특성값 추출에 관한 여러 가지 체계적인 연구가 진행되어야 하고, 과거 존재하였던 VP-EXPERT와 같이 법률 분야의 특성을 제대로 반영하는 규칙화 작업이 가능하며, 동시에 첨단 인공지능의 성능을 가미한 툴을 개발할 필요가 있다. 법률 전문가 시스템 개발은 다른 분야의 시스템 개발과는 다른 독특한 부분이 존재한다. 이런 점을 간과하고, 다른 분야에서의 개발 콘셉트(concept)만 그대로 옮겨와서 적용하려 하는 식으로는 제대로 된 결과가 나오지 않을 것이다. 그리고 실험적 모델에 너무 집착하지 않아야 한다. 어떤 결과를 보여주기 위해 입력 변수가 제한된 모델을 만들어 시연한 다음 그것을 확장하려 하는 것은 실제 적용 과정에서 암초를 만날 가능성이 높다. 소위 복잡성의 문제에 봉착할 것이고, 정확도도 현저히 떨어질 것이다.

참고문헌

1. 단행본

1) 구종만, 『알고리즘 문제 해결 전략』, 초판(인사이트, 2012).

2) 김의중, 『알고리즘으로 배우는 인공지능, 머신러닝, 딥러닝 입문』, 초판(위키북스, 2016).

3) 디에스피 산업조사실, 『글로벌 빅데이터 산업동향과 핵심 산업 분석』, (디에스피, 2014).

4) 로저 펜로즈, 노태복(역), 『마음의 그림자』, 초판(승산, 2014).

5) 루크 도멜, 노승영 (역), 『만물의 공식』, 초판(반니, 2014).

6) 마이클 보울즈, 정동식(역), 『머신러닝 인 파이썬』, 초판(비제이퍼블릭, 2015).

7) 미겔 니코렐리스, 김성훈(역), 『뇌의 미래』, 초판(김영사, 2015).

8) 사시키 타카마사, 안진우 외(편), 『리걸테크』, 초판(법률신문사, 2018).

9) 산죠이 다스굽타 외, 강신원(역), 『알고리즘』, 초판(프리렉, 2016).

10) 스튜어드 러셀/피터 노박, 류광(역), 『인공지능 1 현대적 접근방식』, 제3판(제이펍, 2016).

11) 스튜어드 러셀/피터 노박, 류광(역), 『인공지능 2 현대적 접근방식』, 제3판(제이펍, 2016).

12) 스티븐 베이커, 이창희(역), 『왓슨 인간의 사고를 시작하다』, 초판(세종서적, 2016).

13) 스티븐 핑커, 김한영 외(역), 『언어본능 마음은 어떻게 언어를 만드는가?』, 개정2판(동녘사이언스, 2012).

14) 아서 줄리아니, 송교석(역), 『강화학습 첫걸음』, 초판(한빛미디어, 2017).

15) 앤서니 T. 벨트외, 시스코 컨설팅 서비스 사업본부(역), 『미래코드 클라우드 컴퓨팅』, 초판(전자신문사, 2011).

16) 야마모토 잇세이, 남혜림(역), 『인공지능 개발이야기: 나는 어떻게 인공지능을 개발해 인간을 이겼나』, 초판(처음북스, 2018).

17) 양기철, 『인공지능 이론 및 실제』, 초판(홍릉과학출판사, 2014).

18) 양종모, "인공지능에 대한 법학의 위험한 해법", 『법학에서의 위험한 생각들』, 초판(법문사, 2018).

19) 에릭 시겔, 고한석(역), 『빅데이터의 다음 단계는 예측분석이다』, 초판(이지스퍼블리싱(주), 2016).

20) 오다카 토모히로, 김성재(역), 『생각을 만드는 빅데이터 기술-만들면서 배우는 기계학습』, 초판(한빛미디어, 2012).

21) 오다카 토모히로, 김성재(역), 『인공지능을 이용한 빅데이터 처리』, 초판(도서출판 길벗, 2014).

22) 유신, 『인공지능은 뇌를 닮아 가는가』, 초판(컬처룩, 2015).

23) 유종민, 『하사비스처럼 알파고하라』, 초판(도서출판 타래, 2016).

24) 이노우에 켄이치, 마창수·김남근(역), 『왓슨을 이용한 인공지능 서비스 입문』, 초판(책만, 2017).

25) 이승찬, 『모두의 알고리즘 with 파이썬』, 초판(길벗, 2017).

26) 이재규 외, 『전문가 시스템 원리와 개발』, 초판(법영사, 1996).

27) 제리 카플란, 신동숙(역), 『인공지능의 미래』, 초판(한스미디어, 2017).

28) 제임스밀러, 황진호(역), 『IBM 왓슨 애널리틱스와 인지컴퓨팅』, 초판(에이콘, 2016).

29) 조 마요, 김정인(역), 『마이크로소프트 봇 프레임워크 프로그래밍』, 초판(제이펍, 2018).

30) 조르디 토레스, 박해선(역), 『텐서플로 첫걸음』, 초판(한빛미디어, 2016).

31) 조태호, 『모두의 딥러닝』, 초판(도서출판 길벗, 2017).

32) 존 하티, 남궁영환(역), 『파이썬으로 구현하는 고급 머신러닝』, 초판(에이콘출판주식회사, 2017).

33) 케빈 머피, 노영찬/김기성(역), 『머신러닝』, 초판(에이콘출판주식회사, 2016).

34) 타리크 라시드, 송교석(역), 『신경망 첫걸음』, 초판(한빛미디어, 2017).

35) 페드로 도밍고스, 강형진(역), 『마스터 알고리즘 머신러닝은 우리의 미래를 어떻게 바꾸는가』, 초판(비즈니스북, 2016).

36) 피터 플래치, 최재영(역), 『머신러닝 데이터를 이해하는 알고리즘의 예술과 과학』, 초판(비제이퍼블릭, 2016).

37) 피터 해링턴, 김영진(역), 『머신러닝 인 액션』, 초판(제이펍, 2013).

38) 필드 케이디, 최근우(역), 『처음 배우는 데이터 과학』, 초판(한빛미디어, 2018)

39) 헨릭 브링크 외, 정종현 외(역), 『리얼월드 머신러닝』, 초판(위키북스, 2017).

40) Michael Negnevitsky, Artifical Intelligence-A Guide to Intelligent Systems, Addison wesley, 2011.

41) Robert D. Cooter & Thomas Ulen, 한순구(역), 『법경제학』, 초판(경문사, 2009).

2. 논문

1) 김나경, "의료법상 환자유인행위의 위법성 판단 구조 분석", 『저스티스』, 통권 제143호(한국법학원, 2014).

2) 김도훈, "미국 전자증거개시절차상 증거검색 및 수집방법에 대한 연구-기술지원 검토를 중심으로", 『강원법학』, 제41권(강원대학교 비교법학연구소, 2014).

3) 김석원, "알파고의 구성", 소프트웨어정책연구소(2016).

4) 김성인 외, "형량정립을 위한 전문가 시스템", 『형사법연구』, 제4호(한국형사법연구회, 1991).

5) 김준우 외, "데이터마이닝의 범죄수사 적용 가능성", 『대한수사과학회지』, 제1권 제2호(대한수사과학회, 2006).

6) 김태현 외, "계층적 분류체계를 지원하는 규칙 기반 추론엔진", 『대한전자공학회 논문지CI』, 제45권 제5호(대한전자공학회, 2008).

7) 김한나, "빅데이터의 동향 및 시사점", 『정보통신방송정책』, 동향 제24권 19호(KSIDI, 2012).

8) 문병근·김진근, "법률 서비스 시장에 대한 진입규제의 후생효과", 『공공경제』, 제2권 제1호(한국재정학회, 1997).

9) 박대민, "뉴스 기사의 자연어 처리", 『커뮤니케이션 이론』, 제12권 제1호(한국언론학회, 2016).

10) 박종희, "베이지안 사회과학 방법론이란 무엇인가?", 『평화연구』, 제22권 제1호(고려대학교 평화와민주주의 연구소, 2014).

11) 박준석, "법률문언의 구속성에 관하여", 『법학연구』, 통권 제57집(전북대학교 법학연구소, 2018).

12) 빅데이터 전략연구센터, "Big Data 글로벌 10대 선진 사례-빅데이터로 세
   상을 리드하다", 한국정보화진흥원 연구보고서(2012).

13) 신흥균, "법률 서비스의 통합방안", 『저스티스』, 통권 제121호(한국법학원,
   2010).

14) 안정혜, "국제중재에서의 전자증거개시-전자증거개시를 규율하는 규정의
   제정을 중심으로", 『중재연구』, 제20권 제2호(한국중재학회, 2010).

15) 양종모, "인공지능에 의한 판사의 대체 가능성 고찰", 『홍익법학』, 제19권
   제1호(홍익대 법학연구소, 2018).

16) 양종모, "인공지능으로 인한 법률 서비스의 파괴적 혁신과 시사점", 『영
   남법학』, 제44권(영남대학교 법학연구소, 2017).

17) 양종모, "인공지능을 이용한 법률 전문가 시스템의 동향 및 구상", 『법학
   연구』, 제19집 제2호(인하대 법학연구소, 2016).

18) 양종모, "인공지능의 알고리즘의 편향성, 불투명성이 법적 의사결정에 미
   치는 영향 및 규율방안", 『법조』, 제66권 제3호(법조협회, 2017).

19) 양종모, "전자약식절차의 효율성을 제고하기 위한 시스템 구축방안", 『법
   과 정책연구』, 11권3호(한국법정책학회, 2011).

20) 이길재 외, "인공 신경망과 사례기반 추론을 혼합한 지능형 진단 시스템",
   『정보처리학회논문지 B』, 15-B권 제1호(한국정보처리학회, 2008).

21) 이상돈, "사법적 복지사회 실현을 위한 법률 서비스의 개선방향", 『법학
   논문집』, 제26집 제1호(중앙대학교 법학연구소, 2002).

22) 임성빈 외, "인공신경망을 이용한 개인 신용평가 알고리즘", 『Proceedings
   of KFIS Spring Conference 2005』, Vol.15, No.1(한국퍼지및지능시스템학
   회, 2005).

23) 임우택/김영문, "VP-EXPERT를 이용한 전문가 시스템의 개발에 관한 연구",
   『한국정보시스템학회 추계 학술발표논문집』, (한국정보시스템학회, 1995).

24) 최기선 외, "인공신경망 기법을 이용한 태풍 강도 및 진로 예측", 『한국지
   구과학회지』, Vol.30 No.3(한국지구과학회지, 2009).

25) 한상훈, "패러다임과 법의 변화 – 한국형사법의 방법론 모색", 『저스티스』,
   통권 제158-1호(한국법학원, 2017).

26) 홍광진 외, "빅데이터 기반의 강화학습 알고리즘을 이용한 인공지능",

『한국정보과학회 학술발표논문집』, (한국정보과학회, 2015).

27) 홍성호, "규칙 기반 추론과 사례기반 추론을 혼합 적용한 전기화재 원인 진단 프로그램에 관한 연구", 『방재기술』, 제47호(한국화재보험협회, 2009).

28) 황경환, "미국 민사소송법상 전자문서의 증거개시제도의 연구", 『한양법학』, 제22집(한양법학회, 2008).

29) 황승흠, "법률구조 서비스 전달체계의 재구성", 『법과사회』, 제43호, (법과사회이론학회, 2012).

30) 황유섭, "사례기반 추론기법과 인공신경망을 이용한 서비스 수요예측 프레임워크", 『지능정보연구』, 제18권 제4호(한국지능정보시스템학회, 2012).

31) Alexander H. Kipperman, "Frisky Business: Mitigating Predictive Crime Software's Facilitation of Unlawful Stop and Frisks", 24 Temp. Pol. & Civ. Rts. L. Rev. 215(2014~2015).

32) Amy Duncan, "Innovate, Colaborate, & Serve: Louisiana's 'LIFT'- A Legal Incubator and Accelerator Program Startup Guide", 1 J. Experiential Learning 241 2014-2015.

33) Andrew Guthree Ferguson, "Big Data and Predictive Reasonable Suspicion", 163 U. Pa. L. Rev. 327(2014-2015).

34) Brendan Scott, "Legal Expert System: A practitioner's Perspective", 5 J. L. & Inf. Sci.227(1994).

35) Brian Sheppard, "Incomplete Innovation and The Premature Disruption of Legal Service", 2015 Mich. St. L. Rev. 1797, 2015.

36) C. L. Dym, "Issues in the Design and Implementation of Expert Systems," Artificial Intelligence for Engineering Design, Analysis and Manufacturing, 1 (1), 37-46, December 1987.

37) C. M. Fuller et al., "An Investigation of data and text mining methods for real world deception detection", Expert System with Application, Vol.38 (2011).

38) Craig S. Lerner, "Reasonable Suspicion and Mere Hunches", 59 Vand. L. Rev. 405(2006).

39) Daniel W. Linna Jr., "Leveraging Technology To Improve Legal Service A

Framework for Lawyers", 96-JUN Mich. B. J. 20.

40) David R. Warner. Jr, "A Neural Network-Based Law Machine: Initial Steps", 18 Rutgers Computer & Tech. L. J. 51 1992.

41) David T.Shannon & Forouzan Golshani, "On The Automation Of Legal Reasoning", 28 Jurimetrics J. 305 1987-1988.

42) Edwina L. Rissland et al., "AI and Law: A fruitful synergy", Artificial Intelligence 150 (2003) 1-15.

43) Fred Collopy, et al., "Expert Systems for Forecasting.", In Principles of Forecasting: A Handbook for Researchers and Practitioners (Ed. J. Scott Armstrong). Kluwer, 2001.

44) Grabam Greenleaf, "Legal Expert Systems: Words, Words Words", 3 Y.B. L. Computers & Tech. 119 1987.

45) James Popple, "Legal Expert Systems", Australian Computer Science Communications Volume 12, Number1, 1990.

46) James Popple, 『A PRAGMATIC LEGAL EXPERT SYSTEM』, Ashgate Publishing Company, 1996.

47) Jamie J. Baker, "2018: A Legal Research Odyssey: Artificial Intelligence as Disruptor", Law Library Journal Vol.110. Harry Surden, "Machine Learning And Law", 89 Wash. L. Rev. 87 2014.

48) Jenna Burrel, "How the machine 'thinks': Understanding opacity in machine learning algorithms", Big Data & Society January-June 2016:1-12.

49) Joan C. Williams et al., "Disruptive Innovation: New Model of Legal Practice", 67 Hastings L. J. 1 2015-2016.

50) Joanna Goodman, "Meet the robot lawyers and virtual assistants", RACONTEUR 29/06/2016.

51) John O. McGinnis & Russell G. Pearce, "The Great Disruption: How Machine Intelligence Will Transform The Role of Lawyers In The Delivery of Legal Service", 82 Fordham L. Rev. 3041, 2013-2014.

52) John O. McGinnis & Russell G. Pearce, "The Great Disruption: How Machine Intelligence Will Transform The Role of Lawyers In The

Delivery of Legal Service", 82 Fordham L. Rev. 3041 2013-2014.

53) John S. Dzienkowski, "The Future of Big Law: Alternative Legal Service Providers to Corporate Clients", 82 Fordham L. Rev. 2995(2014).

54) Joseph C. Celentino, "Face-to-Face with Facial Recognition Evidence: Admissibility Under the Post-Crawford Confrontation Clause", 114 Mich. L. Rev. 1317(2016).

55) Kate Crawford et al., "The Social and Economic Implications of Artificial Intelligence Technologies in the Near-Term", The AI Now Report, September 22, 2016.

56) Kenny Coralie et al., "Cloud computing issues for legal practices", Law Society Journal(June 2012).

57) Kevin D. Ashley & Sefanie Bruninghaus, "Automatically classifying case text and predicting outcomes", Artif Intell Law(2009).

58) L. Thone McCarty, "AI and Law: How to Get There from Here", Ratio Juris. Vol.3. No.2 July 1990.

59) Lauren Verbiscus, "Economic Globalization And The Need For Legal Innovation", 21 Mich. St. U. Coll. L. Int'l L. Rev. 779 2013.

60) M. Venkateswarlu Naik et al., "Building A Legal Expert System For Legal Reasoning In Specific Domain- A Survey", IJCSIT Vol 4, No 5, October 2012.

61) Mark Spottswood, "The Hidden Structure of Fact-Finding", 64 Case W. Res. L. Rev. 131 2013-2014.

62) Martin Bartenberger et al., "Legal Chatbots-Characteristics, Recent Developments And Ethical Implications", Compliance Elliance Journal, Volume 4, Number 1 2018.

63) Matthew Young, "To Cure the E-Discovery Headache, Revamp the Rule 26(f) Discovery Conference", 12 Nw. J. & Intell. Prop. I 2014.

64) Max Radin, "Theory of Judicial Decision Or How Judges Think", 11 A.B.A. J. 357 (1925).

65) Meg Leta Jones, "The Ironies of Automation Law: Tying Policy Knots

with Fair Automation Practice Principles", 18 Vand. J. Ent. & Tech. L. 77 2015-2016.

66) Michael Mills, "Using AI In Law Practice: It's Practical Now", 42Law Prac. 48 2016.

67) Monica C. Holmes et al., "Data mining and expert systems in law enforcement agencies", Issues in Information Systems, Volume Ⅷ, NO.2, 2007.

68) Nicholas Barry, "Man Versus Machine Review: The Showdown between Hordes of Discovery Lawyer and a Computer-Utilizing Predictive-Coding Technology", 15 Vand. J. Ent. & Tech. L. 343 2012-2013.

69) Omer Tene & Jules Polonetsky, "Judged By Tin Man: Individual Rights In The Age of Big Data", 11 J. on Telecomm. & High Tech. L. 351 2013.

70) Ping He & Weidong Tao, "A Design of Criminal Investigation Expert System Based on CILS", JOURNAL OF SOFTWARE, Vol.6, No.8, AUGUST 2011.

71) Ray Worthy Campbell, "Rethinking Regulation And Innovation In The U.S. Legal Service Market", 9 N. Y. U. J. L. & Bus. 1 2012-2013.

72) Richard S. Gruner, "Sentencing Advisor: An Expert Computer System for Federal Sentencing analyses", Santa Clara High Technology Law Journal, Volume 5 Issue 1(1989).

73) Richard Susskind, "The End of Lawyers?: Rethinking the Nature of Legal Services", OBE Oxford University Press, USA (January 15, 2009).

74) Richard Zorza, "Re-conceptualizing The Relationship Between Legal Ethics And Technological Innovation In Legal Practice: From Threat To Opportunity", 67 Fordham L. Rev. 2659 1998-1999.

75) Robert J. Ambrogi, "A Golden Age of Legal Tech Start-Ups", 43 Law Prac. 34 2017.

76) Ronald J. Brachman & Hector J. Levesque, "Knowledge Representation And Reasoning", Elsevier, 2004.

77) Serena Chan, "Complex Adaptive Systems", ESD.83 Research Seminar in

Engineering Systems(2001).

78) Shira A. Scheindlin, "Judicial Fact-Finding and the Trial Court Judge", 69 U. Miami L. Rev. 367 2014-2015.

79) Simon Canick, "Infusing Technology Skills into The Law School Curriculum", 42 Cap. U. L. Rev. 663 2014.

80) Richard Ssuskind, "Expert Systems In Law: A Jurisprudential Approach To Artificial Intelligence And Legal Reasoning", The ModernLaw Review, Volume 49, Issue 2.

81) Susan Haack, "On Logic in the Law: Something, but not All", Ratio Juris. Vol.20 No.1 March 2007(1-31)

82) Tara Balakrishnan et al., "Predicting Supreme Court Votes Through Conversational Dynamic Features", Proceedings of the 33 rd International Conference on Machine Learning, New York, NY, USA, 2016. JMLR: W&CP volume 48.

83) Taryn Marks, "John West and the Future of Legal Subscription Databases", 107 Law Libr. J. 377 2015.

84) Taryn Marks, "John West and the Future of Legal Subscription Databases", 107 Law Libr. J. 377 2015.

85) Tod M. Turley, "Expert Software Systems: The Legal Implications", 8 Computer L. J. 455 1987-1988.

86) Burkhard Schafer, "ZOMBAIS: Legal Expert Systems As Representatives, "BEYOND THE GRAVE""(2010) 7:2 SCRIPTed.

87) Walter G. Popp & Bernhard Schlink, "Judith, a Computer Program to Advise Lawyers in Reasoning a Case", 15 Jurimetrics J. 303 (1975).

3. 인터넷 검색

1) Kim Zetter, "Turns out police stringray spy tools can indeed record calls", WIRED (10. 28. 2015), https://www.wired.com/2015/10/stingraytingray-government-spy-tools-can-record-calls-new-documents-confirm/(2017. 7. 15. 최종 방문).

2) Kvaen Waddell, "How License-Plate Readers have helped police and lenders target the poor", ATLANTIC(4. 22, 2016), https://www.theatlantic.com/technology/archive/2016/04/how-license-plate-readers-have-helped-police-and-lenders-target-the-poor/479436/(2017. 7. 15. 최종 방문).

3) Jonas Liungblad, "Development and Evaluation of Algorithms for Breath Alcohol Screening", PMC(2016), https://www.ncbi.nlm.nih.gov/pmc/articles/PMC4850983/(2018. 4. 15. 최종 방문).

4) Biran Sites, "Rise of the machine", COLUM. SCI. & TECH. L. REV, Vol.XVI(2014), http://www.stlr.org/cite.cgi?volume=16&Article=2(2018. 4. 15. 최종 방문).

5) https://www.techrepublic.com/article/the-top-10-worst-ransomware-attacks-of-2017-so-far/(2018. 1. 3. 최종 방문).

6) http://www.saffo.com/02006/08/14/robots-will-we-become-their-pets-or-their-food/(2018. 1. 3. 최종 방문).

7) https://github.com/gilbutITbook/006958/blob/master/deeplearning/deep_class/08_XOR.py(2018. 1. 28. 최종 방문).

8) Laurent Ach, "There Is No Artificial Intelligence", https://www.researchgate.net/publication/325465605(2018. 1. 28. 최종 방문).

9) https://www.sisain.co.kr/?mod=news&act=articleView&idxno=32487(2018. 12. 10. 최종 방문).

10) Matthew Kay et al., "Unequal Representation and Gender Stereotypes in Image Search Results for Occupations", https://dub.washington.edu/djangosite/media/papers/unequalrepresentation.pdf(2017. 6. 4. 최종 방문).

11) Latanya Sweeney, "Discrimination in Online Ad Delivery", https://dataprivacylab.org/projects/onlineads/1071-1.pdf, p.34(2017. 6. 4. 최종 방문).

12) Moritz Hardt, "How big data is unfair", https://medium.com/@mrtz/how-big-data-is-unfair-9aa544d739de(2017. 6. 4. 최종 방문).

13) Kate Crawford, "The Hidden Bias in Big Data", Harvard Business Review(2013), https://hbr.org/2013/04/the-hidden-biases-in-big-data(2017. 6. 4. 최종 방문).

14) Kirk L. Kroeker, "Weighing Watson's Impact", Science, http://www.cs. grinnell.edu/~davisjan/csc/105/2013S/articles/CACM-ai.pdf(2018. 1.6. 최종방문).

15) https://www.ibm.com/watson/(2018. 1. 6. 최종 방문).

16) www.rossintelligence.com(2018. 1. 6. 최종 방문).

17) Susan Beck, "Inside ROSS: What Artificial Intelligence Means for Your Frim", https://www.law.com/sites/almstaff/2016/09/28/inside-ross-what-artificial-intelligence-means-for-your-firm/?slreturn=2018012308555(2018. 2. 5. 최종 방문).

18) http://www.kyosu.net/news/articleView.html?idxno=40459(2018. 4. 6. 최종 방문).

19) Will Knight, "Reinforcement Learning By experimenting, computers are figuring out how to do things that no programmer could teach them", MIT Technology Review, https://www.technologyreview.com/s/603501/10-breakthrough-technologies-2017-reinforcement- learning/(2018. 2. 6. 최종 방문).

20) https://ko.wikipedia.org/wiki/%EB%AA%AC%ED%85% C%EC%B9%B4 %EB%A5%BC%EB%A1%9C_%ED%8A%B8%EB%A6%AC_%ED%83 %90%EC%83%89(2017. 12. 19. 최종 방문).

21) Mike Kaput, "Why Google's AlphaGo Zero Artificial Intelligence System Has Major Implications for Marketers", https://www.marketingaiinstitute. com/blog/why-googles-alphago-zero-artificial-intelligencesystem-has-major-im plications-for-marketer(2018. 3. 1. 최종 방문).

22) https://ko.wikipedia.org/wiki/%EC%9D%B8%EA%B3%B5%EC%8B%A0% EA%B2%BD%EB%A7%9D(2018. 3. 4. 최종 방문).

23) http://www3.cs.stonybrook.edu/~cse352/G15Dream.pdf(2018. 3. 1. 최종 방문).

24) Diksha Khurana et al., "Natural Language Processing: State of The Art, Current Trends and Challenges", https://arxiv.org/ftp/arxiv/papers/1708/ 1708.05148.pdf(2018. 3. 17. 최종 방문)

25) Karen Sparck Jones, "Natural Language Processing: A Historical Review", https://www.cl.cam.ac.uk/archive/ksj21/histdw4.pdf(2018. 2. 15. 최종 방문).

26) https://en.wikipedia.org/wiki/N-gram(2018. 2. 25. 최종 방문).

27) https://books.google.com/ngrams/info.(2018. 2. 25. 최종 방문)

28) http://news.mk.co.kr/newsRead.php?year=2017&no=737834(2018. 4. 10. 최종 방문).

29) http://www.irobotnews.com/news/articleView.html?Idxno=4621(2018. 2. 25. 최종방문).

30) https://en.wikipedia.org/wiki/Barry_Commoner(2018. 2. 25. 최종방문).

31) LAW SOCIETY OF ENGLAND AND WALES, "The Future Of Legal Services", https://www.lawsociety.org.uk/support-services/research-trends/the-future-of-legal-services/(2019. 2.11. 최종 방문).

32) http://www.lec.co.kr/news/articleView.html?idxno=49092(2019. 2. 15. 최종 방문).

33) https://company.findlaw.com/(2019. 2. 17. 최종 방문).

34) Wefunder, "CASETEXT making all the world's laws free and understandable", https://wefunder.com/casetext(2017. 9. 19. 최종 방문).

35) Richard Tromans, "Legal AI A beginner's guide", Thomson Reuters, Legal-AI-a-beginners-guide-web.pdf(2018. 1. 15. 최종 방문).

36) https://en.wikipedia.org/wiki/Document_automation(2018. 1. 15. 최종 방문).

37) Rachel Botsman, "Talkin' About An AI Revolution", INSIGT, http://rachelbotsman.com/wp/wp-content/uploads/2017/04/Industry-Hackers-April-2017.pdf(2017. 12. 6. 최종 방문).

38) Drew Simshaw, "Robot Lawyers: Improving Access To Justice With Renewed Commitment To Ethical Obligations", http://www.werobot2017.com/wp-content/uploads/2017/03/Simshaw-Robot-Lawyers-DRAFT-2017-03-20-1.pdf(2017. 12. 6. 최종 방문).

39) http://pro-se.scourt.go.kr/wsh/wsh000/WSHMain.jsp(2017. 12. 7. 최종 방문).

40) Disruptlegal, "LawGeex: Free, Easy-To-Use Contract Review Software", https://disrupt.legal/2016/06/07/lawgeex-free-easy-to-use-contract-review-software/(2017. 12. 7. 최종 방문).

41) Patricia A McLelland, "My Personal Journey through LegalZoom.com", http://www.resultsbasedep.com/pdfs/LegalZoom-Journey.pdf(2017. 12. 7. 최

종 방문).

42) David Allen Hiersekorn, "So, What's So Bad About Legal Zoom, Anyway?", http://www.kctrustlaw.com/files/Download/Legalzoom.pdf(2017.12. 7. 최종 방문).

43) https://www.rocketlawyer.com(2017. 12. 8. 최종 방문).

44) https://www.netflix.com/kr/(2017. 12. 9. 최종 방문).

45) https://www.netflix.com/kr/#this-is-netflix(2017. 12. 9. 최종 방문).

46) https://www.experts-exchange.com/articles/9389/What-is-an-Internet-Platform. html(2017. 12. 9. 최종 방문).

47) http://magazine.hankyung.com/business/apps/news?=0&nid=popup01&c1= 1012&nkey=2017091101137000351&mode=sub_view(2017. 12. 9. 최종 방문).

48) http://www.lawgo.biz/(2017. 12. 9. 최종 방문).

49) https://www.lawsociety.org.uk/news/blog/legal-tech-2018-threats-an-opportunities/ (2019. 2. 1. 최종 방문).

50) Michael Mills, "Artificial Intelligence In Law: The State of Play 2016", Thomson Reuters, https://www.neotalogic. com/wp-content/uploads/2016/ 04/Artificial-Intelligence-in-Law-The-State-of-Play-2016.pdf(2017. 12. 11. 최종 방문).

51) Colin Daileda, "This artificially intelligent judge predicts verdicts with 79% accuracy", MashableAsia, https://mashable.com/2016/10/24/artificial-intelligence-judge-europe/#h4n761RrT5qa(2017. 12. 11. 최종 방문).

52) https://fiscalnote.com/why-fiscalnote/about-us/(2017. 12. 11. 최종 방문).

53) https://definitions.uslegal.com/f/fiscal-note/(2017. 12. 12. 최종 방문).

54) http://leg.colorado.gov/sites/default/files/documents/2018A/bills/fn/2018a_hb 1036_00.pdf(2017. 12. 12. 최종 방문).

55) https://fiscalnote.com/2017/02/09/fiscalnote-view-link-machine-learning-government-data/(2017. 12. 13. 최종 방문).

56) Dan Pinnington, "Artificial intelligence and the 'self-driving' lawyer: Better access to justice and lower claims?", Lawpro Magazine, Vol.15 No.3, p.15,

www.lawpro.ca/magazinearchives(2017. 12. 13. 최종 방문).

57) https://lexmachina.com/what-we-do/how-it-works/(2017. 12. 13. 최종 방문).

58) https://www.legalrobot.com/(2017. 12. 13. 최종 방문).

59) https://ko.wikipedia.org/wiki/%ED%81%B4%EB%9D%BC%EC%9A%B0%
EB%93%9C_%EC%BB%B4%ED%93%A8%ED%8C%85(2017. 12. 13.
최종 방문).

60) https://ko.wikipedia.org/wiki/%EC%95%84%EC%9B%83%EC%86%8C%
EC%8B%B1(2017. 12. 13. 최종 방문).

61) Drew Combs, "Look out firms, Axiom is trying to beat you at your own
game", The American Lawyer, July/August 2012, www.axiomlaw.com/Images/
Attorneys/001081201Axiom.pdf(2017. 12. 15. 최종 방문).

62) Tanina Rostain, "Designing Legal Expert Systems in the Classroom",
pp.2-3, www.IRONTECHLAWYER.com(2018. 6. 6. 최종 방문).

63) http://www0.cs.ucl.ac.uk/staff/D.Gorse/teaching/1009/1009.ai(2018. 2. 5.
최종 방문).

64) http://didattica.cs.unicam.it/lib/exe/fetch.php?media=didattica:choiceexams:
kebi:ke-4_fc_vs_bc.pdf(2019. 1. 20. 최종 방문).

65) https://gmlwjd9405.github.io/2018/08/14/algorithm-dfs.html(2019. 1. 17.
최종 방문).

66) Franck Dernoncourt, "Introduction to fuzzy logic", MIT, January 2013,
http://francky.me/doc/course/fuzzy_logic.pdf(2018. 4. 5. 최종 방문).

67) http://www.cs.nott.ac.uk/~psznza/G53KRR09/krr-rules.pdf(2019. 1. 15. 최
종 방문).

68) Dennis Merritt, "Building Expert Systems in Prolog", http://www.amzi.com/
distribution/files/xsip_book.pdf(2019. 2. 25. 최종 방문).

69) https://www.cse.iitb.ac.in/.../cs344-lect11-Prolog-2010-01-27.ppt(2019. 3. 2.
최종 방문).

70) https://vetusware.com/download/VP-Expert%202.0/?id=5143(2019. 3. 3. 최
종 방문).

71) https://github.com/RebekahKlemm/Eliza/blob/master/src/Eliza.java(2019. 3.

1. 최종 방문).

72) Philip Leith, "The Rise and Fall of The Legal Expert System", EJLT Vol 1. No 1(2010), http://ejlt.org/article/view/14/1.(2018. 2. 20. 최종 방문).

73) https://en.wikipedia.org/wiki/Multistate_Anti-Terrorism_Information_Exchange (2018. 2. 21. 최종 방문).

74) http://www.ilovepc.co.kr/news/articleView.html?idxno=20079#09Si(2019. 3. 5. 최종 방문).

75) Anthony D'Amato, "Can/Should Computes Replace Judges?", Northwestern University School of law, Faculty Working Papers, Paper 129, http://scholarlycommons.law.northwestern.edu/facultyworkingpapers/129(2018. 2. 21. 최종 방문).

76) https://www.neotalogic.com/(2018. 2. 26. 최종 방문).

77) http://allenai.org/aristo/(2018. 2. 26. 최종 방문).

78) Nell: The Computer that Learns, Carnegie Mellon University, http://www.cmu.edu/homepage/computing/2010/fall/nell-computer-that-learns.shtml(2018. 2. 26. 최종 방문).

79) https://www.bbc.com/news/technology-18595351(2019. 3. 5. 최종 방문).

80) https://qz.com/954530/five-years-ago-ai-was-struggling-to-identify-cats-now-its-trying-to-tackle-5000-species/(2019. 3. 5. 최종 방문).

81) https://intelligencecommunitynews.com/darpa-posts-intelligent-neural-interfaces-funding-opp/(2019. 3. 10. 최종 방문).

82) https://cloud.google.com/natural-language/(2019. 4. 1. 최종 방문).

83) https://cloud.google.com/natural-language/docs/sentiment-tutorial?hl=ko(2019. 4. 1. 최종 방문).

84) William Crimes, "Hubert L. Dreyfus, Philosopher of the Limits of Computers, Dies at 87", The New York Times(May 2. 2017), https://www.nytimes.com/2017/05/02/us/hubert-dreyfus-dead-philosopher-of-artificial-intelligence.html (2017. 11. 15. 최종 방문).

85) Dana Remus & Frank Levy, "Can Robots Be Lawyers? Computers, Lawyers, and the Practice of Law", (2016), http://ssrn.com/abstract=2701092(2017.

12. 15. 최종 방문).

86) James Wanga, "Can deep learning be used to forecast weather?", https://www.quora.com/Can-deep-learning-be-used-to-forecast-weather(2017. 12. 10. 최종 방문).

87) Daniel L.Chen & Markus Loecher, "Criminal Sentence Lengths are influenced by sports and weather covariates", http://users.nber.org/~dlchen/papers/Events_Unrelated_to_Crime_Predict_Criminal_Sentence_Length_extended_abstract.pdf(2018. 1. 15. 최종 방문).

88) Melissa Hamilton, "Can algorithms properly inform criminal sentencing?", Tech Xplore(2017), https://techxplore.com/news/2017-06-algorithms-properly-criminal-sentencing.html(2017. 11. 15. 최종 방문).

89) Dana Godstein et al, "The New Science of Sentencing-Should prison sentence be based on crimes that haven't committed yet?", The Marshall Project, https://www.themarshallproject.org/2015/08/04/the-new-science-of-sentencing(2017. 11. 5. 최종 방문).

90) Taylor R. Moore, "Trade Secrets and Algorithms as Barriers to Social Justice", CDT(2017), https://cdt.org/insight/trade-secrets-and-algorithms-as-barriers-to-social-justice/(2017. 11. 10. 최종 방문).

91) Will Knight, "Andrew Ng Is Leaving Baidu in Search of a Big New AI Mission", Intelligent Machines, https://www.technologyreview.com/s/603897/andrew-ng-is-leaving-baidu-in-search-of-a-big-new-ai-mission/(2018. 1. 27. 최종 방문).

92) Kaveh Waddell, "How License-Plate Readers have helped police and lenders target the poor", ATLANTIC(4. 22, 2016), https://www.theatlantic.com/technology/archive/2016/04/how-license-plate-readers-have-helped-police-and-lenders-target-the-poor/479436/(2017. 11. 29. 최종 방문).

93) Léon Bottou, "Feature engineering", http://www.cs.princeton. courses/archive/spring10/cos424/slides/18-feat.pdf(2018. 2. 24. 최종 방문).

94) Michael R. Anderson & Michael Cafarella, "Input Selection for Fast Feature Engineering", https://ieeexplore.ieee.org/stamp/stamp.jsp?arnumber=7498272

(2018. 2. 24. 최종 방문).

95) Sharon D. Nelson & John W. Simek, "How Will Watson's Childern Impact the Future of Law Practice?, https://senseient.com/wp-content/uploads/Watsons-Children.pdf(2018. 1. 6. 최종 방문).

96) Chris Baraniuk, "The Cyborg chess players that can/t be beaten", bbc, http://www.bbc.com/future/story/20151201-the-cyborg-chess-players-that-cant-be-beaten(2019. 3. 15. 최종 방문).

97) Jean-Gabriel Ganascia, "Epistemology of AI Revisited in the Light of the Philosophy of Information, https://pdfs.semanticscholar.org/3ad3/81a178cf555f531a2accf183fde0005c001e.pdf(2019. 3. 16. 최종 방문).

미주

1) 타리크 라시드, 송교석(역), 『신경망 첫걸음』, 초판(한빛미디어, 2017), 20면.

2) 타리크 라시드, 각주 1)의 책, 20면.

3) https://m.blog.naver.com/PostView.nhn?blogId=china_lab&logNo=221146862051& proxyReferer=https%3A%2F%2Fwww.google.co.kr%2F(2017. 7. 10. 최종 방문).

4) id.

5) Kim Zetter, "Turns out police stringray spy tools can indeed record calls", WIRED (10. 28. 2015), https://www.wired.com/2015/10/stingraytingray-government-spy-tools-can-record-calls-new-documents-confirm/(2017. 7. 15. 최종 방문).

6) Kvaen Waddell, "How License-Plate Readers have helped police and lenders target the poor", ATLANTIC(4. 22, 2016), https:// www.theatlantic.com/technology/archive/ 2016/04/how-license-plate-readers-have-helped-police-and-lenders-target-the-poor/47943 6/(2017. 7. 15. 최종 방문).

7) Joseph C. Celentino, "Face-to-Face with Facial Recognition Evidence: Admissibility Under the Post-Crawford Confrontation Clause", 114 Mich. L. Rev. 1317(2016), p.1320.

8) 대법원 2017. 12. 5. 선고 2017 도 12671 판결.

9) Jonas Liungblad, "Development and Evaluation of Algorithms for Breath Alcohol Screening", PMC(2016), https://www.ncbi.nlm. nih.gov/pmc/articles/PMC4850983/ (2018. 4. 15. 최종 방문).

10) Biran Sites, "Rise of the machine", COLUM.SCI.& TECH. L. REV, Vol.XVI(2014), p.39, http://www.stlr.org/cite.cgi?volume=16&Article=2(2018. 4. 15. 최종 방문).

11) id.

12) 산죠이 다스굽타 외, 강신원(역), 『알고리즘』, 초판(프리렉, 2016), 16면.

13) 구종만, 『알고리즘 문제 해결 전략』, 초판(인사이트, 2012), 88면.

14) 구종만, 위의 책, 89면.

15) 구종만, 위의 책, 104면,

16) 스튜어드 러셀/피터 노박, 류광(역), 『인공지능 2 현대적 접근방식』, 제3판(제이펍, 2016), 689면.

17) 양종모, "인공지능에 의한 판사의 대체 가능성 고찰", 『홍익법학』, 제19권 제1호 (홍익대 법학연구소, 2018), 13면.

18) 이승찬, 『모두의 알고리즘 with 파이썬』, 초판(길벗, 2017), 14면.

19) 김의중, 『알고리즘으로 배우는 인공지능, 머신러닝, 딥러닝 입문』, 초판(위키북스, 2016), 22면.

20) 미겔 니코렐리스, 김성훈(역), 『뇌의 미래』, 초판(김영사, 2015), 44면.

21) 미겔 니코렐리스, 위의 책, 45면.

22) 미겔 니코렐리스, 위의 책, 45면.

23) 페드로 도밍고스, 강형진(역), 『마스터 알고리즘 머신러닝은 우리의 미래를 어떻게 바꾸는가』, 초판(비즈니스북, 2016), 70면.

24) 페드로 도밍고스, 각주 23)의 책, 70면.

25) 스티븐 베이커, 이창희(역), 『왓슨 인간의 사고를 시작하다』, 초판(세종서적, 2016), 51면.

26) 스티븐 베이커, 각주 25)의 책, 213면.

27) 스티븐 베이커, 위의 책, 213면.

28) 위의 책, 214면.

29) 김의중, 각주 19)의 책, 25면.

30) 유신, 『인공지능은 뇌를 닮아 가는가』, 초판(컬처룩, 2015), 167면.

31) 김의중, 위의 책, 30면.

32) SLIP는 요제프 바이젠바움에 의해 발명된 목록 처리 컴퓨터 프로그래밍 언어다. SLIP라는 이름은 대칭 LIst processor를 의미한다. Lisp와 유사하다. 그래서 Eliza는 그 후 Lisp를 사용하여 다시 작성된다.

33) 유신, 각주 30)의 책, 174면.

34) 유신, 위의 책, 175면.

35) 유신, 각주 30)의 책, 176-177면.

36) https://en.wikipedia.org/wiki/ELIZA(2018. 5. 4. 최종 방문).

37) 유신, 위의 책, 178면.

38) 유신, 위의 책, 184-185면.

39) https://www.techrepublic.com/article/the-top-10-worst-ransomware-attacks-of-2017-so-far/(2018. 1. 3. 최종 방문).

40) 로저 펜로즈, 노태복(역), 『마음의 그림자』, 초판(승산, 2014), 42면.

41) 로저 펜로즈, 위의 책, 42면.

42) http://www.saffo.com/02006/08/14/robots-will-we-become-their-pets-or-their-food/ (2018. 1. 3. 최종 방문).

43) 로저 팬로즈, 각주 40)의 책, 45면.

44) https://github.com/gilbutITbook/006958/blob/master/deeplearning/deep_class/08_XOR.py(2018. 1. 28. 최종 방문).

45) 조태호, 『모두의 딥러닝』, 초판(도서출판 길벗, 2017), 99-100면.

46) Laurent Ach, "There Is No Artificial Intelligence", https://www.researchgate.net/publication/325465605(2018. 1. 28. 최종 방문)

47) 프랑스 그르노블 외, "딥러닝 구루가 말하는 인공지능의 실체", 시사IN, https://www.sisain.co.kr/?mod=news&act=articleView&idxno=32487(2018. 12. 10. 최종 방문).

48) 피터 플래치, 최재영(역), 『머신러닝 데이터를 이해하는 알고리즘의 예술과 과학』, 초판(비제이퍼블릭, 2016), 4면.

49) 피터 플래치, 위의 책, 4면.

50) 오다카 토모히로, 김성재(역), 『생각을 만드는 빅데이터 기술-만들면서 배우는 기계학습』, 초판(한빛미디어, 2012), 12면.

51) Kate Crawford et al., "The Social and Economic Implications of Artificial Intelligence Technologies in the Near-Term", The AI Now Report, September 22, 2016, p.4.

52) 양종모, "인공지능의 알고리즘의 편향성, 불투명성이 법적 의사결정에 미치는 영향 및 규율방안", 『법조』, 제66권 제3호(법조협회, 2017), 63면.

53) Meg Leta Jones, "The Ironies of Automation Law: Tying Policy Knots with Fair Automation Practice Principles", 18 Vand. J. Ent. & Tech. L. 77 2015-2016, pp.78-79.

54) 양종모, 각주 52)의 논문, 63면.

55) Jenna Burrel, "How the machine 'thinks': Understanding opacity in machine learning algorithms", Big Data & Society January-June 2016:1-12, p.1.

56) id.

57) id. at 3.

58) id.

59) id. at 4.

60) 양종모, 각주 52)의 논문, 78면.

61) Omer Tene & Jules Polonetsky, "Judged By Tim Man: Individual Rights In The Age of Big Data", 11 J. on Telecomm. & High Tech. L. 351 2013, p.355.

62) Matthew Kay et al., "Unequal Representation and Gender Stereotypes in Image Search Results for Occupations", https://dub.washington.edu/djangosite/media/papers/unequalrepresentation.pdf(2017. 6. 4. 최종 방문).

63) Latanya Sweeney, "Discrimination in Online Ad Delivery", https://dataprivacylab.org/projects/onlineads/1071-1.pdf, p.34(2017. 6. 4. 최종 방문).

64) Omer Tene & Jules Polonetsky, supra note 61, at 356.

65) 양종모, 각주 52)의 논문, 80면.

66) Moritz Hardt, "How big data is unfair", https://medium.com/@mrtz/how-big-data-is-unfair-9aa544d739de(2017. 6. 4. 최종 방문).

67) id.

68) 제임스밀러, 황진호 (역), 『IBM 왓슨 애널리틱스와 인지컴퓨팅』, 초판(에이콘, 2016), 53면.

69) Kate Crawford, "The Hidden Bias in Big Data", Harvard Business Review(2013), https://hbr.org/2013/04/the-hidden-biases-in-big-data(2017. 6. 4. 최종 방문).

70) 유종민, 『하사비스처럼 알파고하라』, 초판(도서출판 타래, 2016), 63면.

71) 이노우에 켄이치, 마창수 · 김남근(역), 『왓슨을 이용한 인공지능 서비스 입문』, 초판(책만, 2017), 54면.

72) 이노우에 켄이치, 각주 71)의 책, 55면.

73) 이노우에 켄이치, 각주 71)의 책, 26면.

74) 이노우에 켄이치, 위의 책, 27면.

75) 스티븐 베이커, 각주 25)의 책, 55면.

76) 스티븐 베이커, 각주 25)의 책, 56면.

77) Kirk L. Kroeker, "Weighing Watson's Impact", Science, http://www.cs.grinnell.edu/~davisjan/csc/105/2013S/articles/CACM-ai.pdf(2018. 1.6. 최종방문).

78) 스티븐 베이커, 각주 25)의 책, 52면.

79) 제리 카플란, 신동숙(역), 『인공지능의 미래』, 초판(한스미디어, 2017), 117면.

80) 제리 카플란, 각주 79)의 책, 118면.

81) 스티븐 베이커, 각주 25)의 책, 55면.

82) 제임스 밀러, 각주 68)의 책, 41-43면.

83) Sharon D. Nelson & John W. Simek, "How Will Watson's Childern Impact the Future of Law Practice?", https://senseient.com/wp-content/uploads/Watsons-Children.pdf (2018. 1. 6. 최종 방문).

84) https://www.ibm.com/watson/(2018. 1. 6. 최종 방문).

85) www.rossintelligence.com(2018. 1. 6. 최종 방문).

86) Susan Beck, "Inside ROSS: What Artificial Intelligence Means for Your Frim", https://www.law.com/sites/almstaff/2016/09/28/inside-ross-what-artificial-intelligence-means-for-your-firm /?slreturn=2018012308555(2018. 2. 5. 최종 방문).

87) Sharon D. Nelson & John W. Simek, supra note 83.

88) Jamie J. Baker, "2018: A Legal Research Odyssey: Artificial Intelligence as Disruptor", Law Library Journal vol.110, p.11.

89) id.

90) id.

91) "고등과학원 초학제연구단(단장 홍성욱, 서울대)은 18, 19일 고등과학원에서 '인간 2017, 인공지능 2049'를 주제로 학술대회를 개최한다. 곽노준 서울대 교수(융합과학부)가 'Are Convolutional Neural Networks Good at Feature Representation?'을,

이언 가천대 의과대 교수가 '인공지능과 미래의료'를, 구본권 사람과디지털연구소 연구원이 '인공지능시대의 사회적 과제'를, 양종모 영남대 교수(법학과)가 '법 분야 에서의 인공지능 기술 수용'을 발표한다." 교수신문, http://www.kyosu.net/news/ articleView.html?idxno=40459(2018. 4. 6. 최종 방문).

92) Sharon D. Nelson & John W. Simek, supra note 83.

93) Will Knight, "Reinforcement Learning By experimenting, computers are figuring out how to do things that no programmer could teach them", MIT Technology Review, https://www.technologyreview.com/s/603501/10-breakthrough-technologies-2017-reinf orcement-learning/(2018. 2. 6. 최종 방문).

94) 김석원, "알파고의 구성", 소트트웨어정책연구소(2016).

95) 위키백과, https://ko.wikipedia.org/wiki/%EB%AA%AC%ED%85%C%EC%B9%B4% EB%A5%BC%EB%A1%9C_%ED%8A%B8%EB%A6%AC_%ED%83%90%EC%8 3%89(2017. 12. 19. 최종 방문).

96) 조태호, 각주 45)의 책, 98면.

97) 아서 줄리아니, 송교석(역), 『강화학습 첫걸음』, 초판(한빛미디어, 2017), 17면.

98) 김의중, 각주 19)의 책, 167면.

99) 김의중, 위의 책, 167면.

100) 스튜어드 러셀/피터노박, 각주 16)의 책, 424면.

101) Will Knight, supra note 93.

102) 김의중, 각주 19)의 책, 170면.

103) 아서 줄리아니, 각주 97)의 책 18면.

104) 아서 줄리아니, 위의 책, 18면.

105) 김의중, 위의 책, 187면.

106) 홍광진 외, "빅데이터 기반의 강화학습 알고리즘을 이용한 인공지능", 『한국정보 과학회 학술발표논문집』, (한국정보과학회, 2015), 787면.

107) 이것이 강화학습이 찾고자 하는 목표다.

108) Mike Kaput, "Why Google's AlphaGo Zero Artificial Intelligence System Has Major Implications for Marketers", https://www.marketingaiinstitute.com/blog/why-googles-alphago-zero-artificial-intelligence-system-has-major-implications-for-marketer (2018. 3. 1. 최종 방문).

109) Harry Surden, "Machine Learning And Law", 89 Wash. L. Rev. 87 2014, p.89.

110) 김의중, 각주 19)의 책, 76면.

111) 케빈 머피, 노영찬/김기성(역), 『머신러닝』, 초판(에이콘출판주식회사, 2016), 39면.

112) 케빈 머피, 위의 책, 40면.

113) 김의중, 각주 19)의 책, 77면.

114) 케빈 머피, 위의 책, 39면.

115) 마이클 보울즈, 정동식(역), 『머신러닝 인 파이썬』, 초판(비제이퍼블릭, 2015), 56면.

116) 이노우에 켄이치, 각주 71)의 책, 49면.

117) 이노우에 켄이치, 위의 책, 49면.

118) 케빈 머피, 각주 110)의 책, 40면.

119) 피터 해링턴, 김영진(역), 『머신러닝 인 액션』, 초판(제이펍, 2013), 5면.

120) feature는 특성이라고 번역할 수도 있지만 영어 발음에 가깝게 썼다.

121) 마이클 보울즈, 각주 115)의 책, 6면.

122) 이노우에 켄이치, 각주 71)의 책, 50-51면.

123) 조르디 도레스, 빅해신(역), 『덴서플로 첫길음』, 초판(한빛미디어, 2016), 25면.

124) 페드로 도밍고스, 각주 23)의 책, 171면.

125) 조태호, 각주 45)의 책, 110면.

126) 존 하티, 남궁영환(역), 『파이썬으로 구현하는 고급 머신러닝』, 초판(에이콘출판주식회사, 2017), 65면.

127) 존 하티, 각주 126)의 책, 66면.

128) 조태호, 각주 45)의 책, 114면.

129) 김의중, 각주 19)의 책, 58면.

130) 김의중, 위의 책, 59면.

131) 위키백과, https://ko.wikipedia.org/wiki/%EC%9D%B8%EA%B3%B5%EC%8B%A0%EA%B2%BD%EB%A7%9D.(2018. 3. 4. 최종 방문).

132) 이런 결괏값과 실제 데이터와의 차이를 가지고 훈련이나 학습의 수행정도를 평가한다. 통상 99%의 정확도라고 표현하는 것은 이런 결괏값과 실제 데이터와의 부합 여부를 퍼센티지로 나타낸 것이다.

133) 마이클 보울즈, 각주 115)의 책, 13면.

134) 마이크 보울즈, 위의 책, 13면.

135) 이노우에 켄이치, 각주 71)의 책, 52면.

136) http://www3.cs.stonybrook.edu/~cse352/G15Dream.pdf.((2018. 3. 1. 최종 방문).

137) Diksha Khurana et al., "Natural Language Processing: State of The Art, Current Trends and Challenges", https://arxiv.org/ftp/arxiv/papers/1708/1708.05148.pdf (2018. 3. 17. 최종 방문).

138) 박대민, "뉴스 기사의 자연어 처리", 『커뮤니케이션 이론』, 제12권 제1호(한국언론학회, 2016년 봄호), 7면.

139) 스티븐 핑커, 김한영 외(역), 『언어본능 마음은 어떻게 언어를 만드는가?』, 개정2판(동녘사이언스, 2012), 292면.

140) 스티븐 핑커, 위의 책, 292면.

141) 오다카 토모히로, 김성재(역), 『인공지능을 이용한 빅데이터 처리』, 초판(도서출판

길벗, 2014), 23면.

142) 스튜어트 러셀/피터노박, 각주 16)의 책, 457면.

143) 스티븐 핑커, 각주 139)의 책, 21면.

144) 스티븐 핑커, 위의 책, 23면.

145) 스티븐 핑커, 위의 책, 24면.

146) 스티븐 핑커, 위의 책, 31면.

147) 스튜어드 러셀/피터노박, 각주 16)의 책, 457면.

148) 스튜어드 러셀/피터노박, 위의 책, 458면.

149) 야마모토 잇세이, 남혜림(역), 『인공지능 개발이야기: 나는 어떻게 인공지능을 개발해 인간을 이겼나』, 초판(처음북스, 2018), 98면.

150) 오다카 토모히로, 각주 141)의 책, 24면.

151) 데이터 검색을 위한 키워드 간의 관계, 즉 동의어, 하위어, 관련어 등의 관계를 나타낸 사전을 시소러스라고 한다(정보통신용어사전, 2008. 1. 15, 일진사).

152) Karen Sparck Jones, "Natural Language Processing: A Historical Review", https://www.cl.cam.ac.uk/archive/ksj21/histdw4.pdf(2018. 2. 15. 최종 방문).

153) id.

154) id.

155) id.

156) 박대민, 각주 138)의 논문, 9면.

157) 오다카 토모히로, 각주 141)의 책, 215면.

158) 오다카 토모히로, 위의 책, 215면.

159) 오다카 토모히로, 각주 141)의 책, 223면.

160) Wikipedia, https://en.wikipedia.org/wiki/N-gram(2018. 2. 25. 최종 방문).

161) 페드로 도밍고스, 각주 23)의 책, 254면.

162) 페드로 도밍고스, 위의 책, 255면.

163) https://books.google.com/ngrams/info.

164) 야마모토 잇세이, 각주 149)의 책, 99-100면.

165) 김나경, "의료법상 환자유인행위의 위법성 판단 구조 분석", 『저스티스』, 통권 제143호(한국법학원, 2014), 209면.

166) 한상훈, "패러다임과 법의 변화 – 한국형사법의 방법론 모색", 『저스티스』, 통권 제158-1호(한국법학원, 2017), 251-252면.

167) 한상훈, 위의 논문, 245면.

168) Edwina L. Rissland et al., "AI and Law: A fruitful synergy", Artificial Intelligence 150 (2003) 1-15, pp.2-3.

169) id.

170) id.

171) id.

172) 페드로 도밍고스, 각주 23)의 책, 261면.

173) 연규욱, 매일경제 MK, http://news.mk.co.kr/newsRead.php? year=2017&no=737834 (2018. 4. 10. 최종 방문).

174) Susan Haack, "On Logic in the Law: Something, but not All", p.1.

175) 로봇신문, "자율주행자동차의 역사", http://www.irobotnews.com/news/articleView. html?Idxno=4621(2018. 2. 25. 최종방문).

176) 양종모, "인공지능에 대한 법학의 위험한 해법", 『법학에서의 위험한 생각들』, 초판(법문사, 2018), 429면.

177) 루크 도멜, 노승영 (역), 『만물의 공식』, 초판(반니, 2014), 47면.

178) 양종모, 위의 책, 429면.

179) 루크 도멜, 위의 책, 85면.

180) 양종모, 각주 176)의 책, 430면.

181) 대법원 2017. 11. 9. 선고 2013다26708, 26715, 26722, 26739 판결.

182) 양종모, 위의 책, 430면.

183) https://en.wikipedia.org/wiki/Barry_Commoner(2018. 2. 25. 최종방문).

184) 양종모, 각주 176)의 책, 431면.

185) Max Radin, Theory of Judicial Decision Or How Judges Think, 11 A.B.A. J. 357 (1925).

186) 루크 도멜, 각주 177)의 책, 192면.

187) 루크 도멜, 위의 책, 192면.

188) Susan Haack, supra note 174, at 4.

189) 양종모, 각주 176)의 책, 432면.

190) 루크 도멜, 각주 177)의 책, 195면.

191) Andrew Guthree Ferguson, "Big Data and Predictive Reasonable Suspicion", 163 U. Pa. L. Rev. 327(2014-2015), p.329.

192) Alexander H. Kipperman, "Frisky Business: Mitigating Predictive Crime Software's Facilitation of Unlawful Stop and Frisks", 24 Temp. Pol. & Civ. Rts. L. Rev. 215(2014~2015), p.224.

193) Andrew Guthree Ferguson, supra note 191, at 329.

194) Id. at 337.

195) Craig S. Lerner, "Reasonable Suspicion and Mere Hunches", 59 Vand. L. Rev. 405(2006), pp.460-461.

196) 양종모, "인공지능으로 인한 법률 서비스의 파괴적 혁신과 시사점", 『영남법학』,

제44권(영남대학교 법학연구소, 2017), 12면.

197) 문병근·김진근, "법률 서비스 시장에 대한 진입규제의 후생효과", 『공공경제』, 제2권 제1호(한국재정학회, 1997), 130면.

198) 황승흠, "법률구조 서비스 전달체계의 재구성", 『법과사회』, 제43호(법과사회이론학회, 2012), 12, 72면.

199) 양종모, 각주 196)의 논문, 20면.

200) 문병근·김진근, 각주 197)의 논문, 130면.

201) John S. Dzienkowski, "The Future of Big Law: Alternative Legal Service Providers to Corporate Clients", 82 Fordham L. Rev. 2995(2014), p.2998.

202) 부티크 로펌(Boutique law company)은 특정 분야에 대한 법률 자문을 목적으로 설립된 소규모 로펌을 가리키는 용어다. 법률 업무 중 대형 로펌에서 취급하지 않는 틈새 분야를 전문으로 한다. 부티크 회사는 하나 또는 몇 개의 선택된 분야를 전문 영역으로 한다. https://en.wikipedia.org/wiki/Boutique_law_firm(2019. 1. 15. 최종 방문).

203) Daniel W. Linna Jr., "Leveraging Technology To Improve Legal Service A Framework for Lawyers", 96-JUN Mich. B. J. 20, p.21.

204) LAW SOCIETY OF ENGLAND AND WALES, "The Future Of Legal Services", p.38, https://www.lawsociety.org.uk/support-services/research-trends/the-future-of-legal-services/(2019. 2.11. 최종 방문).

205) id.

206) id.

207) id.

208) id.

209) 안혜성, "세무사에 세무소송대리권' 부여 법안에 변호사들 '발끈', 법률신문, http://www.lec.co.kr/news/articleView.html?idxno=49092(2019. 2. 15. 최종 방문).

210) 이상돈, "사법적 복지사회 실현을 위한 법률 서비스의 개선방향", 『법학논문집』, 제26집 제1호(중앙대학교 법학연구소, 2002), 166면.

211) 신홍균, "법률 서비스의 통합방안", 『저스티스』, 통권 제121호(한국법학원, 2010), 843면.

212) 신홍균, 위의 논문, 844면.

213) Brian Sheppard, "Incomplete Innovation and The Premature Disruption of Legal Service", 2015 Mich. St. L. Rev. 1797, 2015, p.1810.

214) John O. McGinnis & Russell G. Pearce, "The Great Disruption: How Machine Intelligence Will Transform The Role of Lawyers In The Delivery of Legal Service", 82 Fordham L. Rev. 3041 2013-2014, p.3042.

215) id.

216) id.

217) Brian Sheppard, supra note 213, at 1812.

218) id.

219) Robert D. Cooter & Thomas Ulen, 한순구(역), 『법경제학』, 초판(경문사, 2009), 506면.

220) Robert D. Cooter & Thomas Ulen, 위의 책, 507면.

221) Daniel W. Linna Jr., supra note 203, at 22.

222) 사시키 타카마사, 안진우 외(편), 『리걸테크』, 초판(법률신문사, 2018), 31면.

223) Robert J. Ambrogi, "A Golden Age of Legal Tech Start-Ups", 43 Law Prac. 34 2017, p.36.

224) L. Thone McCarty, "AI and Law: How to Get There from Here", Ratio Juris. Vol.3. No.2 July 1990, p.190.

225) id. at 195.

226) Simon Canick, "Infusing Technology Skills into The Law School Curriculum", 42 Cap. U. L. Rev. 663 2014, p.700.

227) id. at 701.

228) Thomson Reuters의 FindLaw는 로펌을 위한 인터넷 마케팅 솔루션, 소비자와 중소기업을 위한 온라인 법률 정보를 제공하는 세계적 선도 업체이다. FindLaw는 18년 이상 소비자들에게 그들이 찾는 법률 정보를 제공하고 있다. 소비자와 전문가들에게 법률과 마케팅 자원은 물론 관련성이 있고 쉽게 이해할 수 있는 많은 최신 도구를 제공한다. 매월 600만 명 이상의 사람들이 다양한 법률 주제와 실천 분야에 대한 심층적인 기사나 뉴스, 판례법, 법령을 찾기 위해 FindLaw를 이용한다. 이 사이트는 인터넷상의 무료 법률 정보 사이트로서 가장 인기 있다. https://company.findlaw.com/(2019. 2. 17. 최종 방문).

229) Wefunder, "CASETEXT making all the world's laws free and understandable", https://wefunder.com/casetext(2017. 9. 19. 최종 방문).

230) Taryn Marks, "John West and the Future of Legal Subscription Databases", 107 Law Libr. J. 377, 2015, p.383.

231) Richard Tromans, "Legal AI A beginner's guide", Thomson Reuters, Legal-AI-a-beginners-guide-web.pdf(2018. 1. 15. 최종 방문).

232) Wikipedia, https://en.wikipedia.org/wiki/Document_automation(2018. 1. 15. 최종 방문).

233) id.

234) Richard Susskind, "The End of Lawyers?: Rethinking the Nature of Legal Services", OBE Oxford University Press, USA (January 15, 2009).

235) Joanna Goodman, "Meet the robot lawyers and virtual assistants", RACONTEUR

29/06/2016, p.4.

236) Rachel Botsman, "Talkin' About An AI Revolution", INSIGT, http://rachelbotsman
.com/wp/wp-content/uploads/2017/04/Industry-Hackers-April-2017.pdf.(2017. 12. 6.
최종 방문).

237) Drew Simshaw, "Robot Lawyers: Improving Access To Justice With Renewed
Commitment To Ethical Obligations", p.1., http://www.werobot2017.com/wp-content/
uploads/2017/03/Sims haw-Robot-Lawyers-DRAFT-2017-03-20-1.pdf(2017. 12. 6.
최종 방문).

238) http://pro-se.scourt.go.kr/wsh/wsh000/WSHMain.jsp.(2017. 12. 7. 최종 방문).

239) Michael Mills, "Using AI In Law Practice: It's Practical Now", 42Law Prac. 48
2016, p.50.

240) Disruptlegal, "LawGeex: Free, Easy-To-Use Contract Review Software", https://disrupt.
legal/2016/06/07/lawgeex-free-easy-to-use-contract-review-software/(2017. 12. 7. 최
종 방문).

241) Patricia A McLelland, "My Personal Journey through LegalZoom.com", http://www.
resultsbasedep.com/pdfs/LegalZoom-Journey.pdf(2017. 12. 7. 최종 방문).

242) David Allen Hiersekorn, "So, What's So Bad About Legal Zoom, Anyway?",
http://www.kctrustlaw.com/files/Download/Legalzoom.pdf.(2017. 12. 7. 최종 방문).

243) https://www.rocketlawyer.com.(2017. 12. 8. 최종 방문).

244) 양종모, "전자약식절차의 효율성을 제고하기 위한 시스템 구축방안", 『법과 정책
연구』, 11권3호(한국법정책학회, 2011), 884면.

245) https://www.netflix.com/kr/(2017. 12. 9. 최종 방문).

246) https://www.netflix.com/kr/#this-is-netflix(2017. 12. 9. 최종 방문).

247) https://www.experts-exchange.com/articles/9389/What-is-an-Internet-Platform.html
(2017. 12. 9. 최종 방문).

248) 전창록, "치열한 인터넷 플랫폼 경쟁시대", 한국경제매거진, http://magazine.
hankyung.com/business/apps/news?popup=0&nid=01&c1=1012&nkey=2017091101
137000351&mode=sub_view(2017. 12. 9. 최종 방문).

249) Richard Zorza, "Re-conceptualizing The Relationship Between Legal Ethics And
Technological Innovation In Legal Practice: From Threat To Opportunity", 67
Fordham L. Rev. 2659 1998-1999, p.2663.

250) http://www.lawgo.biz/(2017. 12. 9. 최종 방문).

251) 양종모, 각주 196)의 논문, 9면.

252) Richard Zorza, supra note 249, at 2664.

253) id.

254) 조 마요, 김정인(역), 『마이크로소프트 봇 프레임워크 프로그래밍』, 초판(제이펍,

2018), 4면.

255) 조 마요, 위의 책, 제5면.

256) Martin Bartenberger et al., "Legal Chatbots-Characteristics, Recent Developments And Ethical Implications", Compliance Elliance Journal, Volume 4, Number 1 2018, p.21.

257) id at 22.

258) id.

259) id at 23.

260) id.

261) id.

262) https://www.lawsociety.org.uk/news/blog/legal-tech-2018-threats-and-opportunities/ (2019. 2. 1. 최종 방문).

263) Nicholas Barry, "Man Versus Machine Review: The Showdown between Hordes of Discovery Lawyer and a Computer-Utilizing Predictive-Coding Technology", 15 Vand. J. Ent. & Tech. L. 343 2012-2013, p.346.

264) 안정혜, "국제중재에서의 전자증거개시-전자증거개시를 규율하는 규정의 제정을 중심으로", 『중재연구』, 제20권 제2호(한국중재학회, 2010), 68면.

265) Robert D. Cooter & Thomas Ulen, 각주 219)의 책, 522면.

266) 김도훈, "미국 전자증거개시절차상 증거검색 및 수집방법에 대한 연구-기술지원 검토를 중심으로", 『강원법학』, 제41권(강원대학교 비교법학연구소, 201), 221면.

267) 황경환, "미국 민사소송법상 전자문서의 증거개시제도의 연구", 『한양법학』, 제22집(한양법학회, 2008), 480면.

268) Matthew Young, "To Cure the E-Discovery Headache, Revamp the Rule 26(f) Discovery Conference", 12 Nw. J. & Intell. Prop. I, 2014, p.355.

269) Nicholas Barry, surpra note 265, at 354.

270) id. at 347.

271) id. at 363.

272) Michael Mills, "Artificial Intelligence In Law: The State of Play 2016", Thomson Reuters, p.4, https://www.neotalogic.com/wp-content/uploads/2016/04/Artificial-Intelligence-in-Law-The-State-of-Play-2016.pdf(2017. 12. 11. 최종 방문).

273) 김도훈, 각주 266)의 논문, 223면.

274) Robert D. Cooter & Thomas Ulen, 각주 219)의 책, 496면.

275) Colin Daileda, "This artificially intelligent judge predicts verdicts with 79% accuracy", MashableAsia, https://mashable.com/2016/10/24/artificial-intelligence-judge-europe /#h4n761RrT5qa(2017. 12. 11. 최종 방문).

276) Tara Balakrishnan et al., "Predicting Supreme Court Votes Through Conversational

Dynamic Features", Proceedings of the 33 rd International Conference on Machine Learning, New York, NY, USA, 2016. JMLR: W&CP volume 48.

277) 오다카 토모히로, 각주 141)의 책, 228면.

278) https://fiscalnote.com/why-fiscalnote/about-us/(2017. 12. 11. 최종 방문).

279) https://definitions.uslegal.com/f/fiscal-note/(2017. 12. 12. 최종 방문).

280) http://leg.colorado.gov/sites/default/files/documents/2018A/bills/fn/2018a_hb1036_00. pdf(2017. 12. 12. 최종 방문).

281) https://fiscalnote.com/2017/02/09/fiscalnote-view-link-machine-learning-government-data/(2017. 12. 13. 최종 방문).

282) Ray Worthy Campbell, "Rethinking Regulation And Innovation In The U.S. Legal Service Market", 9 N. Y. U. J. L. & Bus. 1 2012-2013, p.4.

283) Dan Pinnington, "Artificial intelligence and the 'self-driving' lawyer: Better access to justice and lower claims?", Lawpro Magazine Vol.15 no.3, p.15, www.lawpro.ca/magazinearchives(2017. 12. 13. 최종 방문).

284) https://lexmachina.com/what-we-do/how-it-works/(2017. 12. 13. 최종 방문).

285) 크롤링(crawling)이란 인터넷 사이트 등에 분산되어 있는 데이터를 수집하여 색인화한다는 의미를 가지는데, 우리말에 이에 해당하는 적절한 용어가 없어 통상적으로 영어 발음 그대로 쓰고 있다.

286) 에릭 시겔, 고한석(역), 『빅데이터의 다음 단계는 예측분석이다』, 초판(이지스퍼블리싱(주), 2016), 27면.

287) 에릭 시겔, 각주 286)의 책, 28면.

288) 에릭 시겔, 각주 286)의 책, 37면.

289) Kevin D. Ashley/Sefanie Bruninghaus, "Automatically classifying case text and predicting outcomes", Artif Intell Law(2009), p.126.

290) id.

291) id.

292) id.

293) https://www.legalrobot.com/.(2017. 12. 13. 최종 방문).

294) https://ko.wikipedia.org/wiki/%ED%81%B4%EB%9D%BC%EC%9A%B0%EB%93%9C_%EC%BB%B4%ED%93%A8%ED%8C%85(2017. 12. 13. 최종 방문).

295) id.

296) 앤서니 T. 벨트외, 시스코 컨설팅 서비스 사업본부(역), 『미래코드 클라우드 컴퓨팅』, 초판(전자신문사, 2011), 23면.

297) 이노우에 켄이치, 각주 71)의 책, 29면.

298) 이노우에 켄이치, 위의 책, 62면.

299) Kenny Coralie et al., "Cloud computing issues for legal practices", Law Society

Journal(June 2012), p.78.

300) id.

301) id.

302) John O. McGinnis & Russell G. Pearce, "The Great Disruption: How Machine Intelligence Will Transform The Role of Lawyers In The Delivery of Legal Service", 82 Fordham L. Rev. 1, 2013-2014, p.3042.

303) Daniel W. Linna Jr., supra note 203, at 21.

304) id at 22.

305) id.

306) Amy Duncan, "Innovate, Collaborate, & Serve: Louisiana's 'LIFT'- A Legal Incubator and Accelerator Program Startup Guide", 1 J. Experiential Learning 241 2014-2015, p.254.

307) Joan C. Williams et al., "Disruptive Innovation: New Model of Legal Practice", 67 Hastings L. J. 1 2015-2016, p.60.

308) id. at 50.

309) id.

310) 위키백과, https://ko.wikipedia.org/wiki/%EC%95%84%EC%9B%83%EC%86%8C%EC%8B%B1(2017. 12. 13. 최종 방문).

311) Lauren Verbiscus, "Economic Globalization And The Need For Legal Innovation", 21 Mich. St. U. Coll. L. Int'l L. Rev. 779 2013, p.782.

312) id. at 788.

313) id.

314) id.

315) Drew Combs, "Look out firms, Axiom is trying to beat you at your own game", The American Lawyer, July/August 2012, www.axiomlaw.com/Images/Attorneys/001081201Axiom.pdf.(2017. 12. 15. 최종 방문).

316) id.

317) id.

318) Lauren Verbiscus, supra note 311, at 802.

319) 양종모, 각주 196)의 논문, 22면

320) Tanina Rostain, "Designing Legal Expert Systems in the Classroom", pp.2-3, www.IRONTECHLAWYER.com(2018. 6. 6. 최종 방문).

321) https://talk.lawnorder.go.kr/web/index.do(2020. 5. 1. 최종 방문).

322) id at 3.

323) id.

324) id.

325) id.

326) 이재규 외, 『전문가 시스템 원리와 개발』, 초판(법영사, 1996), 28면.

327) 이재규 외, 위의 책, 28면.

328) 스튜어드 러셀/피터 노박, 류광(역), 『인공지능 1 현대적 접근방식』, 제3판(제이펍, 2016), 286면.

329) Tod M. Turley, "Expert Software Systems: The Legal Implications", 8 Computer L. J. 455 1987-1988, p.455.

330) M. Venkateswarlu Naik et al., "Building A Legal Expert System For Legal Reasoning In Specific Domain- A Survey", IJCSIT Vol 4, No 5, October 2012, p.175.

331) 이노우에 켄이치, 각주 71)의 책, 45면.

332) 이러한 완전한 형태의 인간 모사 능력을 갖춘 인공지능은 빨라도 2050년경에나 어느 정도 구체화될 것으로 전망된다.

333) http://www0.cs.ucl.ac.uk/staff/D.Gorse/teaching/1009/1009.ai(2018. 2. 5. 최종 방문).

334) 양기철, 『인공지능 이론 및 실제』, 초판(홍릉과학출판사, 2014), 4면.

335) 이노우에 켄이치, 각주 71)의 책, 45면.

336) 양기철, 각주 334)의 책, 191면.

337) 양기철, 위의 책, 191면.

338) David T.Shannon & Forouzan Golshani, "On The Automation Of Legal Reasoning", 28 Jurimetrics J. 305 1987-1988, p.305.

339) 양기철, 각주 334)의 책, 191면.

340) 양기철, 위의 책, 192면.

341) http://didattica.cs.unicam.it/lib/exe/fetch.php?media=didattica:choiceexams:kebi:ke-4_fc_vs_bc.pdf(2019. 1. 20. 최종 방문).

342) id.

343) https://gmlwjd9405.github.io/2018/08/14/algorithm-dfs.html(2019. 1. 17. 최종 방문).

344) Ronald J. Brachman & Hector J. Levesque, "Knowledge Representation And Reasoning", Elsevier, 2004, p.91.

345) 스튜어드 러셀, 각주 16)의 책, 82면.

346) 스튜어드 러셀, 위의 책, 83면.

347) 스튜어드 러셀, 각주 16)의 책, 84면.

348) Franck Dernoncourt, "Introduction to fuzzy logic", MIT, January 2013, http://francky.me/doc/course/fuzzy_logic.pdf(2018. 4. 5. 최종 방문)

349) 스튜어드 러셀, 각주 16)의 책, 87면.

350) 스튜어드 러셀, 위의 책, 88면.

351) surpra note 333.

352) 이노우에 켄이치, 각주 71)의 책, 46면.

353) supra note 333.

354) Fred Collopy, et al., "Expert Systems for Forecasting.", In Principles of Forecasting: A Handbook for Researchers and Practitioners (Ed. J. Scott Armstrong). Kluwer, 2001, p.3.

355) Michael Negnevitsky, Artifical Intelligence-A Guide to Intelligent Systems, Addison wesley, 2011, p.51.

356) Id. at 56.

357) 김태현 외, "계층적 분류체계를 원하는 규칙 기반 추론엔진", 『대한전자공학회 논문지CI』, 제45권 제5호(대한전자공학회, 2008), 149면.

358) 홍성호, "규칙 기반 추론과 사례기반 추론을 혼합 적용한 전기화재 원인진단 프로그램에 관한 연구", 『방재기술』, 제47호(한국화재보험협회, 2009), 6면.

359) 이길재 외, "인공 신경망과 사례기반 추론을 혼합한 지능형 진단 시스템", 『정보처리학회논문지 B』, 15-B권 제1호(한국정보처리학회, 2008), 45면.

360) 황유섭, "사례기반 추론기법과 인공신경망을 이용한 서비스 수요예측 프레임워크", 『지능정보연구』, 제18권 제4호(한국지능정보시스템학회, 2012), 44면.

361) 이길재 외, 위의 논문, 45면.

362) Peter Perner, "Case-Based Reasning and the statistical Challenges", Quality and Reliability Engineering International, vol.24(2008), p.705.

363) Id. at 706.

364) 이길재, 각주 359)의 논문, 46면.

365) 스티븐 베이커, 각주 25)의 책, 205면.

366) 스티븐 베이커, 위의 책, 207면.

367) 양기철, 각주 334)의 책, 200면.

368) http://www.cs.nott.ac.uk/~psznza/G53KRR09/krr-rules.pdf(2019. 1. 15. 최종 방문).

369) 이재규 외 각주 326)의 책, 342면.

370) 이재규외, 위의 책, 344면.

371) 이재규 외, 위의 책, 345면.

372) 양기철, 각주 334)의 책, 200면.

373) 양기철, 위의 책, 201면.

374) http://www.cs.nott.ac.uk/~psznza/G53KRR09/krr-rules.pdf(2018. 3. 4. 최종 방문).

375) 양기철, 각주 334)의 책, 197면.

376) 양기철, 위의 책, 198면.

377) 저수준의 언어는 하드웨어를 직접 제어하는 등의 특징을 갖춘 반면, 고수준 언어는 사람이 일상적으로 쓰는 자연어에 가깝다는 특징을 갖고 있다. 널리 알려진 C 언어는 하드웨어를 제어할 수 있는 저수준 언어의 특징과 형식과 변수, 함수 등의 고수준 언어의 문법을 함께 갖고 있다.

378) C. L. Dym, "Issues in the Design and Implementation of Expert Systems," Artificial Intelligence for Engineering Design, Analysis and Manufacturing, 1 (1), 37-46, December 1987, p.40.

379) id.

380) id at 41.

381) 이재규, 각주 326)의 책, 109면.

382) 이재규, 위의 책, 109면.

383) 이재규, 각주 326)의 책, 169.

384) 이재규, 각주 326)의 책, 238면.

385) Dennis Merritt, "Building Expert Systems in Prolog", p.7, http://www.amzi.com/distribution/files/xsip_book.pdf(2019. 2. 25. 최종 방문).

386) https://www.cse.iitb.ac.in/.../cs344-lect11-Prolog-2010-01-27.ppt(2019. 3. 2. 최종 방문).

387) 임우택/김영문, "VP-EXPERT를 이용한 전문가 시스템의 개발에 관한 연구", 『한국정보시스템학회 추계 학술발표논문집』, (한국정보시스템학회, 1995), 48면.

388) Tod M. Turley, supra note 329, at 455.

389) 스튜어드 러셀, 각주 328)의 책, 34면.

390) 스튜어드 러셀, 위의 책, 34면.

391) 스튜어드 러셀, 각주 329)의 책, 34면.

392) 스튜어드 러셀, 각주 16)의 책, 188면.

393) Ping He & Weidong Tao, "A Design of Criminal Investigation Expert System Based on CILS", JOURNAL OF SOFTWARE, Vol.6, No.8, AUGUST 2011, p.1586.

394) David T. Shannon & Forouzan Golshani, supra note 338, p.305.

395) id at 306.

396) id.

397) Ping He & Weidong Tao, supra note 393, at 1586.

398) id at 1588.

399) David T. Shannon & Forouzan Golshani, supra note 338, p.307.

400) id.

401) id.

402) 박준석, "법률문언의 구속성에 관하여", 『법학연구』, 통권 제57집(전북대학교 법학연구소, 2018), 13면.

403) 양기철, 각주 334)의 책, 188면.

404) 양기철, 위의 책, 189면.

405) XCON은 1980년 뉴햄프셔의 살렘에 있는 DEC 공장에서 처음 사용되었다. 2,500개의 규칙을 가지고 있는 규칙 기반 전문가 시스템으로, 고객의 요구사항에 따라 컴퓨터 시스템 구성 요소를 자동으로 선택하는 일을 보조하였는데, 1986년까지 8만 건의 주문을 처리하면서 95-98%의 정확도를 보였다. 이 시스템 사용으로 조립 공정의 가속화뿐만 아니라, 고객 만족도를 높여 연간 25만 달러로 추산되는 비용을 절감하였다.

406) 이 시스템은 1975년 당시 독일에서 Lisp가 일반화되지 않았기 때문에 Fortran에 의해서 개발되었다. 개발자들은 장차 LISP로의 변환을 희망했다. Walter G. Popp & Bernhard Schlink, "JUDITH, A COMPUTER PROGRAM TO ADVISE LAWYERS IN REASONING A CASE" 참조.

407) Richard Ssuskind, "Expert Systems In Law: A Jurisprudential Approach To Artificial Intelligence And Legal Reasoning", The ModernLaw Review, Volume 49, Issue 2, p.180.

408) id at 181.

409) 스튜어드 러셀, 각주 16)의 책, 188면.

410) Richard Ssuskind, supra note 407, at 181.

411) id.

412) id.

413) id at 182.

414) id.

415) SHYSTER는 James Popple의 박사학위 논문으로 작성된 것이며, 일종의 법률 전문가 시스템이다. 유용한 결과를 내기 위해서 법률 전문가 시스템이 꼭 복잡한 모델을 기반으로 개발되어야 하는 것은 아니라는 실용주의적 접근법을 강조한다. 다양한 법적 분야에서 사용될 수 있도록 디자인되었다.

416) Philip Leith, "The Rise and Fall of The Legal Expert System", EJLT Vol 1. No 1(2010), http://ejlt.org/article/view/14/1.(2018. 2. 20. 최종 방문).

417) id.

418) id.

419) 양기철, 각주 334)의 책, 187-188면.

420) Monica C. Holmes et al., "Data mining and expert systems in law enforcement agencies", Issues in Information Systems, Volume Ⅷ, NO.2, 2007, p.329.

421) id. at 330.

422) id.

423) id.

424) Wikepedia, https://en.wikipedia.org/wiki/Multistate_Anti-Terrorism_Information_ Exchange(2018. 2. 21. 최종 방문).

425) Monica C. Holmes et al., supra note 420, at 332.

426) id at 333.

427) 김준우 외, "데이터마이닝의 범죄수사 적용 가능성", 『대한수사과학지』, 제1권 제2호(대한수사과학회, 2006), 16면.

428) 디에스피 산업조사실, 『글로벌 빅데이터 산업동향과 핵심 산업 분석』, (디에스피, 2014), 151면.

429) 빅데이터 전략연구센터, "Big Data 글로벌 10대 선진 사례-빅데이터로 세상을 리드하다", 한국정보화진흥원 연구보고서(2012), 37-38면.

430) 김한나, "빅데이터의 동향 및 시사점", 『정보통신정책』, 동향 제24권 제19호(KSIDI, 2012), 52면.

431) C. M. Fuller et al., "An Investigation of data and text mining methods for real world deception detection", Expert System with Application, Vol.38(2011), pp.8393-8396.

432) 김성인 외, "형량정립을 위한 전문가 시스템", 『형사법연구』, 제4호(한국형사법연구회, 1991), 240면.

433) 김성인 외, 각주 436)의 논문, 242면.

434) Burkhard Schafer, "ZOMBAIS: Legal Expert Systems As Representatives "BEYOND THE GRAVE"", (2010) 7:2 SCRIPT ed, p.386.

435) id.

436) id.

437) id.

438) Burkhard Schafer, supra note 434, at 387.

439) id.

440) id.

441) id at388.

442) id.

443) id.

444) id at 389.

445) id at 388.

446) id.

447) id at 389.

448) id at 392.

449) id.

450) 양종모, 각주 176)의 책, 425면.

451) 헨릭 브링크 외, 정종현 외(역), 『리얼월드 머신러닝』, 초판(위키북스, 2017), 58면.

452) 양종모, 위의 책, 425면.

453) 헨릭 브링크 외, 각주 451)의 책 20면.

454) 헨릭 브링크 외, 위의 책, 118면.

455) 양종모, 각주 176)의 책, 426면.

456) 헨릭 브링크 외, 각주 451)의 책, 129면.

457) 헨릭 브링크 외, 위의 책, 62면.

458) Léon Bottou, "Feature engineering", http://www.cs.princeton.courses/archive/spring10/cos424/slides/18-feat.pdf(2018. 2. 24. 최종 방문).

459) Michael R. Anderson & Michael Cafarella, "Input Selection for Fast Feature Engineering", https://ieeexplore.ieee.org/stamp/stamp.jsp? arnumber=7498272(2018. 2. 24. 최종 방문).

460) 노경주 기자, "아직 2% 부족한 인공지능 스피커", smartPc사랑, http://www.ilovepc.co.kr/news/articleView.html?idxno=20079#09Si(2019. 3. 5. 최종 방문),

461) James Popple, 『A PRAGMATIC LEGAL EXPERT SYSTEM』, Ashgate Publishing Company, 1996, p.4.

462) id at 2.

463) id at 3.

464) David T. Shannon & Forouzan Golshani, supra note 338, p.306.

465) id.

466) James Popple, "Legal Expert Systems", Australian Computer Science Communications Volume 12, Number1, 1990, pp.303-304.

467) Grabam Greenleaf, "Legal Expert Systems: Words, Words Words", 3 Y.B. L. Computers & Tech. 119 1987, p.120.

468) Anthony D'Amato, "Can/Should Computes Replace Judges?", Northwestern University School of law, Faculty Working Papers, Paper 129, http://scholarlycommons.law.northwestern.edu/facultyworkingpapers/129(2018. 2. 21. 최종 방문).

469) 최기선 외, "인공신경망 기법을 이용한 태풍 강도 및 진로 예측", 『한국지구과학회지』, Vol.30 No.3(한국지구과학회지, 2009. 6), 296-297쪽.

470) 임성빈 외, "인공신경망을 이용한 개인 신용평가 알고리즘", 『Proceedings of KFIS Spring Conference 2005』, Vol.15, No.1(2005), 294쪽.

471) Michael Negnevitsky, supra note 355, at 301.

472) https://www.neotalogic.com/(2018. 2. 26. 최종 방문).

473) http://allenai.org/aristo/(2018. 2. 26. 최종 방문).

474) Tanina Rostain, supra note 320, at 1.

475) Tod M. Turley, supra note 329, at 457.

476) 양종모, "인공지능을 이용한 법률 전문가 시스템의 동향 및 구상", 『법학연구』, 제 19집 제2호(인하대 법학연구소, 2016), 220면.

477) Tod M. Turley, supra note 329, at 456.

478) Philip Leith, supra note 416.

479) 스티븐 베이커, 각주 25)의 책, 200쪽.

480) https://cloud.google.com/natural-language/(2019. 4. 1. 최종 방문).

481) id.

482) https://cloud.google.com/natural-language/docs/sentiment-tutorial?hl=ko(2019. 4. 1. 최종 방문).

483) id.

484) 제리 카플란, 각주 79)의 책, 47쪽.

485) William Crimes, "Hubert L. Dreyfus, Philosopher of the Limits of Computers, Dies at 87", The New York Times(May 2. 2017), https://www.nytimes.com/2017/05/02/us/hubert-dreyfus-dead-philosopher-of-artificial-intelligence.html(2017. 11. 15. 최종 방문).

486) 양종모, 각주 17) 논문.

487) Dana Remus & Frank Levy, "Can Robots Be Lawyers? Computers, Lawyers, and the Practice of Law", (2016), http://ssrn.com/abstract=2701092(2017. 12. 15. 최종 방문).

488) id.

489) id.

490) 대법원 2007. 11. 15. 선고 2007도3061 전원합의체 판결.

491) 박종희, "베이지안 사회과학 방법론이란 무엇인가?", 『평화연구』, 제22권 제1호(고려대학교 평화와민주주의 연구소, 2014), 486면.

492) Mark Spottswood, "The Hidden Structure of Fact-Finding", 64 Case W. Res. L. Rev. 131 2013-2014, p.147.

493) id. at 144.

494) James Wanga, "Can deep learning be used to forecast weather?", https://www.quora.com/Can-deep-learning-be-used-to-forecast-weather(2017. 12. 10. 최종 방문).

495) Serena Chan, "Complex Adaptive Systems", ESD.83 Research Seminar in Engineering Systems(2001), p.1.

496) David R. Warner. Jr, "A Neural Network-Based Law Machine: Initial Steps", 18 Rutgers Computer & Tech. L. J. 51 1992, p.51.

497) id. at 52.

498) id.

499) 양종모, 각주 17)의 논문, 14면.

500) Brendan Scott, "Legal Expert System: A practitioner's Perspective", 5 J. L. & Inf. Sci.227(1994), p.229.

501) 대법원 1996. 3. 8. 선고 95도3081 판결.

502) 대법원 2016. 6. 23. 선고 2016도2889 판결.

503) Mark Spottswood, supra note 492, at 186.

504) id.

505) 양종모, 각주 17)의 논문, 16면.

506) Daniel L.Chen/Markus Loecher, "Criminal Sentence Lengths are influenced by sports and weather covariates", http://users.nber.org/~dlchen/papers/Events_Unrelated_to_Crime_Predict_Criminal_Sentence_Length_extended_abstract.pdf(2018. 1. 15. 최종 방문).

507) Richard S. Gruner, "Sentencing Advisor: An Expert Computer System for Federal Sentencing Analyses", Santa Clara High Technology Law Journal, Volume 5 Issue 1(1989), p.51.

508) id.

509) Melissa Hamilton, "Can algorithms properly inform criminal sentencing?", Tech Xplore(2017), https://techxplore.com/news/2017-06-algorithms-properly-criminal-sentencing.html(2017. 11. 15. 최종 방문).

510) Dana Godstein et al, "The New Science of Sentencing-Should prison sentence be based on crimes that haven't committed yet?", The Marshall Project, https://www.themarshallproject.org/2015/08/04/the-new-science-of-sentencing(2017. 11. 5. 최종 방문).

511) Melissa Hamilton, supra note 509.

512) 양종모, 각주 17)의 논문, 17면.

513) Melissa Hamilton, supra note 507.

514) 양종모, 위의 논문, 18면.

515) 대법원 2008. 7. 10. 선고 2008도3357 판결.

516) 양종모, 각주 17)의 논문, 19면.

517) Taylor R. Moore, "Trade Secrets and Algorithms as Barriers to Social Justice", CDT(2017), https://cdt.org/insight/trade-secrets-and-algorithms-as-barriers-to-social-justice/(2017. 11. 10. 최종 방문).

518) 양종모, 위의 논문, 19면.

519) 양종모, 각주 17)의 논문, 19면.

520) 양종모, 각주 17)의 논문, 20면.

521) Will Knight, "Andrew Ng Is Leaving Baidu in Search of a Big New AI Mission", Intelligent Machines, https://www.technologyreview. com/s/603897/andrew-ng-is-leaving-baidu-in-search-of-a-big-new-ai-mission/(2018. 1. 27. 최종 방문).

522) 양종모, 각주 17)의 논문, 21면.

523) 양종모, 각주 17)의 논문, 22면.

524) Taryn Marks, "John West and the Future of Legal Subscription Databases", 107 Law Libr. J. 377 2015.

525) 양종모, 각주 17)의 논문, 22면.

526) 양종모, 각주 17)의 논문, 23면.

527) Shira A. Scheindlin, "Judicial Fact-Finding and the Trial Court Judge", 69 U. Miami L. Rev. 367 2014-2015, p.372.

528) ABA Commission on the Future of Legal Services, "Report On The Future Of Legal Services In The United States", AUGUST 2016.

529) Chris Baraniuk, "The Cyborg chess players that can/t be beaten", bbc, http://www. bbc.com/future/story/20151201-the-cyborg-chess-players-that-cant-be-beaten(2019. 3. 15. 최종 방문).

530) Jean-Gabriel Ganascia, "Epistemology of AI Revisited in the Light of the Philosophy of Information, https://pdfs.semanticscholar.org/3ad3/81a178cf555f531a2accf183fd e0005c001e.pdf(2019. 3. 16. 최종 방문).

531) 필드 케이디, 최근우(역), 『처음 배우는 데이터 과학』, 초판(한빛미디어, 2018), 38면.

532) 필드 케이디, 위의 책, 39면.

양종모
_____

저자 양종모는 1981년 사법시험에 합격한 후 사법연수원을 거쳐 군 복무를 마치고, 1986년 검사로 임용되었다. 2003년 부장검사를 끝으로 퇴직한 후, 2006년부터 영남대학교에서 교수로 재직하면서, 법학전문대학원에서 형사법을 가르치고 있다. 저자는 약 30년 전인 1989년부터 컴퓨터 프로그래밍(코딩)을 하면서, 1990년 초부터 인공지능에 대하여 관심을 가지고 연구를 하여 왔으며, 현재도 파이썬, 텐서플로우 등을 이용하여 인공지능 관련 알고리즘을 만들고 있다. 형사법을 지도하고 있지만, 정작 연구의 주된 방향은 인공지능 관련 법률 분야이며, 카이스트 4차 산업혁명 지능정보센터 전문자문위원으로 관어하는 등 법학 분야 외에서도 활동하고, 인공지능 판사, 챗봇 등 인공지능 관련 법적 이슈 때마다 언론에 논문의 내용이 소개되기도 하였다.

인공지능과
법률 서비스 분야의
혁신

초판인쇄 2021년 3월 31일
초판발행 2021년 3월 31일

지은이 양종모
펴낸이 채종준
펴낸곳 한국학술정보㈜
주소 경기도 파주시 회동길 230(문발동)
전화 031) 908-3181(대표)
팩스 031) 908-3189
홈페이지 http://ebook.kstudy.com
전자우편 출판사업부 publish@kstudy.com
등록 제일산-115호(2000. 6. 19)

ISBN 979-11-6603-394-0 93360